南南合作的践行者
多极世界的建设者

"一带一路"倡议下的中国与阿拉伯和非洲地区

（摩洛哥）
法塔拉·瓦拉卢　著
Fathallah Oualalou

图书编委会　译

光明日报出版社

目录 / Table des matières

绪论　中国与阿拉伯和非洲地区合作的现实意义
Introduction : La pertinence de la coopération de la Chine avec l'espace arabo-africain

004 | 21 世纪初以来世界的发展趋势
Tendances majeures depuis 2021

012 | 中国与阿拉伯和非洲地区同属"南方"
L'appartenance de la Chine et de l'espace arabo-africain au Sud

016 | 20 世纪 80 年代以来中国、阿拉伯世界与非洲之间关系的历史演变
L'évolution historique, depuis les années 1980, des rapports entre la Chine, le monde arabe et l'Afrique

026 | 应对"第二次超越"
Répondre au « second dépassement »

第一章　中国——从伟大文明古国到世界强国
Chapitre 1 : la Chine, une grande civilisation devenue puissance mondiale

034 | 总体框架
Le cadre général

048 | 历史与文化——中国成为世界强国的起点
L'histoire et la culture, points de départ de la puissance mondiale de la Chine

| 056 | 中国——世界经济强国
La Chine, une puissance économique mondiale |

| 066 | 中国——科技强国
La Chine, grande puissance technologique |

| 074 | 中国——新兴战略强国
La Chine, puissance stratégique émergente |

| 080 | "一带一路"倡议
L'initiative de « la ceinture et de la route » |

第二章　中国及其对全球重大挑战的回应
Chapitre 2 : La Chine et sa réponse aux grands défis mondiaux

| 104 | 全球气候变化与环境问题
Environnement et réchauffement climatique |

| 120 | 中国与消除贫困
La Chine et la lutte contre la pauvreté |

| 128 | 中国与新冠肺炎疫情
La Chine et la pandémie du Covid-19 |

第三章　中国与阿拉伯和非洲地区关系的历史沿革
Chapitre 3 : les rapports Chine – espace arabo-africain à travers l'histoire

| 138 | 中华文明与阿拉伯文明的相遇
Rencontre entre les civilisations chinoise et arabe |

140	伊本·巴图塔——第一个游历中国的阿拉伯人 Ibn Batouta, premier voyageur arabe en Chine
142	"中国的马可·波罗"和"东方的马可·波罗" Le « Marco Polo de la Chine » et le « Marco Polo de l'Orient »
144	赵汝适笔下的摩洛哥阿尔穆拉维德王朝 Les Almoravides du Maroc dans les écrits de Zhao Rukuo
146	葡萄牙人的征服与中阿关系 Les conquêtes portugaises et les relations sino-arabes
152	中国、非洲和地理决定论 La Chine, l'Afrique et le déterminisme de la géographie
152	中国与非洲和阿拉伯地区的关系以及反殖反帝斗争 Les rapports entre la Chine et l'espace arabo-africain et la lutte contre les impérialismes

第四章　中非合作是 21 世纪关键问题的核心
Chapitre 4 : La coopération sino-africaine au cœur des enjeux du XXIème siècle

162	中非关系的三个阶段 Les trois étapes des relations Chine-Afrique
174	不断增长的贸易往来 Des échanges commerciaux en progression
182	中国对非洲投资的大幅增长 Une grande progression des investissements chinois en Afrique

186	中国对非洲的贷款和资金流动 Les prêts et flux financiers chinois en Afrique
190	中国对非洲的技术援助：医疗卫生、农业以及其他领域 Les aides techniques de la Chine à l'Afrique : santé, agriculture et autres secteurs
196	迈向中非新型合作关系 Vers des rapports rénovés dans le domaine de la coopération sino-africaine
202	中非合作的制度与工具 Les institutions et les instruments de la coopération sino-africaine
210	约翰内斯堡峰会和北京峰会之后中非合作新的转折点 Le nouveau tournant dans la coopération sino-africaine à travers les deux sommets de Johannesburg et de Beijing
216	中非合作是"一带一路"建设不可分割的组成部分 La coopération sino-africaine, partie intégrante de la logique de la ceinture et de la route
220	中非关系中的战略问题 Les questions stratégiques dans les rapports sino-africains
230	中非合作与非洲大陆的区域特色 La coopération sino-africaine et les spécificités régionales du continent
238	结论 En conclusion

第五章　中阿合作是"一带一路"倡议不可分割的组成部分
Chapitre 5 : La coopération sino-arabe,
partie intégrante de la stratégie de la ceinture et de la route

250	能源——中阿关系的主轴 L'énergie, axe principal des rapports sino-arabes
252	面对"阿拉伯之春"和安全风险的中国 La Chine face au « Printemps arabe » et les risques de l'insécurité
258	中阿合作的重大转折 Le grand tournant de la coopération sino-arabe
264	"一带一路"倡议——中阿合作新的基础 La ceinture et la route, nouveau fondement de la coopération sino-arabe
266	中阿贸易持续增长 Les échanges commerciaux sino-arabes en progression continue
268	中国对阿拉伯国家的投资 Les investissements extérieurs chinois dans les pays arabes
270	中阿在社会与文化领域的合作 La coopération sino-arabe dans les domaines social et culturel
272	中阿在医疗卫生与环境领域的合作 La coopération sino-arabe dans les domaines de la santé et de l'environnement

	中阿加强在维护和平与安全领域的合作
276	Intensification de la coopération sino-arabe dans le domaine de la sécurité et de la protection de la paix

	阿拉伯国家发展对华合作的意义
282	L'intérêt des pays arabes à développer leur coopération avec la Chine

	中国与阿拉伯地区经济模式
284	La Chine et les modèles économiques et régionaux arabes

结论　全球重大挑战以及中国与非洲和阿拉伯世界的合作
Conclusion : Les grands défis mondiaux et la coopération de la Chine avec l'Afrique et le monde arabe

	推动战胜 2020 年至 2021 年的公共卫生与经济危机
320	Contribuer à combattre la crise sanitaire et économique 2020-2021

	在全球范围内消除贫困和不平等
326	Combattre la pauvreté et les inégalités dans le monde

	参与应对全球气候变化、保护环境和解决水资源问题
330	Participer à la lutte contre le réchauffement climatique, à la protection de l'environnement et la question de l'eau

	阿拉伯和非洲地区的地缘政治矛盾、文化因素和原教旨主义思潮的兴起
335	Les contradictions géopolitiques, les facteurs culturels et la montée des courants fondamentalistes dans l'espace arabo-africain

338	中国与新技术的崛起相伴 La Chine accompagne la montée en puissance des nouvelles technologies
344	中非合作是新型多边主义和均衡多极格局的重要因素 La coopération sino-africaine, facteur essentiel pour un multilatéralisme rénové et une multipolarité équilibrée
350	中国必须致力于把非洲、阿拉伯世界和地中海变为重塑世界的轴心 La Chine doit œuvrer pour faire de l'Afrique, du monde arabe et de la Méditerranée un axe de la refondation du monde

Introduction
绪论

中国与阿拉伯和非洲地区
合作的现实意义

La pertinence de la coopération de la Chine avec l'espace afro-arabe

为什么本书要讨论"一带一路"倡议下的中国与阿拉伯和非洲地区这一主题？

受新型冠状病毒肺炎（COVID-19）疫情影响，2021年的世界正处于全球化进程中的一个历史性与战略性转折点。此次疫情不仅仅是一场公共卫生危机，也是一场全球性危机，给世界各国带来了毁灭性的社会、经济和政治影响。全球进入经济衰退期，整个国际经济体系动荡不安。唯有彻底变革，才能结束这场重大危机。说到彻底变革，我们不禁想起第二次世界大战结束后的国际局势。

1945年5月，纳粹德国向美国、苏联、英国和法国无条件投降，5月8日成为第二次世界大战"欧洲胜利日"（因为时差关系，苏联将5月9日定为卫国战争胜利纪念日。苏联解体后，俄罗斯沿袭了这一做法。——审读者注）。9月2日，日本帝国在东京湾"密苏里"号战列舰上向美国、中国、英国和苏联等国无条件投降，9月3日后来被定为中国人民抗日战争胜利纪念日。至此，以美国、苏联、中国和英国为首的同盟国彻底击败轴心国德国、意大利和日本，成为世界反法西斯战争的胜利者。然而，冷战随即拉开序幕，美国和苏联为了争夺世界霸权，逐渐形成北大西洋公约组织（NATO）与华沙条约组织（WTO）两大军事集团对立、资本主义阵营与社会主义阵营全面对抗的两极格局。在政治层面，美国和苏联这两个超级大国通过联合国、联合国安全理事会以及联合国粮食及农业组织（FAO）、联合国教育科学及文化组织（UNESCO）、世界卫生组织（WHO）等联合国专门机构奠定了国际政治治理基础。在全球经济管理层面，美国凭借其生产系统的绝对优势和美元的强大力量，在西欧盟国的支持下，建立了以国际货币基金组织（IMF）、世界银行（WB）和关税及贸易总协定（GATT）为代表的国际经济治理基础。关贸总协定是世界贸易组织（WTO）的前身。1996年1月，世界贸易组织正式取代关贸总协定临时机构。

La Chine, l'espace arabo-africain et la stratégie de la ceinture et de la route : Pourquoi traiter de ce thème ?

A cause du Covid-19, le monde se trouve aujourd'hui, en 2021, dans un tournant historique et stratégique du processus de la mondialisation. Parce que la pandémie est bien plus qu'une crise sanitaire, c'est une crise globale qui a des impacts sociaux, économiques et politiques dévastateurs sur tous les pays. La planète entière est entrée en récession. C'est l'ensemble du système économique international qui a été bouleversé et la sortie de cette crise majeure ne se fera pas sans des transformations radicales qui ne sont pas sans rappeler celles que le monde a connu au sortir de la seconde guerre mondiale.

En 1945 en effet, les Etats-Unis et l'Union soviétique, sortis grands vainqueurs de cette guerre contre le nazisme et le fascisme, ont imposé leur marque dans un monde devenu alors bipolaire. Les deux superpuissances ont alors mis en place les fondements d'une gouvernance internationale sur le plan politique à travers l'Organisation des nations unies - ONU, son Conseil de sécurité et ses institutions filiales sectorielles (FAO, UNESCO, OMS, etc.). Au niveau de la gestion de l'économie mondiale, les Etats-Unis, forts de la suprématie de leur système productif et de la puissance du dollar, leur monnaie, soutenus par ailleurs par les pays de l'Europe de l'ouest, leurs alliés, ont construit les assises de la gouvernance économique internationale représentée par le Fonds monétaire international - FMI, la Banque mondiale et le GATT, devenu, dans les années 1990, l'Organisation mondiale du commerce - OMC.

21 世纪初以来世界的发展趋势

2021 年是一个重要的转折点，强化了 21 世纪初以来世界的发展趋势。这种趋势可以归纳为以下几点：

一、新技术革命的爆发为全球经济发展提供了动力。数字技术与人工智能在美国加利福尼亚州的硅谷诞生，随后扩展至亚洲大陆，尤其是中国，华南沿海城市深圳成为该领域的领军城市。

二、中华人民共和国崛起为一个多方位（经济、技术、文化和战略）的世界强国，并力争在 21 世纪 30 年代超越美国，成为世界第一强国。

三、全球危机接连不断，诸如地缘政治危机（2001 年"9·11 恐怖袭击事件"）、经济危机（2008 年）、公共卫生危机（2020 年），再加上"阿拉伯之春"（始于 2010 年 12 月）导致的区域纷扰、骚乱和动荡，在阿拉伯世界和非洲萨赫勒（非洲北部撒哈拉沙漠和中部苏丹草原之间长度超过 3800 千米的地带，从西部大西洋沿岸延伸到东部非洲之角，横跨塞内加尔、毛里塔尼亚、马里、布基纳法索、尼日尔、尼日利亚、乍得、苏丹、南苏丹和厄立特里亚等十个国家。——审读者注）撒哈拉地区造成了破坏性甚至毁灭性的后果。

接二连三的危机导致世界陷入严重动荡，改变了国际力量对比，使世界格局朝着有利于亚洲大陆的方向重新调整。曾在殖民主义和帝国主义时代开启全球化进程的欧洲国家似乎进入了冬眠状态，出现倒退。与此同时，美国虽然仍是世界头号强国，但全球领导地位正在发生动摇。

四、美国与中国正在成为世界新的两极。这两个超级大国已经展开全方位竞争，涵盖贸易、科技、文化以及时下的公共卫生领域。美中两国对于未来世界经济的组织形式有着截然不同的立场和看法。在过去 40 年里，中国从全球化进程中获益匪浅，成为多边主义和基于各国生产结构相互依存的经济开放的大赢家。相反，美国——尤其是唐纳德·特朗普政府（2017—2021）——则主张特定的保护主义，拒绝多边主义。

Tendances majeures depuis 2021

2021, tournant majeur donc, consolide par ailleurs les tendances d'évolution que connaît le monde depuis le début du XXIème siècle et que l'on peut résumer autour des points suivants :

1. L'explosion de la nouvelle révolution technologique devenue force motrice de la dynamique de l'économie mondiale. Il s'agit du numérique et de l'intelligence artificielle nés dans la Silicone Valley en Californie avant de s'étendre au continent asiatique, et tout particulièrement en Chine avec l'émergence de la ville pilote de Shenzhen.

2. L'ascension de la République populaire de Chine, devenue une puissance mondiale multidimensionnelle (économique, technologique, culturelle et stratégique) qui a l'ambition de se hisser au premier rang mondial dès le début des années 2030 et donc de devancer les États-Unis.

3. La succession des crises mondiales, crise géopolitique (11 septembre 2001), crise économique (2008) ou crise sanitaire (2020), qui viennent se surajouter aux perturbations, troubles et chocs régionaux nés de ce qu'on a appelé « le Printemps arabe » avec toutes leurs conséquences déstabilisatrices voire dévastatrices dans la région du monde arabe et dans l'espace saharien du Sahel en Afrique.

Ces crises à répétition ont été à l'origine de véritables bouleversements dans le monde, de modifications dans les rapports de force et d'une redistribution des cartes en faveur du continent asiatique. Les pays européens, pourtant berceaux de la mondialisation à l'époque des impérialismes, qui semblent entrés en hibernation, sont en recul pendant que les Etats-Unis d'Amérique, toujours première puissance mondiale, sont en train de voir leur leadership leur échapper.

4. L'émergence d'une nouvelle bipolarisation dans le monde autour des Etats-Unis et de la Chine populaire. Ces deux superpuissances, qui sont entrées dans une compétition tous azimuts : commerciale et technologique, culturelle et aujourd'hui sanitaire, ont des positions et vues diamétralement opposées quant à l'organisation à venir de l'économie mondiale. La Chine qui, durant quatre dernières décennies, a tiré profit du processus de mondialisation, est devenue le grand champion du multilatéralisme et de l'ouverture économique sur la base des interdépendances entre

五、要想摆脱公共卫生危机及其导致的经济停滞（2020—2021），世界各地的经济政策必须做出根本性改变。在实际运作层面，为了向旨在防控新冠肺炎疫情的医疗救助计划提供资金支持，重振国民经济、区域经济乃至全球经济，从而战胜全球经济衰退，各国有义务终止传统上审慎的宏观经济实践。它们必须设法应对这场前所未有的危机带来的挑战。

"人类共同财产"这一全新概念应运而生，并被赋予一种特殊的价值。这些财产包括：

• 集体健康与个人健康。新冠肺炎疫情使这个问题成为所有国家新的关注点，无论各国处于何种发展水平。

• 消除极端贫困以及财富与收入的不合理分配。这场公共卫生危机加剧了世界各地尤其是非洲大陆的这种现象，非洲贫穷国家和发展中国家正在承受经济活动衰退带来的严重后果。

• 应对全球气候变化（作者在本书中使用了"气候变暖""气候变化"等不同表述，中文版按照我国习惯统一译作"气候变化"。——审读者注）。这个问题对人类和地球未来构成重大威胁，要求我们推广可再生能源，发展绿色经济。

六、人口爆炸。这种现象主要发生在非洲。

联合国研究表明，到 2030 年，世界总人口将比 2017 年增长 30%，即从 75 亿增加到 100 亿。到本世纪末，世界总人口将达到 110 亿。

亚洲人口尤其是中国人口将会减少。南北美洲人口亦将如此。欧洲人口也会下降，而且下降幅度更大。相反，非洲人口则会不降反升。

到 2100 年，非洲人口占世界总人口的比例将从目前的 17%（12 亿人）上升至 40%，达到 44 亿人，仅次于亚洲（43%）。

包括北非阿拉伯国家在内的非洲人口增长引发重大关切，因为这将

les différents tissus productifs nationaux. Les Etats-Unis - de Trump notamment - prônent au contraire un certain protectionnisme et rejettent le multilatéralisme.

5. La sortie de la crise sanitaire et de l'asphyxie économique à laquelle elle a conduit (2020-2021) entraine des changements dans la nature des politiques économiques partout dans le monde. Sur le plan opérationnel, pour pouvoir financer les plans de sauvetage sanitaire destinés à venir à bout de la pandémie du Covid-19, relancer les économies nationales, régionales et même l'économie mondiale, et donc vaincre la récession économique planétaire, les Etats se sont vus dans l'obligation de mettre fin aux pratiques macroéconomiques traditionnelles de prudence. Il leur faut en effet, trouver des réponses aux défis nés cette crise sans précédent.

Un concept nouveau est d'ailleurs né, celui de « biens communs de l'humanité », auquel tous semblent accorder un intérêt tout particulier. Les biens dont il s'agit sont :

• La santé, collective et individuelle, devenue une nouvelle préoccupation imposée à tous les pays, quel que soit leur niveau de développement, par la pandémie.

• Le combat contre la pauvreté extrême et la mauvaise répartition des richesses et des revenus que la crise sanitaire a exacerbé partout dans le monde et tout particulièrement dans le continent africain où les pays pauvres et en développement subissent de plein fouet les conséquences de la chute de l'activité économique.

• La lutte contre le réchauffement climatique, risque majeur pour l'humanité et l'avenir de la planète, qui implique la promotion de l'utilisation des énergies renouvelables et de l'économie verte.

6. L'explosion démographique. De l'Afrique, essentiellement.

Les études réalisées par l'ONU révèlent que la population mondiale va augmenter de 30% à l'horizon 2030 par rapport à son niveau de 2017, passant de 7,5 à 10 milliards d'habitants entre ces deux dates et à 11 milliards à la fin du siècle.

Le nombre des Asiatiques, notamment des Chinois, va baisser. Le nombre des Américains également. Le nombre des Européens va également baisser, plus fortement d'ailleurs. En revanche, pas de baisse pour l'Afrique, bien au contraire.

La part de la population africaine dans la population mondiale passera de 17% actuellement (1,2 milliard d'habitants) à 40% en 2100, avec 4,4 milliards de personnes, juste derrière l'Asie (43%).

La progression démographique en Afrique – y compris l'Afrique du nord arabe -

导致城市化、就业、医疗卫生、教育和基础设施方面的需求激增。但对非洲大陆而言，这也意味着一个历史性的机遇，中产阶级的扩大或可推动非洲经济的腾飞。

因此，对非洲来说，21世纪既是一个充满风险和挑战的世纪，也是一个蕴含机遇、前景和希望的世纪。

七、21世纪面临着身份、文化和宗教对抗带来的新挑战。这些对抗和挑战日渐取代第二次世界大战结束之后以至冷战时期西方与苏联之间长期存在的战略和意识形态矛盾，甚至取代中国崛起以来全球特别是中美之间新的经济和技术矛盾。

这些身份、文化和宗教矛盾在全球多个地区催生极端主义运动，助长恐怖主义行为，危及不同地方的稳定与和平，包括地中海东南部、非洲大陆中心以及具有战略意义的海峡和海上通道。当前，阿拉伯世界和非洲大陆的一些地区正在经历严重的紧张局势，这些紧张局势往往导致社会不稳定，造成国家实体的混乱，甚至引发内战（叙利亚、利比亚、也门、撒哈拉萨赫勒地区、索马里等）。

要想结束所有乱象，只有一种办法：从根源上解决极端贫困和饥荒，使民众无须为此被迫进行国内迁徙或国际移民。因此，阿拉伯和非洲地区的经济和社会发展以及不同文化与文明之间的和解至关重要。

当前，全球化进程正被这场公共卫生危机所拖累。而自2000年以来，正是中国的优异表现对全球化进程起到了决定性作用。从这个角度出发，本书建议重新审视中国与阿拉伯和非洲地区的关系，充分考虑中国当前新的现状，即中国已经成为一个拉动全球经济和技术发展进步的世界大国，一个希望通过"一带一路"倡议推进深度全球化的国家。"一带一路"倡议海陆兼备，包括丝绸之路经济带和21世纪海上丝绸之路，涵盖经济、

est l'objet d'une grande préoccupation du fait de l'explosion des besoins en termes d'urbanisation, d'emploi, de santé, d'éducation et d'infrastructures de base, mais est aussi une opportunité historique pour ce continent dont le décollage économique pourrait être porté par l'élargissement de ses classes moyennes.

Ainsi, si le XXIème siècle est, pour l'Afrique, le siècle de tous les risques et défis, il est aussi celui des opportunités, des promesses et des espérances.

7. Le XXIème siècle doit faire face à des défis nouveaux nés d'antagonismes à caractère identitaire, culturel et religieux. Ces antagonismes et défis tendent à remplacer les contradictions anciennes à caractère stratégique et idéologique qu'a connu le monde au lendemain de la seconde guerre mondiale et pendant la période de la guerre froide entre l'Occident et l'ancienne URSS et même à supplanter les contradictions à caractère économique et technologique devenus le pivot des nouvelles compétitions dans le monde depuis la montée en puissance de la Chine, surtout entre elle et les Etats-Unis.

Ces contradictions identitaires, culturelles et religieuses sont à l'origine de l'apparition des mouvements extrémistes et du développement des pratiques terroristes dans plusieurs régions du globe, qui mettent en danger la stabilité et la paix et ce, en divers endroits : au sud-est de la Méditerranée, au cœur du continent Africain et dans les détroits et lieux de passage maritime stratégiques. Plusieurs zones dans le monde arabe et le continent africain en effet, connaissent aujourd'hui de graves tensions qui provoquent instabilités et parfois dislocations des entités nationales, voire guerres civiles (Syrie, Libye, Yémen, Sahel saharien, Somalie, etc.).

Une seule solution pour mettre fin à toutes ces dérives : s'attaquer à leurs causes profondes que sont l'extrême pauvreté et les famines et à leurs conséquences en termes de migrations et/ou de déplacements forcés des populations à l'intérieur des pays et/ou à l'international. D'où l'intérêt primordial qu'il convient d'accorder aux problèmes du développement économique et social dans l'espace arabo-africain et à la réconciliation entre les cultures et les civilisations.

Aujourd'hui plombée par les conséquences de la crise sanitaire, l'évolution de la mondialisation depuis 2000 a été déterminée par les performances spectaculaires de la Chine. Dans cette optique, nous proposons dans ce travail une lecture rénovée des relations Chine - l'espace arabo-africain, une analyse des perspectives de leur évolution en tenant compte de la nouvelle réalité de la Chine d'aujourd'hui: celle d'une grande puissance à dimension mondiale devenue locomotive de la

技术、文化和战略等方方面面，这些新的丝绸之路恰好穿越阿拉伯世界和非洲大陆。这一倡议将是中国今后与阿拉伯和非洲地区发展伙伴关系的理论基础。

正是根据这种地理逻辑，中国与非洲和阿拉伯世界的关系应该成为未来几十年全球化主要趋势的一部分。双方的伙伴关系必须为世界的和平与稳定服务。只有这样，中国与非洲和阿拉伯世界才能为推动建立以多边主义和多极化为基础的多元且均衡的全球化做出贡献。由此形成的政治与经济治理，一如世界本身的发展，必须吸纳所有文明的贡献。其中当然包括目前仍占据主导地位的西方文明，但也包括亚洲文明、阿拉伯和穆斯林文明以及非洲的独特文明。"一带一路"倡议有助于实现不同地域之间的共生，因而能够克服全球化过程中出现的不平衡，控制偏差，并为全人类开辟新的前景。

本书之所以关注中国与阿拉伯和非洲地区的合作，是基于以下三个方面的考虑。第一方面的考虑是中国自身的事实：中国依靠庞大的人口与文明的力量，顺利推进经济、政治和战略发展，成为 21 世纪的超级大国之一。从 1921 年中国共产党成立之日到 2021 年，中国仅仅用了一个世纪的时间就完成了这一壮举，这是第二方面的考虑。第三方面的考虑则在于，中国与阿拉伯和非洲地区同属于今天仍可沿用的名称"南方"（指发展中国家，因其大多位于南半球和北半球南部。——审读者注），也就是说属于同一个世界。

这将引导我们思考，在西方殖民主义和帝国主义从 15 世纪开始逐渐支配包括中国与阿拉伯和非洲地区在内的所有发展中国家（作者在本书中使用了"南方国家""南方发展中国家""南方贫穷国家""发展中国家"等不同表述，中文版按照我国习惯统一译作"发展中国家"，个别确需保留之处除外。——审读者注）而对后者形成"第一次超越"之后，阿拉伯世界和非洲应该如何应对中国国际影响的扩大所带来的"第二次超越"。

dynamique économique et technologique, d'un pays qui ambitionne de dialoguer avec la mondialisation avancée à travers la stratégie de la ceinture et de la route qu'il propose au monde sous la forme de nouvelles routes de la soie et de pénétrantes maritimes et terrestres avec leurs multiples dimensions économique, technologique, culturelle et stratégique, routes qui traversent le monde arabe et le continent africain. Cette stratégie est désormais l'assise doctrinale des partenariats conçus par la Chine pour l'espace arabo-africain.

C'est dans cette logique géographique qu'il convient d'intégrer les rapports Chine – Afrique/monde arabe dans les tendances majeures de la mondialisation au cours des décennies à venir. Les partenariats entre les deux parties devront être mises au service de la paix et de la stabilité dans le monde. C'est seulement à cette condition qu'ils pourront contribuer à l'émergence d'une globalisation pluraliste et équilibrée, fondée sur le multilatéralisme et la multipolarité. La gouvernance politique et économique qui en résultera, comme la marche du monde elle-même, devront se nourrir de l'apport de toutes les civilisations : des apports de l'Occident bien sûr, encore dominant aujourd'hui, mais aussi apports des civilisations asiatiques, arabo-musulmanes ou encore des apports du génie africain. Alors, la stratégie de la ceinture et de la route, qui réalise une symbiose entre ces différents espaces, pourra venir à bout des déséquilibres nés de la mondialisation, maitriser ses dérives et ouvrir sur des perspectives nouvelles à toute l'humanité.

Trois considérations nous ont conduit à nous intéresser à la coopération de la Chine avec l'espace arabo-africain : première considération, le fait chinois lui-même : prenant appui sur l'importance de sa population et la force de sa civilisation, la Chine a construit son développement économique, politique et stratégique sans à-coups et est devenue l'une des superpuissances du XXIème siècle. Elle a réalisé cet exploit en un siècle seulement, depuis 1921, si l'on prend pour date de démarrage celle de la constitution du Parti communiste chinois – PCC, à aujourd'hui, 2021, deuxième considération. Et, troisième considération, le fait enfin que Chine comme le monde arabo-africain appartiennent à ce qu'il est encore convenu d'appeler le sud, au même monde donc.

Cette démarche nous conduira à réfléchir sur les réponses que le monde arabe et l'Afrique devront apporter pour pouvoir faire face au « second dépassement », produit de l'expansion de la Chine, après le premier dépassement qui a été imposé par les emprises impérialistes à partir du XVème siècle à l'ensemble des pays du sud, Chine et aire arabo-africaine comprises.

中国与阿拉伯和非洲地区同属"南方"

中国、非洲大陆和阿拉伯世界同属于我们所说的"南方"或"第三世界",三者在 19 世纪末至 20 世纪初都曾遭受帝国主义霸权的奴役。

1842 年鸦片战争结束之后,英国最先侵占中国领土(1842 年《南京条约》原文为"香港一岛"。——审读者注)。1856 年,英法联军发动第二次鸦片战争,并于 1860 年攻入北京,火烧圆明园。1894 年,日本发动第一次中日战争(中日甲午战争。——审读者注),强迫中国割让台湾(1895 年《马关条约》原文为"台湾全岛及所有附属各岛屿",包括钓鱼岛及其附属岛屿。同时割让的还有辽东半岛,后经俄国、德国和法国干涉,由清政府"赎回",史称"三国干涉还辽"。——审读者注)和澎湖列岛。19 世纪下半叶至 20 世纪初,俄国侵占中国大片领土(沙皇俄国先后通过 1858 年《瑷珲条约》、1860 年《北京条约》、1864 年《勘分西北界约记》等不平等条约割让以及直接占领等方式侵占中国领土 150 多万平方千米。——审读者注)。

20 世纪 20 年代,中国民族解放运动爆发。在此过程中,中国共产党于 1921 年 7 月成立。30 年代,毛泽东(1893—1976)领导红军进行了举世闻名的二万五千里长征。1949 年 10 月 1 日,中华人民共和国成立。

从那时起,中国一直在为捍卫国家主权和领土完整而奋斗。20 世纪末,中国政府相继恢复对香港和澳门行使主权,并持续推动两岸关系和平发展,以求早日解决台湾问题,实现国家完全统一。

与中国一样,阿拉伯国家也曾遭到欧洲国家的侵略:1798 年,拿破仑远征埃及;1830 年,法国军队入侵阿尔及利亚,占领阿尔及尔;1884 年,突尼斯沦为法国的保护国;1912 年,摩洛哥沦为法国和西班牙两国的保护国。随着第一次世界大战结束和奥斯曼帝国解体,中东地区几乎全部沦为英国和法国的委任统治地或保护国,尤其是埃及、叙利亚、巴

L'appartenance de la Chine et de l'espace arabo-africain au Sud

La Chine, le continent africain et le monde arabe ont en commun leur appartenance à ce qu'on a appelé « le tiers-monde » ou « le sud ». Les trois ensembles ont vécu sous le joug de l'hégémonie impérialiste entre la fin XIXème siècle et le début du XXème siècle.

C'est en 1842, au lendemain de la guerre de l'opium, que la Grande Bretagne a occupé les premières enclaves chinoises. Les armées européennes ont alors pénétré en Chine et occasionné d'importantes destructions à Beijing en 1862. Enfin, plusieurs territoires chinois ont été occupés au début du XXème siècle par la Russie et le Japon.

D'où la naissance de mouvements de libération nationale dans les années 1920, un processus qui a conduit à la création du Parti communiste chinois en 1921 et à la Grande marche organisée dans les années 1930 par Mao Zedong et à la création de la république populaire de Chine, le 1er octobre 1949.

Depuis, la Chine continue à lutter pour parachever son intégrité territoriale. Si elle a pu reprendre Macao puis Hong Kong à la fin du XXème siècle, son combat continue pour la récupération de Taïwan, dernière étape pour la réalisation de l'unification totale du pays.

Les pays arabes ont également subi les pénétrations européennes : l'Egypte avec l'expédition napoléonienne de 1798, l'Algérie avec l'occupation d'Alger par les armées françaises en 1830, la Tunisie avec l'installation d'un protectorat français en 1884 et le Maroc qui s'est vu imposé deux protectorats, français et espagnol, en 1912. A la fin de la première guerre mondiale et la dislocation de l'empire ottoman, des mandats ou protectorats britanniques et français ont été imposés à quasiment tout le Moyen Orient, notamment à l'Egypte, à la Syrie, à la Palestine, à l'Irak et à certaines parties du Golfe arabe.

勒斯坦、伊拉克以及波斯湾（简称"海湾"，阿拉伯人称之为"阿拉伯湾"，作者在本书中使用了"阿拉伯湾""阿拉伯—波斯湾""海湾"等不同表述，中文版按照国际标准和我国习惯，统一译作"波斯湾"或"海湾"。——审读者注）沿岸的一些地区。

欧洲对撒哈拉以南非洲的干预始于黑奴贸易，这种贸易在1705年至1840年期间尤为盛行。在1884年的柏林会议上，英国、德国、法国和比利时等欧洲列强瓜分非洲，建立各自的殖民地。此前，葡萄牙已经占领非洲部分地区。

就这样，中国以及众多亚洲国家、阿拉伯国家和整个非洲都直接遭受欧洲殖民主义和帝国主义的奴役，其中不少国家后来又演变为新殖民主义的附属国。

随着时间的推移，民族解放运动遍地开花。首先是在20世纪20年代的中国，中东地区则以萨德·扎格卢勒领导的埃及独立运动、大叙利亚独立运动等为代表。阿拉伯国家相继获得独立：1934年埃及独立，1945年叙利亚、黎巴嫩和伊拉克独立，1949年利比亚独立。马格里布地区（非洲西北部地区。阿拉伯马格里布联盟成员国包括阿尔及利亚、利比亚、毛里塔尼亚、摩洛哥和突尼斯。——审读者注）和撒哈拉以南非洲国家则要等到20世纪50年代才获得独立：1956年摩洛哥和突尼斯独立，1960年法国和英国在非洲的众多殖民地独立（1960年被称为"非洲独立年"，共有喀麦隆、多哥、马达加斯加、刚果共和国（今刚果民主共和国）、索马里、达荷美（今贝宁）、尼日尔、上沃尔特（今布基纳法索）、象牙海岸（今科特迪瓦）、乍得、乌班吉沙立（今中非）、刚果共和国、加蓬、塞内加尔、马里、毛里塔尼亚和尼日利亚17个国家获得独立。——审读者注），1962年阿尔及利亚独立，1975年葡萄牙在非洲的殖民地（安哥拉、莫桑比克、佛得角）独立。在获得政治上的独立之后，大多数阿拉伯和非洲国家又陷入了与其前宗主国的新殖民主义关系之中。

中国与阿拉伯世界和非洲大陆在1955年4月的万隆会议（1955年4月18日至24日，亚非国家和地区的政府代表团在印度尼西亚

Les interventions étrangères européennes en Afrique sub-saharienne ont commencé au départ par le développement du commerce négrier qui a connu son plein essor entre 1705 et 1840. Au congrès de Berlin de 1884, l'Afrique a été morcelée en plusieurs colonies : anglaise, allemande, française et belge qui sont venues se surajouter aux anciennes possessions portugaises.

Ainsi, la Chine - et avec elle plusieurs pays asiatiques -, les pays arabes et l'ensemble de l'Afrique ont été soumis aux impérialismes européens directs. Ils deviendront plus tard leurs dépendances néocoloniales.

Les mouvements de libération nationale se sont développés partout. En Chine d'abord, dans les années 1920, au Moyen Orient avec les mouvements indépendantistes en Egypte : mouvement de Saad Zaghloul ou encore dans la Grande Syrie, pour ne citer que ces exemples. Les uns après les autres, les pays arabes ont tous recouvré leurs indépendances : l'Egypte en 1934, la Syrie, le Liban et l'Irak en 1945, la Libye en 1949. Les pays maghrébins et de l'Afrique sub-saharienne devront attendre les années 1950 pour cela : 1956 pour le Maroc et la Tunisie, 1960 pour les anciennes colonies franco-anglaises d'Afrique, 1962 pour l'Algérie et 1975 pour les anciennes colonies portugaises d'Afrique (Angola, Mozambique, Cap Vert). Leurs indépendances politiques acquises, l'essentiel de ces pays arabes et africains sont tombés dans le nouveaux liens néocoloniaux avec leurs anciennes métropoles.

La Chine a rencontré le monde arabe et le continent africain à l'occasion de la Conférence de Bandoeng de 1955 où se sont regroupés pour la première fois les Chefs d'Etat des pays asiatiques et africains nouvellement indépendants, mais

万隆召开亚非会议。这次会议由于在万隆召开，所以也称"万隆会议"。——审读者注）上相遇。刚刚获得独立的亚非国家的国家元首和政府首脑第一次齐聚一堂，仍处于殖民地状态或与前宗主国保持新殖民主义关系的国家也有民族解放运动代表参加会议。周恩来总理（1898—1976）代表中国出席会议，发挥了至关重要的作用，为会议取得圆满成功做出了重大贡献。这次会议被认为是"第三世界主义"和"南方主义"的摇篮，是亚洲人民与非洲人民团结运动的历史性时刻。这场运动随后扩展到拉丁美洲，并于1961年9月在南斯拉夫贝尔格莱德催生了不结盟运动的潮流（1961年9月，首次不结盟国家首脑会议在南斯拉夫首都贝尔格莱德举行，25个国家的代表出席了会议，不结盟运动正式形成。——审读者注）。正是在20世纪50年代的历史背景下，中国明确宣布自己是第三世界的一员。第三世界是发展中国家或者说南方国家的集合，在联合国层面则反映为"七十七国集团（G77）和中国"。

也正是在这一历史背景下，中国在南南合作（发展中国家之间的经济技术合作。——审读者注）精神的指引下发起了与阿拉伯和非洲国家的最初合作。这一精神后来演变为互利共赢理念，并在21世纪中国与非洲和阿拉伯国家建立的合作论坛中占据主导地位。在"一带一路"倡议开启的全球视野下，中国将进一步拉近与各方的合作伙伴关系。

20世纪80年代以来中国、阿拉伯世界与非洲之间关系的历史演变

为了理解当前中国与非洲大陆和阿拉伯世界之间关系的本质，我们有必要强调双方发展现状的差距：一方面，中国正在崛起；另一方面，阿拉伯和非洲地区则处于相对停滞的状态。

20世纪80年代以来，中国始终坚持实行改革开放政策，中国经济开始经历历史性的飞跃。与之相反，撒哈拉以南非洲国家被迫应对经济下滑局面，这种情况一直持续到20世纪末。阿拉伯地区的发展也受到

aussi les représentants des mouvements de libération des pays encore colonisés et/ou entretenant des rapports néocoloniaux avec les ex métropoles. Elle y était représentée par son premier ministre Zhou Enlai, qui y a joué un rôle primordial, ce qui a contribué au succès de la conférence. Cette rencontre, qui a été considérée comme le berceau du tiers-mondisme et du sud, constitue un moment historique dans le lancement des mouvements de solidarité entre les peuples asiatiques et africains, mouvements qui s'ouvriront plus tard sur l'Amérique Latine et donneront naissance au courant du non-alignement à Belgrade en 1962. Et c'est dans ce contexte historique de la fin des années 1950 que la Chine a déclaré clairement son appartenance au tiers-monde, devenu le Groupement des pays en voie de développement ou pays du Sud et au niveau des instances de l'ONU, le Groupe des 77 + Chine.

C'est dans ce même contexte historique que la Chine a initié la coopération naissante avec les pays arabes et africains en l'intégrant dans la logique sud-sud. Cette logique évoluera plus tard vers le concept de gagnant-gagnant qui devient le mot d'ordre prédominant dans les forums organisés par la Chine avec les pays africains et arabes au XXIème siècle. Elle aura à rapprocher tous ses partenariats avec son approche globale initiée par la ceinture et la route.

L'évolution historique, depuis les années 1980, des rapports entre la Chine, le monde arabe et l'Afrique

Pour comprendre la nature actuelle des relations entre la Chine d'une part, le continent africain et le monde arabe d'autre part, il est important de mettre en relief le hiatus dans l'évolution des deux parties : entre une Chine en pleine ascension et un monde arabo-africain plutôt stagnant.

A partir des années 1980, la Chine a adhéré à la logique de la réforme et de l'ouverture, point de départ de son ascension historique sur le plan économique. Par contre, les pays africains sub-sahariens étaient contraints de gérer un processus de déclin de leurs performances économiques, une situation qui s'est prolongée jusqu'à la fin du XXème siècle. L'évolution de la région du monde arabe a été contrariée par ailleurs par les fluctuations de l'économie de rente déterminés par l'alternance des

了石油价格起伏所导致的租赁经济波动的影响。21世纪初以来，在自身政治制度失灵、区域矛盾或国际干预导致的地缘政治乱象等多种因素影响下，阿拉伯世界的多个地区进入了一个充满动荡和冲突的时期。

从1978年12月开始，中国选择了对外开放和大刀阔斧的改革政策。在过去40年里，中国发生了深刻变化，从一个欠发达经济体加速成长为一个世界强国。

与之相反，从20世纪60年代至20世纪末，由于原材料、矿物和农作物价格停滞甚至下跌，非洲国家与发达国家（作者在本书中使用了"北方富裕国家""富裕国家""北方国家""北方发达国家""发达国家"等不同表述，中文版按照我国习惯统一译作"发达国家"，个别确需保留之处除外。——审读者注）的贸易条件长期恶化，经济状况处于严重的衰退期。与此同时，非洲国家的人口出现前所未有的爆炸式增长。各国国内公共财政困难，国际收支逆差扩大，宏观经济出现严重失衡。在国际货币基金组织和世界银行等国际金融机构以及债权国的直接施压下，很多非洲国家政府被迫实施严厉的结构调整政策。

20世纪70年代中期以来，阿拉伯世界的经济体出现了两种发展模式：第一种模式以人口稀少的石油生产国为代表。1974年、1980年和2006年下半年发生严重的石油危机之后，这些国家的财富和收入显著增加。凭借租赁所得，它们在短短数年之内就变得十分富裕。这些国家的增长模式是由石油和天然气的出口决定的，以海湾国家最为典型，伊拉克和利比亚亦然，人口众多的阿尔及利亚也部分依赖这种发展模式。第二种模式是非石油生产国模式，以摩洛哥、突尼斯和埃及为代表。这些国家的经济增长较为缓慢，经济活力有赖于同欧洲经济共同体——即后来的欧洲联盟——的联系。20世纪80年代，由于内外财政失衡，这些国家经历了困难时期，不得不与非洲和拉丁美洲国家一样，听从国际金

mouvements de hausse et de baisse des prix des hydrocarbures. A partir du début du XXIème, plusieurs régions arabes sont entrées dans une période de turbulences et de chocs liée à différentes considérations : défaillance du fonctionnement de leurs systèmes politiques et perturbations d'ordre géopolitique dues à des contradictions régionales ou à des interventions internationales.

A partir de 1979, la Chine a opté pour l'ouverture et pour une politique de réforme audacieuse. En quatre décennies, elle s'est transformée profondément : d'une économie sous-développée, elle a entamé une phase de croissance accélérée pour devenir une grande puissance à l'échelle mondiale.

A l'opposé, la situation économique des pays africains, entre les années 1960 et la fin du XXème siècle, a connu une réelle régression à cause d'une tendance longue de détérioration des termes de l'échange avec les pays riches du nord créée par la stagnation, voire le repli des prix des matières premières, minières et agricoles. Les pays africains faisaient alors face à une explosion démographique inédite. Leurs déséquilibres macroéconomiques se sont accentués au niveau des finances publiques en interne et de leurs balances des paiements extérieurs. Beaucoup de gouvernements africains se sont vus contraints, sous la pression directe des institutions financières internationales, FMI et Banque mondiale, et des Etats créanciers d'adhérer à des politiques rigoureuses d'ajustement structurel.

Depuis le milieu des années 1970, deux modèles de développement ont marqué l'évolution des économies du monde arabe : le premier est représenté par les pays producteurs d'hydrocarbures peu peuplés. Leurs richesses et leurs revenus se sont accrus significativement au lendemain des grands chocs pétroliers de 1974, de 1980 … et plus tard de 2006. En quelques années, ces pays sont devenus très riches grâce à leurs rentes, avec un mode de croissance déterminé par leurs exportations pétrolières et gazières. C'est le cas des pays du Golfe notamment, mais également de l'Irak et de la Lybie, et partiellement de l'Algérie, pays plus peuplé. Le second modèle est celui des pays sans hydrocarbures, qui connaissent des taux de croissance modestes et une dynamique économique liée à leur association avec la Communauté économique européenne - CEE, devenue plus tard Union européenne – UE. Il s'agit du Maroc, de la Tunisie et de l'Egypte. Ces pays ont connu des périodes difficiles dans les années 1980 du fait de la détérioration de leurs équilibres financiers internes et externes. Ils se sont vus dans l'obligation de se soumettre aux recommandations des organisations financières internationales, à l'instar de leurs homologues africains

融机构的建议。

1967年6月，埃及和叙利亚军队在第三次中东战争中战败，以色列乘机在巴勒斯坦被占领土上建立犹太人定居点，阿拉伯地区在地缘政治层面遭受严重破坏。这成为阿拉伯民族主义退潮之后中东种种政治危机的开端，这些危机为激进势力在阿拉伯地区的抬头铺平了道路。

尽管付出种种努力，积累了大量财政资源的阿拉伯石油生产国却从未能够加强在阿拉伯世界的政治和经济地位。20世纪90年代，巴勒斯坦与以色列（作者在本书中使用了"以色列与巴勒斯坦""以巴"等表述，中文版按照我国习惯译作"巴勒斯坦与以色列""巴以"。——审读者注）之间的和平谈判进程似乎给该地区带来了希望，但以色列的强硬立场使之戛然而止。从沙龙任内到内塔尼亚胡时期，以色列不断向巴勒斯坦民众施压，并推动在巴勒斯坦领土上建立非法定居点。与此同时，阿拉伯国家之间的对抗加剧，损害了内部团结与和解。该地区逐渐失去了自身的吸引力，尤其是信誉。美国先后在20世纪90年代和2003年出兵伊拉克。此后，外国势力不断插手中东事务。2011年，英法两国对利比亚的军事干预导致该国内部不同地区之间的矛盾激化，利比亚开始走向分裂。这一历史背景助长了保守主义和宗教激进主义潮流的抬头，恐怖主义活动四处扩散，内战时有发生。该地区的不稳定和不安全危及各国尤其是叙利亚的领土完整。在这两个因素作用下，非洲撒哈拉萨赫勒的多个地区内战扩大，恐怖主义袭击蔓延，尤其是在马里。该国局势陷入混乱，进而引发新的外部干预。

综上所述，在过去40年里，当中国有条不紊地发展之时，阿拉伯和非洲地区的经济与地缘政治状况却在不断恶化。在此背景下，新中国不卑不亢地提议与阿拉伯世界和非洲建立合作论坛，以便与其发展多种形式的伙伴关系。这些论坛包括2000年10月成立的中非合作论坛（FOCAC）以及2004年1月成立的中国—阿拉伯国家合作论坛（简称"中

ou encore des pays latino-américains.

La région du monde arabe a été gravement perturbée sur le plan géopolitique par la défaite des armées égyptiennes et syriennes en 1967 contre Israël, une opportunité que ce dernier pays a saisie pour imposer sa colonisation sur les terres palestiniennes occupées. C'est le point de départ de toutes les crises politiques du Moyen Orient depuis le repli du courant du nationalisme arabe, crises qui ont ouvert la voie à la montée de l'Islam radical dans plusieurs parties de la région.

Malgré leurs efforts, les pays arabes producteurs de pétrole n'ont jamais pu renforcer leur position dans le monde arabe ni sur le plan politique, ni sur le plan économique, malgré l'énorme accumulation de leurs ressources financières. Le processus de paix et de négociation israélo-palestinien, qui semblait donner dans les années 1990 un certain espoir à la région, s'est brutalement arrêté en raison de l'intransigeance d'Israël qui, de la période de Sharon à celle de Netanyahou, n'a cessé d'accentuer sa pression sur la population palestinienne et de favoriser l'émergence de colonies illégales sur leurs territoires. Parallèlement, les antagonismes entre les pays arabes se sont creusés au détriment des facteurs de solidarité et de rapprochement. La région a progressivement perdu son attractivité et surtout sa crédibilité. Les interventions étrangères au Moyen Orient se sont succédées, depuis celle des américains en Irak dans les années 1990 et plus tard en 2003. En 2011, l'intervention militaire franco-anglaise en Libye a conduit à la multiplication des confrontations locales dans ce pays et au début d'un processus de dislocation de l'unité de la Libye. Ce contexte historique a favorisé la montée des courants liés au conservatisme et au radicalisme religieux, entraînant la propagation de pratiques terroristes et souvent des guerres civiles. L'instabilité et l'insécurité installées dans la région constituent un risque pour les intégrités territoriales des Etats, notamment en Syrie. Elles ont conduit à l'extension des aires de guerres civiles, des attaques terroristes dans plusieurs régions africaines du Sahel saharien, notamment à partir des déstabilisations que le Mali a connu et qui ont conduit à de nouvelles interventions extérieures dans ce pays.

Ainsi, durant les quarante dernières années, pendant que la Chine se développait méthodiquement, la situation économique et géopolitique de l'espace arabo-africain se détériorait. La nouvelle Chine, se trouvait en position confortable pour proposer des partenariats multiformes au monde arabe et à l'Afrique dans le cadre des forums qu'elle organisait avec les uns et les autres : les Forums sur la coopération sino-

阿合作论坛"）。

由于工业生产飞速发展，中国对石油和原材料的需求急剧增加，给阿拉伯和非洲供应国带来了重大乃至决定性的影响。从21世纪初到2015年，非洲经济体的表现出现显著改善。这些国家的经济年均增长率甚至达到5%。石油生产国率先从中国需求的增长中获益，特别是在2005年至2015年期间的价格上涨阶段。中国由此成为非洲大陆和阿拉伯地区的主要贸易伙伴。

随着习近平就任中华人民共和国主席，中国迎来了新的领导层。中国政府着手转变发展模式，以适应国民经济发展新阶段即成熟阶段的需要。习近平主席提出"一带一路"倡议，构建了中国与世界其他国家发展伙伴关系的理论基础。这一倡议是中国与伙伴国尤其是非洲和阿拉伯伙伴国的行动纲领。随着非洲和阿拉伯国家加入这一倡议，中国成功地为双方的关系注入新的、质的活力。

2020年，新冠肺炎疫情暴发，引发公共卫生危机，世界经济遭遇新一轮的全球性衰退。中国是被新型冠状病毒波及的第一个国家，也是第一个战胜这种疫情的国家，这使其得以巩固自身在经济和科技领域的成就。另一方面，由于石油和原材料行情下跌，非洲和阿拉伯经济体遭受了新的制约。一些非洲贫穷国家和发展中国家再次面临外债过多的风险，这不禁令人想起这些国家在20世纪80年代的经历。在许多国家，不稳定和不安全根深蒂固，区域对抗不断加剧。

有必要指出的是，一些并非石油生产国的阿拉伯和非洲国家，诸如摩洛哥、塞内加尔、科特迪瓦、博茨瓦纳、卢旺达、加纳和埃塞俄比亚，成功地进行了重大的政治和经济改革。这些国家相对地改善了自身经济状况，有的国家甚至取得了明显改善。同样，埃及局势更加稳定之后，

africaine - FOCAC avec les pays africains donc depuis 2000 et les forums dédiés à la coopération avec les pays arabes depuis 2004.

La progression vertigineuse de la demande chinoise en hydrocarbures et matières premières du fait de l'élan industriel rapide de la Chine a eu un impact significatif pour ne pas dire décisif sur les revenus des pays arabes et africains fournisseurs. Les performances des économies africaines se sont très nettement améliorées depuis le début du XXIème siècle jusqu'à 2015. Le taux annuel de croissance de ces pays a même atteint les 5% en moyenne. Les pays pétroliers ont été les premiers à tirer profit de l'accroissement de la demande chinoise, notamment dans les phases de hausse des prix, entre 2005 et 2015. C'est dans ce cadre que la Chine est devenue le principal partenaire commercial du continent africain et de la région du monde arabe.

Avec l'arrivée d'une nouvelle direction à la tête de la République populaire de Chine avec Xi Jinping comme président, les autorités chinoises ont entrepris de faire évoluer leur modèle de développement pour qu'il puisse répondre à la phase de la maturité de leur économie nationale. Elles ont ainsi lancé l'initiative de la ceinture et de la route, devenue le fondement doctrinal des partenariats de la Chine avec le reste du monde. Une initiative qui se présente sous la forme d'un programme d'action avec les différents pays partenaires et en particulier ceux qui appartiennent au continent africain et au monde arabe. Par l'adhésion de ces derniers à cette initiative, la Chine a réussi à donner un nouveau souffle, qualitatif, à ces relations.

Avec l'année 2020 et la crise sanitaire du Covid-19, l'économie mondiale a été affectée par une nouvelle récession globale. La Chine a été le premier pays touché par ce virus et le premier pays à le vaincre. Cela lui a permis ainsi de renforcer ses acquis dans les domaines économiques et technologiques. Les économies africaines et arabes ont par contre subi de nouvelles contraintes avec la baisse des cours des hydrocarbures et des matières premières. Les risques de surendettement extérieurs sont réapparus pour plusieurs pays africains pauvres ou en développement. Il s'agit presque d'un rappel de la situation qu'ils ont connu dans les années 1980. Dans de nombreux pays, l'instabilité et l'insécurité se sont installés et les antagonismes régionaux se sont exacerbés.

Il est important de relever que certains pays arabes et africains non producteurs d'hydrocarbures ont réussi à réaliser des réformes politiques et économiques significatives dont le Maroc, le Sénégal, la Côte d'Ivoire, le Botswana, le Rwanda, le

该国经济举措的成果也在逐渐显现。

非洲联盟成员国一致同意建立非洲大陆自由贸易区（AfCFTA），这是非洲发展进程中一个鼓舞人心的里程碑。非洲大陆自贸区将在未来几年逐步运作，将有助于促进非洲内部的贸易往来，并为自贸区内所有国家经济的加速增长创造条件。

得益于过去40年间实施的积极主动的产业政策，中国缩小了与发达国家的差距，在财富创造方面甚至相继超越法国、英国、德国以及日本、韩国等亚洲发达国家或新兴市场国家。眼下，中国已经同美国展开直接竞争，并有可能成为21世纪全球化进程的领导者。与此同时，中国与贫穷国家和其他发展中国家的经济差距显著扩大。20世纪60年代联结第三世界国家的那种统一和团结也发生了变化。

如今，阿拉伯世界和非洲国家必须应对笔者在2017年出版的《中国与我们》一书中所论述的"第二次超越"，即中国对这些国家的超越。而"第一次超越"涉及的是包括中国在内的整个南方同西方和北方（与"南方"相对，指发达国家。——审读者注）之间的关系。

正是考虑到非洲大陆和阿拉伯世界面临的挑战，以及它们在经济、人口和地缘政治方面的潜力，本书将对中国与阿拉伯和非洲地区的合作进行新的解读。21世纪初以来，这一合作已经帮助一些非洲和阿拉伯国家改善了自身经济状况。这些国家得以摆脱对前宗主国或西方的专属依赖。未来，通过为可持续、可信赖的快速发展创造条件，这一合作也将帮助非洲和阿拉伯国家战胜"第二次超越"带来的挑战。

Ghana et l'Éthiopie. Ils ont amélioré relativement leurs performances économiques et même, pour certains, de façon tangible. De même, l'Egypte, devenue plus stable, a réussi à faire progresser les résultats de son action économique.

Avec le consensus réalisé entre les pays membres de l'Union africaine, la constitution d'une Zone de libre-échange continentale africaine – ZLECA est un indicateur encourageant pour l'évolution de l'Afrique. La ZLECA, qui pourrait devenir progressivement opérationnelle au cours des prochaines années, contribuera à promouvoir les échanges interafricains et créer les conditions d'une accélération de la croissance de tous les pays de la zone.

Grâce à sa politique industrielle offensive des quarante dernières années, la Chine a pu rattraper les pays développés et a même dépassé en termes de création de richesses, successivement la France, la Grande Bretagne, l'Allemagne et les pays asiatiques développées ou émergeants tels le Japon et la Corée du sud. Elle est aujourd'hui en situation de compétition directe avec les Etats-Unis et pourrait prendre le leadership de la mondialisation du XXIème siècle. En même temps, l'écart entre l'économie chinoise et celle des pays pauvres et en développement s'est bien évidemment creusé. Et l'unité et la solidarité qui la liaient dans les années 1960 avec les pays du tiers monde ne sont plus ce qu'elles étaient.

Le monde arabe et les pays africains sont interpellés aujourd'hui pour répondre au « second dépassement » comme nous l'avons soutenu dans notre livre, « la Chine et nous » - 2017. Il s'agit de leur dépassement par la Chine alors que la problématique du premier dépassement concernait le rapport de l'ensemble des composantes du Sud, Chine comprise avec l'Occident et le Nord.

C'est en tenant compte des défis auxquels font face le continent africain et le monde arabe, mais aussi de leurs potentialités économiques, démographiques et géopolitiques que nous proposons dans ce travail une nouvelle lecture de la coopération de la Chine avec l'espace arabo-africain. Depuis le début du XXIème siècle, cette coopération a déjà aidé certaines économies africaines et arabes à améliorer leurs performances. Elle leur a permis de se libérer de leur dépendance exclusive vis-à-vis des anciennes métropoles et/ou de l'Occident. Elle pourra dans l'avenir aider les pays africains et arabes à gagner le challenge du « second dépassement » en créant les conditions de l'accélération d'un développement durable et crédible.

应对"第二次超越"

　　成为一个具有全球影响力的强国之后，中国于2013年提出"一带一路"倡议（2013年9月和10月，国家主席习近平在出访中亚和东南亚期间，先后提出共建"丝绸之路经济带"和"21世纪海上丝绸之路"的重大倡议。——审读者注），作为与21世纪深度全球化进行对话的工具，希望借此影响全球化进程。这些新的丝绸之路穿越阿拉伯和非洲地区，这是通往地中海和欧洲的名副其实的战略中继。正是以"一带一路"倡议所代表的理念为指导，中国于2000年10月发起成立中非合作论坛，于2004年1月发起成立中国—阿拉伯国家合作论坛，构建起与非洲大陆和阿拉伯国家之间的第三代合作。中非合作论坛的宗旨是"平等磋商、增进了解、扩大共识、加强友谊、促进合作"，成员包括中国、与中国建交的53个非洲国家（阿尔及利亚、安哥拉、贝宁、博茨瓦纳、布基纳法索、布隆迪、佛得角、喀麦隆、中非、乍得、科摩罗、刚果共和国、科特迪瓦、刚果民主共和国、吉布提、埃及、赤道几内亚、厄立特里亚、埃塞俄比亚、加蓬、冈比亚、加纳、几内亚、几内亚比绍、肯尼亚、莱索托、利比里亚、利比亚、马达加斯加、马拉维、马里、毛里塔尼亚、毛里求斯、摩洛哥、莫桑比克、纳米比亚、尼日尔、尼日利亚、卢旺达、圣多美和普林西比、塞内加尔、塞舌尔、塞拉利昂、索马里、南非、南苏丹、苏丹、坦桑尼亚、多哥、突尼斯、乌干达、赞比亚、津巴布韦）以及非洲联盟委员会。中阿合作论坛的宗旨是"加强对话与合作、促进和平与发展"，成员包括中国和阿拉伯国家联盟的22个成员国（约旦、阿联酋、巴林、突尼斯、阿尔及利亚、吉布提、沙特阿拉伯、苏丹、叙利亚、索马里、伊拉克、阿曼、巴勒斯坦、卡塔尔、科摩罗、科威特、黎巴嫩、利比亚、埃及、摩洛哥、毛里塔尼亚、也门）。摩洛哥是这两个论坛的成员国。

　　阿拉伯和非洲地区的各个组成部分都应该努力从中国经验、中国的崛起进程以及中国模式中获益。正是依靠这些经验和模式，中国成功地

Répondre au « second dépassement »

Devenue une grande puissance à dimension mondiale, la Chine a conçu, en 2013 l'initiative de la ceinture et de la route, comme un instrument de dialogue avec la mondialisation avancée du XXIème siècle dont elle voudrait influencer le cheminement. Ces nouvelles routes de la soie traversent l'espace arabo-africain, véritable relai stratégique avant d'aboutir en Méditerranée et d'atteindre l'Europe. C'est dans la logique de la ceinture et la route que la Chine a construit la troisième génération de sa coopération et de son association avec le continent africain à travers le FOCAC depuis 2000 et avec les pays arabes dans les forums sino-arabes qui se réunissent depuis 2004.

应对了"第一次超越",开始追赶发达国家。非洲和阿拉伯国家当前面临的主要挑战则是如何应对中国对它们的"第二次超越"。

阿拉伯和非洲国家不应照搬中国完成"第一次追赶"的经验,而应从自身的历史、文化和地理特殊性出发,借鉴并丰富中国经验。正如中国自己所做的那样,吸收西方现代化成果,而后依靠自身的历史和文化特殊性去改造这些成果,以适应本国国情。

"自力更生"无疑是我们在经济发展方面应该向中国人民借鉴的首要经验。另外一条经验则是:建立强有力的政府,从人民的拥护中获得力量和信誉。这就是中国人所说的"中国特色民主模式"。第三条中国经验是维护主权和领土完整,打击一切形式的分离主义和分裂活动。阿拉伯和非洲国家也应当以中国为榜样,促进睦邻友好与合作,扩大国内市场,为区域团结奠定坚实的基础。这意味着这些国家必须对区域合作中的联合行动给予一切必要的关注,加强非洲和阿拉伯世界区域集团重组,涉及海湾阿拉伯国家合作委员会(简称"海合会")、阿拉伯马格里布联盟、尼罗河流域倡议组织(NBI)以及非洲大陆自由贸易区等非洲区域集团。

1978年以来,中国之所以能够成功崛起,是因为把经济作为农业、工业、服务业、金融业等各部门的重中之重,还在于重视劳动和知识的价值,重视生产结构的多样化,而非依靠租赁行为。把经济放在首位或许也能够增强非洲和阿拉伯国家在地区和国际谈判中的能力,确保它们在全球价值链中占据一席之地,这些价值链如今已经成为世界各国经济相互依存的重要工具。

Les composantes de l'espace arabo-africain doivent œuvrer pour tirer profit de l'expérience de la Chine, de son ascension, de son modèle de ce qui lui a permis de réussir l'enjeu du premier dépassement et de rattraper les pays riches. Le principal défi que doivent relever les Africains et les Arabes participe à répondre au « second dépassement », cette fois par rapport à la Chine.

Les pays arabes et africains ne doivent pas essayer d'imiter de façon mimétique l'expérience chinoise laquelle a certes réussi « le premier rattrapage », mais plutôt se l'approprier tout en l'enrichissant à partir de leurs propres spécificités historiques, culturelles et géographiques. Comme l'a fait la Chine elle-même en s'appropriant la modernité de l'Occident avant de l'adapter grâce de l'apport de ses spécificités historiques et culturelles.

« Compter sur soi-même » est certainement la première leçon que l'on doit tirer de l'expérience de la Chine populaire en matière de développement économique. Autre leçon : mettre en place des gouvernances solides qui tirent leur force et leur crédibilité de l'adhésion de leurs populations. C'est ce que les Chinois appellent « le modèle démocratique à la chinoise ». Une troisième leçon à tirer de l'expérience chinois consiste à s'attacher à son intégrité territoriale et à combattre toute forme de séparatisme et de dislocation. Il est important également pour les pays arabes et africains, qu'ils prennent exemple sur la Chine, de façon à promouvoir leur coopération avec leurs voisins pour élargir les marchés domestiques et créer les bases de la solidarité régionale. Cela implique qu'ils portent aux actions communes de coopération régionales tout l'intérêt nécessaire et qu'ils renforcent les regroupements régionaux africains et arabes : les régions du golfe, du Maghreb et du Nil pour ce qui est du monde arabe et les groupements régionaux africains ainsi que la zone de libre-échange continentale pour l'Afrique.

Le succès de l'ascension de la Chine depuis 1978 tient au fait que ce pays a accordé la primauté à l'économique dans tous les secteurs : agriculture, industrie, services, financement. Il tient également à l'intérêt accordé à la valeur du travail, du savoir et à la diversification du tissu productif en lieux et place de pratiques rentières. La primauté accordée à l'économie permettrait aussi aux pays africains et arabes de consolider leur capacité de négociation au niveau régional et mondial et de garantir leur présence dans les chaines de valeur mondiales qui sont devenues aujourd'hui l'instrument essentiel des interdépendances entre les différentes économies nationales à travers le monde.

因此，中国经验激励非洲和阿拉伯国家通过更加重视教育和培训来发展自身的人力资源，以便能够加入新技术革命。新技术将有助于这些国家应对21世纪的新挑战，这些挑战已在新冠肺炎疫情中暴露出来：保护个人与集体健康，应对全球气候变化，消除贫困、不公平以及收入和财富的不合理分配。

非洲和阿拉伯国家必须借鉴的中国经验还有一条，那就是积极发展中国—非洲—阿拉伯伙伴关系，运用"一带一路"倡议提供的工具，参与建设一个多极世界。随着中国的崛起，我们看到在过去40年里出现了新的一极，其广阔基础涵盖整个亚洲，足以与美国、欧洲和俄罗斯抗衡。

当今世界需要新的一极，以便推动多极化进程，并为均衡、稳定、和平与繁荣提供保障。非洲和阿拉伯国家必须努力建立新的一极，这个新极将以地中海为轴心，促进非洲和阿拉伯地区各个组成部分之间的横向联系，以及从非洲腹地开始、跨越地中海、直达欧洲的纵向联系。这项工程会和中国提出的"一带一路"倡议殊途同归。

以几个强国为中心构建的多极世界并不一定会导致霸权的产生。追求富强，永不称霸：这是中国经验带给我们的最终启示。

L'expérience chinoise interpelle donc Africains et Arabes pour les inciter à valoriser leurs ressources humaines en accordant plus d'intérêt à l'éducation et à la formation pour pouvoir adhérer à la révolution des nouvelles technologies. Celles-ci les aideront à trouver des réponses aux nouveaux défis du XXIème siècle, ceux-là même qui ont été révélé avec la pandémie du Covid-19 : il s'agit de la protection de la santé individuelle et collective, de la lutte contre le réchauffement climatique ainsi que la lutte contre la pauvreté et l'iniquité et la mauvaise répartition des revenus et des richesses.

Les Africains et les Arabes auront à tirer une dernière leçon de l'expérience chinoise en investissant les partenariats sino-afro-arabes et en utilisant les instruments de l'initiative de la ceinture et de la route pour participer à la construction d'un monde multipolaire. Grâce à l'ascension de la Chine, on a assisté, ces quarante dernières à l'émergence d'un nouveau pôle qu'elle représente avec sa vaste base englobant toute l'Asie. Un pôle d'équilibre dans le monde face aux Etats-Unis, à l'Europe et à la Russie.

Parce que le monde a aujourd'hui besoin de l'émergence d'un nouveau pôle, nécessaire pour promouvoir la multipolarité et garantir les conditions d'équilibre, de stabilité, de paix et de prospérité. C'est aux Africains et aux Arabes de travailler à la naissance de ce nouveau pôle qui devra avoir pour axe la Méditerranée en favorisant les solidarités horizontales entre les composantes de l'espace afro-arabe et celles, verticales qui, à partir de l'Afrique profonde traversent la Méditerranée pour aboutir en Europe. Ce chantier devrait converger avec la logique de la ceinture et de la route telle que conçue par la Chine.

Un monde multipolaire construit autour des grandes puissances n'aboutit pas nécessairement à une hégémonie. La puissance, oui, l'hégémonie, non : c'est la dernière leçon à tirer de l'expérience chinoise.

Chapitre 1
第一章

中国
——从伟大文明古国到世界强国

La Chine :
Une grande civilisation devenue puissance mondiale

现在要准确估计 2020 年至 2021 年期间的经济危机的规模还为时尚早，但这场危机肯定会比 2008 年至 2009 年期间的经济危机更为严重。

受此次经济危机打击最大的是疫情最严重的国家，以及对全球贸易、旅游业、商品出口和外部投资依赖程度最深的国家。

总体框架

要想研究中国与阿拉伯和非洲地区的合作关系，显然要将其置于当今世界所处的历史背景之中。从 2020 年到 2021 年，全球经济之所以陷入严重衰退，是因为世界各地为了阻断新冠病毒传播、防控新冠肺炎疫情而采取了大规模停工停产措施。

当前的公共卫生与经济双重危机扩大了 2008 年经济危机的影响，其后果仍然是多边主义的倒退和分裂的日益严重，并破坏了全球治理的运作。此外，这场危机还加剧了中美两个大国之间的紧张态势，把中美贸易战推向极端，并延伸到公共卫生和科技领域。

美国和中国之间的对立从双方领导人的讲话中也可见一斑。2017 年年初，在瑞士达沃斯，中国国家主席习近平积极推动经济开放和多边主义，反对美国特朗普政府"美国优先"的保护主义和内向化做法，而美国本应是自由经济的坚决捍卫者。习近平主席形象地指出："搞保护主义如同把自己关进黑屋子，看似躲过了风吹雨打，但也隔绝了阳光和空气。打贸易战的结果只能是两败俱伤。"习近平强调，中国将坚定不移发展全球自由贸易和投资，在开放中推动贸易和投资自由化便利化，发展全球互联互通，让世界各国实现联动增长，走向共同繁荣。这位共产党人还对中东、北非局势紧张潮导致数以百万计的民众颠沛流离深表关切。（2017 年 1 月 17 日，国家主席习近平出席世界经济论坛 2017 年年会开幕式并发表了题为《共担时代责任，共促全球发展》的主旨演讲。——审读者注）

Il est encore trop tôt pour estimer précisément l'ampleur de la crise économique 2020-2021, mais il est déjà certain qu'elle sera plus brutale que celle de 2008-2009.

Les pays les plus durement touchés sont ceux où l'épidémie a été la plus grave et ceux qui se caractérisent par une forte dépendance vis-à-vis du commerce mondial, du tourisme, des exportations de produits de base et des financements extérieurs.

Le cadre général

L'étude des rapports de coopération entre la Chine populaire et l'espace arabo-africain, objet de ce travail, est bien sûr à placer dans le contexte historique dans lequel se trouve actuellement le monde. Un monde pongé en ces années 2020-2021 dans une grave récession résultat des mesures d'arrêt d'activités prises partout pour stopper la propagation du virus et enrayer la pandémie du Covid-19.

La double crise actuelle, sanitaire et économique, a amplifié les effets de la crise de 2008, dont les conséquences se font encore sentir en termes de recul du multilatéralisme et de multiplication des ruptures - entrainant des perturbations dans le fonctionnement de la gouvernance mondiale. Elle a ainsi exacerbé les tensions entre les deux grandes puissances mondiales que sont les Etats-Unis et la Chine, et poussé à l'extrême la guerre commerciale qui les oppose avec ses prolongements sur les deux fronts sanitaire et technologique.

L'opposition Etats-Unis – Chine est perceptible dans les discours de leurs présidents. Déjà, à Davos, en 2017, Xi, le communiste, militait pour l'ouverture des économies et la promotion du multilatéralisme, contestant ainsi l'approche protectionniste et d'introversion de Trump -, sensé pourtant être le héraut de l'économie libérale - avec son slogan « America first ».

在2020年9月召开的联合国大会上，同样的场景再度发生。（2020年9月22日，国家主席习近平与时任美国总统特朗普分别在第七十五届联合国大会一般性辩论上发表讲话。——审读者注）特朗普正面抨击中国，声称中国要为他所称的"中国瘟疫"的传播负责。习近平拒绝掉入新冷战逻辑的陷阱，明确主张："面对疫情，我们要加强团结，同舟共济……我们要关心和照顾发展中国家特别是非洲国家。国际社会要在减缓债务、援助等方面采取及时和强有力举措，确保落实好《联合国2030年可持续发展议程》，帮助他们克服困难。"全球化重要的一点就是各国经济的相互依存，因此疫苗应被视为全球公共产品，让所有国家特别是发展中国家公平地分享。

2021年1月20日，约瑟夫·拜登就任美国第46任总统之后，美国重新回归多边主义，但中美这两个超级大国之间的紧张局势并未得到真正缓和。2021年3月18日，双方最高级别外交官员在阿拉斯加安克雷奇的首次会面（2021年3月18日，中共中央政治局委员、中央外事工作委员会办公室主任杨洁篪和国务委员兼外交部长王毅在安克雷奇同美国国务卿布林肯、总统国家安全事务助理沙利文举行中美高层战略对话。——审读者注）就清楚地显示了这一点。美国新政府要员指责中国破坏了世界平衡。中国代表则认为美国没有任何资格教训别人，世界的运转模式不是哪一国说了算的，相反，所有文明都在做出自己的贡献。中国级别最高的外交官杨洁篪强调："中方主张和平、发展、公平、正义、民主、自由的全人类共同价值，主张维护以联合国为核心的国际体系、以国际法为基础的国际秩序，而不是以一小部分国家制定的规则为基础的秩序。世界上绝大部分国家并不承认美国的价值就是国际价值，不承认美国说的就是国际舆论，不承认少数国家制定的规则就是国际规则。"

当前的公共卫生与经济双重危机还表明，各国与各区域经济之间存在着高度的相互依存关系，尽管贸易、金融和科技方面取得了重大进展，全球化进程当前所处的阶段仍然充满不可预见性和脆弱性。

这场危机同样揭示了全球化进程中的一些问题：健康问题（包括集体健康与个人健康）、分化不断加剧导致的社会和空间失衡问题——这

Même scénario en septembre 2020, à l'occasion de la tenue de la session des Nations unies. Trump s'y est attaqué frontalement à la Chine, responsable selon lui de la propagation de ce qu'il appelle « l'épidémie chinoise ». Xi Jinping, refusant de tomber dans le piège de la logique d'une nouvelle guerre froide, a, quant à lui, plaidé pour « une gestion collective et solidaire de la crise sanitaire ». Etant donné les interdépendances entre les économies nationales, élément majeur de la mondialisation, le vaccin, a-t-il dit, doit être considéré comme un bien commun à partager équitablement.

Si depuis l'élection du président Biden en novembre 2020, les Etats-Unis ont renoué avec le multilatéralisme, cela ne s'est pas véritablement traduit cependant par une réduction des tensions entre les deux super grands. Leur premier face à face à Anchorage – Alaska le 18 mars 2021 l'a bien démontré : les nouveaux responsables américains y ont accusé la Chine de déstabiliser les équilibres du monde. Pour la Chine, qui ne reconnait aux Etats-Unis aucune légitimité en tant que donneurs de leçons, le modèle du fonctionnement du monde ne peut être l'objet d'un quelconque monopole : il doit, au contraire, tenir compte des apports de toutes les civilisations, dit-elle.

La double crise actuelle a été, par ailleurs, un révélateur de l'extrême interdépendance entre les économies nationales et régionales et de l'imprévisibilité et la fragilité de la mondialisation à son étape actuelle, et ce malgré les grandes avancées qui ont pu être réalisées sur les plans commercial, financier et technologique.

Elle a mis en lumière les dérives de cette même mondialisation : sur le plan sanitaire : santé collective et santé individuelle, sur le plan des asymétries sociales

个问题不容继续忽视——以及全球气候变化带来的环境问题。从今往后，世界上与健康、不公平、不公正以及环境保护相关的问题都将被视为"人类共同财产"问题来看待和处理。这些问题必须纳入所有公共政策并在其中占据中心位置。

因为很显然，我们再也不能把民众的健康与人类社会的物质需求分割开来。人体（疫情）与社会和经济体（危机）之间存在相互影响。世界的现在和未来之间存在相互影响。因此，当前的危机不仅仅是一场公共卫生和经济危机，也是一场具有人类学性质的危机。

2020年至2021年是世界发展史上的转折点，毫无疑问也是中国在全球化进程中所处地位的转折点。

随着新冠病毒的传播，新冠肺炎疫情使全球经济陷入瘫痪。疫情首先于2019年年底在中国暴发，中国经济首当其冲。然而，中国也是第一个走出疫情的国家，并在全球大萧条中重振经济。正如习近平主席在2020年9月总结的那样（2020年9月8日，国家主席习近平在全国抗击新冠肺炎疫情表彰大会上发表重要讲话。——审读者注），中国用一个多月的时间初步遏制疫情蔓延势头，用两个月左右的时间将本土每日新增病例控制在个位数以内，用三个月左右的时间取得武汉保卫战、湖北保卫战的决定性成果，进而又接连打了几场局部地区聚集性疫情歼灭战，夺取了全国抗疫斗争重大战略成果。在此基础上，中国统筹推进疫情防控和经济社会发展工作，抓紧恢复生产生活秩序，取得显著成效。作为由发达国家与新兴市场国家共同组成的二十国集团（G20）举足轻重的成员，中国经济在2020年实现了2.3%的增长率，成为当年全球唯一实现经济正增长的主要经济体。在确保经济增长的同时，中国也巩固了自己在21世纪全球化进程中的地位。中国成功地化危为机，把当前的双重危机转变为真正的机遇。凭借这一新的力量，中国决定在数量与质量上推动与其他国家特别是与非洲和阿拉伯世界之间的合作伙伴关系。由此，中国也为"一带一路"倡议注入了新的活力。让我们记住，这是一条穿越非洲和阿拉伯世界的陆地和海洋之路。

20世纪20年代开始之际是一个重要的时刻，供我们回顾中国一个

et spatiales à l'origine de fractures qui ne cessent de se creuser - et que l'on ne peut plus ignorer - et sur le plan environnemental avec les risques du réchauffement climatique. Au point que désormais les questions relatives à la santé, aux iniquités et injustices dans le monde ou encore à la protection de l'environnement sont perçues et traitées en qualité de véritables « biens communs » de l'humanité. Qui doivent intégrer et occuper des places centrales dans toutes les politiques publiques.

Parce que, clairement, la santé des populations et les besoins matériels des sociétés humaines ne peuvent plus être dissociés. Interférence donc entre le corps humain (épidémie) et le corps social et économique (la crise). Et interférence entre le présent et l'avenir du monde. La crise actuelle est ainsi plus que seulement sanitaire et économique : elle a également un caractère anthropologique.

Les années 2020-2021, tournant dans l'évolution de ce monde, constituent incontestablement également un tournant dans la place de la Chine dans la mondialisation.

L'épidémie du Covid-19, qui a paralysé l'ensemble de l'économie mondiale au fur et à mesure de la diffusion du virus, est partie fin 2019 de Chine dont l'économie a été la première affectée. Premier pays touché par le Covid-19 donc, la Chine a été aussi le premier à en sortir. Et à relancer son économie en pleine dépression mondiale. Membre influent du « Groupe des 20 » - G20, groupe des pays développés et émergents, la Chine a enregistré, en 2020, un taux de croissance positif de 2,3%. En consolidant sa croissance, elle consolidera également sa position dans la mondialisation du XXIème siècle. Ainsi, elle a transformé la double crise actuelle en véritable opportunité. Forte de cette puissance renouvelée, elle est déterminée à exercer une influence sur l'évolution quantitative et qualitative de l'ensemble de ses partenariats et particulièrement avec l'Afrique et le monde arabe. Elle a d'ailleurs donné un nouveau souffle à son initiative de la ceinture et de la route qui traverse par terres et mers, rappelons-le, ces derniers.

Ce début des années 2020 est un moment important pour faire le bilan de

世纪以来的历史变迁，审视这个渴望在本世纪上半叶甚至 30 年代就能跃居世界第一的当今世界第二大经济体的现状，阐明中国作为大国必须为世界重塑做出贡献，特别是要为与其他国家的合作伙伴关系注入新动力，主要是与阿拉伯和非洲地区。

因此，让我们回顾一下中国在整个 20 世纪的发展历程：1921 年开始走上民族解放之路，1949 年建立中华人民共和国，30 年之后即 1978 年实行改革开放，2013 年左右迈入经济成熟阶段。如今，中国又必须更新自身的发展模式。

20 世纪 60 年代和 70 年代，中国远远落后于我们。我们知道，中国当时是世界第一人口大国。我们还知道，中国由一个中央集权的共产党体制领导（现在依然如此）。然而，中国的这套体制具备自身的特殊性，因而在意识形态层面具有真正的吸引力，这种特殊性与农民在中国革命中的中心地位有关。中国体制的另一个独特之处是试图超越以苏联为代表的传统马克思主义方法，在革命性转变中引入文化要素来替代单一的物质要素。这一切都与毛泽东的历史性领导有着密切联系，毛泽东在中国的民族解放和国家统一进程中发挥了决定性作用。

20 世纪 50 年代、60 年代和 70 年代，中国经济经历了一个锯齿状的发展阶段，偶尔取得一些进展，但更常见的是停滞甚至倒退，而中国人口则超过了 10 亿。在整个毛泽东时代，中国处于国际社会的边缘，并未对世界产生真正的影响。中国的自给自足和经济建设方面的挫折使其无法适应 20 世纪下半叶重大的经济、科学和技术变革。

毛泽东逝世（1976 年 9 月）之后，中国苏醒过来并开启了一场伟大的经济改革和对外开放运动。发展本国经济、追赶发达经济体，已经成为中国公共政策的主要动力。

l'évolution historique de la Chine sur un siècle, pour faire le point sur sa situation actuelle en tant que deuxième puissance mondiale qui aspire à se hisser au premier rang avant la fin de la première moitié de notre siècle, peut-être même dès les années 2030 et pour relever la nécessité pour elle, en tant que grande puissance, de contribuer à la refondation du monde, notamment en donnant un élan nouveau à ses partenariats, et principalement avec l'espace arabo-africain.

Donc, retour sur l'évolution de la Chine tout au long du XXème siècle : à partir de 1921 quand elle a entamé sa marche pour la libération du pays jusqu'à la création de république populaire de Chine en 1949. Son ouverture sur la logique des réformes trente années plus tard, en 1978, pour arriver au stade de sa maturité économique, autour de 2013. Et la nécessité pour elle, aujourd'hui, de rénover son modèle de développement.

Au cours des années 1960 et 1970, la Chine était loin, très loin, de nous. On savait bien sûr qu'elle était la première puissance démographique au monde. On savait également qu'elle était (et reste d'ailleurs) dirigée par un système communiste centralisé qui avait cependant une certaine spécificité grâce à laquelle il exerçait une réelle attractivité sur le plan idéologique, spécificité liée à la place centrale accordée à la paysannerie dans sa révolution. Autre singularité du système chinois : sa tentative de dépassement de l'approche marxiste traditionnelle, représentée alors par l'Union soviétique, en introduisant et proposant l'élément culturel en lieu et place du seul facteur matériel dans la réalisation des transformations révolutionnaires. Tout ceci était intimement lié à l'action menée par son leader historique, Mao Zedong, dont le rôle a été déterminant dans la libération de la Chine et son unification.

Au cours des décennies 1950, 1960 et 1970, l'économie chinoise a connu une évolution en dents de scie, avec parfois des avancées, mais plus souvent des phases de stagnation et surtout de recul alors que sa population dépassait déjà le milliard d'habitants. Durant toute la période maoïste, la Chine est restée en marge de la société internationale et sans influence réelle sur le monde. Son autarcie, comme ses échecs économiques d'alors, ne lui ont pas permis de s'adapter aux transformations majeures, économiques, scientifiques et technologiques, qui ont marqué la deuxième partie du XXème siècle.

A la disparition de Mao Zedong (1976), la Chine s'est réveillée et s'est lancée dans un grand mouvement de réformes économiques et d'ouverture sur le monde. La motivation du développement économique et du rattrapage des économies

中国的新领导人邓小平（1904—1997）是这场巨变的主要发起者。作为中国第一代革命家之一，邓小平具有很高的历史威望，有意愿也有雄心使自己的国家获得巨大的经济活力，以便最迟到21世纪初在世界上真正拥有一席之地。邓小平的目标不仅实现了，而且远远超出所有预期。如今，中国在国际舞台上举足轻重，对全球大小事务都具有决定性的影响。中国是其他国家不可或缺的合作伙伴，世界需要中国并且依赖中国。自从经济进入成熟阶段以来，中国也更加需要世界。

这就是中国经济的现状。

在1976年毛泽东时代结束之前，没有任何迹象显示这种情况会发生。这种情况之所以成为可能，是因为中国成功地从"文化大革命"过渡到了向市场经济开放。这使得中国不仅能够满足本国人民的基本需求，成为一个经济强国，而且开始对世界经济产生决定性的影响。

从此，中国处于全球需求的核心。由于经济不景气以及受到2008年经济和金融危机冲击，发达国家（美国和欧洲）不仅丧失了长期以来独占的世界经济火车头地位，而且在很大程度上需要依靠长期保持高速增长的中国经济来维持活力，还要仰赖中国将自身的财政盈余投资到它们处于衰退的经济中去。21世纪初以来，发展中国家通过为中国供应原材料和能源产品，也得以从中国经济的优异表现中获益。这大大有助于非洲大陆摆脱独立之后长达40年的经济停滞。

中国经济的崛起既有利于自身，也有利于世界。因此，世界已经成为中国关注的核心，中国也成了世界关注的焦点。

中国经济的崛起产生了巨大的地缘战略影响，帮助中国先后摆脱了与美国、苏联之间的意识形态对抗，而这些对抗可能演变成军事冲突。中国选择了对外开放，选择成为国际经济竞争的参与者。

développées est devenue le moteur essentiel des politiques publiques du pays.

Son nouveau leader, Deng Xiaoping, s'est imposé comme l'initiateur principal de cette mutation. Fort de cette légitimité historique d'avoir appartenu à la première génération des révolutionnaires chinois, il avait la volonté et l'ambition de faire adhérer son pays à une grande dynamique économique pour lui permettre d'avoir une présence réelle dans le monde au plus tard au début du XXIème siècle. Et il a atteint ses objectifs au-delà de toute espérance : aujourd'hui, la Chine est plus que présente sur la scène mondiale : elle a une influence décisive sur tout ce qui passe sur la planète. Elle est un partenaire incontournable pour le reste du monde qui définitivement a besoin et dépend d'elle, comme elle-même a besoin de lui depuis que son économie est entrée dans la phase de la maturité.

C'est là, l'évènement économique chinois.

Un évènement que rien ne laissait prévoir avant la fin du règne maoïste en 1976. Ce qui l'a rendu possible, c'est le passage de la Chine de la révolution culturelle à l'ouverture sur l'économie de marché. Ceci a permis à la Chine non seulement de répondre aux besoins essentiels de sa population et de devenir une grande puissance économique, mais également de commencer à avoir une influence décisive sur l'économie mondiale.

La Chine est désormais au cœur de la demande mondiale. Avec l'essoufflement de leurs économies, et depuis 2008, avec la crise économique et financière mondiale, les pays du Nord (États-Unis et Europe) ont non seulement perdu leur rôle, longtemps exclusif, de locomotive de l'économie de la planète, mais doivent en grande partie leur reste de vitalité à celle de l'économie chinoise qui a longtemps maintenu des taux de croissance élevés. Ils la doivent aussi aux excédents financiers que la Chine a placés dans leurs économies touchées par la récession. Les pays du Sud ont également tiré profit des performances de l'économie chinoise puisque, depuis le début du XXIème siècle, ils lui fournissent matières premières et produits énergétiques. Ceci a contribué fortement à sortir le continent africain de la stagnation qui était la sienne tout au long des quatre décennies post indépendances.

Aussi l'émergence de l'économie chinoise a-t-elle fait du bien autant à la Chine qu'au monde. Le monde ainsi est devenu un centre d'intérêt majeur de Chine. Comme la Chine est désormais un centre d'intérêt incontournable pour le monde.

L'évènement économique chinois a eu de grands impacts géostratégiques. Il a contribué à sortir la Chine des confrontations idéologiques avec les États-Unis,

意识形态对抗往往导致战争，而经济对抗则会走向妥协与共存，有利于稳定与和平。第二次世界大战结束之后，欧洲内部（德国和法国）以及欧洲与美国之间发生的正是经济对抗这种情况。当前中国与美国在全球层面、中国与亚洲邻国之间在地区层面发生的情况也属于经济对抗。

邓小平的改革开放政策正在全球层面延伸，集中体现为习近平提出的"中国梦"和"一带一路"倡议。

如今，中国受到所有人的尊敬和重视。中国从经济强国的地位出发，与世界对话，甚至影响世界。中国的雄心壮志合情合理：在世界上确立自己新的定位。

中国重视自身的特殊性，这些特殊性在看上去互相矛盾的元素的共存中得到了确认。正是这些特殊性使中国得以调和自身矛盾，甚至利用这些矛盾来促进本国的发展。这些看似矛盾的元素包括：以共产党为核心的中央集权政治体制和对市场经济逻辑的完全认同，在热爱本国历史的同时拥抱现代性以及最先进的知识和技术，在坚决捍卫主权和领土完整的同时在国家内部实行多种经济和政治制度。

在这条道路上前进的结果是：中国已经成为当今世界第二大经济体，并准备在 20 年内成为世界第一。

中国只用了三分之一世纪的时间就实现了这一重大转变。1980 年，中美国内生产总值的对比为 1∶14。到了 2000 年，这一比例仅为 1∶4。预计到本世纪 30 年代末，中国的国内生产总值将与美国不相上下。

2008 年，中国的工业生产在数量上超过了美国。从此，中国成为世界工厂。2011 年，中国出口数量与价值均超越了美国。

puis avec l'URSS, confrontations qui auraient pu déboucher sur des affrontements militaires. En choisissant l'ouverture, la Chine a choisi de devenir un acteur dans la sphère de la compétition économique.

Si les confrontations idéologiques se soldent souvent par des guerres, les confrontations économiques amènent à des cohabitations, des compromis et favorisent donc stabilité et paix. C'est ce qui s'est passé au lendemain de la seconde guerre mondiale entre les composantes de l'Europe (Allemagne et France) et entre celles-ci et les États-Unis. C'est ce qui se passe aujourd'hui entre les Chine et les États-Unis au niveau mondial et entre la Chine et ses voisins asiatiques au niveau régional.

La politique d'ouverture et de réformes de Deng Xiaoping connait actuellement des prolongements sur le plan global, représentés par le « Nouveau Rêve » et la stratégie de la « Nouvelle Route de la Soie » de Xi Jinping.

La Chine aujourd'hui inspire à tous respect et considération. Elle dialogue voire interpelle le monde à partir d'une position de puissance économique. Son ambition légitime : assoir son nouveau positionnement dans le monde.

Cette Chine met en avant ses spécificités désormais reconnues dans la cohabitation d'éléments qui semblent être, a priori, contradictoires. Car, ce sont ces spécificités qui lui permettent d'encadrer ses contradictions, et même de les mettre au service de son développement : un système politique centralisé autour de son axe principal, le parti communiste et une adhésion totale à la logique de l'économie de marché / un attachement à une authenticité ancrée dans son histoire et une ouverture sur la modernité, la connaissance et la technologie la plus sophistiquée / un attachement total à son intégrité territoriale et la cohabitation de plusieurs systèmes économiques et politiques au sein de la nation.

Le résultat de l'avancée sur cette voie : la Chine est aujourd'hui la deuxième puissance économique et se prépare à occuper la première place, dans moins de deux décennies.

Il lui a fallu à peine un tiers de siècle pour réaliser cette mutation majeure. En 1980, l'écart entre le PIB chinois et le PIB américain était de 1 à 14. Il n'est plus que de 1 à 4 en l'an 2000. Et la parité entre les deux PIB est attendue pour la fin des années trente de notre siècle.

La production industrielle chinoise a dépassé, sur le plan quantitatif, celle des États-Unis en 2008. Depuis, la Chine est devenue l'atelier du monde. En 2011, les

今天，中国不仅在诸多原材料生产方面处于世界领先地位，在移动电话和互联网用户数量以及超级计算机和普通计算机的生产方面也是如此。中国是最大的境外旅游客源国，且即将成为第一大境外直接投资国。中国还是可再生能源和绿色经济领域的最大运营国。

中国经济从20世纪80年代初到2015年的发展历程，无疑是第三个千年到来之际最重要的历史现象。

在过去40年里，中国从一个发展中经济体转变为一个新兴市场经济体，并在20世纪末跻身世界强国之列。今天，中国是仅次于美国的世界第二大经济体，并希望在2030年至2040年间上跃升首位。然而，中国的目标并非支配任何一个国家或一片大陆。对中国来说，强大并不意味着称霸，而是增强地区和国际影响力。从历史传统看，中国从来都不是一个殖民主义国家。相反，中国的部分领土曾被亚洲国家（俄国、日本）和欧洲国家（葡萄牙、英国、法国、德国）侵占。（清末，外国列强通过以不平等条约割让或租借、直接占领等方式侵占我国大片领土。其中，沙皇俄国、葡萄牙、英国、法国、德国强租的旅顺口和大连湾、澳门、新界和威海卫、广州湾、胶州湾等租借地，就国际法而言，主权仍属于中国。——审读者按）

如果我们把美国、欧盟、中国和俄罗斯（从战略层面看）视为当今世界主要强国的话，那么中国的强大与其余三者相比有其特殊性。中国确乎具备大国的一切特征。中国拥有悠久的历史和伟大的文明，而美国的历史和文明则源自其最初移民的来源地——欧洲大陆。中国是一个经济强国，但俄罗斯并非如此，尽管该国拥有巨大的财富并在战略和空间方面表现突出。中国还是一个政治和军事强国，而欧盟尽管在过去60年里在经济一体化方面取得了进展，但其政策一致性和战略统一性仍然缺乏根基。

exportations chinoises ont dépassé celles des États-Unis, à la fois en volume et en valeur.

Si aujourd'hui la Chine est au premier rang pour la production de plusieurs matières premières, il convient de relever qu'elle vient également en tête pour le nombre d'utilisateurs de téléphones portables ou d'Internet, ainsi que pour la production des supercalculateurs et des ordinateurs. En nombre de touristes, elle est le premier marché émetteur et se prépare à devenir le premier exportateur d'IDE. Elle est enfin le premier opérateur dans le secteur des énergies renouvelables et de l'économie verte.

L'évènement économique chinois du début des années 1980 à 2015 est certainement le phénomène historique le plus important qui a accompagné l'avènement du troisième millénaire.

En quarante années la Chine est passée d'une économie en développement à l'état d'économie émergente pour atteindre à la fin du XXème siècle le stade de puissance mondiale. Aujourd'hui, elle est au deuxième rang économique après les Etats-Unis. Elle aspire atteindre la première position entre 2030 et 2040. Le but de la Chine n'est cependant pas de dominer tel pays ou tel continent. Pour elle, la puissance n'implique pas hégémonie. Elle implique cependant le rayonnement et l'influence régionale et mondiale. Approche qui découle de l'héritage de l'histoire de la Chine qui n'a jamais été une puissance colonisatrice. Par contre, plusieurs parties de son territoire ont été occupés par des pays asiatiques (russes, japonais) et européens (Portugal, Grande Bretagne, France, Allemagne).

Si on considère que les Etats-Unis, l'Union européenne, la Chine et la Russie (sur le plan stratégique pour cette dernière) sont les principales puissances mondiales aujourd'hui, la puissance de la Chine a ses spécificités par rapport aux trois autres. Elle possède en effet toutes des caractéristiques de la grande puissance. Elle a une grande histoire et est une grande civilisation, contrairement aux Etats-Unis qui doivent leurs histoire et civilisation à l'Europe continent d'origine de leurs populations. La Chine est une puissance économique, ce qui n'est pas le cas de la Russie malgré l'immensité de ses richesses et malgré ses performances sur le plan stratégique et spatial. La Chine est enfin une puissance politique et militaire contrairement à l'Union européenne qui ne possède pas encore les bases de la cohérence politique et de l'unité stratégique malgré les progrès réalisés depuis 60 ans par son intégration économique.

因此，21世纪的中国无论是从文明和文化、经济、科技层面看，还是从地缘战略（就其所处的亚洲地缘环境而言）层面看，都是名副其实的世界强国。

中国面临着一个巨大的挑战：在继续保持大国地位的同时信守不称霸的承诺。也就是说，中国成为多方位强国的目标是捍卫本国发展成果，增强经济、科技和文化影响力，并在全球治理过程中发挥重要作用。因此，中国必须继续奉行邓小平所强调的软实力政策，以世界强国的身份，继续在国际关系中推行和平外交。然而，中国也必须维护本国发展成果，巩固地缘战略影响力，特别是在与其直接相关的亚洲地区。这正是以习近平为核心的新一代领导集体选择的战略方向。

历史与文化——中国成为世界强国的起点

中国首先是一个历史悠久的伟大文明古国。从人类的起源到18世纪欧洲工业革命之前，中国始终在科学、艺术和医药领域保持世界领先地位。造纸术、指南针、火药和印刷术均诞生于中国，被誉为中国古代"四大发明"。中华文明是世界上最古老的文明之一，对亚洲邻国产生了直接且深远的影响，尤其是朝鲜、琉球（1879年被日本吞并。——审读者注）、越南和日本，建立了古代东亚的朝贡体系，形成了以儒家思想为核心的东亚文化圈。直到19世纪初，中国一直被认为是世界第一大经济体。

如果我们不考虑文化和家庭在中国社会中的地位，就无法理解如今的世界强国中国经历了怎样的历史变革。

要理解中国几个时期以来的变迁，就必须参考中国的历史。中国领导人懂得如何以史为鉴。他们认识到，中国的全面发展，尤其是经济发

Ainsi, la Chine se présente au XXIème siècle comme une puissance globale quel que soit l'aspect pris en compte : civilisationnel et culturel, économique, technologique ou géostratégique (dans son espace de proximité asiatique).

La Chine a un grand défi à relever : rester une grande puissance sans devenir hégémonique conformément à ses engagements. Cela veut dire que pour elle, atteindre le stade de la puissance multidimensionnelle a pour objectif la défense de ses acquis, la réalisation de son rayonnement économique, technologique et culturel et l'influence dans le processus de la gouvernance du monde. Elle aura donc à rester attachée aux approches du soft-power mis en évidence par Deng Xiaoping et continuer à développer une diplomatie de sérénité dans les relations internationales alors qu'elle a atteint des positions avancées en tant que puissance mondiale. Elle est cependant dans l'obligation de protéger ses acquis et de consolider sa présence géostratégique, notamment dans son environnement asiatique immédiat. Ce sont-là les choix de la nouvelle direction incarnée par le président Xi Jinping.

L'histoire et la culture, points de départ de la puissance mondiale de la Chine

La Chine est avant tout une grande civilisation enracinée dans l'histoire. Depuis l'aube des temps jusqu'au XVIIIème siècle et la révolution industrielle européenne, la Chine possédait toutes les caractéristiques d'un leader en matière de production des sciences, arts et médecine. Le pays a été le premier à faire les grandes découvertes du papier, de la poudre à canon, de la boussole ou encore de l'imprimerie. La civilisation chinoise, considérée parmi les plus anciennes au monde, a eu une influence directe sur les pays appartenant à sa proximité asiatique, notamment le Japon, la Corée et le Vietnam. Elle était ainsi considérée jusqu'au début du XIXème siècle comme la première économie dans le monde.

On ne peut pas comprendre l'évolution historique de la Chine, devenue aujourd'hui une grande puissance à l'échelle mondiale, si on ne tient pas compte la place de la culture et de la famille dans la société chinoise.

La référence à l'histoire de la Chine est nécessaire pour comprendre l'évolution du pays à travers plusieurs périodes. Les responsables chinois ont su tirer les

展，需要实现国家的重新统一，需要巩固政治体制，需要坚守历史传统，以便坦然学习进而吸收外国成果。他们意识到，必须以人为本，保持中国特色，避免故步自封。只有这样，中国才能始终坚持走改革开放的道路。

回顾历史，追寻中华民族形成的源流，不难发现民族的兴盛得益于文化的贡献。中国人成功地让自身文化遗产中最有影响力的部分服务于国家发展大计。

作为文化大国，中国的发展深受哲学家与文人的滋养，他们对中国人的精神面貌产生了深远的影响。孔子（前551—前479）是其中的杰出代表，他的思想贯穿中国历史的各个阶段，其主轴是家庭。孔子的学说对当今中国的政治结构产生了直接影响。

中国人在各种场合都会牢记，孔子和所有其他伟大的中国思想家均强调，在政治领域必须恪守一项基本原则，即稳定与和平。对孔子来说，长治久安是根本，要求尊重人的天性。一切社会组织都是建立在人际关系的基础上的，这些人际关系的力量具体体现在家庭之中和亲属之间。因此，最佳的社会系统必须围绕家庭尤其是父系家庭来建立。政治系统也是一种家庭系统，皇帝即统治者相当于父亲（《东周列国志》："君犹父也，臣犹子也。"——审读者注）。

因此，在古代中国，家庭成为社会的基础。而在西方，占主导的则是个人或城邦。

在家庭系统内部，个人须要具备基本的道德品质，特别是正直、忠诚和善良。从那时起，历朝历代利用儒家思想来加强封建统治，因为儒家思想倡导忠君爱国、严守教育规范、勇于承担责任。忠君意味着守纪，因此是政治系统运转不可或缺的组成部分。

21世纪的中国领导人们认识到，重拾孔子的思想主张大有裨益，儒家思想有助于坚守国家的特殊性、真实性以及根植于历史和精神的伦

leçons de leur histoire. Ils ont compris que le développement global, et notamment économique, de la Chine exige sa réunification, le renforcement de ses institutions et l'attachement à son authenticité historique pour pouvoir s'ouvrir sans complexe sur les apports étrangers avant de se les approprier. Ils ont conscience de l'importance de l'attachement à l'humanisme et au génie chinois, en évitant toute introversion. C'est seulement alors que le pays pourra adhérer à la logique de la réforme et de l'ouverture.

Le retour à l'histoire et la recherche des origines de la formation chinoise permettent de mettre en évidence l'apport culturel qui a accompagné l'essor de la nation. Les Chinois ont su mettre les composantes les plus marquantes de cet héritage culturel au service du projet de développement.

L'évolution de la Chine, pays de grande culture, s'est nourrie des apports des philosophes et des hommes de lettres qui ont eu un impact profond sur la mentalité chinoise, au nombre desquels il y a Confucius (479-551 av-JC) dont la pensée a marqué toutes les phases de l'histoire du pays et son axe principal, la famille. L'apport de Confucius a une influence directe sur la structure politique actuelle de la Chine.

En toute occasion, les Chinois rappellent que Confucius, avec tous les grands penseurs chinois, a toujours insisté sur la nécessité de respecter un principe fondamental dans la sphère du politique : celui de la stabilité et de la paix. Pour Confucius, une stabilité durable est essentielle. Elle implique le respect de la nature intrinsèque de l'homme. Toute organisation sociale est fondée sur des rapports humains. La force de ces rapports entre humains se concrétise dans la famille, entre les proches. Un système social optimal doit donc se construire autour de la famille, notamment la famille paternelle. Le système politique est aussi un système familial et l'empereur, c'est-à-dire le chef, est l'équivalent du père.

Ainsi, dans la Chine ancienne, la famille était le fondement de la société, alors qu'en Occident, ce sont plutôt l'individu ou la cité qui dominent.

A l'intérieur du système familial, les individus apprennent les qualités éthiques de base notamment la probité, la loyauté et la bienveillance. A partir de là, l'organisation impériale utilise la philosophie confucéenne parce qu'elle appelle au respect de la fidélité au chef, aux normes de l'éducation et à la responsabilité. La fidélité à l'empereur fait partie intégrante du fonctionnement de la sphère publique parce qu'elle implique la discipline.

Les responsables chinois du XXIème siècle trouvent utile de revenir à l'apport de Confucius qui assure l'attachement aux spécificités, à l'authenticité du pays

理。在经济发展活力和市场经济逻辑方面实行开放的同时，中国领导人坚持中央集权的政治制度，以指导这种开放并管控随之而来的经济和社会动荡。

在与外界接触过程中，中国领导人注意捍卫这些古老文化价值的合理性，并呼吁西方了解中国特殊性的重要意义，并将其与西方的个人主义文明进行比较。如今，中国坦然地强调本国的文化遗产，任何人都不应忽视这份遗产的丰富性与可信度。没有人能够反驳善良、忠诚、文明等价值，以及智慧、守纪、正直等其他品质。对中国人来说，这些价值具有普世性。其他社会也可以认同这些价值，正如他们自己也认同西方文明的某些价值一样。

因此，中华文化蕴含的价值观可以丰富21世纪的全球性，使之摆脱单极体系，成为一种多极或者无极的全球性，从而有利于人类社会的稳定、和平与进步。

中国领导人利用本国历史来解释和论证这些战略选择的合理性，历史经验有助于增强对国家当前和未来发展的信心。这种借鉴历史的做法与中国人对中华文化以及封建帝制时代国家形成过程的认识有关。

中国人注重以史为鉴，以国家统一和权力集中的时期为参照，这些时期是充满进步、创造力和影响力的时期。相反，分裂、混乱、缓滞期则是国家衰退和封闭的时期。

从这个意义上说，回顾中国的过去，可以帮助我们理解封建帝制时代的中国如何围绕中央集权制度构建国家，以及这种中央集权制度如何使中国得以捍卫和保持自身在地理和文化上的完整性。

在回顾中华帝国历史的过程中，我们注意到以下两点：

一、政治上的中央集权制度深深地扎根于中国古代史之中。1949年之后以及整个计划经济时代，毛泽东竭尽全力巩固这种集中性。1979年之后，邓小平强调继续坚持这一政治方向，尽管中国选择向市场经济开放。对中国领导人来说，政治集中是调控经济运行的工具。

et à l'éthique enracinée dans l'histoire et les mentalités. Tout en œuvrant pour l'ouverture sur la dynamique du développement économique et sur la logique du marché, ils s'attachent à la centralité du pouvoir pour encadrer cette ouverture et les bouleversements économiques et sociaux qui l'accompagnent.

Vis-à-vis des étrangers, les responsables chinois défendent le bien-fondé de ces valeurs culturelles ancestrales et invitent l'Occident à comprendre l'importance des spécificités de la Chine pour les comparer à sa propre civilisation, individualiste. Les Chinois n'ont aujourd'hui aucun complexe à mettre en évidence l'héritage culturel de leur pays dont personne ne doit ignorer la richesse et la crédibilité. Personne ne peut réfuter des valeurs telles que la bonté, la fidélité, la civilité aux côtés d'autres qualités telles que la sagacité, la discipline et la droiture. Pour les Chinois, ces valeurs ont une dimension universelle. D'autres sociétés peuvent y adhérer, comme elles peuvent bien sûr adhérer aux valeurs de la civilisation occidentale.

Ainsi, les valeurs provenant de la culture chinoise doivent enrichir la mondialité du XXIème siècle pour lui permettre de s'éloigner du système mono polaire et devenir une mondialité multipolaire ou apolaire au service de la stabilité, de la paix et du progrès de l'humanité.

Pour expliquer et justifier ces choix stratégiques, les responsables chinois ont recours à l'histoire de leur pays : ce sont ses leçons qui crédibilisent l'évolution présente et future du pays. Cette référence à l'histoire est associée dans leur démarche à la culture chinoise et au processus de formation de l'Etat pendant la phase impériale.

En s'attachant aux repères de l'histoire, les Chinois se réfèrent aux périodes d'unité et de centralité du pouvoir qui étaient des périodes de progrès, de création et de rayonnement. A contrario, les périodes de division, de dislocation et de ralentissement ont été des périodes de recul et d'introversion du pays.

Dans ce sens, un retour au passé de la Chine permet de comprendre comment la formation de l'Etat chinois dans le cadre de l'empire s'est faite autour de la centralité et comment cette centralité a permis de sauvegarder et de maintenir l'intégrité chinoise tant sur le plan géographique que sur le plan culturel.

Deux éléments surgissent de la lecture de l'histoire de l'empire chinois :

1. La centralité du système politique, un fait profondément ancré dans l'histoire ancienne du pays. Mao Zedong a tout fait pour la consolider dès 1949 et pendant toute la phase de la construction de l'économie centralisée. Deng Xiaoping a

自2013年以来，随着中国经济进入成熟阶段，习近平主席进一步加强了中央集权制度。

二、中国历史上，开放、复兴、进步阶段和闭关自守甚至衰退时期交替出现。如今，中国领导人强调前者的优点，并要求避免后者蕴藏的风险。

秦朝（前221—前207）、汉朝（前202—220）、7世纪统一中国的唐朝（618—907）、10世纪至13世纪处于文化复兴时期的宋朝（960—1279）和14世纪至17世纪建都北京的明朝（1368—1644），是中国历史上的兴盛期。

3世纪末的汉朝，群雄逐鹿，国家分裂；9世纪的唐朝，藩镇割据，国力式微；13世纪，蒙古人入主中原；19世纪，中华帝国走上末路。这些则是中国历史上的衰退期。

"上天"可能会对其在人间的授权代表（指受命于天的皇帝。——审读者注）动怒。上天愤怒的迹象包括连年不断的自然灾害和饥荒或者外敌入侵，而这些往往成为王朝衰落的前奏。

王朝的覆灭意味着失去了上天的信任。衰落的王朝失去了代表上天的权利，不再具备继续存在的合法性，江山必须易主。在中文语意里，"易"即意味着"革命"。

中华帝国的历史正是这样不断演进：盛衰交替，兴亡相继，分久必合，合久必分。

今天的中国凭借自身的历史遗产和文明成果，试图驳斥西方的价值观，特别是个人主义。面对西方模式，中国强调自己特有的"民主路径"，其基础是有别于西方的替代价值，即"和谐""稳定"以及家庭和被视为一国之父的领导人的核心地位。

对中国来说，上述理念有助于推动全球化进程以及政治层面（联合国）与经济层面（世界银行、国际货币基金组织、世界贸易组织）的国际治理。这些理念强调多边主义的重要性，并在区域层面推进中国与亚洲邻国以及非洲和阿拉伯世界等不同合作伙伴的相互依存关系。对中国来说，未来的世界必须抛弃一切形式的霸权理论和行为，必须坚持多边

confirmé, après 1979, cette orientation malgré l'option en faveur de l'ouverture sur l'économie de marché. Pour les dirigeants chinois, la centralisation politique est un instrument de régulation du fonctionnement de la sphère économique.

Le caractère centralisateur du système a été renforcé par le président Xi Jinping à partir de 2013 alors que l'économie du pays a atteint le stade de la maturité.

2. L'histoire de la Chine est une succession de phases d'ouverture, de relance et de progrès, et de périodes d'introversion, voire de régression. Aujourd'hui, les responsables chinois mettent en évidence les atouts des premières et appellent à éviter les risques des secondes.

Les périodes de décadence quant à elles ont été marquées, sous la dynastie Han, par les guerres civiles et les divisions du pays qu'a connu la Chine à la fin du IIIème siècle, sous la dynastie Tang, qui a replié le pays sur lui-même au IXème siècle, avec la multiplication des petits royaumes, la période des conquêtes Mongoles au XIIIème siècle et enfin, la dernière période de l'empire au XIXème siècle.

« Le ciel » peut se fâcher contre son représentant mandaté sur terre. Signes de sa colère : la succession des catastrophes naturelles et des famines ou encore les invasions du pays par des armées étrangères qui sont souvent les préludes à la décadence de la dynastie Etat.

La disparition de la dynastie est synonyme de la perte de confiance du ciel. Devenue défaillante, elle n'a plus de légitimité pour durer. Elle est alors contrainte de se dégager car elle a perdu le droit de mandat. C'est ainsi qu'intervient le changement. Étymologiquement en chinois, « changement » veut dire « révolution ».

C'est ainsi que l'histoire de l'empire chinois a évolué : une succession d'alternance de flux et de reflux, de montées et de reculs et dislocations.

En se référant à son héritage historique et aux apports de sa civilisation, la Chine d'aujourd'hui veut réfuter les valeurs de l'Occident, notamment son individualisme. Face au modèle de ce dernier, elle met en avant une « approche démocratique » propre pour elle-même, fondée sur les valeurs alternatives, celles de « l'harmonie » et de « la stabilité » et la primauté accordée à la famille et au chef, considéré comme père de la nation.

Pour elle, ces concepts doivent nourrir dans l'avenir le fonctionnement de la mondialisation et de la gouvernance internationale tant sur le plan politique (ONU) qu'économique (Banque mondiale, FMI, OMC) en mettant en évidence la pertinence du multilatéralisme et en développant au niveau régional les interdépendances avec

主义甚至多极化，重视所有文明的贡献。这其中当然包含西方文明，但也包含亚洲文明（包括中华文明）、阿拉伯文明、穆斯林文明和非洲文明。

在过去30年里，中国不懈努力，推动经济和科技发展，加强自身文化和文明的影响力，正如中国在举办2008年第29届夏季奥林匹克运动会和2010年第41届世界博览会的过程中所展现的那样。中国希望在发展对外伙伴关系的过程中，通过孔子学院网络推广中国的文化和语言，同时通过疫苗配给政策帮助贫穷国家和发展中国家战胜新冠肺炎疫情（2020—2021）造成的影响。

中国——世界经济强国

经过40年的高速增长，中国已经成为世界第二大经济体。这很显然得益于其庞大的人口（14亿人，占世界总人口的20%）。20世纪80年代初以来，中国人的物质生活条件得到显著改善。尽管所有预测都表明印度人口将在未来几年内超过中国，但依据2018年的统计数据，中国人口仍然远远多于美国（3.28亿人）和印度尼西亚（2.68亿人）等亚洲大国。人力资源是各国的首要财富。中国的发展政策重视教育和培训，这也有助于中国充分发挥人口优势，从质量上丰富人民的活力。

中国广袤的国土是其第二大物质财富来源。中国国土面积为967.7万平方千米（含台湾、香港和澳门），仅次于俄罗斯（1707.52万平方千米）和加拿大（999.867万平方千米），位列世界第三，领先于美国（962.9048万平方千米）。（根据我国官方资料，中国、俄罗斯、加拿大、美国的陆地面积分别约为960万、1709.82万、998万、937万平方千米，各国统计数据不尽相同。——审读者注）

les composantes de la proximité asiatique et avec les différents partenariats comme ceux qu'elle veut construire avec l'Afrique et le monde Arabe. Pour la Chine, le monde de demain doit tourner le dos à toute forme d'hégémonie théorique ou pratique. Il doit adhérer à une approche multilatérale, voire multipolaire en tenant compte des apports de toutes les civilisations : celles de l'Occident certes, mais aussi les civilisations asiatiques (dont la civilisation chinoise), arabe, musulmane et africaine.

Au cours des 30 dernières années la Chine a œuvré, pour accompagner son ascension économique et technique, et pour renforcer son rayonnement culturel et civilisationnel, comme elle l'a démontré lors de l'organisation des jeux olympiques de 2008 et de l'exposition universelle de 2010. Elle veut favoriser la promotion de sa culture et de sa langue à travers le réseau de ses instituts Confucius dans le cadre de ses partenariats et en même temps aider les pays pauvres et en développement à vaincre des conséquences de la pandémie Covid-19 (2020-2021) par une politique de distribution de ses vaccins.

La Chine, une puissance économique mondiale

Après 40 années de croissance rapide, la Chine est devenue la deuxième économie mondiale. Cela est dû très certainement à l'immensité de sa population (1,4 milliard d'habitants, soit 20% de la population mondiale) dont la situation matérielle s'est très nettement améliorée grâce aux progrès réalisés par le pays depuis le début des années 1980. Si toutes les projections montrent que l'Inde dépassera en nombre d'habitants la Chine des années à venir, la population chinoise restera bien supérieure en nombre à celle des Etats-Unis (328 millions d'habitants) ou encore de grands pays asiatiques, tels que l'Indonésie (268 millions d'habitants) – Chiffres de 2018. Les ressources humaines étant la première richesse des nations, l'intérêt accordé par la Chine à l'enseignement et à la formation dans les politiques de développement a contribué à valoriser l'apport de sa population et à enrichir qualitativement son dynamisme.

L'étendue du territoire chinois fait de celui-ci la deuxième source de sa richesse matérielle : avec 9.677.000 km², Taïwan, Hong Kong et Macao compris, la Chine par sa superficie vient au 3ème rang mondial après la Russie (17.075.200 km²) et le

2019年，中国国内生产总值达14.34万亿美元，位列世界第二，仅次于美国（21.43万亿美元），远高于日本（5万亿美元左右）。

中国是全球第一大出口国（出口额为2.5万亿美元，超过美国）和第二大进口国（进口额为2.1万亿美元，仅次于美国的2.4万亿美元）。此外，分析中美贸易可以发现，中国对世界第一强国美国的贸易顺差属于结构性顺差。

中国凭借丰富的煤炭储备和大规模的煤炭生产（分别占世界总储量和总产量的13%和40%）成为全球最大的能源生产国之一。中国是世界第五大石油生产国（占世界总产量的4.7%），但也是最大的石油消费国和进口国之一。事实上，中国是中东、中亚、非洲以及地中海南岸石油生产国的最大客户。这正是中国加强与阿拉伯和非洲地区的关系，并与日本、美国争夺海上石油运输战略通道——曼德海峡、马六甲海峡、苏伊士运河、直布罗陀海峡——或石油和天然气管道控制权的一个重要原因。因此，中国与俄罗斯在这一领域达成的协议至关重要，这实际上为中国打开了经由北极地区的全新海上通道。于是，中国成为矿产和能源地缘经济领域的重要参与者，需要把"一带一路"倡议与各条交通要道整合起来。

在原材料供应方面，中国是世界最大的钢铁生产国（占世界总产量的43%），领先于澳大利亚、巴西、印度、俄罗斯和乌克兰；也是世界最大的锌生产国（占全球总产量的25%），领先于澳大利亚、秘鲁和印度。中国在信息产业所需的稀土开采方面独占鳌头（每年生产13万吨，占世界总产量的90%）。中国也是世界最大的磷酸盐生产国，尽管储量有限（第二大生产国摩洛哥的产量远远落后于中国，储量却占世界总储量的72%）。

中国是多种粮食作物的最大生产国，例如，谷物（除大米以外的谷物产量为4亿吨，占世界总产量的20%）、大米（1.45亿吨，超过印度、印度尼西亚和孟加拉国）。中国和印度同为世界最大的棉花生产国（产量各为610万吨）。中国还是仅次于欧盟的第二大小麦生产国（占世界总产量的18%），玉米产量也位列世界第二。

Canada (9.998.670 km²), devant les Etats-Unis (9.629.048 km²).

En 2019, la Chine se situait au 2ème rang mondial en termes de produit intérieur brut - PIB avec 14.340 milliards de dollars après les Etats-Unis (21.430 milliards), bien avant le Japon (autour de 5.000 milliards de dollars).

La Chine est le premier pays exportateur (2.500 milliards de dollars, devant les Etats-Unis), et le deuxième pays importateur (2.100 milliards de dollars, après Etats-Unis (2.400 milliards de dollars). Par ailleurs, l'analyse de ses échanges extérieurs avec les Etats-Unis met en évidence le caractère structurel de son excédent avec la première puissance mondiale.

La Chine est au premier rang en matière de production énergétique grâce à ses réserves et à sa production de charbon (13% et 40% du total mondial, respectivement). Elle est 5ème producteur de pétrole (47% du total mondial) mais arrive au premier rang des pays consommateurs et importateurs d'hydrocarbures. Elle est de ce fait le premier client des pays pétroliers du Moyen Orient, d'Asie centrale et d'Afrique, ainsi que des pays sud méditerranéens. Il s'agit ici d'un facteur important qui explique l'intensité de ses relations avec l'espace arabo-africain et de sa compétition avec les Etats-Unis et le Japon dans la maitrise des lieux stratégiques de passage des hydrocarbures par mer : Bab el Mandeb, détroit de Malacca, canal de Suez, Gibraltar, ou à travers les oléoducs et gazoducs. D'où l'importance de ses accords avec la Russie dans ce domaine et l'intérêt qu'elle accorde au fait d'ouvrir de nouvelles voies maritimes par l'arctique. Ainsi, la Chine est devenue un acteur essentiel dans le domaine de la géoéconomie minière et énergétique, appelé à intégrer sa stratégie de la ceinture et la route avec ses pénétrantes.

Au niveau de l'offre, la Chine est bien installée mondialement à la tête des producteurs de fer (43% du total mondial) avant l'Australie, le Brésil, l'Inde, la Russie et l'Ukraine ; de zinc (25% du total mondial), avant l'Australie, le Pérou et l'Inde. Elle monopolise l'extraction des terres rares utilisées dans l'industrie des biens informatiques (130.000 tonnes par an et 90% de la production mondiale). Elle est première en matière de production de phosphates, malgré des réserves limitées (le Maroc, deuxième producteur, loin derrière la Chine, possède 72% des réserves mondiales).

La Chine est premier producteur de plusieurs matières alimentaires de base : céréales (400 millions de tonnes hors riz, soit 20% de la production mondiale) ; riz (145 millions de tonnes, devant l'Inde, l'Indonésie et le Bangladesh). Elle partage

然而，中国在农业方面也存在一些制约因素：全国耕地面积仅为 1.19 亿公顷，无法满足人民最基本的粮食需求。相比之下，非洲则拥有农业用地 11.7 亿公顷，但是开发利用率不足 30%，大量土地有待开发。

作为世界上最大的粮食消费国，中国严重依赖国外市场。中国每年不得不进口大量农业原材料：320 万吨小麦、450 万吨玉米以及 8250 万吨大豆，这些大豆主要从美国和巴西进口并用作牲畜饲料和食用油原料。为了能够直接生产，中国在世界各地，例如，印度、毛里求斯、东南亚、拉丁美洲以及多个非洲国家或地区，购买或租赁农业用地。中国的粮食需求在未来 40 年内仍有迅速增长的趋势。由于居民收入的增加和新兴中产阶级消费模式的变化，粮食需求不仅注重数量，而且越来越多地追求质量。

中国是拥有世界三分之二森林面积的八个国家之一。在这一领域，中国位列俄罗斯、巴西、加拿大和美国之后，领先于澳大利亚、刚果民主共和国（刚果民主共和国简称"刚果〔金〕"，刚果共和国简称"刚果〔布〕"。作者在本书中提及刚果民主共和国时使用全称或缩写，提及刚果民主共和国则用简称，中文版一律使用全称。——审读者注）和印度尼西亚。作为应对全球气候变化努力的一部分，中国正在努力减少森林砍伐。此外，中国正在实施一项规模庞大的植树造林计划，仅 2009 年一年就种植了 21 亿棵树。这些努力确保中国在木材生产和消费方面处于世界领先地位。

中国是水资源潜力最大的五个国家之一，这些国家的饮用水产量占世界总产量的 60%。在这一领域，中国位列世界第四，处于巴西、俄罗斯和加拿大之后，领先于印度尼西亚。

在过去几十年里，中国被认为是"世界工厂"。中国是世界第一制造业大国，生产和出口规模巨大。因此，中国也成为世界最大的石油和矿物原料进口国，主要从非洲和阿拉伯世界进口。

avec l'Inde la première position en matière de production de coton (6,1 millions de tonnes pour chacun de ces pays). Elle est deuxième pour la production du blé (18% du total mondial) après l'Union européenne – UE, et du maïs (23%).

La Chine souffre cependant de certaines limites dans le domaine agricole : ses terres arables qui ne couvrent que 119 millions d'ha, ne lui permettent pas de répondre aux besoins alimentaires de sa population.

Premier pays consommateur des produits alimentaires, la Chine se trouve en situation de dépendance vis-à-vis des marchés extérieurs. Elle est obligée d'importer de grandes quantités de matières premières agricoles : 3,2 millions de tonnes de blé, 4,5 millions de tonnes de maïs, 82,5 millions de tonnes de soja pour l'alimentation du bétail qu'elle achète aux Etats-Unis et au Brésil. Pour produire elle-même directement, la Chine achète et/ou loue des terres agricoles exploitables à travers le monde : en Inde, dans l'Ile Maurice, dans le sud-est asiatique, en Amérique latine et dans plusieurs pays africains. Sa demande alimentaire aura tendance à croitre très rapidement dans les quarante prochaines années. Une demande quantitative, mais de plus en plus qualitative du fait de la progression des revenus de sa population et des changements dans le modèle de consommation des classes moyennes émergentes.

La Chine fait partie des huit pays qui possèdent les deux tiers des forêts dans le monde. Elle est classée dans ce domaine juste après la Russie, le Brésil, la Canada, les Etats-Unis, devant l'Australie, la République démocratique du Congé et l'Indonésie. Avec volontarisme, elle œuvre pour réduire la déforestation dans le cadre de l'intérêt qu'elle accorde à la lutte contre le réchauffement climatique. Elle a mis en place un programme colossal de reboisement de ses forêts. Elle a ainsi planté 2,1 milliards durant la seule année 2009. Ceci lui assure d'être en tête de tous les pays en matière de production et de consommation du bois.

La Chine est classée parmi les cinq premiers pays qui possèdent les plus grandes potentialités en matière de ressource en eau. Ces pays interviennent pour 60% en matière de production d'eau potable. La Chine se place en la matière au quatrième rang après le Brésil, la Russie et le Canada. Elle précède l'Indonésie.

Au cours des dernières décennies, la Chine était considérée comme « l'atelier du monde ». Elle est classée première puissance industrielle pour sa production et ses exportations. Elle est ce fait le premier pays importateur d'hydrocarbures et de matières premières minérales dans le monde, qu'elle acquiert en grande partie d'Afrique et de la région du monde Arabe.

2011年以来，中国成为世界第一制造业大国，制造业产量占全球总产量的28.4%，比美国（16.6%）高出10个百分点以上。排在第三、四位的是传统制造业强国日本（7.2%）和德国（5.8%）。工业是中国近几十年来繁荣和进步的最大因素，工业总产值占国内生产总值的47%，工业就业人口占就业总人口的30%。种种指标表明，中国仍将保持这种主导地位。随着新冠肺炎疫情全球蔓延，在2020年秋季这场公共卫生危机基本结束之际，中国的工业增加值增长了7%。

在经济腾飞初期，由于工资水平较低，中国的经济增长主要靠工业出口拉动。因此，中国成为全球玩具、服装和鞋类等产品的第一大生产国。20世纪末，随着化学工业和信息产业（电视和智能手机）的兴起，工业生产结构开始发生变化。中国承接了日本、美国和西欧转移过来的产业，成为全球第一大汽车制造国（2018年产量为2780万辆，而美国为1130万辆，日本为970万辆，印度和德国各为510万辆）。

如今，中国不再仅仅是低附加值制成品的制造者，在通信、船舶制造、航空、资本货物、高速列车、核电站、可再生能源相关产品和航天装备等领域也处于世界领先地位。中国的机器人销量占全球总销量的20%。

为了实现到2030年跻身创新型国家前列的目标（2016年5月，中共中央、国务院发布《国家创新驱动发展战略纲要》，提出"三步走"战略目标：第一步，到2020年进入创新型国家行列，基本建成中国特色国家创新体系，有力支撑全面建成小康社会目标的实现；第二步，到2030年跻身创新型国家前列，发展驱动力实现根本转换，经济社会发展水平和国际竞争力大幅提升，为建成经济强国和共同富裕社会奠定坚实基础；第三步，到2050年建成世界科技创新强国，成为世界主要科学中心和创新高地，为我国建成富强民主文明和谐的社会主义现代化国家、实现中华民族伟大复兴的中国梦提供强大支撑。——审读者注），中国加快了数字技术和人工智能组件的大规模生产。在这一领域，中国主要与美国开展激烈竞争，日本、德国、韩国甚至印度也是中国的竞争对手。中国的目标是在第四次工业革命（工业4.0）中占据领先地位。欧洲是以蒸汽机为代表的第一次工业革命（工业1.0）的摇篮。第二次工业革

La Chine est, depuis 2011, première puissance industrielle mondiale, avec 28,4% du total de la production industrielle de la planète. Elle est en avance de 10 points sur les Etats-Unis (16,6%). Les deux pays sont suivis du Japon (7,2%) et de l'Allemagne (5,8%), deux grandes puissances manufacturières traditionnelles. L'industrie représente en Chine la première composante de la prospérité et du progrès qu'elle a connu durant les dernières décennies. Elle intervient pour 47% du PIB et emploie 30% de la main d'œuvre totale. Tous les indicateurs montrent que la Chine gardera cette position dominante. Avec la crise du Covid-19, la valeur ajoutée du secteur a fait un bond de 7% et ce, au lendemain de la sortie de la crise sanitaire au cours de l'automne 2020.

Au début de son ascension économique, la croissance chinoise a été tractée par les exportations industrielles à bas coûts grâce à la modicité des salaires. La Chine est ainsi devenue le premier producteur mondial de jouets, de vêtements et de chaussures, entre autres. A la fin du XXème siècle, la structure de la production industrielle a commencé à muter avec la montée en puissance des industries chimiques et informatiques (téléviseurs et smartphones). La Chine accueille des industries délocalisées japonaises, américaines et d'Europe occidentale, ce qui lui permet d'accéder au premier rang mondial pour la production de véhicules automobiles (27,8 millions d'unités en 2018 contre 11,3 millions pour les Etats-Unis, 9,7 millions pour le Japon et 5,1 millions pour l'Inde et l'Allemagne).

La Chine n'est plus aujourd'hui un simple producteur de biens manufacturés à faible valeur ajoutée. Elle est au premier rang pour la production de biens utilisant les technologies avancées dans le domaine des communications, de la construction navale, de l'aéronautique, des biens d'équipement, des trains à grande vitesse, des complexes d'énergie nucléaire, des produits liés à l'énergie renouvelable et des équipements utilisés dans la conquête de l'espace. Les ventes chinoises de robots représentent aujourd'hui 20% des ventes mondiales.

Dans le cadre de la réalisation de son programme « Le rêve chinois » à l'horizon 2030, la Chine a accéléré sa production de masse de composantes du numérique et de l'intelligence artificielle. Elle est entrée dans une compétition extrême en la matière avec les Etats-Unis principalement, mais aussi avec le Japon, l'Allemagne, la Corée du sud et même l'Inde. L'objectif pour elle est d'acquérir des positions avancées dans le domaine de la révolution industrielle 4.0. L'Europe a été le berceau de la première industrielle, représentée par la machine à vapeur (1.0). La deuxième

命（工业2.0）是电力革命。第三次工业革命（工业3.0）与由美国主导的通信技术进步密切相关。如今，21世纪的第四次工业革命浪潮以数字技术和人工智能为代表，这正是中国擅长的两个领域。

在这一框架下，中国领导人提出了新的工业发展计划——《中国制造2025》（2015年5月由国务院印发的部署全面推进实施制造强国的战略文件，是中国实施制造强国战略第一个十年的行动纲领。——审读者注），以加快前沿技术和装备的研发，并将工业产出提高33%以上。这项计划确定了十个重点领域：新一代信息技术产业、高档数控机床和机器人、航空航天装备、海洋工程装备及高技术船舶、先进轨道交通装备、节能与新能源汽车、电力装备、农机装备、新材料、生物医药及高性能医疗器械。

21世纪20年代，中国的产业结构正在发生深刻变化。除了保持消费品和中间产品生产方面的领先地位之外，中国也占据了新技术产品出口方面的优势地位，从而得以在质量上巩固自身在全球价值链中的地位。

产业结构的变化是中国2013年至2014年开始构想的发展模式转型升级的一部分。国民经济积累方式越来越多地加大对新技术的投入力度，这些新技术在增强生产系统活力的同时也扩大了国内市场。有迹象表明，中国经济目前已经达到成熟水平。虽然中国经济的年增长率从10%以上降到了7%以下，但增长的质量大为提高。

中国经济在1989年至2010年间快速增长，国内生产总值连续赶超法国、英国、德国和日本，预计在2030年至2040年间将达到美国的两倍，尽管中国的经济增长率预计会在5%至7%之间徘徊。如果按购买力平价计算，中国的国内生产总值早在2014年就已经超过美国。

在过去40年里，中国积累了大量财政盈余。如今，中国不仅是资本输入国，而且是资本输出国。在这场公共卫生危机之前，中国是全球最大的旅游客源国，每年出境旅游总人数超过一亿人次。

révolution (2.0) est celle de l'invention de l'électricité. La troisième (3.0) est liée à l'ascension technologique des instruments de communication, basés notamment aux Etats-Unis. Aujourd'hui, la quatrième vague, celle du XXIème siècle, est représentée par le numérique et l'intelligence artificielle, deux domaines dans lesquels la Chine excelle.

Dans ce cadre, les responsables chinois ont conçu un nouveau plan de développement industriel à l'horizon 2025, « Made in China 2025 » pour la promotion des découvertes les plus avancées sur le plan technologique et prévoit l'accroissement de la production industrielle de plus de 33%. Cet effort cible 10 secteurs : les technologies de communication, les industries dédiées au secteur de la santé, les équipements agricoles, les produits du numérique, l'aéronautique, la construction navale, les trains à grande vitesse, les énergies renouvelables et la robotique.

Au cours des années 2020, la structure de l'industrie chinois est en train de connaitre une mutation profonde. A côté de son leadership en matière de production de biens de consommation et de biens intermédiaires, elle a accédé aux positions les plus avancées dans les exportations de biens appartenant aux générations des technologies nouvelles, ce qui lui permet de renforcer qualitativement sa présence dans les chaines de valeur mondiales.

Le changement de la structure industrielle fait partie des transformations qualitatives du nouveau modèle de développement de la Chine populaire, conçu à partir de 2013-2014. De plus en plus, le mode d'accumulation de l'économie nationale investit la montée des technologies nouvelles qui accélèrent la dynamique du système productif parallèlement à l'élargissement du marché domestique. Des signes qui montrent que l'économie chinoise s'est hissée aujourd'hui au niveau de la maturité. Certes, son taux de croissance annuel s'est rétracté, passant de plus de 10% à moins de 7%, mais la croissance nouvelle est désormais plus qualitative.

La croissance rapide de l'économie chinoise entre 1989 et 2010 a permis au PIB chinois de rattraper successivement ceux de la France, de la Grande Bretagne, de l'Allemagne et du Japon en attendant de doubler celui américain dans les années 2030-2040, malgré un taux de croissance qui devrait varier entre 7 et 5%. Le PIB chinois en termes de pouvoir d'achat a dépassé celui des Etats-Unis en 2014 déjà.

Au cours de ces quatre décennies, la Chine a accumulé d'énormes excédents financiers. Le pays est aujourd'hui exportateur de capitaux autant, sinon plus qu'importateur. Avant la crise sanitaire, il était même le premier marché émetteur de touristes dans le monde, avec plus de 100 millions de touristes.

中国——科技强国

从 1970 年到 2020 年，中国经济的发展逐渐由注重量转变为注重质。从 1980 年到 2010 年的 30 年间，中国成为世界第一制造业大国。从 2010 年到 2020 年，中国进入了科技强国阶段。中国过去模仿，现在创造。中国过去生产，现在发明。中国过去是"世界工厂"，现在是全球科技研究的摇篮。

到 2020 年年底，发达国家为新冠肺炎疫情所困，经济陷入衰退。中国则在此时宣布已经走出这场公共卫生危机。在 2020 年的最后四个月里，中国的经济增长率达到了 5%。

在此背景下，习近平主席在 2020 年 12 月的一次讲话（2020 年 12 月 16 日至 18 日，中央经济工作会议在北京举行，国家主席习近平发表重要讲话。——审读者注）中提出强化国家战略科技力量，抓紧制定实施基础研究十年行动方案，重点布局一批基础学科研究中心，支持有条件的地方建设国际和区域科技创新中心。在全球经济因前所未有的公共卫生危机而陷入动荡之际，中国公布了其在科技领域的最新成就：

• 理工科大学毕业生人数达到 500 万，是美国的十倍；

• "天问号"火星探测器成功发射；

• "嫦娥五号"探测器携带月壤返回地球；

• "奋斗者号"载人潜水器在一项具有历史意义的深海探测任务中，探底马里亚纳海沟，下潜深度突破一万米，达到 10909 米；

• 全年完成 37 次火箭发射，完成绕地任务，成功率达 100%；

• 最后一颗北斗三号全球组网卫星发射升空，北斗全球卫星导航系统星座部署全面完成；

• 中国科技大学研究人员成功构建量子计算原型机"九章"，其速度比谷歌的量子计算原型机"悬铃木"快 100 亿倍；

La Chine, grande puissance technologique

Entre 1970 et 2020, le qualitatif s'est progressivement substitué au quantitatif dans l'évolution de l'économie chinoise. En 30 ans, de 1980 à 2010, la Chine est devenue la première puissance industrielle et de 2010 à 2020, elle a accédé au stade de la puissance technologique. Hier, elle imitait, aujourd'hui elle crée. Hier, elle fabriquait, aujourd'hui, elle invente. Hier elle était « l'usine du monde », aujourd'hui, elle est un berceau de la recherche scientifique et technologique planétaire.

A la fin de 2020, les pays développés du nord se sont trouvés piégés par la contrainte de la pandémie coronavirus avec des économies en récession. Au même moment, la Chine a déclaré sa sortie de la crise sanitaire. Le taux de croissance son économie a atteint 5% au cours des 4 derniers mois de 2020.

Dans ce contexte, en décembre 2020, le président Xi Jinping a confirmé dans un discours la volonté de son pays d'accéder au premier rang mondial dans les dix technologies les plus avancées. Il a annoncé le lancement d'un programme scientifique et technologique à l'horizon 2025. Ainsi, dans un contexte économique mondial perturbé par une crise sanitaire sans précédent, la Chine annonce de nouvelles performances en matière scientifique et technologique :

• Le nombre de diplômés universitaires scientifiques a atteint 5 millions, soit 10 fois plus qu'aux Etats-Unis ;

• Le lancement de la sonde Tianwen vers la planète Mars ;

• Le retour de la sonde Chang'e 5 de la lune, chargée d'échantillons de roches lunaires ;

• Le Fendouzhe, submersible habité, est descendu à plus de 10.000 mètres dans la fosse des Mariannes dans le cadre d'une mission historique dans les eaux les plus profondes de la planète ;

• L'envoi de 37 fusées dans l'espace avec pour mission de tourner autour de la terre ;

• Finalisation du programme Beidou de navigation et positionnement par satellite avec la mise en orbite du dernier satellite de la génération Beidou-3 ;

• Le développement par des chercheurs de l'Université des Sciences et technologies de Chine d'un appareil quantique 10 milliards de fois plus rapide que

· 磁悬浮高速列车问世；

· 建成一座国产率达100%的核电站并将其并入国家电网；

· 建成十万座5G通信基站，并开始部署6G（5G和6G的全称为第五代和第六代移动通信技术。——审读者注）。

尽管受到新冠肺炎疫情和美国在对华贸易战中采取保护主义措施的不利影响，中国仍然在对外贸易方面取得很大进步。中国的贸易顺差达到2015年以来的最高水平（5350亿美元，同比增长27%）。2020年，中国对美贸易顺差增长7%，达到3170亿美元。中国出口量增加的产品主要是电子和信息技术产品，远程办公的发展使这些产品的销量激增。2020年3月至12月，中国医用口罩的出口量达到2440亿只（相当于全球除中国以外人均40只）。

同样是在2020年，中国在本国农村地区彻底消除了绝对贫困。（2021年2月25日，国家主席习近平在全国脱贫攻坚总结表彰大会上庄严宣告，经过全党全国各族人民共同努力，在迎来中国共产党成立一百周年的重要时刻，我国脱贫攻坚战取得了全面胜利。）

种种迹象表明，中国已经成为科技大国，正在与美国开展正面竞争。就像在2008年经济危机中所做的那样，中国在抗击新冠肺炎疫情的过程中成功地化危为机。相继发生的两场危机为中国提供了巩固自身实力、提升国际地位的机遇。对中国领导人来说，困难时期的有效管理展现了"中国特色社会主义制度"的可信度。（2020年9月8日，国家主席习近平在全国抗击新冠肺炎疫情表彰大会上指出，抗疫斗争伟大实践再次证明，中国特色社会主义制度所具有的显著优势，是抵御风险挑战、提高国家治理效能的根本保证。——审读者注）2021年中国共产党成立100周年之际，中国凭借科技进步，决心到2049年中华人民共和国成立100周年之时在所有技术领域达到世界领先地位。

人工智能将成为未来30年中国科技变革的主轴。在此背景下，中国政府于2017年制定了到2024年耗资200亿美元的技术发展规划，相关预算从2025年起将增加到600亿美元。这项技术发展规划的目标是让中国到2030年在人工智能领域达到世界先进水平，到2049年跻身世

celui de Google, baptisé Jiuzhang;

• Inauguration d'un train à grande vitesse à suspension magnétique ;

• Construction d'un complexe nucléaire 100% chinois et son rattachement au réseau électrique national ;

• Construction de 100.000 plateformes de communication utilisant la technologie 5G et lancement de la 6G.

Malgré les effets néfastes d'une part de la crise du Covid-19 et d'autre part des mesures protectionnistes des Etats-Unis dans leur guerre commerciale contre la Chine, ce pays a gardé une belle avance dans ses échanges extérieurs. Son excédent commercial s'est accru pour atteindre son niveau le plus élevé depuis 2015 (535 milliards de dollars, +27%). L'excédent commercial avec les Etats-Unis s'est accru en 2020 de 7% pour atteindre 317 milliards de dollars. La progression des exportations chinoises concerne notamment les produits électroniques et informatiques dont les ventes ont explosé grâce au développement du travail à distance. Les exportations chinoises de masques sanitaires ont atteint 244 milliards d'unités entre mars et décembre 2020 (40 masques par personne à travers le monde hors Chine).

Durant cette même année 2020, les responsables chinois ont annoncé avoir éliminé totalement la pauvreté extrême en milieu rural dans leur pays.

Tous les indicateurs montrent que la Chine, devenue grande puissance technologique, est en compétition frontale avec les Etats-Unis. Elle a tiré profit de la crise du Covid-19, comme elle l'avait fait de la crise de 2008. La succession de ces deux chocs a été pour elle une opportunité pour asseoir sa puissance et renforcer sa position dans le monde. Pour les responsables chinois, la gestion des moments difficiles a révélé la crédibilité du « modèle socialiste aux spécificités chinoises ». A l'occasion de la célébration en 2021 du centenaire du parti communiste chinois, la Chine, forte de ses avancées technologiques, est déterminée à accéder au premier rang sur tous les aspects technologiques avant 2049, année du centenaire de la création de la République populaire de Chine.

Ainsi, l'intelligence artificielle deviendra l'axe majeur des mutations technologiques de la Chine pour les 30 prochaines années. Dans ce cadre, le gouvernement chinois a établi en 2017 un programme de de développement technologique de 20 milliards de dollars à l'horizon 2024, budget devant être porté à 60 milliards de dollars à partir de 2025. L'objet de ce programme : devenir leader mondial dans le domaine de l'intelligence artificielle dès 2030 et atteindre avant

界科技强国之列。（2017年7月8日，国务院印发并实施《新一代人工智能发展规划》，提出了"三步走"战略目标：第一步，到2020年人工智能总体技术和应用与世界先进水平同步，人工智能产业成为新的重要经济增长点，人工智能技术应用成为改善民生的新途径，有力支撑进入创新型国家行列和实现全面建成小康社会的奋斗目标；第二步，到2025年人工智能基础理论实现重大突破，部分技术与应用达到世界领先水平，人工智能成为带动我国产业升级和经济转型的主要动力，智能社会建设取得积极进展；第三步，到2030年人工智能理论、技术与应用总体达到世界领先水平，成为世界主要人工智能创新中心，智能经济、智能社会取得明显成效，为跻身创新型国家前列和经济强国奠定重要基础。——审读者注）

在科技崛起过程中，中国正在利用自身在新技术所用原材料方面的潜力，尤其是智能手机、电池和风力发电机所需的稀土。中国还拥有丰富的锂储备（占世界总储量的60%），这种金属元素是宁德时代新能源科技股份有限公司（CATL）、比亚迪股份有限公司（BYD）等中国大型企业生产电动汽车所需的材料。

如今，中国在以下领域取得了大量科技成果：

一、专利。2019年，中国国际专利申请数量（58990件）首次超过美国（57840件），成为世界第一。2018年，中国国家知识产权局共收到150万份专利申请，国际专利注册数量达43.2万件（其中3000件来自华为技术有限公司）。同年，美国国际专利注册数量仅为30.8万件。2019年，共有6.1万件中国专利申请符合《专利合作条约》（PCT）的标准，得到承认。

二、人工智能。中国目前拥有全球一半的人工智能试验区。在机器人领域，中国建设了11个人工智能创新发展试验区。中国在该领域的投资占全球总投资的60%。

中国政府正在努力加强对新技术领域企业的监管，防止出现过度扩张或垄断行为。例如，2020年12月，中国政府就阿里巴巴集团及其创始人马云涉嫌垄断行为一事展开司法调查。也就是说，政治力在互联网

2049 le premier rang en tant que puissance scientifique et technologique globale.

Dans son ascension technologique, la Chine tire profit de ses potentialités en matières premières utilisées par les technologies de nouvelles générations, et notamment les terres rares, utilisées par les smartphones, les batteries électriques et les éoliennes. De même, la Chine possède des réserves importantes de lithium (60% des réserves mondiales) utilisé dans la fabrication des voitures électriques produites par les grandes compagnies chinoises telles CATL ou encore BYD.

Les acquis technologiques de la Chine sont aujourd'hui multiples dans les secteurs suivants :

1. Les brevets. La Chine a dépassé les Etats-Unis dès 2019 en nombre de brevets reconnus internationalement. Le bureau des brevets de Chine a reçu 1,5 million de brevets déposés auprès de ses services en 2018. Il en a enregistré, sur le plan international 432.000 (dont 3000 pour le groupe Hawaii). Les Etats-Unis n'ont en enregistré cette année-là que 308.000. En 2019, 61.000 demandes de brevets chinois ont été reconnus selon les critères de la convention de coopération internationale sur les brevets.

2. L'intelligence artificielle. La Chine possède aujourd'hui la moitié des lucarnes de l'intelligence artificielle. Elle a acquis 11 lucarnes dans le domaine de la robotique et ses investissements dans ce domaine représentent 60% des dépenses mondiales du secteur.

Les autorités chinoises travaillent à renforcer la régulation du fonctionnement des entreprises dans les domaines des nouvelles technologies pour éviter les dépassements et les dérives monopolistiques. A titre d'exemple, elles ont initié, en décembre 2020, une recherche judiciaire à l'encontre du groupe Ali Baba et son président Jack Ma pour ses pratiques monopolistes supposées. C'est dire que le pouvoir politique joue un rôle régulateur dans les domaines technologiques liés à

技术领域发挥了调控作用。中国政府认为，从长远来看，数字经济必须遵守良好的运营规则。

三、通信。通信专业高校毕业生数量是中国在该领域取得进步的一个指标。中国每年有通信专业毕业生 16.5 万人，而美国和俄罗斯分别只有 6.5 万人和 1.7 万人（尽管印度有 21.5 万人）。中国目前正在开发 220 种型号的计算机，其中一些每秒运算速度高达 100 万次，美国和英国则分别只有 116 种和 18 种。中国数字技术高地深圳正在同美国硅谷开展直接竞争，硅谷在 20 世纪 70 年代恰恰是这些技术的诞生地。深圳从过去的小渔村变为中国的技术重镇，通信领域的华为、腾讯，人工智能领域的中兴、比亚迪、TCL、迈瑞等 700 家高科技企业扎根于此。

2018 年，深圳的对外贸易额超过 4300 亿美元（占中国外贸总额的 10%），而 1979 年仅为 2000 万美元。目前，深圳是中国新技术产品出口质量转型的主要基地，也是中国巨变的缩影。

四、研发。研发体现了各国在科技领域取得的进步及其利用科学促进发展的能力。中国在创新投资方面处于世界前列，研发投入从 2006 年的 3000 亿元增加到 2018 年的 1.97 万亿元。中国在科研成果认定方面也处于世界领先地位。

五、可再生能源。中国目前在各类可再生能源设备的生产方面处于世界领先地位。凭借在绿色电力（太阳能和风能）方面的投入，中国可再生能源装机容量在 2018 年达到 21 吉瓦（2100 万千瓦，我国官方统计数据一般使用"千瓦"。——审读者注）。根据麦肯锡公司的一项研究，中国的太阳能发电量将在 2024 年达到 370 吉瓦，为美国的 2.5 倍。同样，中国目前占有全球风电产能的三分之一，达到 200 吉瓦。中国是全球最大的太阳能电池板和风力发电机出口国。

internet. Les autorités chinoises jugent important que l'économie numérique respecte les règles de bonne gestion à long terme.

3. La communication. Le nombre de diplômés dans le domaine des communications est un indicateur de l'avancée de la Chine dans ce secteur. Il s'élève chaque année à 165.000 contre 65.000 et 17.000 seulement pour les Etats-Unis et la Russie (et 215.000 en Inde cependant). La Chine développe aujourd'hui 220 modèles d'ordinateurs dont certains peuvent réaliser jusqu'à 1 million d'opérations par seconde, contre 116 modèles pour les Etats-Unis et 18 pour le Royaume Uni. La ville de Shenzhen, haut lieu de la technologie numérique chinoise, est en compétition directe avec la Silicone Valley, berceau de ces technologies aux Etats-Unis dans les années 1970. Hier simple village de pécheur, Shenzhen est devenue un pôle de rayonnement de la technologie chinoise. Elle accueille 700 grandes entreprises spécialisées dans ce domaine dont Huawei et Tencent dans les communications, ZTE, BYD et TCL Mindray dans l'intelligence artificielle.

En 2018, les échanges extérieurs passant par la ville de Shenzhen ont dépassé les 430 milliards de dollars (10% du commerce extérieur de la Chine), contre à peine 20 millions de dollars en 1979. Shenzhen est aujourd'hui le principal pôle de la transformation qualitative des exportations chinoises produites par les nouvelles technologies. Elle est l'incarnation même de la grande mutation de la Chine.

4. La recherche développement. Elle est un indicateur des progrès réalisés par les pays dans le domaine scientifique et technologique et de leur capacité à mettre la science au service du développement. La Chine occupe des positions avancées dans les domaines des investissements dédiés à l'innovation. Ses dépenses de recherche développement sont passées de 300 milliards de yuans en 2006 à 1.970 milliards en 2018. Elle caracole en tête pour les productions scientifiques agréées dans le monde.

5. Les énergies renouvelables. La Chine est aujourd'hui au premier rang pour la production de tous les équipements utilisés par les énergies renouvelables avec 21 gigawatts installés en 2018 grâce à ses investissements dédiés à l'électricité verte (plaques solaires et éoliennes). Selon une étude McKinsey, la capacité de production énergétique chinoise de source solaire atteindra, en 2024, 370 gigawatts, soit 2,5 fois celle des Etats-Unis. De même, la Chine représente aujourd'hui le tiers de la capacité de production mondiale dans le secteur des éoliennes, laquelle a atteint 200 gigawatts. Elle est le premier pays exportateur de plaques solaires et d'éoliennes vers le reste du monde.

六、太空探索。虽然美国和俄罗斯目前仍是太空探索领域最先进的两个国家，但中国正在迎头赶上。2003年10月，在"神舟五号"载人飞船任务中，杨利伟成为中国进入太空的第一人，中国也成为第三个掌握载人航天技术的国家。2018年，中国将35颗人造卫星送入轨道，并成功地将一台月球探测器送到月球背面。2020年年底，"嫦娥五号"空间探测器使用有别于美国和俄罗斯的新技术，带回月球岩石标本。中国正准备在2022年建成名为"天宫"的空间站，而美国宇航局（NASA）发射的国际空间站将在同一年关闭。

七、广纳全球人才。2008年，中国政府发起"千人计划"，吸引7000名来自海外尤其是日本的科学家、工程师、金融家和研究人员到中国的实验室和大型研究中心工作。

中国——新兴战略强国

21世纪第二个十年结束之时，中国已经成为世界第二大战略强国。2018年，中国的军费开支达到2000年的十倍，军费开支增长率与经济增长率保持同步。2019年，军费开支的增长率仍有7.5%，不过增速开始放缓。2021年，军费预算达到13553.43亿元人民币（约合2090亿美元），增长率则为6.8%。

在战略领域加强行动的同时，中国坚持以威慑为主，尤其是在与之毗邻的亚洲地区，毕竟美国与邻国越南、日本在这一地区部署的军事力量不容小觑。中国也注意到日本抛弃了战后沿袭的和平主义传统，越来越关注战略事务。

中国的军事规划固然仍将继续秉持"和平复兴"理念框架下所做的承诺，但在实践中，邓小平主张的"韬光养晦"的谨慎做法有所调整。如今，

6. La conquête de l'espace. Si les Etats-Unis et la Russie restent aujourd'hui encore premiers dans la conquête de l'espace, la Chine tend à les rattraper. En octobre 2003, Yang Liwei est devenu le premier Chinois à aller dans l'espace, dans cadre de la mission Shenzhou, faisant de la Chine la troisième nation spatiale dans le monde. En 2018, elle a mis sur orbite 35 satellites et a surtout réussi à faire alunir un module sur la face cachée de la lune. Fin 2020, la sonde spatiale Chang'e 5 a rapporté des échantillons de roches lunaires, utilisant une technique innovatrice, différente de celles utilisées antérieurement par les Etats-Unis et la Russie. La Chine se prépare à construire une plateforme spatiale, le Tiangong, en 2022, année de la fermeture de station spatiale internationale mise en orbite par la NASA.

7. L'ouverture sur les cerveaux du monde. En 2008, le gouvernement chinois a lancé l'initiative dite « 1.000 talents » pour séduire et attirer 7.000 scientifiques, ingénieurs, financiers et chercheurs étrangers, notamment japonais, pour travailler dans les laboratoires et les grands centres de recherche chinois.

La Chine, puissance stratégique émergente

A la fin de la décennie 2010, la Chine est devenue la deuxième puissance stratégique dans le monde. Ses dépenses militaires en 2018 étaient 10 fois supérieures à celles de 2000. Le taux d'accroissement de ces dépenses a évolué parallèlement au taux de croissance de l'économie. Avec un rythme d'accroissement des dépenses militaires de 7,5% en 2019, on a observé cependant un début de décélération de cette progression. Le budget militaire de 2020 s'est élevé à 195 milliards de dollars, avec un taux d'accroissement de 6,6%.

Tout en renforçant son action dans le secteur stratégique, la Chine tient à la canaliser dans le cadre d'une approche de dissuasion, notamment dans l'espace de son voisinage asiatique en tenant compte du poids de la présence militaire des Etats-Unis dans la région, ainsi que de celle des pays voisins tels que le Vietnam et le Japon. Elle tient également compte du fait que ce dernier pays a rompu avec son pacifisme traditionnel hérité de l'après-guerre en accordant de plus en plus d'intérêt aux facteurs stratégiques.

La Chine continue certes à rattacher ses programmes militaires à ses engagements dans le cadre du concept de « La renaissance pacifique ». Mais elle

在习近平主席的领导下，中国选择了更为积极进取的战略，其首要目的便是捍卫经济发展成果。

中国海（国际地理学上指中国濒临的海域，北接日本海，东邻菲律宾海，南连爪哇海，西界缅甸海，主要包括渤海、黄海、东海和南海。——审读者注）是习近平主席提出的"中国梦"的起点，也是中国成为世界军事强国的起点。中国希望增强在这片海域的存在和影响，其竞争对手则指责中国意在把目前这片国际海域变为名副其实的"中国之海"。（中国坚定维护领土主权和海洋权益，坚决反对一些国家对中国领土的非法侵占及在中国管辖海域的侵权行为，始终致力于同直接有关的当事国在尊重历史事实的基础上，根据国际法，通过谈判协商和平解决有关争议，同时尊重和支持各国依据国际法在周边海域享有的航行和飞越自由。——审读者按）对中国人来说，这片海域仅仅是21世纪海上丝绸之路倡议框架下所有主要航线的"门户"。这项倡议完全是经济倡议，旨在巩固改革开放成果，增强中国在本地区和世界上的影响力。

这一逻辑促使中国这个在19世纪末和两次世界大战期间频繁遭受外敌入侵的国家以史为鉴，建设一支强大而有效的军队来保卫自己。2015年5月中国政府发布的第九部国防白皮书（《中国的国防战略》。——审读者注）对此做出了解释。白皮书明确了国家的战略目标和军事方向，强调中国将始终不渝地走和平发展道路，奉行独立自主的和平外交政策和防御性国防政策，反对各种形式的霸权主义和强权政治，永远不称霸，永远不搞扩张。（《中国的国防战略》白皮书指出：中国的国家战略目标，就是实现在中国共产党成立一百年时全面建成小康社会、在新中国成立一百年时建成富强民主文明和谐的社会主义现代化国家的奋斗目标，就是实现中华民族伟大复兴的中国梦。中国军队主要担负以下战略任务：应对各种突发事件和军事威胁，有效维护国家领土、领空、领海主权和安全；坚决捍卫祖国统一；维护新型领域安全和利益；维护海外利益安全；保持战略威慑，组织核反击行动；参加地区和国际安全合作，维护地区和世界和平；加强反渗透、反分裂、反恐怖斗争，维护国家政治安全和社会稳定；担负抢险救灾、维护权益、安保警戒和

a tendance à s'éloigner progressivement des approches de prudence défendues par Deng Xiaoping quand il recommandait de « faire profil bas » et de « cacher sa force ». Aujourd'hui, sous la direction de Xi Jinping, la Chine fait des choix quasi diamétralement opposés en matière stratégique. Le but est avant tout de protéger les acquis économiques.

La mer de Chine est le point de départ du « nouveau rêve chinois » du président Xi Jinping de faire de la Chine une puissance militaire mondiale. La Chine veut donc consolider sa présence sur cette mer pour qu'elle devienne, comme le lui reprochent ses adversaires, une véritable mer chinoise alors qu'elle a aujourd'hui le statut de mer internationale. Pour les Chinois, elle est seulement la « porte » de toutes les principales routes maritimes du projet de la Nouvelle route de la soie, projet d'essence exclusivement économique, disent-ils, qui vise à renforcer les acquis de la réforme et de l'ouverture et à confirmer le rayonnement du pays dans l'environnement de proximité et dans le monde.

Cette logique impose au pays, qui garde mémoire les différents revers militaires qu'il a subi à la fin du XIXème siècle et à l'entre-deux guerres, d'avoir pour le défendre une armée forte et efficiente. C'est ce qu'explique le 9e livre blanc de la Défense, paru en 2015, dans lequel le gouvernement chinois établit les orientations stratégiques et militaires du pays.

支援国家经济社会建设等任务。——审读者注）

直到 21 世纪初，毛泽东时代创建的中国人民解放军（PLA）装备仍然较为落后，并且以陆军为主，总兵力 230 万（根据国务院新闻办公室 2019 年 7 月 24 日发布的《新时代的中国国防》白皮书，中国裁减军队员额 30 万，现役总员额减至 200 万。——审读者注）。但从那时开始，中国有条不紊地加快推进国防和军队现代化进程，加快发展战略装备系统。解放军大力改进武器装备体系，全方位提升战斗力：部署弹道导弹和巡航导弹，发展核武器，推进空军与海军的现代化。为此，中国人民解放军改进了雷达系统，发展了攻击型潜艇部队，建造了新型水面舰艇，提升了多军兵种联合作战能力。种种举措的目标是建立一支强大的军队。事实上，习近平认为，先进武器是"国家安全的重要支撑"。（2014 年 12 月，国家主席习近平在全军装备工作会议上指出："武器装备是军队现代化的重要标志，是国家安全和民族复兴的重要支撑。"——审读者注）

中国人民解放军这一系列重大举措的目的之一是扩大其在南海的存在。中国主张对南沙群岛及其附近海域拥有无可争辩的主权，越南、菲律宾、马来西亚、文莱等国也对南沙群岛的全部或部分提出主权声索。中国在南沙群岛兴建了一些基础设施和跑道。近年来，中国不仅与其他地区强国，而且与美军发生了一些摩擦。

中国已经建成亚洲最强大的海军。根据美国国防部 2020 年 9 月向国会提交的 2020 年度《中华人民共和国军事与安全发展报告》（简称《中国军力报告》），中国人民解放军海军拥有约 350 艘水面舰艇和潜艇（其中 130 多艘为主力水面作战舰艇），包括航空母舰两艘、巡洋舰（美国将 055 型驱逐舰视作巡洋舰。——审读者注）一艘、驱逐舰 32 艘、护卫舰 49 艘、轻型护卫舰 49 艘、坦克登陆舰和两栖船坞运输舰 37 艘、中型登陆舰 21 艘、常规动力攻击潜艇 46 艘、核动力攻击潜艇六艘、弹道导弹核潜艇四艘、导弹艇 86 艘。2020 年年初，美国海军现役主力作战舰艇约为 293 艘。当然，美国海军的水面舰艇和潜艇吨位普遍较大，战斗力也会强一些。

Jusqu'au début des années 2000, l'armée populaire de libération chinoise -APL, qui date de l'ère maoïste, ne disposait que d'un matériel obsolète et sa principale force restait l'armée de terre, forte aujourd'hui encore de 2,3 millions d'hommes. Depuis, elle s'est engagée dans un processus de modernisation accélérée mais méthodique de son appareil militaire et un développement plus rapide des systèmes d'équipements stratégiques. Elle a accompli de grands efforts sur ses armements et développé ses forces tous azimuts : déploiement d'un programme de missiles balistiques et de croisière, développement de l'armement nucléaire, modernisation de l'armée de l'air et de la marine. Pour cela, les systèmes radar ont été améliorés, la flotte de sous-marins d'attaque développée, les navires de guerre rénovés et les opérations interarmes mises sur pied. L'objectif est de construire une armée forte. Pour Xi en effet, les armes de pointe sont « un support essentiel pour la sécurité nationale».

L'objectif pour la Chine de ce grand déploiement de l'APL est, entre autres, d'étendre sa présence sur le sud de la mer de Chine, autour des îles Spratlys dont la souveraineté est disputée par plusieurs pays, dont la Chine elle-même. Elle y a d'ailleurs construit des infrastructures, des pistes d'atterrissage. Au cours de ces dernières années, des heurts ont eu lieu, non seulement avec les autres puissances régionales, mais aussi avec l'armée américaine.

Ainsi, la Chine est devenue, avec ses 300 vaisseaux, 27 destroyers, 2 porte-avions, 59 machines diesel utilisées par la flotte sous-marine, constituée elle-même de 9 sous-marins dotés de l'armement nucléaire, la première force militaire marine d'Asie.

D'après le groupe américain de recherche, IHS, en 2015, les dépenses militaires chinoises ont atteint 232,5 milliards de dollars (2% du PIB), soit largement plus

根据瑞典斯德哥尔摩国际和平研究所（SIPRI）2021年4月公布的《2020年全球军费报告》，中国的军费开支已达2520亿美元（占国内生产总值的1.7%），超过亚太地区几大军事强国军费开支（印度729亿美元、日本491亿美元、韩国457亿美元、澳大利亚275亿美元）的总和。尽管如此，中国军队在军事技术方面还远未达到美国军队的水平（美国军费预算为7780亿美元左右，占国内生产总值的3.7%）。

在中国加强军备建设的情况下，日本和澳大利亚正在逐渐扩大海军舰队的规模（《日本国宪法》第九条规定，日本不保持陆海空军及其他战争力量。因此，日本海上武装力量的正式名称为"海上自卫队"。——审读者按），而越南则主要发展空军机群，并购置了一些潜艇和远程导弹。

中国的战略重点明确指向提升海军实力（350艘水面舰艇和潜艇），开发核武器潜能（400颗核弹头），并将在未来五年内装备200枚可供实战使用的洲际导弹，此外还会加大在军用航空领域的投入。

"一带一路"倡议

习近平主席2013年提出的"一带一路"倡议以及这一构想的演进是中国新型国际关系理论的重要组成部分。这些理论与1978年之后以邓小平强调的冷静观察与发展软实力为基础的改革开放过程紧密相关。这种做法也帮助中国在2001年加入世界贸易组织，并逐渐加强自己在国际贸易中的地位。

2013年，习近平主席强调中国在对外关系中坚持"和平发展"。这一原则的首要目的在于创造同周边国家相互依存的条件。当下，中国正在重新审视并调整这些原则和做法，以增强相对于美国、欧盟、俄罗斯等国际关系主要参与者的国际影响力。中国强调坚持互不干涉内政原则，尽量避免正面介入国际冲突（尤其是在本书的研究对象阿拉伯世界和非洲地区）。

que les budgets militaires combinés des grandes puissances d'Asie-Pacifique. Mais, malgré cela, l'armée chinoise est loin d'atteindre le niveau technologique de l'armée américaine (le budget militaire des Etats-Unis tourne autour de 610 milliards de dollars, soit 3,5% de leur PIB).

Face à cet effort d'armement chinois, le Japon, comme l'Australie, est en train de se doter d'une flotte militaire marine de plus en plus grande, au moment où le Vietnam développe surtout sa flotte aérienne et acquiert des sous-marins et des missiles à longue portée.

Le centre d'intérêt chinois sur le plan stratégique cible clairement l'amélioration des capacités des forces maritimes (350 sous-marins) avec leurs potentialités nucléaires (400 ogives) et 200 satellites transcontinentaux, opérationnels dans les 5 prochaines années, en plus des investissements réalisés dans le secteur de l'aérien militaire.

L'initiative de « la ceinture et de la route »

Le lancement de l'initiative de la ceinture et de la route par le président Xi Jinping en 2013 et l'évolution de son concept depuis font partie intégrante des nouvelles doctrines de la Chine populaire en matière de relations internationales. Doctrines liées par ailleurs au processus d'ouverture de l'économie chinoise conçu depuis 1978 sur des approches de sérénité et de soft power retenues et recommandées par Deng Xiaoping. Cette approche a d'ailleurs ouvert la porte à l'adhésion de la Chine populaire à l'Organisation mondiale du commerce – OMC en 2001 et lui a permis de renforcer progressivement ses positions dans les échanges internationaux.

En 2013, le président Xi Jinping a mis en évidence l'adhésion du pays au principe du « développement pacifique » dans ses rapports avec l'étranger. Un principe qui vise en premier lieu à créer les conditions d'interdépendance avec les pays du voisinage. Aujourd'hui, la Chine est en train de revoir et de rénover l'ensemble de ces principes et approches pour renforcer son influence dans le monde face à celle des grands acteurs et notamment des Etats-Unis, de l'Union européenne et de la Russie. Elle affirme son attachement au principe de non intervention dans les affaires internes des Etats et cherche à éviter toute intervention frontale dans les dossiers conflictuels (tout particulièrement dans la région du monde arabe et en

特朗普就任美国总统之后，中美贸易摩擦加剧。中国国家主席多次重申，中国在国际关系中坚持多边主义，反对自给自足和保护主义。习近平从中国过去40年的经济发展以及中国从全球化进程中获益的事实中吸取经验教训。正是在这种背景下，中美两国领导人在2017年1月达沃斯世界经济论坛年会和2020年9月联合国大会上的发言才会如此大相径庭。共产党人习近平主张开放，而自由主义者特朗普却以保护主义的倡导者自居。

"一带一路"倡议的构想以中国对亚太地区的关注为出发点，体现并延续了对外开放政策。20世纪90年代以来，亚太地区发生了巨大变化，成为世界经济活力的主要所在地。

习近平以及中国第五代领导集体其他成员的名字，毫无疑问将与中国面向亚洲地区的积极开放以及中国希望成为全球化进程主要和积极参与者的抱负联系在一起。

正是从这个视角出发，中国领导人构思了"一带一路"倡议。

改革开放政策正是中国对亚太地区高度关注的体现。20世纪90年代以来，亚太地区发生了巨大变化：中国经济高速发展，长期以来一直是发达国家俱乐部一员且拥有众多尖端技术的日本经济增长减缓，美国在该地区的经济和战略影响力显而易见，俄罗斯则试图拉近自己与亚洲大陆的关系。亚太地区多个国家和地区的经济活力有目共睹：继韩国、新加坡、中国的台湾和香港地区（"亚洲四小龙"）之后，印度、越南、印度尼西亚和马来西亚也在加快发展。这些国家和地区都是亚太经济合作组织（APEC）的成员经济体。该组织成立于1989年11月，其宗旨是支持亚太区域经济可持续增长和繁荣，建设活力和谐的亚太大家庭，捍卫自由开放的贸易和投资，加速区域经济一体化进程，鼓励经济技术合作，保障人民安全，促进建设良好和可持续的商业环境。

Afrique, objets de cette étude).

Avec l'exacerbation des tensions commerciales avec les Etats-Unis depuis la présidence de Trump, le président chinois a affirmé à plusieurs reprises l'attachement de son pays au multilatéralisme dans les relations internationales et son refus des politiques d'autarcie et de protectionnisme. Il a d'ailleurs tiré les leçons de l'évolution de l'économie chinoise au cours des quatre dernières décennies et du fait qu'elle a tiré profit du processus de la mondialisation, sur les plans commercial et technologique. C'est dans ce contexte que l'on peut situer le paradoxe entre les discours des présidents américains et chinois à Davos de janvier 2017 et à l'occasion de la session des Nations unies de septembre 2020, en pleine crise sanitaire mondiale. Xi, le communiste, y défendait l'ouverture pendant que Trump, le libéral, se positionnait en tant que champion du protectionnisme.

La conception de l'initiative de la ceinture et de la route consacre et prolonge la politique d'ouverture à partir de l'intérêt accordé par la Chine à son cercle de proximité de l'Asie-Pacifique, une région qui a connu depuis les années 1990 de grandes transformations qui lui permis de devenir le pôle principal du dynamisme de l'économie mondiale.

Le nom de Xi Jinping ainsi que ceux des membres de la cinquième génération des dirigeants chinois sont associés définitivement à l'ouverture volontariste de leur pays sur l'espace asiatique et à son ambition de devenir un acteur majeur et actif dans la grande sphère de la globalisation.

C'est dans cette perspective que ces dirigeants ont conçu l'initiative de la ceinture et de la route.

La politique d'ouverture et de réforme est l'expression même du grand intérêt que la Chine porte à l'aire Asie-Pacifique, aire qui connaît, depuis les années 1990, de grandes transformations : la montée en puissance de l'économie chinoise, le tassement de la croissance du Japon, pays pourtant membre depuis longtemps du club des pays avancés et des mieux pourvus en technologies sophistiquées, et la présence quasi palpable des États-Unis dans cette région du monde à la fois sur le plan économique et sur le plan stratégique. La Russie tend à se rapprocher du continent asiatique pendant que s'affirme la dynamique économique de plusieurs pays et entités de la région : après la Corée du sud, Singapour, Taiwan et Hong Kong, d'autres pays ont vu leur rythme de croissance s'accélérer. Il s'agit de l'Inde, du Vietnam, de l'Indonésie et de la Malaisie. Et ces pays sont tous membres du Forum

2014年11月,亚太经合组织成立25周年庆典在北京举行。(2014年11月11日,亚太经合组织第二十二次领导人非正式会议在北京举行,发表了《亚太经合组织成立25周年声明》。——审读者注)习近平主席对此十分重视。时任美国总统巴拉克·奥巴马出席会议,中美两国元首的共同出现凸显出这两个大国之间经济和战略竞争的重要性。俄罗斯总统普京也参加了会议,中俄两国借此机会开启了新的合作,双方签订了合同总价高达4000亿美元的天然气供应协议,内容包括修建一条穿越西伯利亚的天然气管道。

在这次峰会上,习近平主席重申了"一带一路"承载的"中国梦",阐明了针对亚太地区和世界的战略构想,呼吁亚太经合组织所有成员经济体同中国一道建设丝绸之路经济带和21世纪海上丝绸之路,将这一梦想扩展为"亚太梦"。

丝绸之路在公元前2世纪曾经是中国与罗马帝国统治地区之间的贸易通道,公元7世纪至13世纪成为世界上最重要的贸易路线。当时,通过这条线路运输的商品除了丝绸之外,还有瓷器、纸张等许多其他商品。

"一带一路"的内容可以概括为以下四个方面:

• 从上海经莫斯科到德国杜伊斯堡港的铁路(11000千米)及其通往西班牙的延伸线;

• 连接中国地理中心城市西安和哈萨克斯坦阿拉木图、德黑兰、伊斯坦布尔、莫斯科、鹿特丹和威尼斯的全长8445千米的高速公路;

• 连接广州、河内、雅加达、科伦坡、加尔各答、海湾地区阿拉伯国家、内罗毕、苏伊士运河、地中海雅典和威尼斯的海上通道;

• 以中俄天然气管道为代表的能源通道。

"一带一路"倡议包括建设庞大的基础设施网络,以促进人员和货物的流动,并借由经济通道创造联系纽带。所有路线均以中国为起点,

de la Coopération économique de la zone Asie-Pacifique – APEC, créé en 1989 et dont le principal objectif est de promouvoir la croissance économique et la prospérité dans la région.

L'APEC, qui fêtait son 25ème anniversaire en 2014 à Beijing, a retenu toute l'attention de Xi Jinping. Barack Obama y a assisté et sa présence aux côtés du président chinois a permis de mettre en évidence l'importance de la compétition économique et stratégique entre les deux grandes puissances. Le président Poutine y a également participé, ce qui a donné l'opportunité à la Russie et à la Chine d'inaugurer leur coopération nouvelle autour d'un méga-contrat de 400 milliards de dollars d'approvisionnement en gaz, avec la construction d'un gazoduc à travers la Sibérie.

A l'occasion de ce sommet, Xi a rappelé le « rêve chinois » de la Nouvelle route de la soie et a appelé à faire de ce rêve un « rêve pacifico-asiatique » en présentant sa vision stratégique pour la région et pour le monde et en demandant à tous les pays de l'APEC de développer avec la Chine la Ceinture économique de la Route de la soie et de la Route maritime de la soie du XXIème siècle.

La Route de la Soie était autrefois, dans l'antiquité d'abord, au IIème siècle av. JC, une voie pour les échanges commerciaux entre la Chine et le monde romain, puis entre les VIIème et XIIIème siècles la plus importante route commerciale au monde. On transportait alors de la soie bien sûr, mais aussi de nombreuses autres marchandises, comme la porcelaine, le papier, etc.

On peut résumer le contenu de la Nouvelle route de la soie autour de quatre axes :

• Un axe ferroviaire de transport reliant Shanghai au port allemand Duisbourg, via Moscou (11.000 km) avec les prolongements jusqu'en Espagne ;

• Un axe routier : une autoroute longue de 8.445 km assurera la liaison de Xi'an au cœur de la Chine à Almaty au Kazakhstan, Téhéran, Istanbul, Moscou, Rotterdam et Venise ;

• Un axe maritime. Il met Guangzhou en relation avec Hanoi, Jakarta, Colombo, Calcutta, les pays arabes du Golfe, Nairobi, le canal de Suez, Athènes et Venise en Méditerranée ;

• L'axe de la route de l'énergie représenté par le gazoduc Chine - Russie.

Ce projet consiste donc en la réalisation de réseaux d'infrastructures gigantesques pour développer la mobilité des hommes et des biens et créer des

以欧洲腹地为目的地，其目的是通过陆路（小亚细亚半岛、中亚、波斯湾、高加索地区、巴尔干半岛）和海路（从中国海出发，经印度洋抵达波斯湾、非洲和地中海）将欧亚大陆连成一片。

这些都是作为中国对外贸易和经济实力重要支柱的这条"新大道"的基本要素。习近平主席把"一带一路"倡议称作"造福全人类的世纪工程"，帮助中国人回顾本国历史上中华文明繁荣兴盛、影响远播的辉煌时期，以此激发中国人对未来的憧憬。

"一带一路"倡议，至少在最初的构想中，旨在追求三大目标：国内政治和经济目标、与建立亚洲地区体系有关的目标以及作为本国战略选择结果的国际目标。

国内方面，"一带一路"倡议旨在通过把西部边远地区纳入全国发展大局，使其更好地分享经济增长和社会发展的成果。缩小地区差距的任务相当紧迫，快速工业化政策导致严重的空间不平衡。因此，中国政府需要对边远地区尤其是西藏和新疆投入更多关注，在当地实施基础设施建设和投资项目。朝着这一方向，中国政府决定将一些居民迁移到这些地区，以促进民族团结和经济融合。这些地区过去缺乏经济活力，未来则将成为陆上丝绸之路的起点，同中亚国家（塔吉克斯坦、巴基斯坦、吉尔吉斯斯坦、哈萨克斯坦甚至是阿富汗，如果该国能够减少对美国的依附的话）加强贸易往来。

"一带一路"倡议的第二个目标是建立由亚洲人自己设计和领导的亚洲地区体系。贸易必须成为这一地区体系的基础，并协助政治上存在分歧的亚洲国家走向和解与融合。为此，中国希望巩固与澳大利亚、印度、日本、韩国、新西兰、新加坡、巴基斯坦、泰国等东亚、南亚和东南亚国家以及中国的台湾地区之间已有的经济合作。

"一带一路"倡议的第三个目标涉及中国的外交政策。中国优先考虑"周边外交"，即以亚洲近邻为对象的睦邻友好政策。中国的周边外交理念以经济联系为基础，把经济合作视为地区团结与和平的保障。考虑到美国对本地区多个国家，包括日本、韩国、菲律宾、泰国、澳大利亚、缅甸乃至不再对美国拉拢无动于衷的越南的影响力，中国希望通过

instruments de contact à travers les voies économiques. A partir de la Chine, qui est le point de départ de toutes les voies, l'objectif est d'arriver au cœur de l'Europe. Le but est de créer un ensemble euro-asiatique par voie terrestre (Asie mineure et centrale, Golfe arabo-persique, chaîne du Caucase, Balkans) et maritime (à partir de la mer de Chine et l'océan Pacifique, au Golfe arabo-persique, en Afrique et à la Méditerranée).

Tels sont les éléments du « grand sentier nouveau » de la Chine, pilier de son ouverture commerciale et de sa puissance économique. Cette grande ceinture économique est présentée par le président Xi comme le grand projet des 100 années à venir aux Chinois dont il a voulu frapper l'imaginaire en leur rappelant les périodes glorieuses de leur histoire, quand la civilisation chinoise, à son apogée, rayonnait sur le monde.

Le projet de la nouvelle route de la soie devrait poursuivre, du moins dans ces premières conceptions, trois types d'objectifs, des objectifs internes, politiques et économiques, des objectifs liés à la mise en place d'un système régional asiatique et des objectifs à dimension internationale et qui sont l'aboutissement des options stratégiques du pays.

Sur le plan interne, la stratégie de la Nouvelle route de la soie cherche à donner un nouveau souffle à l'aménagement du territoire en intégrant les régions aux confins de l'ouest du pays dans l'ensemble national pour qu'elles commencent enfin à profiter des acquis de la croissance et du développement économique. Il devient en effet urgent de réduire les disparités régionales. La politique d'industrialisation rapide a créé de graves déséquilibres spatiaux. Il faut donc accorder plus d'attention aux régions marginalisées, du Tibet et du Xinjiang notamment, en y réalisant des programmes d'équipement et d'investissement. Dans le même sens, il a été décidé de déplacer des habitants d'origine Han vers ces régions pour faciliter leur intégration humaine et économique. Ces régions, hier exclues de la dynamique économique, deviendront alors le point de départ de la Route terrestre de la soie pour accompagner les échanges avec les pays d'Asie centrale (Tadjikistan, Pakistan, Kirghizistan, Kazakhstan, et même l'Afghanistan quand ce pays aura réussi à réduire ces liens avec les États-Unis).

Le deuxième objectif de la Nouvelle route de la soie vise la mise en place d'un système régional asiatique, conçu et dirigé par les Asiatiques eux-mêmes. Le commerce doit constituer le socle de ce système régional et un facteur de

这一政策实现地区平衡。中国也寻求切实增强在阿富汗的存在,以削弱美国的影响。正是在这一背景下,2020 年 11 月,在公共卫生危机中,亚太地区 15 国(中国、日本、韩国、澳大利亚、新西兰以及东盟十国)签署了《区域全面经济伙伴关系协定》(RCEP)。

在亚洲北部,中国抓住主要邻国俄罗斯因乌克兰问题而与西方关系恶化的机会,通过签订天然气供应协议等方式,拉近并改善与俄罗斯的关系。俄罗斯至少在一开始并不热衷于同经济上处于强势地位的中国增进关系,但现在已经同意与中国联合,共建"一带一路"。

在同美国的战略竞争中,中国意欲巩固自身在亚洲的地位。与此同时,在能源、环境等特定议题上以及国际影响的区域划分方面,中国也积极寻求与美国开展合作。

"一带一路"倡议延续了中国自 20 世纪 80 年代以来实行的对外开放政策,是一项以经济为主轴的计划,但也不排除战略因素。事实上,经济上取得的进步促使中国捍卫自己的发展成果,强化自己的身份。为此,中国通过尽可能多地削弱美国在太平洋地区的存在,为战略平衡创造条件。中国希望利用"一带一路"建设进一步巩固自己在亚洲地区的地位。

rapprochement et d'intégration entre les pays d'Asie malgré leurs divergentes politiques. Dans ce sens, la Chine voudrait consolider les associations économiques qui existent entre les dix pays qui constituent l'ensemble des États du sud-est asiatique que sont l'Australie, l'Inde, le Japon, la Corée du sud, la Nouvelle Zélande en plus de Singapour, du Pakistan, la Thaïlande sans oublier Taiwan, ile chinoise.

Le troisième objectif est lié à la politique étrangère chinoise. Il accorde la priorité à la « diplomatie périphérique », c'est-à-dire une politique de proximité qui cible les pays asiatiques. Sa conception est fondée sur l'élément économique considéré comme le garant de la solidarité et de la paix dans la région. La Chine voudrait, à travers cette politique, réaliser l'équilibre régional en tenant compte de l'influence américaine sur plusieurs pays de la région : Japon, Corée du Sud, Philippines, Thaïlande, Australie, Birmanie et même sur le Vietnam qui n'est plus insensible aux chants des sirènes américaines. La Chine cherche également à concrétiser sa présence en Afghanistan pour y réduire l'influence américaine. C'est dans ce cadre qu'a été signé en novembre 2020, en pleine crise sanitaire, l'accord de Partenariat régional économique entre 15 pays de l'Asie-Pacifique.

Au nord du continent, la Chine, qui a tiré profit de la détérioration des rapports entre son grand voisin et l'Occident sur le dossier ukrainien, travaille depuis à réchauffer et améliorer ses relations avec la Russie grâce entre autres à l'accord sur le gaz. La Russie d'ailleurs, qui pourtant n'a certainement pas le même enthousiasme, du moins au début, pour un rapprochement solide avec une Chine en position de force sur le plan économique, a accepté de s'associer avec elle pour rendre opérationnelle sa stratégie de la Nouvelle route de la soie.

Si la Chine, dans le cadre de sa compétition avec les États-Unis, veut consolider son positionnement dans le grand champ asiatique, elle n'en cherche pas moins à développer des partenariats avec les Américains sur certains dossiers spécifiques, comme celui de l'énergie, de l'environnement et bien sûr sur le partage des zones d'influence.

La stratégie de la Nouvelle route de la soie, qui prolonge la politique d'ouverture des années 1980, est un projet éminemment économique, mais qui n'exclut pas le facteur stratégique. Les progrès économiques accomplis conduisent en effet la Chine à protéger ses acquis et à renforcer son identité. Pour cela, elle met en place les conditions d'équilibre stratégique en réduisant autant que possible la forte présence des États-Unis dans le Pacifique. C'est pour cela qu'elle voudrait utiliser la Nouvelle

一些分析人士和历史学家认为，中国提出"一带一路"倡议特别是建设"丝绸之路经济带"的合作倡议，实际上是回到了自己作为大陆中心强国的传统。该倡议究竟是以大陆为导向，还是以海洋为导向，成为众多战略问题研究机构之间论战的主题。近年来，中国加强了对海洋的关注，这无疑与美国在太平洋的强大存在及其同盟体系有着密切联系。继亚洲之后，"一带一路"倡议也将有助于中国发展同阿拉伯世界、非洲、南欧和拉丁美洲之间的关系。

中国领导人一再重申，"一带一路"倡议并非出于军事对抗的逻辑，也不同于第二次世界大战之后东西方冷战对峙的那种竞争。冷战促使美国实施马歇尔计划（欧洲复兴计划。——审读者注），以支持西欧对抗苏联的渗透企图。对中国而言，建立"一带一路"物流网络的首要目的是加快自身经济发展，拉紧与周边国家的合作伙伴关系，并向以欧洲和非洲为代表的更遥远的地区进一步敞开合作大门。中国强调，"一带一路"倡议旨在促进稳定与和平，二者是发展努力取得成功必不可少的前提条件。中国领导人认为，军事对抗只会对中国造成损害：军事对抗将不可避免地动摇中国共产党领导的中央集权制度，而中国共产党是稳定的坚强保障，稳定则是发展的必然要求。

继 2015 年 7 月推动达成伊朗核问题协议之后，中国希望在相关国际谈判中发挥影响，争取在拜登总统改变美国单方面退出的做法之后于 2021 年内恢复该协议。2021 年，中国同伊朗达成一项战略伙伴关系协定。（2021 年 3 月 27 日，国务委员兼外长王毅在德黑兰同伊朗外长扎里夫举行会谈，并在会谈后共同签署中伊全面合作计划。——审读者注）此举既是出于对未来重建叙利亚和伊拉克的展望，也考虑到了整个中东地区对中国而言具有决定意义的地缘政治地位。中国 50% 以上的石油供给来自中东地区。沙特阿拉伯和伊朗是中国最大的石油供应国，也是叙利亚问题的关键参与者。同俄罗斯一样，中国也十分重视打击恐怖主义，对激进势力的扩张感到忧虑。

route de la soie pour consolider encore plus sa position dans l'espace asiatique.

Certains analystes et historiens considèrent que l'adoption par la Chine d'une telle stratégie est en fait un retour à ses origines traditionnelles comme puissance au cœur du continent. C'est le sens du débat développé par les institutions spécialisées dans les questions stratégiques, débat qui concerne l'arbitrage entre l'orientation continentale et l'orientation en faveur du large marin. L'intérêt accordé ces dernières années à la mer est très certainement lié à la forte présence américaine et à ses alliances multiples dans le Pacifique. Après l'Asie, la logique des nouvelles routes de la soie servira à développer les partenariats de la Chine avec le monde arabe, l'Afrique, l'Europe du sud et l'Amérique latine.

Les responsables Chinois affirment et répètent que la stratégie de la Nouvelle route de la soie ne procède pas d'une logique de confrontation militaire ni d'une compétition qui s'apparenterait à la guerre froide qui avait opposé l'est et l'ouest au lendemain de la seconde guerre mondiale. La guerre froide avait alors conduit les États-Unis à concevoir le plan Marshall pour soutenir l'Europe occidentale face à la tentative de pénétration soviétique. Pour la Chine, la mise en place des réseaux logistiques de la Nouvelle route de la soie est avant tout un moyen pour accélérer les progrès de son économie, via un rapprochement de son cercle de proximité et plus d'ouverture sur le cercle plus lointain représenté par l'Europe et l'Afrique. Elle affirme que le projet de la Route de la soie est destiné à promouvoir la stabilité et la paix, nécessaires au succès de l'action de développement. Les responsables chinois considèrent que des confrontations militaires ne peuvent être que nuisibles à la Chine : elles provoqueraient inévitablement des processus de déstabilisation de son système politique centralisé, représenté par le Parti communiste chinois garant de la stabilité indispensable à la consolidation du processus de développement.

Après avoir contribué à l'accord sur le nucléaire iranien, la Chine voudrait peser sur les négociations internationales visant à le réhabiliter en 2021 au lendemain de sa reconnaissance par le président Biden. Elle a par ailleurs conclu, en 2021 toujours un accord de partenariat stratégique avec l'Iran. Elle est motivée en cela à la fois par les perspectives de reconstruction de la Syrie et de l'Irak, pays aujourd'hui en ruines, et par la position géopolitique déterminante pour elle de l'ensemble du Moyen Orient. Car la Chine réalise plus de 50% de son approvisionnement en hydrocarbures de cette région. Elle est le premier client de l'Arabie Saoudite et de l'Iran, deux acteurs clefs dans le dossier syrien. Comme la Russie, elle accorde un grand intérêt à la lutte

中国在创建上海合作组织（SCO）的过程中发挥了至关重要的作用。该组织于2001年6月在中国上海成立，成员国包括中国、俄罗斯和中亚四国（哈萨克斯坦、乌兹别克斯坦、吉尔吉斯斯坦和塔吉克斯坦）。俄罗斯等国曾是苏联加盟共和国，中国希望与其发展特殊关系。2017年6月，印度和巴基斯坦正式成为上海合作组织成员国。

为了支持"一带一路"建设，中国政府于2014年12月出资400亿美元设立丝路基金，为"一带一路"沿线国家基础设施、资源开发、产业合作和金融合作等与互联互通有关的项目提供投融资支持。这是中国承诺向新成立的亚洲基础设施投资银行（简称"亚投行"，英文缩写"AIIB"。——审读者注）提供500亿美元资金之外的又一笔巨额资金。

中国政府利用国际货币基金组织和世界银行2015年春季各项会议的机会，于2015年12月发起成立了一个服务于发展的全新金融机构——亚洲基础设施投资银行。亚投行的宗旨是通过在基础设施及其他生产性领域的投资，促进亚洲经济可持续发展、创造财富并改善基础设施互联互通；与其他多边和双边开发机构紧密合作，推进区域合作和伙伴关系，应对发展挑战。亚投行总部设在中国北京，法定资本1000亿美元，中国政府出资50%，是主要股东。亚投行成立之初共有57个意向创始成员，其中亚洲34个、欧洲18个、大洋洲两个、南美洲一个、非洲两个。截至2021年7月，亚投行共有103个成员，包括联合国安理会五大常任理事国中的四个（中国、英国、法国、俄罗斯）、二十国集团成员国中的16个（中国、英国、法国、印度、印度尼西亚、沙特阿拉伯、德国、意大利、澳大利亚、土耳其、韩国、巴西、南非、俄罗斯、加拿大、阿根廷）、七国集团（G7）成员国中的五个（英国、法国、德国、意大利、加拿大）、金砖国家全部五个（中国、俄罗斯、印度、巴西、南非），代表着全球约79%的人口和约65%的国内生产总值。日本、澳大利亚、英国、法国、德国、意大利等发达国家也在成员国之列，因为它们认为加入亚投行符合自身利益。美国则是尚未加入该机构的为数不多的大国之一。2018年12月，摩洛哥成为亚投行意向成员。

在被称为"亚洲世纪"的21世纪，亚投行将支持整个亚洲大陆的

contre le terrorisme : elle appréhende les courants du radicalisme islamiques qu'elle craint de voir pénétrer les Ouïghours issus de la minorité musulmane turcophone de Xinjiang.

La Chine a jouer un rôle primordial dans la création de l'Organisation de coopération de Shanghai qui regroupe la Russie et quatre pays de l'Asie centrale (Kazakhstan, Ouzbékistan, Kirghizstan et Tadjikistan), républiques autrefois sous la tutelle soviétique et avec lesquelles elle veut développer des relations spécifiques.

Pour soutenir le projet, les autorités chinoises ont créé un Fonds de la route de la soie doté de 40 milliards de dollars pour financer l'investissement dans les infrastructures, la coopération industrielle et la gestion des ressources en Asie, fonds qui vient s'ajouter aux 50 milliards de dollars que la Chine doit apporter à la Banque asiatique d'investissement pour l'infrastructure nouvellement créée.

Le gouvernement chinois a profité en effet des réunions du printemps du FMI et de la Banque mondiale de 2015 pour lancer une nouvelle institution financière de développement : La Banque asiatique d'investissement pour les infrastructures (Asian Infrastructure Investment Bank, ou AIIB). Il a décidé d'abriter son siège à Shanghai et d'en être le principal actionnaire. Il a réuni dans le tour de table de cette nouvelle banque 12 pays asiatiques dont le Japon, sept pays du Moyen Orient notamment les Emirats arabes unis, Qatar et Israël, les cinq pays des BRICS, l'Australie et même des pays européens comme la Grande Bretagne, la France, l'Allemagne et l'Italie qui se sont associés à cet instrument de crédit, considérant que c'est de leur intérêt. Les Etats-Unis restent un des grands absents de cette institution, dotée au départ de 100 milliards de dollars, couverts à 50% par la Chine.

La nouvelle banque asiatique aura à accompagner les activités commerciales et plus généralement l'investissement dans l'ensemble du continent, au cours de XXIème siècle, appelé à être le siècle de l'Asie.

商业活动和更广泛意义上的投资活动。

在成立亚投行的同时，中国在国际金融领域还采取了另一项举措，即于 2014 年 7 月在巴西福塔莱萨举行的金砖国家领导人第六次会晤上发起成立金砖国家新开发银行（NDB）。新开发银行总部设在中国上海，初始资本为 1000 亿美元，由五个创始成员国平均出资。新开发银行的成员国就银行运行规则达成一致：行长实行轮换制（首任行长由印度人担任），各成员国享有平等的投票权（不同于国际货币基金组织和世界银行的实践）。

专家们认为，新开发银行的目标是同世界银行和亚洲开发银行（总部在马尼拉）开展竞争。世界银行和亚洲开发银行受西方国家支配，科层结构臃肿，运行不畅。

这些新设金融机构的任务是为"一带一路"建设提供配套支持。对中国政府而言，这些新的机构并不是要取代为中国与发展中国家双边合作提供支持的国家开发银行（CDB）和中国进出口银行（EIBC）。

通过成立这些新的多边金融机构，中国希望：

• 增强中国经济在亚洲、欧洲、拉丁美洲以及阿拉伯和非洲地区的影响，推动中国与占世界生产总值 30% 的金砖国家之间的贸易与投资。这些机构将成为促进中国经济国际化、为中国企业提供支持的有效工具，尤其是在经济困难时期。

• 削弱美国在国际金融领域的影响。为此，中国呼吁改革国际货币基金组织和世界银行的运行机制，加强新兴市场国家和发展中国家在这些机构中的地位，确保这些国家拥有与其经济分量相称的政治地位。

• 2015 年 7 月在俄罗斯乌法举行的金砖国家领导人第七次会晤表达了同样的诉求。在那次会议上，中俄两国领导人表示，他们决心对抗美国在太平洋地区的过度影响，推动新成立的金砖国家新开发银行的业务，以促进金砖国家集团内部的合作与团结。在金砖国家中，中国占据着比较有利的地位，尽管其经济增长速度从 2014 年开始放缓；印度开始经历 7% 以上的高增长率，地位有所上升；俄罗斯、巴西和南非这几个经济体则陷入困境，甚至出现经济衰退。新冠肺炎疫情强化了这种趋势，

Parallèlement au lancement de cette banque, la Chine a pris cette autre initiative dans le domaine du financement international, celle de la création de la Banque de développement des BRICS, à l'occasion de leur sommet, tenu à Fortaleza au Brésil en juillet 2014. Dans ce projet, la Chine, qui en accueille le siège à Shanghai, est également le premier actionnaire (capital de 50 milliards de dollars). Les pays membres de l'institution ont convenu de certaines des règles de son fonctionnement : la rotation de la présidence de la banque (l'Inde a été choisie pour en présider le premier mandat) et le vote à égalité des voix (contrairement à la pratique au FMI et à la Banque mondiale).

Les spécialistes ont considéré que cette nouvelle institution bancaire vise à concurrencer aussi bien la Banque mondiale que la Banque asiatique de développement (dont le siège est à Manille), qui, sous la coupe des pays occidentaux, sont handicapées par la lourdeur bureaucratique de leur fonctionnement.

La mission de ces nouvelles institutions financières est de créer les instruments d'accompagnement de la Nouvelle route de la soie. Pour les autorités chinoises, ces nouvelles organisations financières ne sont pas destinées à se substituer à la Banque chinoise de développement ni à la Banque d'exportation de Chine, banques nationales chinoises qui accompagnent la coopération bilatérale avec les pays en voie de développement.

La Chine vise, à travers la création de ces nouvelles organisations financières multilatérales :

• À renforcer l'influence de l'économie chinoise dans l'espace asiatique, en Europe, en Amérique latine et avec l'espace arabo-africain et à promouvoir les échanges et les investissements avec les pays du groupe des BRICS qui représente à lui seul 30% de la production mondiale. Ces organismes sont appelés à devenir de véritables instruments d'internationalisation de l'économie chinoise et de soutien à ses entreprises, notamment dans les périodes d'essoufflement.

• À contribuer à réduire l'influence américaine dans le domaine du financement international. C'est pour cette raison que la Chine appelle à une réforme du fonctionnement du FMI et de la Banque mondiale et au renforcement de la place des pays émergeants dans ces organismes. L'objectif est de faire en sorte que le statut politique de ces pays reflète leur poids économique.

• Cette attitude correspond aux revendications annoncées par les pays du groupe des BRICS lors de leur sommet de Oufa en Russie en juillet 2015. Au cours

印度的经济也受到重创。

正如我们即将看到的那样，中国不仅须找到应对本国经济增长在量的层面放缓的办法，也有义务为世界经济进入缓慢增长阶段的趋势寻求解决之道，这种趋势为2020年爆发的公共卫生和经济危机所强化并可能持续下去。

总而言之，"一带一路"倡议的提出在政治层面与以习近平为核心的中国新一代领导集体的产生联袂而至。2013年9月，习近平在哈萨克斯坦阿斯塔纳提出了这一倡议的初步构想——"丝绸之路经济带"倡议。习近平在那次演讲中强调了这一构想的历史背景，提到了两千年前中国开辟的古代丝绸之路通过陆路（亚洲—欧洲—非洲）将东方和西方联结起来。同年10月，习近平在印尼雅加达提出了"21世纪海上丝绸之路"倡议，形成了陆海兼备的"一带一路"倡议的完整构想。

"一带一路"倡议在经济层面顺应了中国发展模式进入新阶段即成熟期的要求。

中国在经济和政治方面的发展使其能够与世界其他地区一较高下。随着"一带一路"倡议的提出，中国对地缘政治、经济和文化有了新的话语表达，更加地适应深度全球化的要求。这些新丝绸之路的建设呈现同心圆状、环状和平行状。同心圆的第一圈是亚洲地区；第二圈东边靠近俄罗斯，西边涵盖中亚各国；第三圈经由阿拉伯世界、非洲大陆通往西欧和东欧；第四圈则把中国同参与全球经济管理的国际经济组织联结起来。

环状丝绸之路是陆路（中国西部、哈萨克斯坦、伊朗、土耳其、俄罗斯和欧洲）和海路（中国南部、太平洋和印度洋、红海、苏伊士运河和地中海）的辩证统一。

"一带一路"的逻辑源自中国古代"经纬天下"的观念，"经纬"的本意是指织物的纵线与横线。

2017年5月，第一届"一带一路"国际合作高峰论坛在北京举行，29位外国元首、政府首脑以及联合国秘书长、红十字国际委员会主席等三位重要国际组织负责人出席。本届论坛的主要议题包括加强政策和发

de cette réunion, les responsables chinois et russes ont exprimé leur détermination à contrarier la montée de la présence des États-Unis dans le Pacifique et à promouvoir les activités de la nouvelle Banque de développement pour créer plus de coopération et plus de solidarité entre les pays du groupe des BRICS. Dans ce groupe, la Chine garde une position confortable, malgré la baisse du rythme des performances de son économie depuis 2014, et l'Inde, qui commence à connaître des taux de croissance élevés, supérieurs à 7%, améliore la sienne. Par contre, les autres économies sont toutes en difficulté, sinon en récession. C'est le cas de la Russie, du Brésil et de l'Afrique du sud. La crise du Covid-19 a renforcé cette tendance qui a affecté par ailleurs gravement l'économie indienne.

La Chine, comme nous allons le voir, se voit dans l'obligation de trouver des réponses à la baisse de sa propre croissance sur le plan quantitatif, mais aussi à la tendance de l'économie mondiale à entrer dans une phase de croissance atone renforcée par la crise sanitaire et économique de 2020 et qui pourrait durer.

En résumé, le lancement du projet de la ceinture et de la route coïncide sur le plan politique avec l'arrivée à la tête d'une nouvelle direction présidé par Xi Jinping qui a annoncé à Astana en 2013 la première mouture de ce projet. Dans ce discours, le président chinois a insisté sur les fondements historiques de ce concept en se référant aux anciennes routes de la soie ouvertes par la Chine il y a 2000 ans pour rattacher l'Orient à l'Occident par voie terrestre (Asie-Europe-Afrique).

L'initiative répond sur le plan économique à la nouvelle phase du mode de développement chinois qui a atteint le stade de la maturité.

L'évolution de la Chine sur le double plan politique et économique lui permet par ailleurs de développer des pratiques combattives avec le reste du monde. La conception de l'initiative de la ceinture et de la route conduit la Chine à rénover son discours géopolitique, économique et culturel en l'adaptant à la mondialisation avancée. La construction de ces nouvelles routes de la soie se fait en cercles concentriques, périphériques et parallèles. Le premier cercle est celui de l'espace asiatique, le deuxième se rapproche, à l'est, de la Russie et intègre, à l'ouest les républiques de l'Asie centrale. Le troisième traverse le monde arabe, le continent africain et débouche sur l'Europe occidentale et orientale. Le quatrième enfin rattache la Chine aux organisations économiques internationales qui interviennent dans la gestion de l'économie mondiale.

Les routes périphériques se succèdent dans une dialectique entre les sentiers

展战略对接，深化伙伴关系，以及推进互联互通务实合作，实现联动发展。论坛确定了"一带一路"建设的主要方向，达成了五大类270多项具体成果。这是一项全球性的举措，汇集公路、铁路、海上航线、数字链路以及油气管道，此外还包括亚洲和欧洲港口之间的互相依存，货物可以经由地中海、波罗的海、大洋洲抵达拉丁美洲。该倡议的实施方法必须灵活务实。2019年4月，中国举办了第二届"一带一路"国际合作高峰论坛，核心内容是推动"一带一路"合作实现高质量发展，最终达成六大类283项务实成果。

2017年10月召开的中国共产党第十九次全国代表大会把"一带一路"建设纳入中国坚持多边主义原则的长远愿景，强调积极促进"一带一路"国际合作，努力实现政策沟通、设施联通、贸易畅通、资金融通、民心相通，打造国际合作新平台，增添共同发展新动力，加大对发展中国家特别是最不发达国家援助力度，促进缩小南北发展差距。十九大还确认中国将坚持对外开放的基本国策，坚持打开国门搞建设，支持多边贸易体制，促进自由贸易区建设，推动建设开放型世界经济。中国将通过发展软实力来进一步提高国际影响力、感召力、塑造力，在地缘政治、经济、科技和文化等领域发挥更大作用，为世界和平与发展做出新的更大贡献。

2020年，中国成功战胜公共卫生和经济危机，凭借自身取得的成就，增强了在21世纪全球化进程中的话语权和影响力。与此同时，欧洲似乎对自己的能力产生怀疑，美国则竭力抵抗，希望保住自己的领导地位。

"一带一路"建设以科技和文化领域投入为依托。随着疫情在全世界蔓延，中国决定发展并加强同世界各国在公共卫生领域的交流，把疫苗配给纳入合作计划之中。

在"一带一路"倡议框架下，中国政府启动多达10000亿美元的预算资金，为参与该倡议的70个国家的诸多项目提供融资服务。这些国家的人口共计45亿（占世界总人口的70%），国内生产总值占全球的55%，并拥有全球75%的能源储备。

在2021年6月11日七国集团（发达资本主义国家集团）卡比斯湾

terrestres (ouest de la Chine, Kazakhstan, Iran, Turquie, Russie et Europe) et les sentiers maritimes (le sud de la Chine, les océans Pacifique et Indien, la mer Rouge, le canal de Suez et la Méditerranée.

La logique de la ceinture et de la route procède de vieux concept chinois Hu Lian Hu Tong qui signifie un mouvement de rattachement des fils de soie.

Le premier sommet dédié à présenter cette initiative, organisé à Beijing en mai 2017 a fixé les principales orientations à la mouvance des nouvelles routes de la soie tout au long du XXIème siècle. Il s'agit d'une approche mondialisée où convergent routes terrestres, ferroviaires, maritimes, numériques ainsi qu'oléoducs et gazoducs, auxquelles il convient d'ajouter les interdépendances entre les ports d'Asie et d'Europe via la Méditerranée, la mer Baltique vers l'Océanie pour déboucher en Amérique latine. La démarche est nécessairement flexible et pragmatique.

Le XIXème congrès du parti communiste chinois d'octobre 2017 a intégré la stratégie de la ceinture et de la route dans une vision à long terme qui consacre l'adhésion de la Chine à l'approche multilatéraliste. Il a confirmé par ailleurs l'option de l'ouverture de la Chine sur le monde, l'adoption du soft power au service du rayonnement de la Chine et sa volonté d'influencer le géopolitique, l'économique, le technologique et le culturel.

La sortie de la Chine de la crise sanitaire et économique de 2020, une Chine forte de ses acquis, renforcera sa capacité de négociation dans la mondialisation du XXIème siècle, au moment où l'Europe semble douter de ses propres capacités et où les Etats-Unis développent une véritable résistance pour se maintenir dans leur position de leader.

Le projet de la ceinture et de la route se nourrit de ses apports technologiques et culturels. Avec la propagation du coronavirus à travers le monde, la Chine a décidé de développer et intensifier ses échanges sanitaires et d'intégrer dans son projet de coopération la distribution de son vaccin.

Dans le cadre de l'initiative de la ceinture et de la route, les autorités chinoises ont débloqué un budget de 1000 milliards de dollars pour le financement de nombreux programmes et ce dans 70 pays qui ont adhéré à cette initiative. Ces pays, tous ensembles, ont une population de 4,5 milliards d'habitants (soit 70% de la population mondiale), génèrent 55% du PIB mondial et possèdent 75% des réserves énergétiques de la planète.

Lors de la réunion du G7 (Groupe des pays capitalistes les plus développés)

（位于英国西南部康沃尔郡）峰会和次日在布鲁塞尔举行的北约峰会上，美国总统拜登成功说服与会各国领导人把中国视为新的"系统性挑战"，即在经济、技术、战略和文化等各个领域的全方位对手。于是，七国集团同意启动一项旨在帮助发展中国家进行基础设施建设的重大计划。该计划被称为"重建美好世界"倡议，意在对冲和取代中国的"一带一路"倡议。然而，没有任何迹象表明，该计划具备在未来几年内得到落实并真正制衡"一带一路"所必需的可靠性和连贯性。实际上，由于各自不同的历史、地理和制度考量，美国和欧洲国家各自与发展中国家的关系模式截然不同。

如果说美国总统拜登强调西方与中国之间的冲突，那么法国总统马克龙和德国总理默克尔则看重西方经济体与中国之间的相互依存，以及出于利益互补继续与中国开展对话的必要性。

2021年七国集团峰会反映了欧盟在国际竞争中的特殊地位。事实上，许多欧洲人认为欧洲大陆应该制定一项独立于中国和美国的战略，为"欧洲主权"（马克龙语）奠定基础。在他们看来，中国除了是科技和经济上的竞争对手之外，也是气候变化问题和国际贸易方面不可或缺的合作伙伴。最根本的是要避免陷入新冷战的逻辑中去，这次是与中国。

du 11 juin 2021 de Carbis Bay (en Cornouilles - Grande Bretagne) et du sommet de l'OTAN, tenu à Bruxelles le lendemain, le président Biden a réussi à convaincre ses interlocuteurs de considérer la Chine comme un nouveau « défi systémique », c'est-à-dire un adversaire total, c'est-à-dire sur tous les plans : économique, technologique, stratégique et culturel. En conséquence de quoi, le G7 a convenu du lancement d'un grand projet visant à aider les pays en développement dans le domaine des infrastructures. Ce projet, appelé « Build back a better world » a été présenté comme une alternative et une réponse à l'initiative de la ceinture et de la route chinoise. Mais rien n'indique cependant que ce projet aura la consistance et la cohérence nécessaire pour être opérationnel dans les années à venir et être un véritable contre-poids aux nouvelles routes de la soie. En effet, les rapports des Etats-Unis d'une part et des pays européens d'autre part avec les pays en développement procèdent d'approches sensiblement différentes, liées aux considérations historiques, géographiques et/ou institutionnelles des uns et des autres.

Si le président Biden a insisté sur la centralité du conflit entre l'Occident et la Chine, le président Macron - au nom de la France, et la Chancelière Merkel - au nom de l'Allemagne quant à eux ont tenu à relever malgré tout l'importance des interdépendances tissées entre la Chine et les économies occidentales et la nécessité de continuer à dialoguer avec elle au nom de la complémentarité des intérêts.

La réunion du G7 de 2021 a mis en lumière la naissance d'une position spécifique de l'Union européenne sur la compétition internationale. Beaucoup d'européens en effet considèrent que leur continent doit développer une stratégie d'autonomie par rapport aussi bien de la Chine que des Etats-Unis, pour construire les bases d'une « souveraineté européenne » (Macron). Pour eux, la Chine est certes un pays concurrent sur les plans technologique et économique, mais également un partenaire indispensable sur les questions du climat et dans les échanges commerciaux. L'essentiel est d'éviter de tomber dans la logique d'une nouvelle guerre froide, avec la Chine cette fois.

Chapitre 2
第二章

中国及其
对全球重大挑战的回应

La Chine et sa réponse aux grands défis mondiaux

2021年或将成为一个基准年份，人类也许能够在这一年里走出新冠肺炎疫情引发的公共卫生和经济危机。这一年或将成为世界发展史上的重大转折点，就像第二次世界大战结束时的1945年那样。种种迹象显示，各大强国在经济、地缘政治和文化方面的力量对比将发生重大变化。

2021年是中国共产党成立100周年。中国凭借当前的国际地位，将在国际社会应对以下三个生死攸关的问题的过程中发挥核心作用：

- 全球气候变化与环境问题；
- 抗击疫情，保护健康；
- 消除贫困以及社会和地区不平等。

一、全球气候变化与环境问题

全球气候变化对地球和人类未来构成重大挑战。

中国和美国是国际社会在这方面开展必要行动的关键力量。这两个国家对全球气候状况恶化与本世纪末温室气体排放风险加剧负有主要责任。国际社会通过召开一系列联合国气候变化会议（《联合国气候变化框架公约》缔约方大会。——审读者注），寻求在气候变化问题上达成共识。《京都议定书》（1997）是该领域签署的第一份协议。但这份议定书具有很大的局限性，其所规定的温室气体减排量不大，而且只对发达国家做出约束，中国和其他发展中国家并未受到明显影响。此后，国际社会一直未能达成新的协议，相关会议屡屡失败，特别是哥本哈根会议（2009年12月7日至18日在丹麦首都哥本哈根举行的第15届联合国气候变化大会。——审读者注）。发达国家与七十七国集团和中国之间很难达成共识。

2021 pourrait devenir une année de référence parce que, peut-être, celle de la sortie des crises sanitaire et économique liées au Covid-19. Elle pourrait être un tournant majeur dans l'évolution du monde comme l'a été 1945, en lendemain de la seconde guerre mondiale. Tout indique en effet qu'elle porte en elle la promesse de grands changements dans les rapports de force entre les différentes puissances sur les plans économique, géopolitique et culturel.

La Chine, qui fête cette année le centenaire du Parti communiste chinois, de par sa position actuelle dans le monde, va jouer à l'avenir un rôle central dans la recherche de réponses aux défis qui interpellent le monde sur trois questions vitales pour la planète :

- Le réchauffement climatique et la question de l'environnement ;
- La protection de la santé contre les coronavirus ;
- La lutte contre la pauvreté et les inégalités sociales et spatiales.

1. Environnement et réchauffement climatique

La problématique du réchauffement climatique constitue un défi majeur pour l'avenir de la planète et de l'humanité.

La Chine, avec les États-Unis, est une composante essentielle dans la recherche des actions nécessaires en la matière. Les deux pays sont les premiers responsables de la détérioration de l'état climatique du globe et de l'aggravation, à l'horizon de la fin du siècle, des risques d'émission de gaz carbonique à effet de serre. La communauté internationale a tenté, à travers une succession de conférences de l'ONU sur les changements climatiques, de trouver un consensus sur la question. Un premier accord, le Protocole de Kyoto, a été conclu (1997). Mais, il ne s'agissait que d'un accord très limité qui ne ciblait la réduction des gaz à effets de serre qu'à des niveaux modestes et ne concernait que les pays développés. Ni la Chine ni les pays en voie de développement ne se sentaient concernés par cet accord a minima. Depuis, la communauté internationale a toujours échoué, notamment à Copenhague (2009), à trouver un nouvel accord. Il a été difficile de parvenir à un consensus entre les pays du nord et les pays du G77 & la Chine.

2015年，在《联合国气候变化框架公约》第21次缔约方大会筹备过程中，全世界呼吁中国主动承担责任，这是会议取得成功不可或缺的先决条件，同时敦促美国、石油生产国和其他发展中国家承担责任。

中国的责任份额无疑与中国经济在过去40年里的快速增长有关，这种增长使其成为全球第二大经济体，也是世界第一大污染国。因此，中国对地球变暖及其对人类未来和中国自身的影响负有主要责任。

2013年，全球温室气体排放总量相当于361亿吨二氧化碳。中国一国就排放了99亿吨，美国紧随其后，排放量为52亿吨。

2009年，中国一次能源生产总量超过了美国。30年间，中国在这一领域的供应量从6.03亿吨石油当量增加到24.7亿吨石油当量。同一时期，美国的产量只增加了22%。2007年，中国就已经超过美国成为世界最大的二氧化碳排放国。30年间，中国的二氧化碳排放量从14亿吨增加到72亿吨。

在此后举行的历次联合国气候变化大会上，中国和美国都被指责为温室气体排放的主要责任方。美国此前拒绝执行《京都议定书》（中国于1998年5月签署并于2002年8月核准《京都议定书》。——审读者注），并在哥本哈根会议（2009）上想让中国承担更多责任，中国则主张"责任共担"。由于各方意见不一，哥本哈根会议未能通过一份有约束力的议定书，以替代第一承诺期将于2012年到期的《京都议定书》。美国、中国、俄罗斯和印度等国拒绝把航空业碳排放问题纳入《京都议定书》，只有欧盟国家赞成把议定书的适用范围扩展到航空运输领域。

中美两国的立场存在显著差异。美国强调中国当前和未来排放量的重要性，中国则和所有发展中国家一样，强调发达国家尤其是美国和欧洲要为当前的气候变化承担历史责任。

事实上，从1900年到2004年，美国累积碳排放量占全球碳排放总量的30%，而中国只占9%。正因如此，中国长期以来拒绝各方以污染防治为名对其提出的所有要求。中国认为，如果对这些要求做出积极回应，本国经济增长就会放缓。中国强调，美国的排放量仍然是自己的3.2倍之多。

Quand les travaux préparatoires de la COP21 (2015) ont débuté, le monde entier adjurait la Chine pour qu'elle y adhère volontairement, condition indispensable à son succès, comme il interpellait également les États-Unis, les pays producteurs de pétrole et les pays en voie de développement.

La part de responsabilité de la Chine est certainement liée à la croissance rapide de son économie depuis 40 ans, croissance qui lui a permis de devenir la deuxième puissance économique mondiale. Le pays est devenu le premier pollueur du monde, donc le premier responsable du réchauffement de la planète et de ses conséquences pour l'avenir de l'humanité et pour lui-même d'ailleurs.

Si le monde a émis en 2013 l'équivalent de 36,1 tonnes de CO^2, la Chine, premier pollueur mondial, en a émis à elle seule 9,9 tonnes, suivie des États-Unis avec 5,2 tonnes.

La Chine a dépassé en 2009, les États-Unis en matière de production globale d'énergie primaire. Son offre dans ce domaine a augmenté en 30 ans de 603 à 2.470 millions de tonnes équivalent pétrole. Au cours de la même période, la production américaine n'a augmenté que de 22%. Déjà en 2007, la Chine a dépassé les États-Unis en matière d'émission de CO^2 qui s'est accrue chez elle de 1,4 à 7,2 milliards de tonnes au cours de la même période.

Dans les différentes conférences onusiennes sur le réchauffement climatique qui se sont succédées, la Chine et les États-Unis étaient accusés d'être les principaux responsables de l'émission des gaz à effet de serre. Les deux pays avaient refusé d'appliquer le protocole Kyoto et ont contribué à l'échec de la conférence de Copenhague. Ils avaient également refusé d'intégrer le transport aérien dans le domaine couvert par le protocole de Kyoto, suivis sur ce point par la Russie et l'Inde. Seuls les pays de l'Union européenne ont défendu l'extension de l'accord au transport aérien.

Mais il existe des divergences notables entre les positions des États-Unis et de la Chine. Si les premiers mettent en évidence l'importance des émissions actuelles et à venir de la Chine, la Chine, quant à elle, comme les pays en voie de développement, met en avant la responsabilité historique des pays riches du nord et notamment des États-Unis et de l'Europe dans les dérèglements actuels du climat.

Les États-Unis sont à l'origine en effet, de 30% des émissions cumulées de CO^2 de 1900 à 2004 contre seulement 9% pour la Chine. C'est pour cela que ce dernier pays a longtemps refusé tous les appels qui lui ont été adressés au nom de la lutte

另一项对中国的指责与以国际贸易为途径的二氧化碳进出口有关。一些专家指出，对外贸易对二氧化碳排放负有责任，相应比例约为23%（2004年统计数据）。他们声称，中国是二氧化碳净出口国，美国则是二氧化碳净进口国。

然而，中国大城市日益严重的空气污染促使中国政府改变立场，转而坚定地承诺从2020年开始减少碳排放。事实上，城市空气污染的冲击也引起了公共舆论对这个问题的高度关注。

国际统计数据还显示，全世界污染最严重的36个城市中有19个是在中国。

随着呼吸道疾病的增加和随之而来的死亡率升高，学术界和民间都开始讨论污染和气候变化问题。

一些经济学研究还表明，环境恶化是社会不平等加剧的根源。这促使公共政策把污染防治纳入规划，以推动建设"和谐社会"。2006年，时任中国国家主席胡锦涛表示，"和谐社会"理念植根于儒家思想。

"十一五"规划（2006—2010）和"十二五"规划（2011—2015）提出了多项治理污染、促进绿色经济的措施。中国政府决定，到2015年，中国的碳排放量将比2010年减少17%，清洁能源的比例将从2010年的8.3%提高到11.4%。中国政府还决定，在2015年和2016年关闭2000座煤矿，这将导致煤炭年开采量减少6000万吨。中国领导人表示，由于北京2014年的城市空气污染率比2013年降低10%，2015年的城市空气污染率又比2014年减少6.2%，未来空气将变得更加清洁。但世贸组织认为，北京的空气污染状况仍然是该组织建议水平的七倍。

此外，中国在绿色经济技术生产方面越来越占据领导地位。进入21世纪以来，中国一直是全球最大的节能灯、风力发电机、太阳能电池板、电动汽车电池的最大制造商，而且产品价格低廉。中国在全球太阳能和风能市场上也处于领先地位，美国政府为此向中国此类产品征收高额关税。同样，欧盟委员会也已针对中国政府给予替代能源生产商的补贴启动调查程序。由于这些反倾销措施主要针对光伏产业，中国的太阳能电池板制造商已经开始将重点放在印度和非洲市场。

contre la pollution. Il considère que s'il y répondait positivement, cela pourrait se traduire par une baisse de la croissance de son économie. Selon lui, les émissions des États-Unis sont encore 3,2 fois supérieures aux siennes.

Autre reproche fait à la Chine : il est relatif au différentiel entre exportation et importation de CO^2 par le biais des échanges commerciaux internationaux. Les spécialistes ont montré que le commerce extérieur a une responsabilité, évaluée à 23%, dans les émissions de CO^2 (statistiques de 2004). Ils affirment que la Chine est un exportateur net de CO^2. Elle est en plus le premier exportateur de ce gaz alors que les États-Unis en sont un importateur net.

Mais, la pollution croissante des grandes villes chinoises a conduit les autorités à changer de position et à s'engager fermement à réduire les émissions de carbone à effet de serre à partir de 2020. En effet, les chocs dus à cette pollution urbaine ont entraîné une prise de conscience de l'opinion publique sur cette question.

Les statistiques internationales révèlent aussi que 19 villes chinoises se trouvent parmi les 36 villes du monde les plus polluées.

Ainsi, le sujet de la pollution et du réchauffement du climat s'est introduit dans le débat dans la communauté scientifique comme dans la société civile depuis la multiplication des maladies respiratoires et la hausse du taux de mortalité qui l'accompagne.

Certaines études économiques ont montré par ailleurs que la détérioration de l'environnement est à l'origine de l'aggravation des inégalités sociales. Ceci a conduit les politiques publiques à intégrer la lutte contre la pollution dans leurs programmes au nom des orientations en faveur d'une « société harmonieuse ». Le président Hu Jintao a même affirmé en 2006 que ce concept trouve ses racines profondes dans la philosophie confuciusienne.

Les XIème et XIIème plans (2006-2015) ont prévu plusieurs mesures pour combattre la pollution et promouvoir l'économie verte. Ainsi, il a été décidé de réduire l'émission de CO^2 de 17% en 2015 par rapport à son niveau de 2010 et d'augmenter la part des énergies propres à 11,4% en 2015 au lieu de 8,3% en 2010. Les autorités chinoises ont par ailleurs décidé de fermer 2.000 mines de charbon en 2015 et 2016, ce qui doit entraîner une baisse de l'extraction de 60 millions de tonnes de charbon chaque année. Selon les responsables chinois, l'air à Beijing serait aujourd'hui plus pur grâce à la baisse du taux de pollution dans la ville de 6,2% en 2015 par rapport à 2014, année qui a connu elle-même une baisse de 10%. Mais pour

鉴于中国在热电厂、水电站、风力发电站和光伏电站方面取得的进步，法国对外贸易顾问克里斯托弗·格拉尼尔和亚历山大·邢（音）得出结论，能源转型如今已经成为中国工业的一座金矿。

事实上，在绿色能源的各个领域，中国正在向许多国家输出知识和技术：

• 在孟加拉国，中国建造了一座清洁的热电厂，类似于在上海的那座世界最大的热电厂；

• 在巴基斯坦、哈萨克斯坦、马来西亚和尼泊尔以及南美和南非，中国提出了建造水电站的计划；

• 中国的风力涡轮机在美国、智利、厄瓜多尔、巴基斯坦、埃塞俄比亚和加拿大的装机容量均处于领先位置；

• 在光伏电站领域，中国取代德国处于领先地位，进入印度、阿拉伯和非洲市场，并试图挫败美国和欧盟的反倾销措施；

• 中国正在成为发电所用核反应堆的重要生产国（28座已经安装，24座正在建设）。行业巨头中广核（全称"中国广核集团"，英文缩写"CGN"。——审读者注）与法国电力集团（EDF）联合出资，在英国建设并运营两座核电站。中核集团（全称"中国核工业集团有限公司"，英文缩写"CNNC"。——审读者注）还与一家加拿大公司（坎杜能源公司［Candu Energy Inc.］。——审读者注）合作，在阿根廷建造一座核电站。

l'OMC la pollution dans Beijing reste 7 fois supérieure par rapport au niveau qu'elle recommande.

Par ailleurs, la Chine se positionne de plus en plus comme leader en matière de production de technologies de l'économie verte. Depuis le début du XXIème siècle, elle est le premier producteur de lampadaires électriques à consommation réduite, d'éoliennes, de plaques solaires, de batteries de voitures électriques et tout ceci à prix modique. La Chine est aussi au premier rang dans les marchés de l'énergie solaire et éolienne ce qui a conduit les autorités américaines à appliquer des taxes douanières élevées sur les produits chinois dans ce domaine. Les américains accusent, en effet les autorités de ce pays de subventionner ces secteurs. Dans le même sens, la commission européenne a entamé la procédure de recherche sur les subventions que le gouvernement chinois accorde aux producteurs d'énergies alternatives. Comme ces mesures anti-dumping ciblent principalement le domaine photovoltaïque, les fabricants chinois de panneaux solaires ont commencé à se concentrer sur les marchés indiens et africains.

Des progrès réalisés par la Chine en matière de construction de centrales thermiques, hydrauliques, de turbines éoliennes et de fermes photovoltaïques, deux conseillers du commerce extérieur français, Christophe Granier et Alexandre Xing ont conclu que la transition énergétique constitue aujourd'hui une mine d'or pour l'industrie chinoise.

En effet, dans tous les domaines de l'énergie verte, la Chine exporte son savoir-faire et sa technologie dans plusieurs pays :

Au Bangladesh, elle construit une centrale thermique propre, similaire celle de Shanghai qui est la plus grande du monde;

• Aux Pakistan, Kazakhstan, Malaisie et Népal, ainsi qu'en Amérique du sud et Afrique du sud, elle propose la construction de centrales hydrauliques ;

• En matière de capacités installées de turbines éoliennes, la Chine est au premier rang aux États-Unis, au Chili, en Équateur, au Pakistan, en Éthiopie et au Canada ;

• Dans le domaine des fermes photovoltaïques où elle a pris sa place de leader à l'Allemagne, elle pénètre les marchés indien, arabe et africain et tente de casser les mesures dumping des États-Unis et de l'Union européenne ;

• La Chine est en train de devenir un grand acteur en matière de construction de réacteurs nucléaires installés pour la production d'électricité (28 déjà installés et 24

在另外一个领域，数百座中国城市正在计划建立城市传感器网络。在推进智慧城市建设的框架下，城市里的空气污染、交通堵塞甚至人群的违法违纪行为将被纳入监测网络。这项规划是中国企业和硅谷设计公司合作的成果。

中国、新兴市场国家、发展中国家和美国立场的变化促成了第21届联合国气候变化大会（2015年11月30日至12月12日在法国首都巴黎举行。——审读者注）的成功。这一成功意义重大，经过长达20年的艰难谈判，一项全球协定（《巴黎协定》,2016年11月4日正式生效。——审读者注）终于达成。

《巴黎协定》确定的目标是在本世纪末把全球平均气温上升幅度控制在工业化前水平以上低于2摄氏度之内，并努力将气温上升幅度限制在工业化前水平以上1.5摄氏度之内。该协定采取"共同但有区别的责任"原则。（《巴黎协定》第二条第二款规定："本协定的执行将按照不同的国情体现平等以及共同但有区别的责任和各自的原则。"——审读者注）事实上，中国和其他发展中国家都坚持要求国际社会承认这种区别。发达国家必须认识到它们对气候恶化所负有的历史责任，并承诺到2020年每年向发展中国家提供1000亿美元的资金援助，帮助其适应和应对气候变化，以体现"气候公正"。

所有国家一致同意自2020年起执行《巴黎协定》。届时，该协定将正式取代《京都议定书》。

然而，各国目前的承诺并不足以实现既定目标。简单的《巴黎协定》将导致全球气温升高3摄氏度，这对地球来说仍然危险。为此，巴黎第21届联合国气候变化大会决定每五年审查一次承诺。

2016年11月7日至18日，第22届联合国气候变化大会在摩洛哥南部旅游城市马拉喀什举行。这是《巴黎协定》于当年11月4日正式生效后召开的第一次缔约方大会，被广泛地认为是一次"落实行动"的大会。来自全球190多个国家和地区的与会者以全会和分组讨论的形式，探讨执行《巴黎协定》的技术细节，就提交国家自主贡献减排方案等具体规则和路线图进行进一步磋商和谈判。摩洛哥外交大臣兼会议主席萨

en projet). Une grande firme dans ce domaine, CGN, s'est associée avec EDF (France) pour financer, construire et exploiter deux centrales en Angleterre. Elle s'est aussi associée avec une firme canadienne pour construite une centrale en Argentine.

Dans un tout autre domaine, plusieurs centaines de villes chinoises envisagent de construire des réseaux de capteurs urbains. Il s'agit d'un programme de surveillance dans les villes de la pollution de l'air, des embouteillages et même de mouvements de délinquance et d'indiscipline des foules sous forme de réseaux, dans le cadre de la promotion des villes intelligentes. Ce programme est le résultat d'une collaboration entre des entreprises chinoises et les bureaux d'études de la Silicone Valley.

L'évolution de la position de la Chine, des pays émergents, des pays en développement et des États-Unis a beaucoup contribué au succès de la COP21. Il s'agit d'un succès de grande valeur puisque l'accord, qui a une dimension mondiale, n'a été conclu qu'après des négociations difficiles qui ont duré 20 ans.

L'accord de Paris a fixé la moyenne d'augmentation du réchauffement dans le monde à moins de deux degrés à la fin du siècle par rapport à la période préindustrielle, avec une recommandation pour fixer cette augmentation à 1,5 degré. L'accord a adopté deux concepts : celui de « responsabilité collective » et celui de « responsabilité différenciée ». En effet, la Chine et les pays en voie de développés ont tenu à ce que la communauté internationale reconnaisse cette différentiation. Les pays riches du nord doivent reconnaître leur responsabilité historique dans la détérioration du climat et s'engager à partir de 2020 à accorder annuellement aux pays en développement une aide financière de 100 milliards de dollars pour leur permettre de lutter contre le réchauffement climatique, au nom de ce que l'on a appelé « la justice climatique ».

Tous les pays ont convenu de l'application de l'Accord de Paris à partir de 2020, qui se substituera alors au protocole de Kyoto.

Mais, les engagements actuels des États ne suffisent pas pour atteindre les objectifs fixés. Une simple application de l'accord entrainera un réchauffement des airs de 3 degrés, ce qui constitue un risque pour le globe terrestre. Pour cette raison, il a été décidé à Paris d'ouvrir la possibilité de révision des engagements tous les cinq ans.

La COP22 de Marrakech d'octobre 2016 avait pour objectif principal d'opérationnaliser les accords de Paris.

拉赫丁·迈祖阿尔在开幕式上表示，如何制定规则以使《巴黎协定》具有可操作性，将成为本次会议的重要议题。他说："《联合国气候变化框架公约》第 21 次和第 22 次缔约方大会，是关系到人类未来的两次重要会议。如果说第 21 次缔约方大会为各国政府制定了一个计划和标准，那么本次会议的目标就是要制定一个将所有各方都纳入（上述计划和标准）的一个机制。这是我们应当为子孙后代所尽的义务，也是我们的责任。为了达到这个目标，摩洛哥将同气候变化大会团队一道，在接下来的时间里，公开透明地推动所有各方的对话与磋商，以及与气候变化有关的各项工作、项目与合作。"

美国和中国的领导人做出了双边承诺。经过九个月的秘密谈判，两国达成了一项历史性的协议，为《巴黎协定》的签署铺平了道路。2014 年 11 月 12 日，中美两国在北京发表《气候变化联合声明》，强调两国在应对全球气候变化这一人类面临的最大威胁上具有重要作用，该挑战的严重性需要中美双方为了共同利益建设性地一起努力。中国国家主席习近平和时任美国总统巴拉克·奥巴马重申加强气候变化双边合作的重要性，并将携手与其他国家一道努力，以便在 2015 年联合国巴黎气候大会上达成在公约下适用于所有缔约方的一项议定书、其他法律文书或具有法律效力的议定成果。双方致力于达成富有雄心的 2015 年协议，体现共同但有区别的责任和各自能力原则，考虑到各国不同国情。

在这份联合声明中，中美两国元首宣布了两国各自 2020 年后应对气候变化行动，认识到这些行动是向低碳经济转型长期努力的组成部分并考虑到 2℃ 全球温升目标（将全球平均气温较前工业化时期上升幅度控制在 2 摄氏度以内的目标。——审读者注）。美国计划于 2025 年实现在 2005 年基础上减排 26% 至 28% 的全经济范围减排目标并将努力减排 28%。中国计划 2030 年左右二氧化碳排放达到峰值且将努力早日达峰，并计划到 2030 年非化石能源占一次能源消费比重提高到 20% 左右。双方均计划继续努力并随时间而提高力度。

欧盟的承诺更进一步，将要履行以下三项义务：

• 到 2030 年实现二氧化碳排放量在 1990 年基础上减少至少 40%；

L'engagement bilatéral États-Unis – Chine pris par leurs présidents respectifs, et qui a abouti à un accord historique (12 novembre 2014) après neuf mois de discussions secrètes, a précédé l'Accord de Paris.

Dans cet accord, la Chine s'est engagée à atteindre en 2030 son maximum d'émission de gaz à effet de serre, même si elle affirme que, à côté de la responsabilité collective sur la question, il existe une différenciation dans la responsabilité. La Chine s'est également engagée dans un premier temps à porter la part des énergies propres à 20% de l'ensemble de sa production énergétique en 2030. Les États-Unis de leur côté se sont engagés à réduire l'émission de CO^2 de 26 à 28% par rapport au niveau de 2005.

Les engagements de l'Union européenne sont beaucoup plus avancés : respecter trois obligations :

• Réduction des émissions de CO^2 au moins de 40% par rapport au niveau de 1990, à l'horizon 2030 ;

• 将可再生能源在能源结构中的比重提高到 27%；

• 2030 年实现节能 27%。

显然，中美联合声明为第 21 届联合国气候变化大会的成功铺平了道路。这份声明向世界表明，在某些领域的确存在"两国集团（G2）"，尽管中美两国和国际社会均拒绝承认其存在。

中美两大经济体在全球经济中的领先地位必然导致两国发挥领导作用。通常，在气候变化、对外贸易、航行自由等全球重大问题上，中美两国要为全世界指明合理的解决途径。

2015 年以来，全球气候状况持续恶化，各国似乎把在巴黎第 21 届联合国气候变化大会上做出的承诺抛之脑后。美国在特朗普政府授权下退出《巴黎协定》，不仅无助于改善局面，反而令其更加糟糕。更重要的是，一切似乎都表明，全世界不会信守在联合国框架下做出的任何承诺，全球温度在 21 世纪结束之前就将升高 3 摄氏度，地球和包括人类在内的地球生物前途堪忧。联合国环境规划署 2021 年的一项研究（《2020 年排放差距报告》。——审读者注）表明，在 21 世纪第二个十年，中国、美国、欧洲（欧盟 27 国及英国）和印度的温室气体总排放量占全球的 55%。中国碳排放量占全球的四分之一，而且仍有增加的趋势（2019 年增加 3.1%）。印度的碳排放量也有增加的趋势（增加 7%）。虽然特朗普政府实施了有利于煤炭的激励政策，但美国国内仍然大量使用天然气替代煤炭，因而碳排放量有所下降（2019 年减少 1.7%）。尽管如此，美国仍然是全球第二大碳排放国（占 13%）。欧洲排在第三位（占 8.6%），但其二氧化碳排放量降幅更为明显（减少 3%）。

随着 2020 年全球经济衰退，经济活动规模缩小，二氧化碳排放量在数十年来出现首次下降：2020 年春季全球封禁期间，排放量减少了 25%。

• Augmentation de la part des énergies renouvelables à 27% dans le mixte énergétique ;

• Réalisation d'économies d'énergies de 27% la même année.

Ainsi, il est certain que l'accord sino-américain a ouvert la voie au succès de la COP21. Cet accord a montré au monde que dans certains domaines il y a bien un G2, même si les deux pays et l'ensemble de la communauté internationale refusent d'en reconnaitre l'existence.

La position des deux économies américaine et chinoise au premier rang de l'économie mondiale conduit nécessairement les deux pays à jouer un rôle de leaders, à indiquer parfois la voie des solutions plausibles dans les grands dossiers qui intéressent le monde comme le climat, le commerce extérieur et la liberté de circulation sur les mers.

Depuis 2015, la situation climatique de la planète continue à se dégrader et les Etats semblent avoir oublié les engagements pris à Paris à l'occasion de la COP21. Le retrait des Etats-Unis de cet accord sous le mandat de Trump n'a pas aidé à améliorer la situation, bien au contraire. Mieux, tout semble indiquer que le monde ne respectera aucun des engagements pris sous les hospices des Nations Unis et que le niveau des températures de la planète s'élèvera de 3 degrés avant la fin du siècle ce qui posera la question de l'avenir du globe et de la vie sur terre, dont celle de l'être humain lui-même. Une étude du programme des Nations unis pour l'environnement de 2021 a révélé que la Chine, les Etats-Unis, l'Europe et l'Inde sont responsables de 55% des émissions de CO^2 dans le monde au cours des années 2010. La Chine est particulièrement concernée avec ses émissions en carbone qui représentent le quart mondial et qui ont même tendance à augmenter (+ 3,1% en 2019). Les émissions de l'Inde (+7%) ont également tendance à croitre. Par contre celles de Etats-Unis ont reculé (-1,7% en 2019) grâce à l'utilisation accrue du gaz en lieux et place du charbon malgré la politique incitative de Trump en sa faveur. Les Etats-Unis n'en restent pas moins les deuxièmes pollueurs en carbone de la planète (13%). En Europe, qui vient en 3ème position (8,6%), la baisse des émissions en CO^2 est plus importante (-3%).

Avec la récession de 2020 et la contraction de l'activité économique, le niveau des émissions de CO^2 a baissé et ce pour la première fois depuis plusieurs décennies : réduction de 25% des émissions au cours du printemps 2020, période de confinement mondialisé.

欧盟承诺到 2030 年实现碳排放量较 1990 年水平减少 55% 的目标，并在 2020 年 12 月 12 日《巴黎协定》签署五周年之际举行的视频峰会（气候雄心峰会。——审读者注）上强调了自己的立场。联合国秘书长安东尼奥·古特雷斯利用此次峰会敦促各国宣布"气候紧急状态"，以便到 2030 年实现碳排放量较 2010 年水平下降 45% 的目标。

在整个 2020 年，包括古特雷斯和一些科学家、经济学家在内的多方人士呼吁各国政府在制定经济复苏计划之际，将其与应对全球气候变化联系起来。

在此背景下，习近平主席在 2020 年 9 月联合国大会上的发言震惊了世界。习近平宣布，中国将提高国家自主贡献力度，采取更加有力的政策和措施，二氧化碳排放力争于 2030 年前达到峰值，努力争取 2060 年前实现碳中和。（2020 年 9 月 22 日，国家主席习近平在第七十五届联合国大会一般性辩论上发表重要讲话。习近平指出，人类不能再忽视大自然一次又一次的警告，沿着只讲索取不讲投入、只讲发展不讲保护、只讲利用不讲修复的老路走下去。应对气候变化《巴黎协定》代表了全球绿色低碳转型的大方向，是保护地球家园需要采取的最低限度行动，各国必须迈出决定性步伐。各国要树立创新、协调、绿色、开放、共享的新发展理念，抓住新一轮科技革命和产业变革的历史性机遇，推动疫情后世界经济"绿色复苏"，汇聚起可持续发展的强大合力。——审读者注）在同年 12 月 12 日举行的气候雄心峰会上，习近平主席进一步宣布：到 2030 年，中国的碳强度（单位国内生产总值二氧化碳排放量）将比 2005 年下降 65% 以上，非化石能源占一次能源消费比重将达到 25% 左右，森林蓄积量将比 2005 年增加 60 亿立方米，风电、太阳能发电总装机容量将达到 1200 吉瓦以上（根据国家能源局 2021 年 8 月 17 日发布的 1 至 7 月份全国电力工业统计数据，截至 7 月底，全国发电装机容量 22.7 亿千瓦，同比增长 9.4%。其中，风电装机容量 2.9 亿千瓦，同比增长 34.4%，太阳能发电装机容量 2.7 亿千瓦，同比增长 23.6%。——审读者注），相当于 2019 年的三倍。

习近平呼吁各国优先发展绿色经济，以战胜新冠肺炎疫情造成的危机。

L'UE, qui s'était engagée à réduire ses émissions de carbone de 55% à l'horizon 2030 par rapport à leur niveau de 1990, a confirmé sa position lors du sommet à distance du 12 décembre 2020, tenu à l'occasion du cinquième anniversaire des accords de Paris. Le secrétaire général des Nations unies, Antonio Guetterez, a profité de la tenue de ce sommet pour recommander aux Etats de déclarer « l'état d'urgence climatique » pour réduire le niveau des émissions de carbone de 45% à l'horizon 2030 par rapport à celui de 2010.

Tout au long de 2020, plusieurs voix se sont élevées à travers le monde, dont celle de Guetterez ainsi que de scientifiques et d'économistes pour demander aux pouvoirs politiques dans le monde de tirer profit de la mise la mise en place des plans de relance économique pour les rattacher à la lutte contre le réchauffement climatique.

Dans ce contexte, le président Xi Jinping a surpris le monde dans son discours à la session de l'ONU de septembre 2020 quand il a annoncé que la Chine atteindra le pic des émissions carbone en 2030 et celui de la neutralité carbonique en 2060. Il s'est engagé à réduire l'intensité carbonique (taux des émissions par rapport au PIB) de plus de 65% à l'horizon 2030 en comparaison avec son niveau de 2005 et atteindre le pic de l'accroissement de la production traditionnelle en 2030. Objectif : atteindre en 2060 la neutralité carbonique. Ce qui implique pour son pays de porter la part des énergies renouvelables à 25% dans la consommation des énergies primaires durant les 10 prochaines années. La capacité de l'énergie installée d'origine solaire et éolienne s'élèvera alors à 1200 gigawatts, soit 3 fois son niveau de 2019.

Xi Jinping a recommandé alors à tous les pays d'accorder la priorité à l'économie verte pour réussir la sortie de la crise du coronavirus.

观察家们得出结论，中国在联合国的庄严承诺将为《巴黎协定》的实施提供重要动力。

此外，中国还承诺为推广绿色经济和污染治理的项目提供资金支持，并逐步放弃化石能源生产，优先发展可再生能源。

2020年11月，拜登当选为美国总统，这将有利于重启中美两国在应对全球气候变化方面的共同行动。2021年4月15日至16日，中国气候变化事务特使解振华与美国总统气候问题特使约翰·克里在上海举行会谈，讨论气候危机所涉问题。会谈结束后，双方发表声明，强调中美两国致力于相互合作并与其他国家一道解决气候危机；两国坚持携手并与其他各方一道加强《巴黎协定》的实施；两国均期待定于4月22日至23日由美国主办的领导人气候峰会；两国将采取其他近期行动，为解决气候危机进一步做出贡献（包括制定各自旨在实现碳中和或温室气体零排放的长期战略）；两国将继续讨论21世纪20年代的具体减排行动，旨在使与《巴黎协定》相符的温升限制目标可以实现；双方将合作推动定于2021年11月在英国格拉斯哥举行的第26届联合国气候变化大会取得成功。

中国的这些最新决定无疑是一项突破，也是有利于国内和国际环境保护战略的决定性进展，为环境保护政策提供了真正的动力。对中国来说，这是一个成功应对重大挑战的机会，有助于加强其在世界贸易组织内部谈判中相对于美国和欧洲的地位。美国和欧洲声称，中国要为导致气候变暖的产品的出口承担主要责任。

二、中国与消除贫困

21世纪20年代伊始，世界各地都面临贫困及与之相关的社会与空间差距问题。资本主义历史造成的南北差距扩大，是发展中国家极端贫困现象蔓延的根源。2008年和2020年震荡全球的各种经济危机，甚至在发达国家也引起或加剧了贫困与失业现象。加之基础原材料需求下降，

Les observateurs en ont conclu que ces engagements solennels de la Chine populaire dans l'enceinte des Nations unies pourraient donner un élan sérieux pour l'application des accords de Paris.

La Chine s'est par ailleurs engagée à apporter son soutien au financement des programmes de promotion de l'économie verte et de lutte contre la pollution et à se détourner progressivement de la production des énergies faucilles, et à accorder la priorité accordée aux énergies renouvelables.

L'élection du Président Biden en novembre 2020 à la tête des Etats-Unis va contribuer à relancer l'action commune Etats-Unis-Chine contre le réchauffement climatique. Les deux pays se sont d'ailleurs engagés à développer ensemble une stratégie à long terme pour atteindre la neutralité carbone avec la Cop26 de Glasgow en novembre 2021 (lors de la rencontre à Shanghai entre Xir Zhenhu et John Kerry en avril 2021).

Ces dernières décisions chinoises constituent certainement une rupture et une avancée déterminante dans la stratégie en faveur de la protection de l'environnement à la fois au niveau interne et international : elles donnent un véritable essor aux politiques de protection de l'environnement. Pour la Chine, il s'agit de réussir à relever un défi majeur en la matière et permettre au pays de renforcer sa position de négociation à l'intérieur de l'OMC face aux Etats-Unis et à l'Europe qui l'accusent d'être le principal responsable de l'exportation de produits à l'origine du réchauffement climatique.

2. La Chine et la lutte contre la pauvreté

Au début des années 2020, la question de la pauvreté et avec elle celle des disparités sociales et spatiales se sont posées partout dans le monde. L'exacerbation des disparités entre le Nord et Sud, produit de l'histoire du capitalisme, a été à l'origine de la propagation de l'extrême pauvreté dans les pays du Sud. Les différentes crises économiques qui ont secoué le monde, en 2008 et 2020 notamment, ont même été à l'origine de l'apparition et/ou développement de la pauvreté et du chômage dans les pays développés et entrainé de nouvelles régressions des économies des pays pauvres et en développement en raison de la baisse de la demande de matières premières de base.

贫穷国家和发展中国家的经济也遭遇新的衰退。

在过去40年里，中国的崛起及其经济表现的迅速改善帮助十亿左右中国人摆脱了极端贫困，占世界范围内减贫人口的70%。（根据国务院新闻办公室2021年4月6日发布的《人类减贫的中国实践》白皮书，改革开放以来，按照现行贫困标准计算，中国7.7亿农村贫困人口摆脱贫困；按照世界银行国际贫困标准，中国减贫人口占同期全球减贫人口的70%以上，大大加快了全球减贫进程。——审读者注）作为经济强国，中国积极行动起来，带领本国贫困人口彻底脱贫，并协助亚洲、非洲、南美洲等三大洲人民开展减贫工作。中国认为，本国的脱贫行动能够为其他国家提供参考。

按照中国政府的标准，极端贫困人口指的是年人均纯收入不超过4000元人民币（约合600美元）的人口，而2019年中国居民人均年收入为26500元（其中城市居民人均年收入为32000元，农村居民人均年收入为14000元）。

中国农村贫困人口脱贫的基本要求和核心指标是"两不愁三保障"，即不愁吃、不愁穿，义务教育、基本医疗、住房安全有保障。[根据国家统计局和国家脱贫攻坚普查小组办公室2021年2月25日公布的《国家脱贫攻坚普查公报（第二期）》，中国中西部22省（自治区、直辖市）建档立卡户已经全面实现"两不愁三保障"，饮水安全也有保障。——审读者注]

习近平主席表示，为了在2021年消除贫困，中国必须特别重视偏远农村地区的就业问题，鼓励农民组织生产、贸易等合作社。习近平要求沿海富裕城市帮扶内地偏远地区，号召年轻人到这些地方奋斗创业。更广泛地说，中国政府鼓励人口流动，加强西藏、内蒙古等边远地区与内地的联系，推动新疆等经济落后地区的城镇化进程。这些内容均包含在习近平主席2013年宣布的一项计划里，并被纳入2016年至2020年的五年规划（"十三五"规划。——审读者注），以便地方政府贯彻执行。（2013年11月3日至5日，习近平主席在湖南考察期间，首次提出了"精准扶贫"：扶贫要实事求是，因地制宜。要精准扶贫，切忌喊口号，也

Durant les quarante dernières années, l'ascension de la Chine et la rapide amélioration de ses performances économiques lui a permis de vaincre l'extrême pauvreté dont sont sortis près d'1 milliard de Chinois. La pauvreté, à l'échelle mondiale, s'en en trouvée également réduite, de 70%. Devenue grande puissance économique, la Chine s'était mobilisée pour sortir totalement de la pauvreté sa population et aider à la réduire dans les trois continents asiatique, africain et sud-américain. Elle considère en effet, que son action pour la lutte de sa propre pauvreté peut être prise comme modèle auquel l'étranger pourrait se référer.

Pour les autorités chinoises, sont dans l'extrême pauvreté les populations dont le revenu annuel individuel ne dépasse pas de 4000 yuans (600 dollars), comparé au revenu par tête d'habitant estimé en 2019 à 26.500 yuans (32.000 et 14.000 yuans respectivement dans les villes et les campagnes).

Les critères des programmes de lutte contre la pauvreté en Chine sont les suivants : besoins alimentaires et d'habillement et plus généralement la satisfaction des trois droits : scolarité, services de santé de base et logement.

Pour éradiquer la pauvreté en 2021, selon le président Xi Jinping, la Chine doit accorder un intérêt particulier à l'emploi dans les zones rurales reculées et encourager les paysans à s'organiser en coopératives de production, de commerce, … Il a recommandé aux municipalités riches du littoral de venir en aide aux villes de l'intérieur les plus marginalisées vers lesquelles les jeunes sont incités à émigrer. Plus généralement, les pouvoirs publics encouragent les transferts de populations pour sortir les territoires du Tibet et de la Mongolie intérieure de leur isolement et urbaniser les zones restées en marge du développement économique, comme le Xinjiang, dans le cadre d'un programme annoncé en 2013 déjà par le président Xi lui-même et intégré dans le plan quinquennal 2016-2020, référence s'il en est pour les pouvoirs locaux.

不要定好高骛远的目标。12月18日，中共中央办公厅、国务院办公厅印发《关于创新机制扎实推进农村扶贫开发工作的意见》，启动精准扶贫。——审读者注）

中国领导人宣布，中国提前十年实现了《联合国2030年可持续发展议程》的减贫目标。（2021年2月25日，国家主席习近平在全国脱贫攻坚总结表彰大会上庄严宣告，经过全党全国各族人民共同努力，在迎来中国共产党成立一百周年的重要时刻，我国脱贫攻坚战取得了全面胜利，现行标准下9899万农村贫困人口全部脱贫，832个贫困县全部摘帽，12.8万个贫困村全部出列，区域性整体贫困得到解决，完成了消除绝对贫困的艰巨任务，创造了又一个彪炳史册的人间奇迹！这是中国人民的伟大光荣，是中国共产党的伟大光荣，是中华民族的伟大光荣……特别是在全球贫困状况依然严峻、一些国家贫富分化加剧的背景下，我国提前十年实现《联合国2030年可持续发展议程》减贫目标，赢得国际社会广泛赞誉。——审读者注）随后，中国把脱贫攻坚战中的做法应用于抗击新冠肺炎疫情，即在中国共产党领导下，从中央到地方进行全面动员。（2020年9月8日，国家主席习近平在全国抗击新冠肺炎疫情表彰大会上发表重要讲话。习近平指出，抗疫斗争伟大实践再次证明，中国共产党所具有的无比坚强的领导力，是风雨来袭时中国人民最可靠的主心骨。中国共产党来自人民、植根人民，始终坚持一切为了人民、一切依靠人民，得到了最广大人民衷心拥护和坚定支持，这是中国共产党领导力和执政力的广大而深厚的基础……正是因为有中国共产党领导、有全国各族人民对中国共产党的拥护和支持，中国才能创造出世所罕见的经济快速发展奇迹和社会长期稳定奇迹，我们才能成功战洪水、防非典、抗地震、化危机、应变局，才能打赢这次抗疫斗争。——审读者注）

作为世界上最大的发展中国家和人口最多的国家，中国在消除贫困方面的经验使其能够为全球减贫事业做出重大贡献。随着脱贫攻坚战取得全面胜利，中国成为世界上减贫人数最多的国家。按照世界银行国际贫困标准，中国对世界减贫贡献率超过70%。

Selon les responsables chinois, la disparition de la grande pauvreté en Chine est intervenue en avance de 10 années sur les recommandations du programme mondial du développement durable de l'ONU à l'horizon 2030. Ils ont fondé leur action de lutte contre la pauvreté sur cette même approche à laquelle ils adhéreront plus tard pour lutter contre la propagation du Covid-19 : l'organisation d'une mobilisation centralisée et locale dirigée par le Parti communiste chinois.

Son expérience en matière de lutte contre sa pauvreté donne à la Chine une expertise pour apporter sa contribution à la lutte contre la pauvreté dans le monde. En Afrique la pauvreté extrême et les disparités sociales font partie de l'héritage de la période coloniale, amplifiées, depuis les années 1960 par la détérioration des termes de l'échange, le surendettement public et les conséquences des politiques d'ajustement structurel recommandée par le FMI et de la Banque mondiale. Entre 2000 et 2014, la performance de certaines économies africaines s'est améliorée grâce à leurs exportations de matières premières et d'hydrocarbures vers la Chine et/ou grâce partiellement à une meilleure gouvernance politique.

非洲的极端贫困和社会不平等现象是殖民时期的历史遗留问题。20世纪60年代以来，由于进出口比价下降、公共债务过度扩张以及应国际货币基金组织和世界银行要求而采取的结构调整政策带来一些影响，这些现象越发严重。2000年至2014年间，一些非洲经济体依靠向中国出口原材料和石油，以及提升自身政治治理水平，经济表现有所改善。

在这方面，世界银行于2018年10月发布了一份报告（两年一期的世界银行《贫困与共享繁荣》报告，2018年版报告的标题是"拼出贫困的拼图"。——审读者注），介绍了1990年至2015年全球消除极端贫困的进展。报告指出，尽管全球极端贫困现象有所减少，但这种现象在撒哈拉以南非洲地区远未消失。2015年，在全球六大发展中地区（东亚和太平洋、欧洲和中亚、拉美和加勒比、中东和北非、南亚、撒哈拉以南非洲）中，撒哈拉以南非洲地区的贫困率高达41.1%，南亚地区的贫困率为12.4%，其他四个地区的贫困率均在10%以下。撒哈拉以南非洲地区有四分之三的国家贫困率高于18%。世界上28个最贫穷的国家中，有27个位于撒哈拉以南非洲地区，这27个国家的贫困率均在30%以上。虽然当地的贫困率从2013年的42.5%下降到2015年的41.1%，但极端贫困人口却不降反增，从2013年的4.051亿增加到2015年的4.133亿。世界银行预测，撒哈拉以南非洲地区在2030年之前无法消除极端贫困现象，主要原因是地区冲突、治理能力薄弱以及抵御冲击的能力欠缺。报告指出，贫困人口不仅缺乏收入，而且在教育、基础设施服务、医疗保健、消费和安全等方面的基本需求也受到不同程度的剥夺。

亚洲和拉丁美洲部分地区的贫困程度明显下降，东亚和太平洋地区的极端贫困人口从2013年的7310万（贫困率为3.6%）下降到2015年的4720万（贫困率为2.3%），拉美和加勒比地区的极端贫困人口也从2013年的2800万（贫困率为4.6%）下降到2015年的2590万（贫困率为4.1%）。然而，2011年至2015年间，受到局势不稳定、动乱和内战的影响，中东和北非地区贫困人口的绝对值和相对值均有所增加。2013年，当地的极端贫困人口为950万（贫困率为2.6%），到2015年已经增至1860万（贫困率为5%）。随着当前疫情蔓延，全世界尤其是非洲

Dans ce cadre, un rapport de la Banque mondiale publié en 2018 indique que si l'extrême pauvreté a reculé au niveau mondial, elle est loin de disparaitre en Afrique sub-saharienne. Si la pauvreté absolue dans le monde, de 42,5% en 2013 n'est plus que de 41% en 2015, elle a néanmoins augmenté en chiffres absolus : 405 et 413 millions respectivement.

Cette baisse de la pauvreté a été tangible en Asie et partielle en Amérique latine. La pauvreté a cependant progressé dans les pays du Moyen Orient et de l'Afrique du nord à la fois en chiffres absolus et relatifs, du fait des conséquences des instabilités, troubles et guerres civiles dans ces régions entre 2011 et 2019. Cette pauvreté touchait 9,5 millions d'habitants (2,6%) en 2013 et 18,6 millions (5%) en 2019. Avec l'actuelle pandémie, la pauvreté connait une nouvelle progression dans le monde et surtout en Afrique.

地区的贫困现象正在进一步加剧。

饥荒和长期营养不良是贫穷的突出表现。根据联合国 2021 年 7 月发布的一份报告（由联合国粮农组织、国际农业发展基金、联合国儿童基金会、世界粮食计划署和世界卫生组织联合编写的《2021 年世界粮食安全和营养状况报告》。——审读者注），2020 年全球共有 7.2 亿至 8.11 亿人口面临饥饿，如果取其中间值（7.68 亿），则比 2019 年增加了约 1.18 亿；近三分之一的世界人口（23.7亿）无法获得充足的食物，在短短一年内增加了近 3.2 亿；近 12% 的人口（9.2 亿）面临重度粮食不安全，比 2019 年增加了 1.48 亿。20 世纪 90 年代，在国际社会的共同努力下，饥荒和长期营养不良现象一度得到缓解（特别是在索马里和苏丹达尔富尔）。但从 2015 年开始又随着全球粮食状况的恶化卷土重来。撒哈拉以南非洲和萨赫勒地区饱受由分离主义和宗教极端主义引发的局势动荡和恐怖袭击之苦，2015 年估计有 1.5 亿婴儿因营养不良而发育迟缓。2020 年公共卫生危机爆发之后，原材料和石油行情下跌，加剧了贫困在非洲的蔓延。据世界银行估计，新冠肺炎疫情将在全世界新增一亿多贫困人口，其中很大一部分是在非洲。

三、中国与新冠肺炎疫情

中国是第一个遭受新冠肺炎疫情冲击的国家，也是第一个走出疫情的国家。

到 2020 年年底，中国新冠肺炎死亡病例不超过 5000 人（官方确切数字为 4763 人），死亡率极低：每 100 万人中仅有 3.4 人死亡（相较之下，在疫情最为严重的欧洲，比利时每 100 万人中有多达 1681 人死亡）。

在中国共产党的领导下，中国中央和地方政府全面动员起来，成功控制了病毒的传播并战胜了疫情。世界其他地区却并非如此，特别是北美洲和南美洲、欧洲、俄罗斯和印度，这些地区只能寄希望于通过接种疫苗来摆脱疫情。中国政府在保护公民健康和保持经济发展之间、在社

Les famines et malnutritions permanentes, manifestations de la pauvreté, touchent 11% de la population mondiale (815 millions de personnes), selon un rapport de l'ONU en date de 2017. Si elles avaient régressé au cours des années 1990, grâce à une mobilisation internationale (qui a concerné spécifiquement la Somalie et le Darfour), elle a repris depuis 2015 avec la détérioration de l'état alimentaire dans le monde. Le nombre des bébés souffrant d'un retard de développement en raison de la malnutrition était estimé à 150 millions cette année-là, en Afrique subsaharienne et dans le Sahel, régions en proie à l'instabilité et aux attaques terroristes liés à la montée du séparatisme et du radicalisme religieux. La chute des cours des matières premières et hydrocarbures au lendemain de la crise sanitaire de 2020 a accéléré la propagation de la pauvreté en Afrique. Selon les estimations de la Banque mondiale, la pandémie du Covid-19 aura créé plus 100 millions de nouveaux pauvres dans le monde, dont une part importante en Afrique.

3. La Chine et la pandémie du Covid-19

La Chine a été le premier pays à subir la crise sanitaire actuelle et en sortir.

A la fin de l'année 2020, le nombre des décès dus au Covid-19 ne dépassait le 5.000 en Chine (4.763 exactement selon les chiffres officiels), avec un taux de décès très bas : 3,4 décès pour 1 million d'habitants (contre, à titre d'exemple, 1.681 décès pour 1 million d'habitants en Belgique, pays appartenant à l'Europe, continent le plus affecté alors par la pandémie).

En se mobilisant, sous la direction du parti communiste, l'Etat et les autorités locales ont réussi à circonscrire le virus et à vaincre l'épidémie et ce, contrairement au reste du monde, notamment à l'Amérique, du nord et du sud, à l'Europe, à la Russie et à l'Inde qui n'espèrent en sortir que grâce à la vaccination. Les autorités chinoises ont arbitré entre les exigences de la protection sanitaire et celles de l'économique et des contraintes sociales et psychologiques. Elles ont choisi de protéger les populations en leur imposant un confinement strict, mais ont néanmoins veillé à la stabilité de l'activité économique nationale. Ainsi, si les performances de l'économie chinoise se sont rétractées pendant la période du confinement, le taux de croissance a rapidement rebondi pour atteindre 5% au cours du dernier trimestre de

会管制与心理约束之间做出了决断，选择采取严格的封禁措施以保护人民生命安全和身体健康，同时注意维护国民经济运行状况的稳定。中国经济虽然在封禁期间有所衰退，但到了 2020 年最后一个季度，经济增长率迅速地回升到 5%。这是发达国家和新兴市场大国（印度、巴西、俄罗斯）望尘莫及的。

从 2020 年秋季开始，中国经济得以持续稳定恢复。这一方面是因为国内消费的拉动，包括加大公共财政对地方发展需求的支持力度，大幅增加对基础设施建设的投入。11 月 30 日，中国国家发展和改革委员会组织召开专题会议，全面部署加快京津冀、长三角、粤港澳大湾区城际铁路和市域（郊）铁路规划建设，计划五年内新开工建设城际铁路和市域（郊）铁路约 10000 千米，到 2025 年基本形成区域城际铁路和市域（郊）铁路骨架网络，形成城市群一至两小时交通圈和都市圈一小时通勤圈。另一方面，也是更为重要的，是得益于出口的迅猛增长（2020 年 11 月比 2019 年同期增长了 21%）。由于原材料和石油行情下滑，进口增长率不足 4.5%，远远低于出口增长率。总体上，中国的贸易顺差在 2020 年翻了一番。

与 2008 年的情形一样，中国以强有力的行动摆脱了 2020 年的危机。这次危机使中国得以更新发展模式，并巩固自身在世界经济中的地位。正是在这种背景下，中国政府制定了国民经济和社会发展第十四个五年规划（简称"'十四五'规划"），带领国家进入新发展阶段，加快构建以国内大循环为主体、国内国际双循环相互促进的新发展格局：一方面扩大本地市场，另一方面加强与世界其他地区的合作。充分利用国内国际两个市场、两种资源的优势，推动中国的高质量发展。

这场公共卫生危机给中国提供了构建并发展新型国际关系的机遇。病毒不分国界，疫情不分种族。中国主张全球团结合作战胜疫情，积极研发疫苗，并向所有人提供疫苗。疫苗是具有"普遍用途"的"公共产品"，必须以"可以接受"的价格供所有人使用。

中国领导人提出了一系列口号："坚持以民为本，生命至上""共同佑护各国人民生命和健康""共同佑护人类共同的地球家园""共同

2020. Ceci ne sera pas le cas pour les pays développés du nord, ou encore les grands pays émergents (Inde, Brésil, Russie).

La reprise de l'économie chinoise à partir de l'automne 2020 a pour origine la consommation domestique (soutien public de la demande locale et augmentation significative des dépenses en équipements de base : construction de voies ferrées – 10.000 km sur 5 ans pour accélérer les connexions entre les villes et la province), mais aussi et surtout une forte progression des exportations (+21% en novembre 2020 par rapport à novembre 2019), plus importante que celle des importations, qui n'a pas dépassé les 4,5% en raison principalement des cours à la baisse des matières premières et hydrocarbures. Au final, l'excédent commercial chinois a été doublé en 2020.

Comme en 2008 déjà, la Chine est sortie plus forte de la crise de 2020, ce qui lui a permis de rénover son modèle de développement et de renforcer sa position dans l'économie mondiale. C'est dans ce contexte que les autorités chinoises ont préparé le XIVème plan quinquennal et ouvert le pays à une nouvelle phase de développement fondé sur une double approche : l'élargissement du marché local et le renforcement des partenariats avec le reste du monde.

La crise sanitaire a été pour la Chine une opportunité pour tisser et développer de nouvelles relations au niveau international. Partant du constat que le virus ne faisant pas de distinction entre les pays et les hommes, ils prônent pour le vaincre une mobilisation solidaire de toute la planète, mobilisation dans la recherche des vaccins et leur mise à la disposition de tous. « Bien commun », d'« utilité universelle », il doit être accessible à tous, à un prix « acceptable ».

« La vie avant tout », « La santé pour tout le monde » dans le cadre d'une « Solidarité entre les humains qui vivent sous le même ciel » et de la mobilisation solidaire de toute la planète derrière une OMS renforcée dans son rôle de leader … sont les mots d'ordre des responsables chinois.

构建人类卫生健康共同体""坚定支持世界卫生组织在协调全球抗疫合作中的领导作用"……

疫苗的研制和生产为中国提供了增强国际影响力、加强与发展中国家合作的新途径。在习近平主席亲自勾勒的"健康丝绸之路"框架下，卫生健康领域的合作被纳入"一带一路"建设。中国优先向阿拉伯和非洲合作伙伴提供疫苗，增进了与它们之间的合作。2020年6月17日，为加强团结合作、携手战胜疫情，彰显更加紧密的中非命运共同体，经中国、非洲联盟轮值主席国南非、中非合作论坛非方共同主席国塞内加尔共同倡议，中非领导人通过视频连线召开中非团结抗疫特别峰会。2020年7月6日，在中国外交部长和约旦外交大臣共同主持下，中阿合作论坛第九届部长级会议以视频连线方式召开，阿拉伯国家联盟各成员国外长及阿拉伯国家联盟秘书长出席，双方就团结抗击新冠肺炎疫情进行了深入探讨。共建"健康丝绸之路"被写入《中国和阿拉伯国家团结抗击新冠肺炎疫情联合声明》。

在与美国、俄罗斯和欧洲开展的疫苗研发、生产和供应竞赛中，中国以四家实验室和企业为主要代表，即国药集团（全称"中国医药集团有限公司"，英文缩写"Sinopharm"。——审读者注）、总部位于北京的科兴控股（全称"科兴控股生物技术有限公司"，英文缩写"Sinovac"。——审读者注）、私营企业安徽智飞龙科马（全称"安徽智飞龙科马生物制药有限公司"，英文简称"Zhifei Longcom"。——审读者注）以及与中国人民解放军关系密切的创业公司康希诺（全称"康希诺生物股份公司"，英文缩写"CanSinoBIO"。——审读者注）。它们都是全球13家疫苗研发领域领先企业中的一员。这些企业研制的疫苗已经进入临床试验的第三阶段，即上市销售之前的最后阶段。

国药集团与数个阿拉伯国家（阿联酋、摩洛哥、埃及、约旦和巴林）以及两个拉丁美洲国家（秘鲁、阿根廷）达成了合作协议。北京科兴控股与二十国集团中的三个新兴市场国家（巴西、印度尼西亚和土耳其）签订了合作文件。安徽智飞龙科马与乌兹别克斯坦开展合作。康希诺则与俄罗斯、巴基斯坦、墨西哥、阿根廷和智利进行合作。

La découverte et production de vaccins ont ainsi été pour la Chine un nouvel instrument pour renforcer son rayonnement international et sa coopération avec les pays en développement. La coopération sanitaire a intégré la doctrine de la ceinture et de la route à travers des « routes sanitaires de la soie » qui sont venues compléter sa coopération avec ses partenaires Arabes et Africains auxquels elle accorde un accès prioritaire à la vaccination. Ses contours ont été présentés par le président Xi Jinping lui-même à l'occasion du sommet sino-africain le 17 juin 2020 et du forum Chine-Pays Arabes du 14 juillet 2020, dédiés au Covid-19.

Dans la course à la découverte, la production et la distribution des vaccins avec les Etats-Unis, la Russie et l'Europe, la Chine a été représentée par quatre laboratoires et sociétés. Il s'agit des groupes publics Sinopharm et Sinovac, du groupe privé Anhui Zhifei Longcom et CanSinoBIO, proche d'une société start-up de l'armée populaire de libération. Tous font partie des 13 sociétés dans le monde dont les expériences cliniques ont abouti à la troisième et dernière phase, celle qui précède la mise sur le marché et la distribution.

La société Sinopharm a conclu des accords de collaboration avec plusieurs pays arabes (EAU, Maroc, Egypte, Jordanie et Bahreïn) et deux pays latino-américains (Pérou et Argentine). Le groupe Sinova a pris des engagements avec trois pays émergents membres du G20 (Brésil, Indonésie et Turquie). Anhui Zhifei Longcom collabore de son côté avec l'Ouzbékistan, et CanSinoBIO avec la Russie, le Pakistan, le Mexique, l'Argentine et le Chili.

中国拥有大规模生产疫苗的传统。它谨慎地处理与合作伙伴之间的协议，避免一切推销和宣传行为。例如，在摩洛哥决定使用中国疫苗之前，中摩两国元首已经进行了高层接触。这为双方合作赋予了战略意义，为合作的成功创造了必不可少的信任条件。

中国的疫苗具有适应贫穷国家与发展中国家国情的特点：价格低廉，使用简便，运输和储存条件不那么严苛。

中国向合作伙伴承诺，甚至可以跳过出口阶段，使它们未来能够部分掌握疫苗生产技术，并在当地建立实验室和生产基地（巴西、摩洛哥、印度尼西亚）。例如，摩洛哥与国药集团签订了一项合作协议（2020年8月）。根据该协议，有600名摩洛哥志愿者参与了疫苗临床试验。预计在不久的将来，摩洛哥将在丹吉尔地区新建的穆罕默德六世科技城中设立一条药品和疫苗生产线，为非洲和其他地区服务。与此同时，中国在临床试验阶段与阿联酋开展合作，来自125个国家和地区的31000多名志愿者参加了这一试验。

La Chine, qui possède une tradition dans la production en masse des vaccins gère avec prudence les accords avec ses partenaires pour éviter toute pratique de promotion et de propagande. A titre d'exemple, l'adhésion du Maroc au vaccin chinois s'est faite à la suite d'un contact de haut niveau entre les chefs d'Etat afin d'accorder à cette coopération un caractère stratégique et lui créer les conditions de confiance nécessaires à son succès.

Les vaccins chinois ont cette caractéristique d'être adaptables à la situation des pays pauvres et en développement : leur prix est modique et ils sont simples d'utilisation, ne nécessitant pas de logistique lourde pour leur conservation.

La Chine s'est engagée avec ses pays partenaires à même dépasser le stade de l'exportation pour leur permettre à l'avenir de pouvoir s'approprier partiellement la technologie et créer des laboratoires et des sites industriels locaux (Brésil, Maroc, Indonésie). C'est ainsi que le Maroc a conclu un accord de coopération avec Sinopharm (20 août 2020) aux termes duquel, avec 600 volontaires, il a participé aux expériences cliniques. Il devrait construire dans avenir proche une unité de production de médicaments et de vaccins dans le site de la nouvelle ville Mohamed VI Tech dans la région de Tanger destinés à l'Afrique entre autres. De même, la Chine a associé les EAU dans les stades des expériences cliniques en raison du fait que les habitants de ce pays appartiennent à 125 souches ethniques.

Chapitre 3
第三章

中国与阿拉伯和非洲地区
关系的历史沿革

Les rapports Chine – espace arabo-africain à travers l'histoire

阿拉伯和非洲地区曾经在中国和欧洲之间的早期丝绸之路中发挥了海上和陆地中转站的作用。

早在古希腊和古罗马统治地中海的时代，阿拉伯和非洲地区就已经与中国建立了贸易关系。除了丝绸之外，双方交易的商品还包括玉器、珠宝、香料和马匹。这些贸易往来发生之时，正值古希腊和古罗马的征服和占领以及马其顿王国国王亚历山大大帝（前356—前323）的大军四处挺进之际。亚历山大大帝在13年内征服了约500万平方千米的土地，建立了西起希腊和北马其顿、东至印度河流域、南临尼罗河第一瀑布、北到锡尔河的大帝国。此时的中国正值汉武帝（前156—前87）统治时期。

97年，汉朝在中亚地区的最高军政长官（西域都护。——审读者注）班超（32—102）派遣甘英出使罗马帝国（史称"大秦"。——审读者注），至波斯湾受阻而返。这次出使虽未到达罗马帝国境内，却增进了汉朝对中亚各国的了解，甘英也成为第一个抵达波斯湾的中国人。

中华文明与阿拉伯文明的相遇

8世纪，伊斯兰教在亚洲迅速传播，并于751年到达中国，当时在位的中国皇帝是唐玄宗（685—762）。

我们之所以把751年称为中国与阿拉伯世界历史关系的"诞生之年"，是因为在这一年，阿拉伯帝国阿拔斯王朝（750—1258，史称"黑衣大食"。——审读者注）的军队与中国唐朝的军队在帕米尔高原一带发生了遭遇战——怛罗斯之战。通过这场决定性的战役，阿拔斯王朝夺取了中亚地区的主导权，控制了唐朝都城长安（在今陕西省西安市。——审读者注）通往巴格达和君士坦丁堡的贵重商品运输通道。阿拉伯人的胜利使阿拔斯王朝得以将伊斯兰世界扩张到东部极限。

更为最重要的是，这些交锋使阿拉伯文明和中华文明这两大文明之

Le monde arabo-africain a joué dans le passé un rôle de relai maritime et terrestre dans les premières routes de la soie entre la Chine et l'Europe.

Dans l'antiquité déjà, quand elles dominaient la Méditerranée, la Grèce et Rome avaient établi des échanges commerciaux avec la Chine. Les produits concernés par ce commerce étaient la soie mais aussi le jade, les bijoux, les épices et les chevaux. Ces échanges s'étaient développés parallèlement aux conquêtes et aux occupations grecques et romaines, mais aussi aux percées des armées d'Alexandre le Grand (mort en 323), lesquelles ont atteint à l'est les frontières de l'Indus et à l'ouest celles de l'Europe sous le règne de l'empereur Wudi (81-156) de la dynastie Han.

Rencontre entre les civilisations chinoise et arabe

Au VIIIème siècle, la propagation de l'islam en Asie a été très rapide. Il atteindra la Chine en 751.

Si 751 est, pourrait-on dire, la « date de naissance » des relations historiques entre la Chine et le monde arabe, c'est parce que c'est cette année-là que les conquérants arabes Abbassides, par une bataille décisive livrée aux armées de l'empereur chinois Tang, la bataille de Talas, ont pris le contrôle de l'Asie centrale et acquis la maitrise des routes du commerce qui reliaient Xi'an, la capitale chinoise, à Bagdad et Constantinople par lesquelles transitaient les matières précieuses. La victoire arabe a bien sûr permis aux Abbassides d'étendre le monde islamique – qui a atteint ici sa limite orientale.

Mais, le plus important, c'est que ces confrontations ont établi un contact entre

间建立了联系,其最长远的影响在于文化方面。根据阿拉伯史料记载,怛罗斯之战的中国战俘中有一些造纸匠,他们把中国的造纸术传授给阿拉伯人,而阿拉伯人又把这些技艺传到了欧洲和全世界。根据中国史料记载,怛罗斯之战以后,唐朝依然控制着中亚地区,阿拔斯王朝随即派人与唐朝讲和,双方的关系并未受到战争的显著影响。在战后的47年间,阿拔斯王朝派到唐朝的使臣至少有17批。

到了13世纪的蒙元时代,成吉思汗的毁灭性征伐最远到达东欧的黑海之滨,使阿拉伯世界的东部和亚洲腹地之间有了新的接触。

伊本·巴图塔——第一个游历中国的阿拉伯人

伊本·巴图塔(1304—约1377)是第一个游历中国的阿拉伯人。巴图塔是一位醉心旅行的摩洛哥探险家,他多次从自己的家乡丹吉尔出发进行长途旅行,足迹几乎遍及整个世界。除了非洲和中东,巴图塔还到过亚洲。他先是去了印度,然后前往中国,成为阿拉伯世界到达中国的第一人。当时的中国正处于元朝(1271—1368)统治之下,由成吉思汗之孙元世祖忽必烈(1215—1294)创建,是中国历史上首次由少数民族建立的大一统王朝。元朝疆域辽阔,人口众多,商品经济繁荣,海外贸易发达,各国赴华使节、传教士和商旅络绎不绝。巴图塔见识了这个伟大的国度及其人民和文明,为中国丰富的文化和悠久的传统所折服。中国的诸多发明给巴图塔留下了深刻的印象,比如,作为贸易流通手段的纸币(交钞。——审读者注)。回到丹吉尔之后,在摩洛哥梅里尼德王朝苏丹阿布·因南的建议下,巴图塔口述了他在欧、亚、非三大洲游历的经过,由诗人伊本·犹扎记录并撰写出著名的《伊本·巴图塔游记》。

在伊本·巴图塔之前游历中国的是意大利威尼斯商人马可·波罗(1254—1324)。马可·波罗于1275年抵达元朝都城大都(在今北京市。——审读者注),觐见元世祖忽必烈,并在中国各地游历了17年之久。回到威尼斯之后,马可·波罗在威尼斯与热那亚的战争中被俘,在狱中

deux grandes civilisations. Dont la conséquence la plus durable sera d'ordre culturel : selon les sources historiques arabes, parmi les prisonniers chinois de la bataille de Talas se trouvaient des fabricants de papier qui ont transmis leur savoir aux Arabes, lesquels l'ont transmis à leur tour à l'Europe … et au monde.

Au cours du XIIIème siècle et de l'ère Mongole, les attaques dévastatrices de Genghis Khan ont conduit à de nouveaux contacts entre le monde arabe oriental et l'Asie profonde.

Ibn Batouta, premier voyageur arabe en Chine

Ibn Batouta (1304-1368) a été le premier voyageur arabe en Chine. Explorateur marocain féru de voyages, il a entrepris de multiples périples qui, à partir de sa ville natale, Tanger, l'ont conduit quasi aux quatre coins du monde : en Afrique et en Orient, mais aussi en Asie : en Inde puis en Chine qu'il était le premier visiteur arabe à atteindre. Il a découvert ce grand pays et ses population et civilisation, a été saisi par la richesse de sa culture et de ses traditions, impressionné par ses inventions, dont celle du billet de banque, intermédiaire dans les échanges. De retour à Tanger, sur la recommandation du sultan mérinide Abou Inane, il racontera ses souvenirs de voyages dans les trois continents au copiste Ibn Juzzay, lequel rédigera alors sa célèbre « Rihla d'Ibn Batouta ».

Ibn Batouta a été précédé en Chine par Marco Polo (1254-1324) qui était quant à lui, commerçant et italien. Le récit de voyage de ce dernier est rapidement devenu une référence historique à la fois parce que c'est le premier contact des

口述了他经行地中海、欧亚大陆以及游历中国的经过，形成了著名的《马可·波罗游记》。不久，《马可·波罗游记》被翻译成多种语言并传遍了整个欧洲，成为重要的历史参考资料。这部游记为欧洲打开了神秘的东方之门，使欧洲人第一次接触到中国这个东方大国。与之不同的是，《伊本·巴图塔游记》却被束之高阁，长期存放在梅里尼德王官的图书馆里。直到19世纪，这部游记才被翻译成多种语言，从而在欧洲广为人知。

"中国的马可·波罗"和"东方的马可·波罗"

在阿拉伯人和欧洲人到中国旅行的同一历史时期，中国人也在向西进发，其中包括：

• 出生于北京的景教（唐代传入中国的基督教聂斯脱里派，也就是东方亚述教会。——审读者注）教士拉班·扫马（1225—1294）受蒙古伊儿汗阿鲁浑（1284—1291年在位）之命率团出使罗马教廷，并拜访法兰西国王腓力四世（1285—1314年在位），后来在阿拔斯王朝首都巴格达度过余生。拉班·扫马是中古时期中西文化交流的重要人物，是中国人最早游历中亚和西方并在历史上产生重要影响的人物，被誉为"中国的马可·波罗"。

• 元朝民间航海家汪大渊（1311—1350）两次出海远航，被誉为"东方的马可·波罗"。1330年，汪大渊首次从泉州搭乘商船出海，历经东南亚、印度、伊朗、也门和埃及等地，接着横渡地中海抵达摩洛哥大西洋沿岸，随后造访东非坦桑尼亚等地，前后历时五年。1337年，汪大渊再次从泉州出航，历经南洋群岛、阿拉伯海、波斯湾、红海、地中海、莫桑比克海峡以及澳大利亚等地。1339年，汪大渊回到中国，定居泉州。和伊本·巴图塔一样，汪大渊应泉州地方官之请，开始整理手记，写就《岛夷志略》一书。这部游记记录了汪大渊两次航海的所见所闻，介绍了亚洲、非洲和大洋洲220多个国家和地区的风土人情，在国际上产生了很大的影响。

Européens avec ce grand pays lointain et parce que l'ouvrage de Marco Polo a été traduit et diffusé partout en Europe. Contrairement à celui d'Ibn Batouta qui est resté longtemps dans les bibliothèques des palais Mérinides. Il faudra attendre le XIXème siècle pour qu'il soit à son tour traduit et donc connu en Europe.

Le « Marco Polo de la Chine » et le « Marco Polo de l'Orient »

Voyages donc vers la Chine. Cette même période historique a connu les voyages de Chinois vers l'ouest. Citons notamment :

• La mission diplomatique de Rabban-Bar Sauma (1220-1294), moine chinois né à Beijing, en Europe, à la cour du pape de Rome et du roi de France Philippe le bel, en qualité d'ambassadeur du sultan Mongol L'il-khan Arghoun (règne 1284-1291). Rabban-Bar Sauna finira sa vie à Bagdad, capitale Abbasside.

• Les deux voyages de Wang Dayuan (1311-1350) qui l'ont conduit à Aden au Yémen et en Egypte d'abord, puis sur les côtes atlantiques marocaines et enfin en Tanzanie en Afrique de l'est. De retour en Chine, il s'installe à Quanzhou, et, comme Ibn Batouta, fait le récit de son voyage dans son ouvrage : Daoyi Zhilüe .

赵汝适笔下的摩洛哥阿尔穆拉维德王朝

早在 12 世纪，摩洛哥就已经为中国人所知。阿尔穆拉维德王朝（阿拉伯语称为"穆拉比特王朝"，赵汝适《诸蕃志》译作"木兰皮国"。——审读者注）的赫赫武功，以及该王朝从在沙漠中崛起直至在优素福•本•塔奇芬率领下征服安达卢西亚（位于伊比利亚半岛南端。——审读者注）的事迹一直流传到中国，并引起宋朝宗室赵汝适（1170—1231）的关注。赵汝适是宋太宗（976—997 年在位）八世孙，曾任泉州市舶司（福建路市舶司，因设在泉州，通称"泉州市舶司"。——审读者注）提举、泉州知州等职，著有《诸蕃志》一书。该书记载了东起日本、西至东非索马里、北非摩洛哥和地中海东岸诸国的风土物产，记录了中国与阿拉伯世界的贸易交往。

宋元时期的泉州被称为"东方第一大港"，是海上丝绸之路的起点，许多阿拉伯人到此经商并定居，阿拉伯人后裔蒲寿庚（1205—1290）垄断泉州海外贸易长达数十年。1276 年，元朝军队攻陷南宋都城临安（在今浙江省杭州市。——审读者注）。蒲寿庚屠杀在泉州的宋朝宗室，投降元朝并获重用，出任泉州市舶司提举等职。继蒲寿庚之后，又有多位阿拉伯人或其后裔担任该职。（2021 年 7 月 25 日，在福建省福州市举办的第 44 届世界遗产大会批准"泉州：宋元中国的世界海洋商贸中心"作为文化遗产列入《世界遗产名录》，包含九日山祈风石刻、市舶司遗址、德济门遗址、天后宫、真武庙、南外宗正司遗址、泉州府文庙、开元寺、老君岩造像、清净寺、伊斯兰教圣墓、草庵摩尼光佛造像、磁灶窑址、德化窑址、安溪青阳下草埔冶铁遗址、洛阳桥、安平桥、顺济桥遗址、江口码头、石湖码头、六胜塔、万寿塔等 22 处代表性古迹遗址。——审读者注）

巴西著名学者、考古学家、历史学家保罗•费尔南多•德•莫拉埃斯•法里亚斯专门研究西非史和穆拉比特王朝史，他的第一本著作（1966 年

Les Almoravides du Maroc dans les écrits de Chao Rukuo

Au XIIème siècle déjà, le Maroc n'était pas une terre inconnue pour les Chinois. Les échos des exploits militaires de la dynastie Almoravide et sa remontée à partir du désert jusqu'en Andalousie reconquise par Youssef Ben Tachfine sont parvenus jusqu'en Chine et ont éveillé l'intérêt de Chao Ju-kuo, membre de la famille impériale Sung et auteur de plusieurs ouvrages sur le commerce extérieur et les échanges entre la Chine et le monde arabe. C'est le grand érudit, archéologue et historien brésilien Paolo Fernando de Moraes Farias, spécialisé dans l'histoire de l'Afrique de l'ouest et de la dynastie des Almoravides (ses premiers travaux, publiés en 1966-1967 concernent Ibn Yassin et le mouvement des Almoravides) qui en a fait la découverte historique et la relate. Dans un article consacré aux Almoravides, de Moraes souligne : « Les répercussions des mouvements des Almoravides ont été suffisamment importantes au point d'attirer l'attention d'un fameux livre chinois du début du XIIIème siècle sur les Mourabitines ». Il cite l'ouvrage de Chao Ju-kuo : « Le pays des Mourabitines est situé à l'ouest des pays Ta-Chi (monde musulman). Il y a une grande mer et à l'ouest de cette mer, il y a peu de pays, mais Mu-Lan-Pi est un pays qui est visité par les grands vaisseaux, des Ta-Chi ». Et notre auteur brésilien, chercheur de l'Institut fondamental de l'Afrique noire en France, dirigé alors par Vincent Monteil, puis professeur à l'université de Bahia et de Buckingham d'expliquer « Dans ce contexte, le Mu-Lan-Pi semble être le sud de l'Espagne sous la domination Almoravide ». L'historien espagnol Jeronimo Päez, spécialiste de l'histoire du Maroc et de l'Andalousie, écrit dans son article : « Les Almoravides »: « D'après Moraes Farias, l'un des plus rigoureux spécialistes de ce mouvement, la renommée de l'empire Almoravide parvint jusqu'en Chine. Un livre célèbre du XIIIème siècle en fait état, ce qui ne laisse pas d'étonner ».

至 1967 年间出版）论述的正是伊本·亚辛和阿尔穆拉维德王朝的事迹。德·莫拉埃斯在研究过程中有了历史性的发现。在一篇关于阿尔穆拉维德王朝的文章里，德·莫拉埃斯指出："阿尔穆拉维德王朝的事迹影响如此之大，以至于 13 世纪初的一部中国名著也关注到了穆拉比特王朝。"他引述了赵汝适在《诸蕃志》中对"木兰皮国"的介绍："大食国西有巨海，海之西有国不可胜数。大食巨舰所可至者，木兰皮国尔。自大食之陁盘地国发舟，正西涉海百余日方至其国。"德·莫拉埃斯先后担任樊尚·蒙代伊领导下的法国黑非洲基础研究所研究员、巴西巴伊亚联邦大学和英国白金汉大学教授，他解释道："根据上下文，木兰皮国指的似乎是阿尔穆拉维德王朝统治下的西班牙南部地区。"西班牙历史学家、摩洛哥史和安达卢西亚史专家杰罗尼莫·帕埃兹在《阿尔穆拉维德王朝》一文中写道："阿尔穆拉维德王朝演变史最严谨的专家之一莫拉埃斯·法里亚斯认为，阿尔穆拉维德帝国的盛名远达中国。13 世纪的一部名著对其有所记载，这毫不令人惊讶。"

由此可见，12 世纪摩洛哥伟大的阿尔穆拉维德王朝给中国人留下了深刻的印象。

葡萄牙人的征服与中阿关系

从前 330 年到 15 世纪，在长达 1800 年的时间里，阿拉伯世界一直在中国与中亚、欧洲直至安达卢西亚一带以及马格里布地区的关系中占据着战略性的位置。

葡萄牙人的远征和征服始于 1415 年对地中海沿岸摩洛哥港口塞卜泰（休达）的占领，最终在这些不同的世界之间建立了联系。从塞卜泰（休达）出发，葡萄牙人在 1458 年至 1515 年间相继开发了摩洛哥的丹吉尔、艾西拉、萨菲、马扎甘、阿加迪尔、莫加多尔、马穆拉、安发等城市。葡萄牙海军陆战队沿着非洲大西洋沿岸地区向前推进：博哈多尔角和佛得角（1414）、塞内加尔（1445）、几内亚湾（1460）、刚果（1483），

Voilà donc des Chinois impressionnés par la grande dynastie marocaine des Almoravides du XIIème siècle !

Les conquêtes portugaises et les relations sino-arabes

Le monde arabe a toujours occupé une place stratégique dans les rapports entre la Chine, l'Asie centrale et l'Europe jusqu'à l'Andalousie et finalement le Maghreb et ce au cours de 1800 ans, entre 330 av. JC et le XVème siècle.

Les grandes conquêtes et expéditions portugaises, qui finalement ont établi des liens entre ces différents mondes, ont commencé par l'occupation de Sebta (Ceuta), port marocain en Méditerranée, en 1415. De là les portugais ont investi successivement les villes marocaines de Tanger, Asilah, Safi, Mazagan, Agadir, Mogador, Maamoura et Anfa entre 1458 et 1515. Les marins-soldats portugais ont poursuivi leur avancée le long du littoral atlantique africain : Cap Bojador et Cap

最终到达好望角（1499）。瓦科斯·达·伽马（约1469—1524）从好望角出发开始他的远航探险，并于当年一直抵达亚洲大陆。从那时起，曾经被阿拉伯水手控制的印度洋易主，葡萄牙人先后夺取了霍尔木兹海峡（1507）、波斯湾出入口（1510）和马六甲海峡（1551）。控制了香料贸易之后，葡萄牙人一路前进，于1513年抵达中国沿海，随后占领澳门（1557），直到1999年才最终撤离。（葡萄牙于1557年通过贿赂明朝地方官员取得澳门居住权，1887年通过《中葡会议草约》和《中葡友好通商章程》获准"永居管理澳门"。——审读者注）

葡萄牙人从摩洛哥休达港到中国澳门的征服过程，在中国和阿拉伯世界以及非洲其他地区之间建立了新的联系。

继葡萄牙人之后，西班牙人、荷兰人和英国人也陆续抵达中国的港口和城市（尤其是广州）并定居下来。

在文化层面，穆斯林阿拉伯地区往往发挥着中国与欧亚地区之间的桥梁作用。英国历史学家彼得·弗兰科潘最新的作品就有力地证明了这一点。他从自己对中国丝绸之路的研究出发，提出了对欧洲文艺复兴运动的独到解读。弗兰科潘认为，这些穿越阿拉伯和非洲地区到达欧洲的线路对欧洲文艺复兴过程产生了实实在在的影响。

随着葡萄牙人和西班牙人的征服四处推进，阿拉伯和地中海世界逐渐衰落，这成为全球化历史上的一个转折点。1492年，阿拉伯人战败，被西班牙人逐出安达卢西亚，后来在马格里布地区找到了避难所。同年8月，在西班牙国王支持下，意大利探险家、航海家克里斯托弗·哥伦布（1452—1506）从安达卢西亚韦瓦尔的帕洛斯港出发，随后发现了美洲。

1415年，葡萄牙人占领休达之后，非洲黄金运往欧洲的中转港口随即关闭。此后，非洲、欧洲和美洲之间贩卖黑奴的三角贸易取代了贵重金属贸易。

15世纪至16世纪伊比利亚人（指葡萄牙人和西班牙人。——审读者注）对阿拉伯、非洲和中国城市的占领，在阿拉伯世界、非洲和中国之间建立了历史联系。事实上，尽管欧洲列强侵占了中国数座城市，但

Vert (1414), le Sénégal (1445), le golfe de Guinée (1460) et le Congo (1483) avant d'arriver au Cap de Bonne Espérance en 1499. De là, Vasco de Gama a lancé sa grande expédition qui devait le conduire jusqu'au continent asiatique au cours de la même année. A partir de cette date l'océan Indien, autrefois sous la domination des marins arabes, est passé sous celle des portugais qui s'étaient rendus maitres des lieux de passage stratégique que sont le détroit d'Ormuz (1507), l'entrée du golfe arabe (1510) et le détroit de Malacca (1551). Dominant le commerce des épices, ils ont poursuivi leur route pour atteindre le littoral chinois en 1513 où ils ont occupé Macao (1557) - qu'ils n'évacueront qu'en 1999.

Ces conquêtes portugaises, de Ceuta à Macao ont créé de nouveaux contacts entre la Chine d'une part, le monde arabe et l'Afrique d'autre part.

Après les Portugais, les Espagnols, les Hollandais et les Anglais se sont installés à leur tour dans les ports et les villes chinoises (Guangzhou entre autres).

La région arabo musulmane a souvent été, sur le plan culturel, un pont de jonction entre la Chine et l'espace euro-asiatique. Ceci est remarquablement illustré par les travaux récents de Peter Frankopan, historien britannique qui propose une lecture originale sur la renaissance européenne à partir de ses études des routes chinoises de la soie. Pour lui, en traversant l'espace arabo-africain en direction de l'Europe, ces routes ont eu un impact réel sur le processus de la renaissance européenne.

Le déclin du monde arabe et méditerranéen, qui s'est fait dans le sillage des avancées des conquêtes portugaises et espagnoles, constitue un tournant dans l'histoire de la mondialisation. 1492, date de la défaite des arabes expulsés d'Andalousie - ils trouveront refuge au Maghreb, est aussi celle de la découverte des Amériques par Christophe Colomb.

En 1415 déjà, l'occupation de Ceuta avait entraîné la fermeture de son port par lequel transitait l'or africain vers l'Europe. La traite des noirs (aux XVIème et XVIIème siècles jusqu'à 1848), dans le cadre d'un commerce triangulaire entre l'Afrique, l'Europe et l'Amérique, a alors remplacé le commerce de ce métal précieux.

Ainsi, les occupations ibériques de villes arabes, africaines et chinoises au cours des XVème et XVIème siècles ont créé des liens historiques entre le monde arabe, l'Afrique et la Chine. En effet, malgré l'occupation de plusieurs villes

直到18世纪末，中国一直被视为世界第一大经济体。中国与阿拉伯、波斯和土耳其的穆斯林国家保持着定期往来。在很长一段时间里，中国的穆斯林少数民族在中国与阿拉伯世界以及穆斯林国家之间发挥着一种桥梁和纽带的作用。在阿拉伯文明的辉煌时代，早期丝绸之路使阿拉伯世界成为中国与欧洲大陆之间的中转站。

在早期丝绸之路时代，除了贸易因素之外，文化因素也对中国社会与阿拉伯和穆斯林地区之间关系的发展产生了重大的影响。这段漫长的历史时期上至两汉（前206—220）以及古希腊和古罗马时代，中间经历了阿拔斯王朝（750—1258）、蒙古远征和奥斯曼帝国时代，直到第一次世界大战结束。

后来，随着资本主义在欧洲诞生，欧洲殖民主义和帝国主义逐渐兴起，导致中国以及阿拉伯世界和非洲大陆均陷入被奴役的境地。

欧洲殖民主义扩张始于1778年7月拿破仑·波拿巴（1769—1821）远征埃及。1830年6月，阿尔及利亚被法国占领。几年之后，随着1842年8月第一次鸦片战争结束，中国的一些沿海城市（例如，香港）也被英国、法国等欧洲列强侵占。1884年11月，欧洲殖民主义和帝国主义国家举行柏林会议，随后瓜分了非洲大陆。同年，法国发动中法战争，将越南（1885年4月）变为法国的保护国。1894年7月，日本发动第一次中日战争，侵占中国的台湾和澎湖列岛。同一时期，法国先后将突尼斯（1881年5月）和摩洛哥（1912年3月）变为其保护国。第一次世界大战结束之后，奥斯曼帝国灭亡，欧洲列强瓜分中东，英国和法国以委任统治的形式（巴勒斯坦、大叙利亚、伊拉克）控制了整个中东地区。在东亚，第一次世界大战爆发之后，日本于1914年8月对德国宣战，出兵占领德国在中国的势力范围——山东半岛。1919年6月，凡尔赛和会不顾中国的坚决反对，决定将德国在中国山东的特权移交给日本。

chinoises par les puissances européennes, la Chine restait considérée être, jusqu'à la fin du XVIIIème, la première économie dans le monde. Elle gardait des contacts réguliers avec les contrées musulmanes arabes, perses et turques. Longtemps, la minorité musulmane de Chine assurait une sorte de jonction entre la Chine, le monde arabe et les pays musulmans. Dans les périodes de grand rayonnement civilisationnel arabe, les premières routes de la soie ont permis au monde arabe d'être un relai avec le continent européen.

A côté du facteur commercial, celui de la culture a eu un impact majeur lors des premières routes de la soie dans le développement des rapports entre la société chinoise et l'espace arabo-musulman, tout au long d'une longue période historique, depuis les dynasties des Han, occidentale et orientale (206 av.JC - 220 ap. JC et la période gréco-romaine) à celle des Abbassides (750 – 1258), en passant par la phase des expéditions mongoles et enfin le long de la période ottomane, jusqu'à sa fin après la première mondiale.

Plus tard, la montée en puissance des impérialismes européens après la naissance du capitalisme en Europe va conduire à l'asservissement de la Chine, mais aussi du monde arabe et du continent africain d'ailleurs.

Les interventions expansionnistes ont commencé avec l'expédition de Napoléon Bonaparte en Egypte de 1778, l'occupation de l'Algérie en 1830 puis, quelques années plus tard, des villes chinoises du littoral, au lendemain de la guerre de l'Opium en 1842. Elles s'étendront à l'Afrique après le congrès de Berlin de 1884 entre les Etats impérialistes européens qui a dépecé ce continent, puis au Moyen Orient, au lendemain de la première guerre mondiale et de la chute de l'empire ottoman : la Grande Bretagne et la France ont imposé alors leur emprise à toute la région sous forme de mandats (Palestine, Grande Syrie, Irak), alors que la France imposait son protectorat à la Tunisie (1884) et au Maroc (1912).

151

中国、非洲和地理决定论

中国与非洲特别是东非的交往由来已久。一些研究表明，中非之间的关系可以追溯到汉代（前206—220）。尽管早期丝绸之路以陆路为主，中国人也通过海路到达了非洲沿海地区。早在8世纪，第一部关于非洲的中文著作就已经问世。在坦桑尼亚达累斯萨拉姆地区的考古发掘中出土了一批中国文物，包括15世纪的器皿和铜钱，这与中国明朝（1368—1644）航海家与外交家郑和（1371—1433）抵达非洲沿岸的时间（1418）相符。这些都是中国人航海抵达非洲的证据，当然也还包括前文提到的元朝航海家汪大渊的航海旅行。

如果说历史与文化因素促进了中阿关系的发展，那么地理因素则在中非关系的发展中起到了决定性作用。正是从非洲东部开始，中国人发现了这片大陆。郑和多次远航，试图寻找中国古人所说的"西洋"。然而，所有这些航海行动在清朝（1636—1912，我国史学界一般以清军入关的1644年作为清朝起始时间。——审读者注）重新实行闭关锁国政策之后宣告终结。

中国与非洲和阿拉伯地区的关系以及反殖反帝斗争

西方殖民主义和帝国主义相继奴役中国、阿拉伯世界和非洲大陆。反对殖民主义与新殖民主义的斗争，在中国与阿拉伯世界和非洲大陆的民族解放运动之间形成了团结合作的新型关系。20世纪20年代，随着中国共产党的成立，中国反抗外国侵略的斗争有了决定性的发展。同一时期，中国的革命者们对阿卜杜勒克里姆·哈塔比领导的摩洛哥里夫大起义表达了同情，尤其是在抗击西班牙殖民军队的阿努瓦勒战役（1921年7月）取得胜利之后。这场战争在全世界范围内引起巨大反响，甚至被认为是最早的人民解放起义之一。

1949年10月中华人民共和国成立之后，毛泽东、周恩来等新中国

La Chine, l'Afrique et le déterminisme de la géographie

Des liens historiques unissent la Chine et l'Afrique, particulièrement son flanc est. Des recherches révèlent que ces relations remontent à la période de la dynastie Han (206 av. JC à 220 ap. JC). Bien que les premières routes de la soie aient été principalement terrestres, les Chinois, qui avaient également une présence sur les mers, ont atteint les côtes africaines. Pour preuve : le premier texte écrit en chinois sur l'Afrique date du VIIIème siècle ; des fouilles, dans la région de Dar Es-Salaam, ont mis à jour des vestiges chinois, ustensiles et pièces de monnaies qui remontent au XVème siècle, soit la date d'arrivée sur les côtes africaines de l'amiral et diplomate chinois Zheng He (1418) (sous la dynastie Ming (1368-1644). Et il y a bien sûr les voyages de Wang Dayuan.

Si le facteur historique et culturel semble avoir favorisé le développement des relations sino-arabes, c'est le facteur géographique qui a été déterminant dans l'évolution des rapports entre la Chine et l'Afrique. C'est par la partie orientale de ce continent que les chinois ont découvert le continent grâce aux multiples expéditions de l'amiral Zheng He qui voulait découvrir ce que les Chinois appelaient le « Grand Ouest ». Mais, tous ces voyages ont pris fin avec l'arrivée de la dynastie des Qing (1631-1912), quand la Chine s'est refermée sur elle-même.

Les rapports entre la Chine et l'espace arabo-africain et la lutte contre les impérialismes

Les impérialismes ont imposé leur emprise successivement sur la Chine, le monde arabe et le continent africain. Les luttes contre les présences coloniales et les pratiques néocoloniales ont créé de nouvelles relations de solidarité entre la Chine et les mouvements de libération nationales dans le monde arabe et en Afrique. Durant les années 1920, la lutte contre l'occupant a pris un élan décisif en Chine avec la création du parti communiste. A cette même époque, les révolutionnaires chinois ont exprimé leur sympathie à la guerre du Rif au Maroc menée par Abdelkrim El Khattabi, notamment après son succès dans la bataille d'Anwal (juillet 1921), gagnée contre l'armée espagnole. Cette guerre a même été considérée, par l'écho qu'elle a

领导人决定支持阿拉伯和非洲人民反抗主要发生在非洲的直接殖民统治,以及阿拉伯国家遭受的新殖民主义压迫。

正是在此背景下,1955年4月召开的万隆会议成为世界民族解放运动历史上具有里程碑意义的重大事件。29个亚非国家和地区的政府代表团出席万隆会议,代表着全世界将近四分之一的面积(3100多万平方千米)和约三分之二的人口(14.4亿人)。作为观察员,阿拉伯地区和非洲大陆民族独立运动的代表(例如,摩洛哥的阿拉·法西、阿尔及利亚的艾耶特·艾哈迈德)也列席了这次会议。这是亚非国家和地区第一次在没有殖民国家参加的情况下讨论亚非人民切身利益的大型国际会议,有力地推动了亚非国家的联合自强,鼓舞了广大发展中国家争取民族独立和解放,开启了南南合作与不结盟运动的序幕,推动了国际秩序的深刻演变。会上提出了"第三世界"和"南方"的概念,而中国认为自己正是"第三世界"和"南方"的一员。

在万隆会议上,一些国家的领导人对这一新思潮起到了巨大的推动作用,其中包括中国总理周恩来、印度总理贾瓦哈拉尔·尼赫鲁(1889—1964)、印度尼西亚总统苏加诺(1901—1970)和埃及总统迦玛尔·阿卜杜尔·纳赛尔(1918—1970)。分析人士密切关注这场大会,让·拉库图尔(法国记者和作家)认为,周恩来对会议的成功发挥了决定性作用。他指出:"周恩来以他的优雅、冷静与平和影响了大会进程……他并建议与会者摒弃意识形态言论和倾向,推动以政治与务实的方法开展反殖民主义斗争。"在拉库图尔看来,周恩来的这一立场之所以重要,是因为它考虑到了各国之间的差异,考虑到了不同国家在历史和地理方面的特殊性。

事实上,周恩来对万隆会议的贡献还包括推动形成了处理国际关系的原则。万隆会议发表的《关于促进世界和平与合作的宣言》提出了处理国际关系的十项原则,体现了亚非人民为反帝反殖、争取民族独立、维护世界和平而团结合作、共同斗争的崇高思想和愿望,被称为"万隆精神"。这十项原则是在和平共处五项原则基础上提出的,而和平共处五项原则最先是周恩来于1953年12月底在会见到访中国的印度代表团

eu dans le monde, comme une première référence des insurrections populaires de libération.

A la suite de la création de la république populaire de Chine, en 1949, les nouveaux responsables chinois ont décidé de soutenir les combats des peuples arabes et africains contre aussi bien la colonisation directe, en Afrique notamment, que les pratiques néocoloniales que subissaient les pays arabes.

C'est dans ce contexte que s'est tenue la conférence de Bandoeng, en août 1955, considérée comme référence pour tous les mouvements de libération nationale parce qu'elle a créé le concept de « Tiers-monde » et de « Sud » desquels la Chine se sentait membre à part entière.

La Conférence de Bandoeng a été marquée par le rôle de certains leaders de ce nouveau courant, tels le chinois Zhou Enlai, l'indien Nehru, l'indonésien Sukarno et l'égyptien Nasser. Des représentants des mouvements indépendantistes de la région arabe et du continent africain ont également participé à cette rencontre en tant qu'observateurs (au nombre desquels on peut citer Allal El Fassi du Maroc et Aït Ahmed d'Algérie). Les analystes qui ont suivi de près les travaux de cette rencontre dont Jean Lacouture (journaliste et écrivain français) ont relevé le rôle déterminant joué par Zhou Enlai dans le succès de la conférence. « Il a marqué les travaux de la réunion par son élégance, son calme et sa sérénité » dira Lacouture et « a recommandé aux participants de « tourner le dos aux discours et aux orientations idéologiques et de promouvoir plutôt des approches politiques et pragmatiques pour lutter contre le colonialisme ». Si cette position s'est imposée de tout son poids, dit-il, parce qu'elle tient compte des différences entre les pays, de leurs spécificités historiques et géographiques.

时提出的。和平共处五项原则提出后，被越来越多的国家、国际组织和国际会议所承认和接受，并载入了包括联合国大会通过的宣言在内的一系列重要国际文件，对推动国际关系朝着正确方向发展发挥了重大的历史性作用。

正是在这一历史背景下，包括埃及（1956年5月）和摩洛哥（1958年11月）在内的一些阿拉伯国家承认了年轻的中华人民共和国，尊重其自然边界，也就是说领土完整。另一方面，中国（1958年9月）则是在阿尔及利亚解放战争中第一个承认阿尔及利亚共和国临时政府的非阿拉伯国家。1960年，撒哈拉以南非洲国家独立之初，中国就在南南合作框架下迅速与之建立外交关系。而南南合作本身就是周恩来1963年至1964年出访非洲与阿拉伯多国期间确立的。（1963年12月中旬到1964年2月底，周恩来总理在陈毅副总理兼外交部长陪同下，率领中国政府代表团访问了阿拉伯联合共和国即今埃及、阿尔及利亚、摩洛哥、阿尔巴尼亚、突尼斯、加纳、马里、几内亚、苏丹、埃塞俄比亚、索马里、缅甸、巴基斯坦、锡兰即今斯里兰卡等亚非欧14国。周恩来在和埃及总统纳赛尔的会谈中，率先提出了中国与阿拉伯国家关系的五项原则。后来，周恩来又征求了其他国家对此的意见，使之最终成为中国同非洲和阿拉伯国家关系的五项原则，支持其争取和维护民族独立的斗争。——审读者注）在这次访问行程中，周恩来在阿克拉（加纳）发表重要演讲，奠定了中国与非洲大陆合作最初的理论基础。（1964年1月，周恩来总理在加纳提出了《中国政府对外经济技术援助的八项原则》，申明中国对非洲提供援助时严格尊重受援国的主权、绝不附带任何政治条件、绝不要求任何特殊权利。——审读者注）

C'est dans ce contexte historique que certains pays arabes, dont l'Egypte en 1956 et le Maroc en 1958, ont reconnu la toute jeune République populaire de Chine dans ses frontières naturelles, c'est-à-dire dans le cadre de son intégrité territoriale. La Chine, de son côté, a été le premier pays non arabe à reconnaitre le gouvernement provisoire de république d'Algérie en pleine guerre de libération (1958). Elle a tenu à instaurer très rapidement des rapports diplomatiques avec les pays africains sub-sahariens, dès leur accession à leurs indépendances en 1960, sur la base de la coopération sud-sud. La coopération sud-sud a été, du reste, consacrée lors du voyage de Chou en Lai en 1964 dans plusieurs pays africains et arabes, voyage qui a été marqué par son discours d'Accra (Ghana) où il a posé les premiers jalons de la doctrine de la coopération de la Chine avec le continent africain.

Chapitre 4
第四章

中非合作
是 21 世纪关键问题的核心

La coopération sino-africaine,
au cœur des enjeux du XXIème siècle

20世纪60年代初，撒哈拉以南非洲国家开始获得独立。当时，毛泽东领导下的中华人民共和国成立已满十年，正在巩固自身地位。整个20世纪60年代，中国逐步与非洲大陆诸多国家建立合作关系。21世纪初，中国已经成为世界第二大经济体，也是非洲国家的主要经济合作伙伴。在21世纪第二个十年里，中国与非洲的贸易、合作和投资增长速度大大加快，超过了非洲与发达国家的关系。而这些发达国家的经济增长正在放缓，特别是在2008年全球经济危机之后。

中国走出了2020年的公共卫生和经济危机，而且并未大伤元气。中国甚至变得更加强大，并准备巩固与非洲之间的合作与联系。中国利用这些危机推动"一带一路"建设，通过公共卫生领域的合作促进经济合作。另一方面，2020年的危机给非洲经济造成了灾难性的影响。由于原材料行情下跌等因素，非洲国家公共债务过度和人民极端贫困现象明显加剧。

早在20世纪80年代，随着中国经济的迅速增长，中非关系就已经开始调整。2000年至2014年间，中非关系实现了真正的变革。不少非洲国家从中国的伟大复兴进程中获益，使从独立以来一直处于停滞状态的经济恢复了生机。

因此，在21世纪头十年里，中国已经成为大多数非洲国家的主要贸易和金融伙伴，合作领域涉及政府援助、国际直接投资（FDI）、文化与科技合作等诸多方面。中国甚至也成为非洲在人员交流方面的重要合作者，不少中国侨民、管理人员、普通员工和商人到非洲工作和生活，中国的培训系统也向非洲学生和管理人员敞开大门。

非洲国家与中国的关系逐渐取代了它们与前宗主国的传统关系。

在非洲，中国不仅与传统大国，而且越来越多地与印度、韩国、土耳其、日本和巴西等国在经济和地缘政治层面开展近乎正面的竞争。各方争夺的焦点主要是石油和原材料，使得非洲石油和原材料生产国可以借此改善自身经济状况。

Les pays africains subsahariens ont accédé à leurs indépendances au début des années 1960, dans une période où la république populaire de Chine consolidait ses assises, 10 années après sa création, sous la direction de Mao Zedong. Durant les années 1960, la Chine a construit progressivement sa coopération avec les différents pays du continent africain. Devenue au début du XXIème siècle la deuxième puissance économique du monde, elle est devenue aussi le principal partenaire économique des pays africains. Dans les années 2010, le rythme de progression de ses échanges, de sa coopération et de ses investissements avec l'Afrique s'est beaucoup accéléré, prenant le pas sur rapports de l'Afrique avec les pays développés du nord dont les performances économiques connaissaient une décélération, notamment après la crise mondiale de 2008.

La Chine a traversé les crises sanitaire et économique de 2020 sans pertes majeures. Elle en est même sortie renforcée, prête à consolider ses coopération et association avec l'Afrique. Elle a tiré parti des crises pour donner force et vigueur à sa stratégie de la ceinture et de la route en y adjoignant le volet sanitaire venir conforter le volet économique. La crise de 2020 a, par contre, eu des effets désastreux sur les économies africaines en raison notamment de la baisse des cours des matières premières qui a conduit à l'accroissement du surendettement des Etats et de l'extrême pauvreté des populations.

Les rapports entre la Chine et l'Afrique, qui avaient commencé à se modifier dès les années 1980, avec la croissance rapide de l'économie chinoise, ont connu une réelle mutation entre 2000 et 2014, plusieurs pays africains profitant du grand réveil chinois. Leurs économies stagnantes depuis les indépendances s'en sont trouvées revivifiées.

Ainsi, la Chine est devenue, dès les années 2000 le principal partenaire commercial, financier, au niveau de l'aide publique, des investissements extérieurs – IDE, de la coopération culturelle et technique de la majorité des pays africains. Elle est même devenue un partenaire essentiel en matière d'échange humains avec l'installation d'une diaspora chinoise, cadres, employés et commerçants en Afrique et à l'ouverture du système de formation chinois aux étudiants et cadres africains

Ces rapports avec la Chine se sont progressivement substitués aux rapports traditionnels des pays africains avec les anciennes colonisations.

En Afrique, la Chine est désormais en compétition quasi frontale avec les grandes puissances traditionnelles mais aussi de plus en plus avec l'Inde, la Corée

中非关系的三个阶段

中非关系经历了三个阶段：

一、20世纪60年代至20世纪末：政治和意识形态因素在界定双边关系方面占据主导地位。

二、2000年至2014年：经济因素成为中非关系中的决定性因素。这一时期，中国经济保持两位数的增长率。

三、2014年之后：中国经济步入成熟期。中国的发展模式建立在新的基础之上：新信息技术、应对全球气候变化和扩大国内市场。在此背景下，中国提出了"一带一路"倡议，将其作为参与深度全球化进程的工具。如今，该倡议已经成为中非关系发展新的理论框架。中国希望在21世纪成为世界第一强国，而非洲对中国而言至关重要。

第一阶段：
纯粹基于政治考虑建立的关系

在毛泽东时代，中非关系主要由政治甚至意识形态因素决定。20世纪50年代初，中国革命的胜利和中华人民共和国的成立，与非洲被殖民国家日益高涨的独立诉求一同到来：起初是马格里布地区国家寻求独立，随后撒哈拉以南非洲国家也要求独立。新中国明确支持民族独立和解放运动。1955年4月，中国总理周恩来与埃及总统纳赛尔、印度总理尼赫鲁一道出席万隆会议，正体现了这一点。稍后，中国对南斯拉夫总统约瑟普·布罗兹·铁托（1892—1980）和第三世界国家早期领导人主张的不结盟政策也表示赞同。尽管中国与苏联之间直到20世纪60年代一直保持着紧密的关系，但中国将自己视为新生的第三世界的一部分和民族解放运动的坚定支持者。中国强调自己曾经遭受欧洲殖民主义和日本帝国主义的军事侵略、经济掠夺和政治压迫。对中国来说，支持北

du sud, la Turquie, le Japon et le Brésil et ce aussi bien sur le plan économique que sur le plan géopolitique. Les terrains de compétition concernent principalement les hydrocarbures et les matières premières, ce qui a permis aux pays producteurs d'améliorer leurs performances économiques.

Les trois étapes des relations Chine-Afrique

Trois étapes dans les relations sino-africaines :

1. Années 1960 – fin de XXème siècle : les considérations politiques et/ou idéologiques avaient la primeur dans la définition des rapports bilatéraux.

2. 2000-2014 : les facteurs économiques sont désormais déterminants dans les relations sino-africaines. Cette période correspond à celle au cours de laquelle l'économie chinoise enregistrait des taux de croissance à deux chiffres.

3. Depuis 2014 : l'économie chinoise est désormais mature. Son modèle de développement s'appuie sur des assises nouvelles : les nouvelles technologies de l'information, la lutte contre le réchauffement climatique et l'élargissement du marché local. C'est dans ce cadre que l'initiative de la ceinture et de la route, instrument de dialogue avec la mondialisation avancée, a été développée. Cette initiative est aujourd'hui le nouveau cadre doctrinal d'évolution des rapports sino-africains. L'Afrique est un enjeu majeur pour la Chine en ce XXIème siècle dans son aspiration de devenir la première puissance mondiale.

LA PREMIERE PERIODE :
DES RAPPORTS FONDES SUR DES CONSIDERATIONS PUREMENT POLITIQUES

Les rapports sino-africains durant la période maoïste étaient régis par des considérations politiques voire idéologiques. Les succès de la révolution chinoise et l'instauration de l'Etat de Chine populaire au début des années 1950 coïncidaient avec la montée des revendications pour leurs indépendances des pays colonisés d'Afrique : des pays du Maghreb d'abord, puis des pays du sud du Sahara. La nouvelle Chine soutenait clairement les mouvements d'indépendance et de libération

非独立运动和解放组织，是其对外政策的战略选择。因此，中国支持20世纪60年代之后仍然处于殖民统治之下的国家取得独立，特别是阿尔及利亚（1962年7月独立）和葡萄牙殖民地（1975年独立）。此外，中国还支持南非人民和非洲人国民大会（简称"非国大"，英文缩写"ANC"。——审读者注）反对种族隔离制度的斗争。

中国与西方的冲突，尤其是与拒绝承认中华人民共和国的美国之间的矛盾，决定了中国对非洲的政策。因此，中国着力加强与新独立的国家之间的关系，特别是所有勇于承认新中国主权和领土完整的国家，例如纳赛尔领导下的埃及（1956年5月建交）、穆罕默德五世国王领导下的摩洛哥（1958年11月建交）。当中国与苏联发生意识形态之争时，中国明确表示支持不结盟运动，并与当时被视为进步和反帝的非洲国家站在一起。在此背景下，中国共产党在总部设在埃及首都开罗的亚非人民团结组织（AAPSO）中发挥了决定性作用。当时，亚非人民团结组织正在筹备定于1966年1月在古巴首都哈瓦那举行的三大洲会议，这次会议聚集了来自非洲、亚洲和拉丁美洲的所有进步政党和民族解放运动代表。

在经济层面，毛泽东领导下的中国认为自己是与非洲国家类似的发展中国家，该国绝大多数人口都是农民。中国在任何情况下都强调农民是其革命的基础，而苏联和欧洲国家共产党的支柱则是工人阶级。中国表示，它与非洲走在同一条道路上，和非洲人民一样立志与殖民主义、新殖民主义和更广泛意义上的帝国主义做斗争。

nationale. Cela a été concrétisé par la présence effective de Zhou Enlai à la conférence de Bandoeng de 1955, aux côtés de Nasser et Nehru. Plus tard, la Chine manifestera sa sympathie pour la ligne du non alignement animée par Tito et les premiers leaders du tiers monde. Malgré les relations étroites que la Chine entretenait avec l'URSS jusqu'à la moitié des années 1960, elle se considérait comme faisant partie intégrante du tiers monde naissant et comme une composante solidaire des mouvements de libération nationale. Elle rappelait qu'elle-même avait été dominée sur les plans économique et politique par les impérialismes européens et japonais. Pour elle, son soutien aux mouvements indépendantistes et aux organisations de libération nord africaines était une option stratégique de sa politique extérieure. Elle a ainsi soutenu les luttes pour l'indépendance des pays qui étaient restés après 1960 sous le joug de la colonisation, notamment l'Algérie (indépendante en 1962) et les colonies portugaises (1975). Elle soutenait enfin le peuple sud-africain et l'ANC qui combattaient le régime de l'apartheid.

Son conflit avec l'Occident, et surtout avec les Etats-Unis qui refusaient de reconnaitre officiellement la Chine populaire, a déterminé la conception de la politique africaine de la Chine. C'est ainsi qu'elle a consolidé ses relations avec les pays nouvellement indépendants et particulièrement avec tous ceux qui avaient eu le courage de la reconnaitre et de reconnaitre sa souveraineté territoriale, dont l'Egypte de Nasser (1956) et le Maroc de Mohamed V (1958). Quand la Chine est entrée en conflit idéologique avec l'URSS, elle a tenu à confirmer sa solidarité avec le mouvement du non alignement et sa proximité avec les Etats africains considérés alors comme progressistes et anti impérialistes. Dans ce cadre, le PARTI COMMUNISTE CHINOIS avait un rôle déterminant dans l'Organisation de solidarité des peuples afro-asiatiques - OSPAA dont le siège était au Caire. L'OSPAA préparait alors la tenue de la Conférence de la tricontinentale à la Havane pour janvier 1966, conférence qui a rassemblé tous les partis progressistes et les mouvements de libération d'Afrique, d'Asie et d'Amérique latine.

Sur le plan économique, la Chine de Mao Zedong, avec une population majoritairement rurale, se considérait être un pays en voie de développement, proche de l'Afrique. En toute occasion, elle rappelait que les paysans avaient constitué la base de sa révolution, contrairement à l'URSS et aux partis communistes européens dont la colonne vertébrale était constituée par la classe ouvrière. La Chine affirmait qu'elle avançait dans le même sentier que l'Afrique, qu'elle avait les mêmes

165

每当与非洲国家建立外交关系之时，中国政府都会制订针对该国的行动与合作计划，包含对基础设施项目、体育场馆建设以及渔业、农业和纺织业发展项目的资金援助。中国向与其建立合作关系的所有非洲国家派遣了医疗队，中国医生和护士优先进驻乡村和小城镇。这些"赤脚医生"深入丛林和沙漠中的非洲社群，并经常运用中医疗法。1964年1月，周恩来在后来成为中非合作理论基础的阿克拉演讲中，确立了中非合作的原则（《中国政府对外经济技术援助的八项原则》。——审读者注）：

• 双方平等相待（《中国政府对外经济技术援助的八项原则》的第一项：中国政府一贯根据平等互利的原则对外提供援助，从来不把这种援助看作是单方面的赐予，而认为援助是相互的。——审读者注），这意味着结束殖民主义和新殖民主义式做法；

• 双方承诺改变西方与非洲关系中典型的不平等交换；

• 尊重非洲国家的主权（《中国政府对外经济技术援助的八项原则》的第二项：中国政府在对外提供援助的时候，严格尊重受援国的主权，绝不附带任何条件，绝不要求任何特权。——审读者注）；

• 在中国财政援助框架下的无偿援助和贷款（《中国政府对外经济技术援助的八项原则》的第三项：中国政府以无息或者低息贷款的方式提供经济援助，在需要的时候延长还款期限，以尽量减少受援国的负担。——审读者注）；

• 中国承诺帮助受援国发展经济（《中国政府对外经济技术援助的八项原则》的第四项：中国政府对外提供援助的目的，不是造成受援国对中国的依赖，而是帮助受援国逐步走上自力更生、经济上独立发展的道路。——审读者注）；

• 中国出口非洲的产品和非洲本地产品享受同等待遇（相当于《中国政府对外经济技术援助的八项原则》的第六项：中国政府提供自己所能生产的、质量最好的设备和物资，并且根据国际市场的价格议价。如果中国政府所提供的设备和物资不合乎商定的规格和质量，中国政府保证退换。——审读者注）。

在整个毛泽东时代，中国与非洲国家的经济合作规模有限。非洲对

ambitions que les africains de combattre le colonialisme, le néo-colonialisme et plus généralement l'impérialisme.

Chaque fois que des relations diplomatiques étaient mises en place avec un pays africain, le gouvernement chinois élaborait un plan d'action et de coopération avec lui, incluant des aides sous forme de financement de projets d'équipement, de complexes sportifs, de projets de développement dans les secteurs de la pêche, de l'agriculture et des textiles. Dans tous les pays africains avec lesquels elle coopérait, la Chine envoyait des missions de médecins et d'infirmiers qu'elle basait préférentiellement dans les villages et les petites villes. Ces « médecins pieds nus » pénétraient les sociétés africaines dans la brousse et le désert et pratiquaient souvent la médecine traditionnelle chinoise. En 1964, Zhou Enlai a défini, dans un discours prononcé à Accra, discours devenu une référence doctrinale de la coopération sino-africaine, les principes qui devaient structurer cette coopération et qui sont les suivants :

• Le traitement équivalent entre les deux parties, ce qui implique de mettre fin aux pratiques de type colonial et néocolonial ;

• L'engagement des deux parties à tourner le dos à l'échange inégal qui caractérisait les rapports de l'Occident avec l'Afrique ;

• Le respect de la souveraineté des pays africains ;

• L'octroi de dons et de prêts dans le cadre de l'aide financière chinoise ;

• L'engagement de la Chine à renforcer les économies des pays bénéficiaires ;

• Le traitement équivalent entre les exportations chinoises et la production locale africaine.

Pendant toute la période maoïste, la coopération de la Chine avec les pays

外经济关系几乎完全面向西方发达国家和多边金融机构（国际货币基金组织、世界银行）。

当时，毛泽东领导下的中国与那些和台湾当局"断交"的非洲国家建立特殊关系。中国之所以接近非洲，是希望打破美国对其实施的禁运，也是为了削弱苏联在非洲大陆的影响。这些关系促成了一种新型合作模式：向一些国家（毛里塔尼亚、马里、布基纳法索等）提供实物援助，声援希望摆脱殖民关系的国家（葡萄牙殖民地），采购原材料（加蓬）。然而，这种合作模式的形成主要是出于政治考虑。

20世纪70年代初，在26个非洲国家（阿尔及利亚、博茨瓦纳、布隆迪、喀麦隆、埃及、赤道几内亚、埃塞俄比亚、加纳、几内亚、肯尼亚、利比亚、马里、毛里塔尼亚、摩洛哥、尼日利亚、刚果、卢旺达、塞内加尔、塞拉利昂、索马里、苏丹、多哥、突尼斯、乌干达、坦桑尼亚、赞比亚）的支持下，中华人民共和国恢复了自己在联合国的席位。（1971年10月25日，联合国大会第1976次全体会议以76票赞成、35票反对、17票弃权的压倒多数通过第2758号决议，恢复中华人民共和国的一切合法权利，承认中华人民共和国政府的代表为中国在联合国组织的唯一合法代表，并立即把蒋介石的代表从其在联合国组织及其所属一切机构中所非法占据的席位上驱逐出去。——审读者注）这些非洲国家承认新中国的领土完整及其在国际机构中代表全中国的合法地位。

第二阶段：
经济超越政治，主导中非关系

随着改革开放战略的实施，中国经济增长速度加快，经济本身发生了根本性的变化，开始对石油和原材料产生巨大需求。在此背景下，中国制定了一项针对非洲大陆的新的全面战略。2006年11月，中国举办了中非合作论坛北京峰会，这是该论坛首次峰会，由第三届部长级会议升格而成，53个非洲和阿拉伯国家代表（包括35位国家元首、六位政府首脑、1位副总统、6位高级代表）以及非盟委员会主席科纳雷出席

africains est restée modeste. L'essentiel des relations économiques africaines étaient encore totalement orienté vers les pays occidentaux développés et les organisations de financement multilatérales (FMI, Banque mondiale).

La Chine maoïste a mis en place des relations spécifiques avec les pays africains qui avaient rompu avec le régime de Taiwan. Ce rapprochement avec l'Afrique procédait de son action pour contourner l'embargo que lui imposaient les Etats-Unis, mais aussi pour réduire l'influence soviétique dans ce continent. Ces relations ont permis les premières expériences de coopération d'un type nouveau : aide en nature à certains Etats (Mauritanie, Mali, Burkina Faso, etc.), accompagnement des pays qui veulent se libérer des liens de type colonial (anciennes colonies portugaises), achat de matières premières (Gabon). Mais, pour l'essentiel, les considérations politiques primaient dans la conception de ce type de coopération.

Au début des années 1970, la république populaire de Chine a repris son siège à l'ONU avec le soutien de 26 pays africains qui ont reconnu son intégrité territoriale et sa légitimité pour représenter le pays dans les instances internationales.

LA DEUXIEME PERIODE :
PREDOMINANCE DE L'ECONOMIQUE SUR LE POLITIQUE DANS LES RAPPORTS SINO-AFRICAINS

L'accélération du rythme de la croissance qui a accompagné les stratégies de réforme et d'ouverture a entrainé un changement radical de l'économie chinoise qui commençait à avoir de grands besoins en hydrocarbures et en matières premières. C'est dans ce cadre que la Chine a conçu une nouvelle stratégie globale vis-à-vis du continent africain. Elle a organisé pour la première fois en novembre 2006 un sommet sino-africain à Beijing avec la participation de 53 pays africains et de représentants des Etats arabes.

会议。

此次峰会的主题是"友谊、和平、合作、发展"。正是在这次会议上，中国提出了与非洲关系的新理论。会议通过了《中非合作论坛北京峰会宣言》和《中非合作论坛北京行动计划（2007—2009年）》，决定建立和发展政治上平等互信、经济上合作共赢、文化上交流互鉴的中非新型战略伙伴关系。在中非合作伙伴关系中，非洲向中国出售石油和原材料，并成为其低附加值工业产品（服装、玩具、家用电器等）的销售市场。随后，非洲国家开始接受中国以自然资源开发为目的的投资。通过这种合作，2005年至2014年间，石油和食品及工业原材料行情大涨（2008年除外，当时的国际金融危机导致这些产品的价格有所下跌）。

中国对非洲的援助形式多样，包括无偿援助、无息贷款、低息贷款和技术合作等，主要落实到农业、基础设施（以水坝和公路为主）等项目上。在中非合作论坛北京峰会上，时任中国国家主席胡锦涛代表中国政府宣布了旨在加强中非务实合作、支持非洲国家发展的八项政策措施，包括增加对非援助、提供优惠贷款和优惠出口买方信贷、设立中非发展基金、援建非盟会议中心、免债、免关税、建立经贸合作区、加强人力资源开发以及教育、医疗等领域的合作。

在不到十年的时间里，中国已经超过法国、英国、葡萄牙等非洲国家前宗主国以及美国，成为非洲在进出口和资金流动方面最大的合作伙伴。

中国在实施这项对非合作战略的同时，也在发展与拉丁美洲的关系。对中国来说，与这两片大陆的合作是在推动南南合作，目的是要削弱殖民主义与新殖民主义时期遗留下来的北方在南北关系中的霸权。

随着中国面向南方国家开放，成千上万的中国人开始向非洲移民并定居下来，一开始来的是建筑工地和公共工程的工人，然后是商人和手工业者。这种现象在阿尔及利亚和一些撒哈拉以南非洲国家尤为明显。

在面向南方国家实施经济开放战略的同时，中国也推出了充满活力的文化政策，在许多发展中国家设立了孔子学院。这一政策与法国、英国、德国和西班牙在该领域的做法类似，这些国家分别设立了法国文化中心、

Le thème « Paix et développement » constituait l'axe principal des travaux de ce forum. C'est au cours de cette réunion que la Chine a élaboré une nouvelle doctrine sur ses relations avec l'Afrique. Celle-ci devait lui vendre du pétrole et des matières premières et constituer un débouché pour ses produits industriels à faible valeur ajoutée (habillement, jouets, équipements ménagers, etc.). Les pays africains ont commencé alors à recevoir les investissements chinois qui ciblaient l'exploitation des ressources naturelles. Grâce à ce processus, les cours des hydrocarbures et des matières premières alimentaires et industrielles ont augmenté fortement entre 2005 et 2014 (sauf en 2008, année où les prix avaient baissé sous l'effet de la crise).

La Chine a mis en place un nouveau programme d'aide financière sous forme de dons et de prêts concessionnels qui concernent surtout les équipements de base dans plusieurs pays africains (barrages et routes principalement).

En moins d'une décennie, la Chine est devenue le premier partenaire économique de l'Afrique au niveau des exportations, des importations et des flux financiers. Elle s'est substituée dans cette position à la France, à la Grande Bretagne, au Portugal, anciennes métropoles, ainsi qu'aux Etats-Unis.

Cette stratégie de la Chine vis-à-vis de l'Afrique a été mise en place en même temps que se développaient ses relations avec l'Amérique Latine. Pour elle, avec ces deux continents, il s'agit de promouvoir des rapports sud-sud avec l'ambition de contribuer à réduire l'hégémonie des rapports nord-sud hérités des périodes coloniales et néocoloniales.

L'ouverture de la Chine sur les pays du sud a été accompagnée par l'émigration et l'installation dans ces pays de centaines de milliers de Chinois comme travailleurs sur les chantiers de bâtiment et travaux publics au départ, puis comme commerçants et artisans. Ce phénomène est remarquable en Algérie ainsi que dans un certain nombre de pays subsahariens.

La stratégie d'ouverture économique de la Chine vers les pays du sud a été accompagnée d'une politique culturelle dynamique avec l'installation de

171

英国文化协会、歌德学院和塞万提斯学院。中国希望通过孔子学院以及各国公立大学中的外语院系推广中文。

随着中国实行对外开放政策，中非关系也发生了质的转变，越来越多地建立在经济标准的基础之上，而非纯粹出于政治和意识形态考虑。这些标准主要回应了中国的经济发展战略及其对非洲地下富含的能源产品和原材料的需求。

目前，平均来说，中非合作伙伴关系保证了非洲这片黑色大陆20%的经济增长。就中国在非洲最大的四个合作伙伴国南非、尼日利亚、埃及和埃塞俄比亚的情况而言，与中国的合作对经济增长的贡献率则远远超过这个比例。上述四国都是石油和原材料生产国或人口大国，也有很大的进口需求。中国在非洲的合作伙伴国的第二梯队包括苏丹、南苏丹、安哥拉、阿尔及利亚、刚果民主共和国和尼日尔。

**第三阶段：
"一带一路"倡议的提出与中非关系的重塑**

从政治层面看，中非关系的第三个阶段是从以习近平为核心的新一代中国领导集体上台执政开始的。从经济层面看，这个阶段的开始以一个重大转折为标志。中国开始采取以国内市场为基础的新发展模式，密集使用先进技术，高度关注环境问题。这一转折揭示了一个新的事实，那就是中国在各个方面均已成为世界强国。

在这一历史背景下，中国的新领导集体提出了"一带一路"倡议。该倡议是中国在21世纪全球化进程发挥影响的工具，也是中国开展国

centres Confucius dans beaucoup de pays en voie de développement, politique qui s'apparente à celles menées dans ce domaine par la France (Institut français), la Grande Bretagne (British Council), l'Allemagne (Institut Goethe) et l'Espagne (Centre Cervantès). Le but de la Chine est de promouvoir la langue chinoise via donc les Centres Confucius mais aussi les départements de langues dans les universités nationales.

Quand la Chine a adopté la politique des réformes et d'ouverture, les relations sino-africaines ont connu une mutation qualitative : elles se sont construites de plus en plus sur la base de critères économiques et non plus de considérations purement politiques et idéologiques. Ces critères répondent surtout à la stratégie de développement de l'économie chinoise et à ses besoins en produits énergétiques et en ces matières premières que contient le sous-sol africain.

Le partenariat sino-africain assure aujourd'hui en moyenne quelques 20% de la croissance de l'économie du continent noir, pourcentage largement dépassé par l'Afrique du sud, le Nigéria, l'Egypte et l'Ethiopie, qui sont les quatre premiers partenaires de la Chine en Afrique. Il s'agit de pays producteurs de pétrole et de matières premières et/ou de pays au grand poids démographique ayant une grande propension à importer. Le deuxième groupe des pays partenaires de la Chine en Afrique est constitué par le Soudan, le Soudan du sud, l'Angola, l'Algérie, la République démocratique du Congo et le Niger.

LA TROISIEME PERIODE :
LA MISE EN PLACE DE L'INITIATIVE DE LA CEINTURE ET DE LA ROUTE
ET LA RENOVATION DES RELATIONS SINO-AFRICAINES

Cette troisième période a commencé sur le plan politique, avec l'arrivée d'une nouvelle génération de dirigeants et à leur tête Xi Jinping. Sur le plan économique, elle a été marquée par un tournant majeur avec l'adoption d'un nouveau modèle de développement assis sur le marché domestique, l'utilisation intensive des technologies avancées et l'intérêt accordé aux questions environnementales. Ce tournant est un indicateur d'une nouvelle réalité, celle d'une Chine puissance mondiale sur tous fronts.

C'est dans ce contexte historique que la nouvelle direction a conçu l'initiative

际合作尤其是与非洲国家合作的理论框架。中非关系有望在未来20年内得到质的提升。这将使中国能够为非洲国家建立工业化的基础提供支持。今后的中国将不再只是低附加值制成品的出口国，而是会出口越来越多的先进设备和数字、通信、医疗卫生以及智能农业领域的现代技术。中国还有意把本国的一些工业企业转移到工资水平依然较低的其他国家，其中包括某些非洲国家。中国将把非洲大陆变为其经地中海通往欧洲的陆上和海上新丝绸之路的战略中继。

在此框架下，中国国家主席习近平在中非合作论坛2015年1月约翰内斯堡峰会和2018年9月北京峰会上宣布中非合作开启新的前景。中非双方一致决定携手构建责任共担、合作共赢、幸福共享、文化共兴、安全共筑、和谐共生的中非命运共同体，推进中非共建"一带一路"合作，将"一带一路"建设同非盟《2063年议程》、联合国2030年可持续发展议程、非洲各国发展战略紧密对接，重点实施产业促进、设施联通、贸易便利、绿色发展、能力建设、健康卫生、人文交流、和平安全"八大行动"，全面加强中非各领域务实合作。

本书拟从贸易、投资、资金流动以及技术、医疗卫生和文化援助这几方面入手，回顾中非合作在上述三个阶段的发展历程。

不断增长的贸易往来

在20世纪90年代和21世纪头十年里，中国与非洲大陆之间的贸易呈指数级增长，在质的方面则发生了结构性变化。中非贸易规模在1980年至2000年期间扩大了100倍，在2000年至2014年期间又增长了十倍。中非贸易额在2008年突破了1000亿美元，在2014年超过了2200亿美元。相比之下，双方贸易额在2000年只有100亿美元，而在中非经济关系启动的1965年只有1.5亿美元。

处于经济快速增长阶段的中国需要非洲。中国需要非洲的石油、金属和粮食，需要非洲的市场来销售廉价工业产品。中国还需要非洲未经

de la ceinture et de la route, instrument de rayonnement dans la mondialisation du XXIème siècle, et cadre doctrinal dans la coopération internationale et notamment avec les pays africains. Les relations sino-africaines sont appelées à se renforcer qualitativement au cours des 20 prochaines années. Cela permettra à la Chine d'accompagner les économies africaines dans la création de la base de leur industrialisation. La Chine de demain ne sera plus simplement exportateur de biens manufacturés à faible valeur ajoutée. Elle va devenir de plus en plus exportatrice d'équipements sophistiqués, de technologies modernes dans les domaines du numérique, de la communication, de la santé et de l'agriculture intelligente. La Chine aura tendance également à délocaliser certains de ses complexes industriels vers des pays où les niveaux de salaires restent faibles, dont certains pays africains. Elle fera du continent africain un relai stratégique à l'intérieur de ses nouvelles routes terrestres et maritimes de la soie en direction de l'Europe via la Méditerranée.

Dans ce cadre, le président chinois a annoncé l'ouverture de nouveaux horizons dans la coopération de son pays avec l'Afrique à l'occasion des deux sommets sino-africains de janvier 2015 de septembre 2018 à Johannesburg et Beijing.

Ce travail se propose de suivre le cheminement de la coopération sino-africaine à travers les trois périodes précitées dans les aspects suivants : les échanges commerciaux, l'investissement, les flux financiers, l'assistance technique, sanitaire et culturelle.

Des échanges commerciaux en progression

Durant les années 1990 et 2000, les échanges commerciaux entre la Chine et le continent africain ont connu une croissance exponentielle avec cependant un changement de structure sur le plan qualitatif. Ces échanges ont été même multipliés par 100 entre 1980 et 2000 puis par 10 entre 2000 et 2014. Ils ont dépassé le seuil des 100 milliards de dollars en 2008 et celui des 220 milliards de dollars en 2014 contre à peine 10 milliards en 2000 et 150 millions de dollars seulement en 1965, date du démarrage des relations économiques Chine-Afrique.

Avec son rythme rapide de croissance, la Chine a besoin de l'Afrique. Elle a besoin de son pétrole, de ses métaux et de ses produits alimentaires. Elle a besoin de

开垦的农业用地（在苏丹、坦桑尼亚、赞比亚、津巴布韦等国）来生产粮食，因为中国国内加快的城市化进程导致耕地数量明显减少。

对中非贸易结构的分析表明，从质的方面看，这种贸易结构是不均衡的。实际上，中非贸易结构与南北贸易结构类似。尽管中国人表示，中国过去也曾遭受殖民主义侵略，因而理解非洲人民寻求更多独立自主和尊严的抱负。

双方的贸易明显不均衡：中国与非洲之间贸易差额虽然从会计层面看有利于非洲，但中国从非洲进口货物的70%来自安哥拉、南非、苏丹和刚果共和国这四个国家而已。另外16个在对华贸易中存在顺差的国家主要也是石油和原材料生产国。其余37个国家存在结构性贸易逆差，这些国家没有可供出口中国的原材料，但从中国进口工业产品和食品。

从中国对非洲出口的结构看，消费品比例不超过20%，资本货物比例达到36%，建筑业使用的中间产品比例高于35%。

石油占非洲对中国出口的70%，金属原材料占15%，而中国对非洲出口的90%是制成品（各种设备、电器、自行车、玩具、服装、鞋类）。这种不均衡的贸易结构反映出中国在非洲直接投资的性质，这些投资主要集中于石油和金属部门。同样，中国的援助主要也是面向金属和能源产品生产国的。

中国的贸易伙伴国可以分为以下几类：

• 在过去15年里，中国在非洲的贸易伙伴中排名前十二的国家是：1. 南非，2. 安哥拉，3. 苏丹，4. 尼日利亚，5. 埃及，6. 阿尔及利亚，7. 刚果共和国，8. 利比里亚，9. 刚果民主共和国，10. 摩洛哥，11. 加纳，12. 赞比亚。

• 在对华贸易中出口多于进口（即存在贸易顺差）的国家是：1. 南非，2. 安哥拉，3. 苏丹，4. 刚果共和国，5. 刚果民主共和国，6. 赞比亚。这

ses marchés pour écouler ses fabrications industrielles à bas prix. Elle a besoin de ses terres agricoles vierges (Soudan, Tanzanie, Zambie, Zimbabwe, etc.) pour produire des matières alimentaires car le processus d'urbanisation accélérée en Chine y a été à l'origine d'une raréfaction des terres agricoles.

L'analyse de la structure des échanges sino-africains révèle son caractère inégal sur le plan qualitatif. Elle ressemble en fait à celle des échanges nord-sud et ce, en dépit du discours des Chinois qui, parce que leur pays a été aussi colonisé, disent comprendre l'ambition des africains d'acquérir plus d'autonomie de décision et plus de dignité.

L'échange entre les deux parties est clairement inégal : si la balance commerciale Chine-Afrique est excédentaire en faveur de cette dernière sur le plan comptable, 70% des importations chinoises proviennent de quatre pays seulement : Angola, Afrique du sud, Soudan et Congo Brazzaville. Si par ailleurs seize pays africains ont une balance excédentaire avec la Chine, il s'agit principalement de pays producteurs de pétrole et de matières premières, les balances commerciales de 37 autres pays sont structurellement déficitaires. Il s'agit de pays qui n'ont pas de matières premières à exporter vers la Chine mais qui importent de Chine des biens industriels et alimentaires.

La structure des exportations chinoises vers l'Afrique montre que la part des biens de consommation ne dépasse pas 20%, celle des biens d'équipement atteint 36% et celle des biens intermédiaires utilisés dans le BTP est supérieure à 35%.

Le pétrole représente 70% des exportations africaines vers la Chine et les matières premières métalliques 15% alors que 90% des exportations chinoises vers l'Afrique sont constituées par des produits manufacturés (divers équipements, machines électriques, bicyclettes, jouets, habillement, chaussures). Cette structure inégale des échanges reflète la nature des IDE chinois dans le continent qui ciblent pour l'essentiel les secteurs du pétrole et des métaux. De même, l'essentiel de l'aide chinoise est orienté vers les pays producteurs de métaux et de produits énergétiques.

On peut classer les pays partenaires commerciaux de la Chine comme suit :

• Les douze premiers partenaires commerciaux africains de la Chine des 15 dernières années sont : 1. l'Afrique du sud, 2. l'Angola, 3. le Soudan, 4. le Nigéria, 5. l'Egypte, 6. l'Algérie, 7. le Congo Brazzaville, 8. le Libéria, 9. la RD Congo, 10. le Maroc, 11. le Ghana, 12. la Zambie.

• Les pays qui vendent à la Chine plus qu'ils ne lui achètent sont : 1. l'Afrique

些国家均为石油和金属生产国。

• 在对华贸易中进口多于出口（存在贸易逆差）的国家是：1. 尼日利亚，2. 埃及，3. 阿尔及利亚，4. 利比里亚，5. 摩洛哥，6. 加纳。这些国家人口众多，具备一定的进口能力。其中有些国家对华出口石油，另外一些国家则没有可向中国出口的原材料。

非洲国家通过对外贸易融入全球化进程，仍然是以出口能源产品以及矿物和农业原材料为途径的。对全球市场而言，非洲首先是一个自然资源和原材料的供应大陆。过去，这些资源和能源完全是为发达国家准备的。如今，非洲主要供应中国市场。

一、非洲是重要的石油生产地。非洲石油储量位居世界第四，仅次于中东、俄罗斯和北美洲。

在非洲20多个石油生产国中，只有尼日利亚、安哥拉、阿尔及利亚和利比亚是石油输出国组织（简称"欧佩克"，英文缩写"OPEC"。——审读者注）的成员国。赤道几内亚、埃及、乍得、尼日尔、科特迪瓦、喀麦隆、刚果、莫桑比克、苏丹以及南苏丹、肯尼亚、埃塞俄比亚、塞内加尔和毛里塔尼亚是中等石油生产国或潜在的石油生产国。

煤炭生产国主要是南非和津巴布韦。

二、非洲是矿物原材料的重要生产地：

1. 铁：毛里塔尼亚、埃及和加纳；

2. 铝土矿：以几内亚为主，也包括马里和喀麦隆；

3. 黄金：南非、刚果民主共和国、贝宁、坦桑尼亚、肯尼亚、厄立特里亚、布基纳法索、加纳、乍得、苏丹、南苏丹、几内亚和布隆迪等十几个国家；

4. 铀：马里、莫桑比克、尼日尔、中非、索马里；

5. 铜和钴：刚果民主共和国、乌干达、坦桑尼亚、布隆迪、赞比亚、博茨瓦纳；

du sud, 2. l'Angola, 3. le Soudan, 4. le Congo Brazzaville, 5. la RD Congo, 6. la Zambie. Tous sont producteurs de pétrole et de métaux ;

• Les pays qui achètent à la Chine plus qu'ils ne lui vendent sont : 1. le Nigéria, 2. l'Egypte, 3. l'Algérie, 4. le Libéria, 5. le Maroc, 6. le Ghana. Ce sont des pays qui ont un poids démographique important et une certaine capacité d'importation. Certains d'entre eux exportent du pétrole, d'autres n'ont pas les matières premières exportables vers la Chine.

L'insertion des pays africains dans la mondialisation par le biais des échanges extérieurs se réalise encore via leurs exportations des produits énergétiques et des matières premières minérales et agricoles. Pour le marché mondial, l'Afrique est avant tout un continent de ressources naturelles et de matières premières. Hier, ces dernières étaient destinées exclusivement aux pays développés du nord. Aujourd'hui, l'Afrique fourni en premier lieu le marché chinois.

1. L'Afrique est un important producteur d'hydrocarbures. Il possède des quatrièmes réserves mondiales après le Moyen Orient, la Russie et l'Amérique du nord.

Sur un total d'une vingtaine de producteurs d'hydrocarbures africains, seuls sont membres de l'OPEP le Nigéria, l'Angola, l'Algérie et la Libye. Sont des producteurs moyens ou en perspective, la Guinée Equatoriale, l'Egypte, le Tchad, le Niger, la Côte d'Ivoire, le Cameroun, le Congo, le Mozambique, le Soudan et le Soudan du sud, le Kenya, l'Ethiopie, le Sénégal et la Mauritanie.

Le charbon est produit surtout en Afrique du sud et au Zimbabwe.

2. L'Afrique est un producteur essentiel de matières premières minérales :

1. De fer : Mauritanie, Egypte et Ghana ;

2. De bauxite : Guinée surtout, mais aussi Mali et Cameroun ;

3. D'or : dans une douzaine de pays : Afrique du sud, RDC, Bénin, Tanzanie, Kenya, Erythrée, Burkina Faso, Ghana, Tchad, Soudan, Soudan du sud, Guinée et Burundi ;

4. D'uranium : Mali, Mozambique, Niger, Centre Afrique, Somalie ;

5. De cuivre et cobalt : RDC, Ouganda, Tanzanie, Burundi, Zambie, Botswana ;

6. De platine : Afrique du sud, Zimbabwe, Lesotho ;

7. De Nickel : Botswana, Tanzanie, Ouganda ;

6. 铂：南非、津巴布韦、莱索托；

7. 镍：博茨瓦纳、坦桑尼亚、乌干达；

8. 钻石：南非、纳米比亚、博茨瓦纳、安哥拉、几内亚、塞拉利昂、莱索托；

9. 钽：刚果民主共和国、布隆迪；

10. 石墨：马达加斯加、科摩罗；

11. 玄武岩：毛里求斯岛；

12. 磷酸盐：最大生产国为摩洛哥，中等生产国包括塞内加尔、突尼斯、阿尔及利亚、多哥、埃及；

13. 镍：南非、马达加斯加；

14. 锡：刚果民主共和国、卢旺达、尼日利亚。

三、非洲是农业原材料生产大陆：

- 可可：以科特迪瓦和加纳为主，也包括喀麦隆和尼日利亚；
- 咖啡：埃塞俄比亚、乌干达、科特迪瓦、加纳、坦桑尼亚和肯尼亚；
- 棕榈油：尼日利亚、加纳、喀麦隆、刚果民主共和国；
- 橡胶：科特迪瓦、加纳、尼日利亚、利比里亚、喀麦隆；
- 棉花：布基纳法索、马里、科特迪瓦、坦桑尼亚、贝宁、埃及。

四、非洲是渔业产品出口大陆，15个主要出口国是：摩洛哥、埃及、尼日利亚、南非、乌干达、塞内加尔、纳米比亚、加纳、坦桑尼亚、毛里塔尼亚、安哥拉、刚果民主共和国、塞拉利昂、莫桑比克和肯尼亚。

从2000年至2014年中非贸易的发展来看，随着工业化的飞速发展以及对石油、矿物和农业原材料需求的剧增，中国从非洲的进口也迅速增加。向中国出口原材料的数量之巨，体现出非洲多个单一生产国对中国的依赖，例如，毛里塔尼亚（铁矿石出口量的96%以中国为目的地）、几内亚（铝土矿出口量的70%以中国为目的地）、刚果共和国（石油出口量的94%以中国为目的地）。

简言之，中非贸易的不断增长得益于中国市场的旺盛需求。从1995

8. De diamant : Afrique du sud, Namibie, Botswana, Angola, Guinée, Sierra Léone, Lesotho ;

9. De tantale : RDC, Burundi ;

10. De graphite : Madagascar, Comores ;

11. De basalte : ile Maurice ;

12. De phosphate avec une suprématie du Maroc aux côtés de producteurs moyens : Sénégal, Tunisie, Algérie, Togo, Egypte ;

13. De nickel : Afrique du sud, Madagascar ;

14. D'étain : RDC, Rwanda, Nigéria ;

3. L'Afrique est un continent producteur de matières premières agricoles :

• De cacao : surtout en Côte d'Ivoire et au Ghana, mais aussi au Cameroun et au Nigéria ;

• De café : Ethiopie, Ouganda, Côte d'Ivoire, Ghana, Tanzanie et Kenya ;

• D'huile de palme : Nigéria, Ghana, Cameroun, RDC ;

• De caoutchouc : Côte d'Ivoire, Ghana, Nigéria, Libéria, Cameroun ;

• De coton : Burkina Faso, Mali, Côte d'Ivoire, Tanzanie, Bénin, Egypte.

4. L'Afrique est un continent exportateur de produits halieutiques, avec pour 15 principaux pays le Maroc, l'Egypte, le Nigéria, l'Afrique du sud, l'Ouganda, le Sénégal, la Namibie, le Ghana, la Tanzanie, la Mauritanie, l'Angola, la RDC, la Sierra Léone, le Mozambique et le Kenya.

La lecture de l'évolution des échanges sino-africains de 2000 à 2014 révèle un accroissement rapide des importations chinoises d'Afrique parallèlement à la montée vertigineuse de l'industrialisation de la Chine et de sa demande en hydrocarbures et en matières premières minérales et agricoles. L'importance des exportations vers la Chine des matières premières est révélatrice de la dépendance de plusieurs pays africains mono producteurs, à l'exemple de la Mauritanie (96% de ses exportations en fer sont à destination de la Chine), de la Guinée (70% de ses exportations en bauxite), du Sierra Léone (93% de ses matières premières alimentaires) ou encore du Congo Brazzaville (94% de ces ventes en hydrocarbures).

En bref, les échanges sino-africains ont progressé grâce à la demande

年到 2000 年，中非贸易额从 40 亿美元增加到 100 亿美元。2010 年，中非贸易额达到 1240 亿美元，比 2000 年增长了 12 倍多。有几个因素促成了这种增长：一方面，中国需求增加；另一方面，中国于 2001 年 12 月正式加入世界贸易组织，成为国际贸易的重要参与者。同样，非洲在 21 世纪头十年里总体上经历了一个政治稳定时期，有助于那些能够改进政治治理的国家改善经济状况。

中国对非洲投资的大幅增长

在毛泽东时代，中非关系中不存在外部投资问题。当时的中国闭关自守，不关注中非关系中的经济问题。

但随着中国实施新的经济政策尤其是工业政策，以及对非洲原材料需求的增加，中国国营和私营企业相继开始投资拥有原材料的非洲国家。2008 年（国际金融危机爆发之年），中国对非洲的直接投资达到 80 亿美元并继续增长，在 2014 年达到 300 亿美元。正是通过中资企业的直接投资，中国确保了非洲向其供应石油和原材料。此外，中国的资金也流向了农业用地开发领域。

2008 年的全球经济和金融危机爆发之后，非洲人最先惊讶地发现，中国的贸易和投资仍在继续增长。中国经济似乎抵挡住了这场对发达经济体造成深远影响的危机。非洲国家依靠对华出口和中国的直接投资改善了自身的经济状况。

2014 年，在非洲的中国企业数量超过 2500 家，分布于建筑工程、通信、能源、金融、工业和农业等多个领域。此外，截至 2013 年，中国企业与非洲国家政府之间签订的合同总价估计在 4000 亿美元左右，主要涉及铁路（2200 千米）和高速公路（3500 千米）。

dynamique du marché chinois. Ils sont passés de 4 à 10 milliards de dollars entre 1995 et 2000, ont été multipliés par plus de 12, pour atteindre les 124 milliards de dollars, en 2010. Plusieurs facteurs sont intervenus pour expliquer cette progression : la progression de la demande de la Chine mais aussi son adhésion à l'OMC qui lui a permis de devenir un acteur majeur dans les échanges internationaux. De même, l'Afrique a connu globalement durant les années 2000 une période de stabilité politique propice à l'amélioration des performances économiques des pays qui ont pu réformer leur gouvernance politique.

Une grande progression des investissements chinois en Afrique

Pendant la période maoïste, les investissements extérieurs étaient absents des relations sino-africaines. La Chine était alors fermée sur elle-même et n'accordait par d'intérêt au dossier économique dans ses rapports avec l'Afrique.

Mais, avec sa nouvelle politique économique, notamment industrielle, et l'accroissement de ses besoins en matières premières africaines, les entreprises chinoises publiques puis privées se sont lancées dans des opérations d'investissement dans les pays africains dotés de matières premières. Les IDE chinois en Afrique ont ainsi atteint 8 milliards de dollars en 2008 (année pourtant de crise mondiale) et ont continué à progresser pour atteindre 30 milliards de dollars en 2014. C'est par les IDE des entreprises chinoises que la Chine assure son approvisionnement en pétrole et matières premières africains. Ses flux de capitaux ciblent également l'exploitation des terres agricoles.

Avec la crise économique et financière mondiale de 2008, les Africains ont été les premiers à être surpris de voir les échanges et les flux d'investissement chinois continuer à progresser. L'économie chinoise semblait résister à cette crise qui affectait profondément les économies développées du nord. Les pays africains amélioraient, grâce à leurs exportations vers la Chine et aux IDE chinois, les performances de leurs économies.

En 2014, le nombre des entreprises chinoises installées en Afrique a dépassé les 2.500, travaillant dans plusieurs secteurs, les BTP, les communications, l'énergie, la finance, l'industrie et l'agriculture. Par ailleurs, et jusqu'à 2013, la valeur totale des contrats réalisés entre les entreprises chinoises et les gouvernements est estimée

接受中国直接投资最多的12个国家是：1.南非，2.苏丹，3.尼日利亚，4.赞比亚，5.阿尔及利亚，6.刚果民主共和国，7.毛里求斯，8.津巴布韦，9.尼日尔，10.埃塞俄比亚，11.坦桑尼亚，12.埃及。

这些国家当中既有原材料出口国，也有实施国内市场和出口并重的工业化政策的国家。

在一些非洲国家，中国企业获得了公共基础设施市场的大部分份额。这些企业承建了由世界银行、非洲开发银行和欧盟出资项目的40%，当然也承建了由中国（中国进出口银行）直接资助的项目。

中国的金融机构在最先应用于安哥拉因而得名的"安哥拉模式"框架下在非洲开展活动：中国以本国融资机构为中介，购买原材料和石油，并为基础设施项目提供资金。

就这样，随着中非贸易往来增加、中国对非投资力度加大以及越来越多的中国企业入驻非洲，经济逻辑从此压倒政治和意识形态逻辑。在非洲的中资企业吸引中国劳动力进入建筑业（安哥拉、阿尔及利亚、赞比亚和苏丹），而非洲本地劳动力只从事采矿业。西方专家和记者的一些研究声称，中国企业对待本国员工时严格执行中国的规定，对待非洲当地员工时却并不总是遵守适用于当地劳动力的劳动法。

一些分析人士认为，中国工人和管理人员在一些非洲国家的商业和服务业中日益增长的存在，不免令人担心非洲面临"汉化"的危险。如今，除了早先从中国台湾地区和中国香港地区来到非洲的老华侨之外，来自中国大陆的新侨民也加入进来，颇有朝着一个统一的中国迈进之势，这正是中国领导人愿意看到的。中国领导人也意识到了上述问题，正在努力让中国公民在非洲国家的存在适应所在国家的特殊国情。

à 400 milliards de dollars, contrats qui concernaient surtout le chemin de fer (2.200 km) et les autoroutes (3.500 km).

On classera comme suit les 12 premiers pays récepteurs des IDE chinois : 1. Afrique du sud, 2. Soudan, 3. Nigéria, 4. Zambie, 5. Algérie, 6. RD Congo, 7. Ile Maurice, 8. Zimbabwe, 9. Niger, 10. Ethiopie, 11. Tanzanie, 12. Egypte.

Il s'agit des pays exportateurs de matières premières, mais aussi de pays qui ont développé des politiques d'industrialisation axées aussi bien que le marché local que sur l'exportation.

Les entreprises chinoises ont gagné l'essentiel des marchés publics en matière d'équipement de base dans plusieurs pays africains. Elles ont réalisé 40% des projets financés par la Banque mondiale, la BAD et l'Union européenne, à côté évidemment des projets financés directement par la Chine elle-même (la Banque d'exportation).

Les institutions financières chinoises interviennent en Afrique dans le cadre de ce qu'on appelle « Le modèle Angola », du nom du premier pays à l'avoir appliqué : la Chine achète des matières premières et du pétrole et finance des projets d'infrastructure par l'intermédiaire d'organismes de financement chinois.

Ainsi, la logique économique domine désormais la logique politique et idéologique grâce à la progression des échanges commerciaux, aux flux d'investissement et à l'installation d'entreprises chinoises en Afrique. Ces entreprises ont attiré une main d'œuvre chinoise employée dans le secteur des BTP (Angola, Algérie, Zambie et Soudan), alors que la main d'œuvre locale n'intervient que dans l'économie minière. Plusieurs recherches effectuées par des experts et des journalistes occidentaux ont révélé que les entreprises chinoises, qui pourtant appliquent scrupuleusement les normes chinoises à la main d'œuvre originaire de leur pays, ne respectent pas toujours les dispositions des codes du travail applicables à la main d'œuvre locale.

La présence grandissante des travailleurs et des cadres chinois dans le commerce et les services de certains pays africains fait craindre selon certains analystes, des risques « sinisation » pour l'Afrique. A la diaspora chinoise, originaire de Taiwan et de Hong Kong, anciennement installées en Afrique, viennent s'ajouter aujourd'hui ces Chinois du continent, ce qui va dans le sens d'une Chine unifiée, telle qu'elle est voulue par les responsables. Conscients de cette problématique, les responsables chinois cherchent à adopter la présence de leurs ressortissants dans les pays africains aux particularités de ces derniers.

2014年之后，随着原材料和石油行情下跌，中非贸易增速放缓，但中国在非洲国家的投资继续大幅增长。根据中国官方统计数据，2017年中国对非投资额达47亿美元，仅2017年一年就增长了70%以上。

不过，对非投资只占中国对外直接投资总量的3%。中国对外投资主要流向亚洲国家、发达国家（欧洲、北美洲）和南美洲，涉及的是使用先进技术的资本密集型部门。

2017年，中国对非洲的累计承诺投资总额估计超过430亿美元。这些投资主要集中在基础设施和建筑业（30%）、金属采矿业（22.5%）、金融服务业（14%）、工业（13%）和服务业（5.3%）。

2019年，中国投资者对非洲工业领域的兴趣有所增加（埃塞俄比亚、埃及、摩洛哥），投资总额超过30亿美元（包括实际投资和协议投资）。同时，中国企业在公共工程和基础设施方面的协议投资额高达600亿美元。

中国对非洲的贷款和资金流动

中国与非洲国家的金融协议（无偿援助和贷款）是按照在毛泽东时代就已经确立的原则来组织实施的。中国一贯认为这些协议必须遵循南南团结的精神，不应以预设的政治或经济考虑为前提条件。

不过，从20世纪70年代末开始实施并在21世纪头十年里得到加强的改革开放政策还是带来了一些新气象。中国开始把财政援助纳入其与非洲国家关系的总体考量之中，经济因素从此成为决定性因素。于是，中国与非洲国家关系中的金融与贸易两个组成部分有机地联系在了一起。

Si la valeur des échanges sino-africains a connu une certaine décélération après 2014 avec la chute des cours des matières premières et des hydrocarbures, les investissements chinois dans les pays africains ont continué leur progression de façon significative. Selon les statistiques officielles chinoises, ils ont atteint 4,7 milliards de dollars en 2017 avec un accroissement de plus de 70% pour la seule année 2017.

Ces investissements ne représentent cependant que 3% de l'ensemble des IDE chinois dans le monde, lesquels se dirigent en premier lieu vers les pays asiatiques, les pays développés (Europe, Amérique du nord) et l'Amérique du sud. Ils concernent les secteurs capitalistiques utilisant des technologies avancées.

Le total cumulé engagé des investissements chinois en Afrique a été estimé en 2017 à plus de 43 milliards de dollars. Ils se concentrent principalement dans les équipements de base et le bâtiment (30%), l'extraction des métaux (22,5%), les services financiers (14%), l'industrie (13%) et les services (5,3%).

Durant l'année 2019, l'intérêt des investisseurs chinois pour l'industrie en Afrique s'est accru (Ethiopie, Egypte, Maroc, réalisations et d'engagements). Ils ont dépassé les 3 milliards de dollars, pendant que le niveau des engagements des firmes chinoises dans le secteur des travaux publics et des équipements atteignait les 60 milliards de dollars.

Les prêts et flux financiers chinois en Afrique

Les accords financiers chinois (dons et prêts) accordés aux pays africains sont organisés sur les principes en vigueur déjà à l'époque maoïste. La Chine a toujours considéré qu'ils doivent procéder de la logique de la solidarité sud-sud et qu'ils ne sauraient être conditionnés par des considérations politiques ou économiques préalables. La Chine, qui s'est toujours interdite d'intervenir dans les affaires intérieures des pays partenaires, professe un respect total pour leur souveraineté et leur spécificité.

La politique d'ouverture entamée depuis 1980 et renforcée depuis les années 2000 a cependant introduit des nouveautés en intégrant les aides financières dans une approche globale de ses relations tissées avec les pays africains, déterminés dorénavant par le facteur économique. C'est ainsi que la composante financière

随着外部财政盈余的增加，中国对非洲的无偿援助和优惠贷款也在增加。正是在这一背景下，中国领导人在2006年11月召开的中非合作论坛北京峰会上决定，继续在力所能及的范围内向非洲国家提供发展援助，到2009年将对非洲国家的援助规模在2006年的基础上增加一倍。这意味着在此后的三年内，中国将向非洲国家提供50亿美元贷款，其中30亿美元为优惠贷款，另外20亿美元为优惠出口买方信贷，而且贷款条件进一步优惠，特别是对重债穷国和最不发达国家更加优惠。此外，中国政府还将支持中国有关银行设立中非发展基金，逐步达到总额50亿美元，鼓励和支持有实力、有信誉的中国企业到非洲投资兴办有利于提高非洲国家技术水平、增加就业和促进当地经济社会可持续发展的项目。紧接着，中国政府免除了同中国有外交关系的非洲重债穷国和最不发达国家截至2005年年底对华到期的政府无息贷款债务，并将积极参与国际多边框架下的对非减债行动。此外，中国还承诺进一步向非洲国家开放市场，将同中国有外交关系的非洲最不发达国家输华商品零关税待遇受惠商品由190个税目扩大到440多个税目。

在中非合作论坛2015年12月约翰内斯堡峰会和2018年9月北京峰会上，中国在资金方面（投资、贷款和无偿援助）做出更大承诺，以适应中非合作伙伴关系质的变化。

中国由此成为非洲最大的资本提供者。根据创新系统与社会融合研究所（RISSI）的研究，目前中国向非洲提供的资金占非洲接收资金总额的19%，超过世界银行（7.5%）、非洲开发银行（3.36%）、日本（2.63%）、法国（2.12%）、欧洲投资银行（1.89%）、阿拉伯基金会（1.04%）、德国（0.84%）、印度（0.7%）和英国（0.62%）。通过增持其在非洲开发银行中的股份（目前约为17%），中国加强了在非洲的外部融资。

以借贷为基础的外部融资势必会增加非洲国家的债务负担，这考验着非洲国家有效的还贷能力。20世纪80年代和90年代，一些非洲国家深受对西方发达国家过度负债的约束以及国际货币基金组织强加的结构调整政策之苦。这种结构调整政策是债权方在巴黎俱乐部（代表债权国）和罗马俱乐部（以放贷银行的名义）框架下举行的谈判之后，同意延长

des rapports de la Chine avec les pays africains a été liée organiquement aux composantes commerciales.

La hausse des dons et prêts de la Chine à l'Afrique a progressé parallèlement à celle de ses excédents financiers extérieurs. C'est dans ce cadre que la direction chinoise a décidé, lors du forum sino-africain de 2006 de multiplier par deux l'aide accordée à l'Afrique pour une période de trois ans : 5 milliards de dollars sous forme de prêts, dont 3 milliards en prêts concessionnels, et 5 autres milliards de dollars pour accompagner des entreprises chinoises qui veulent investir en Afrique. Le gouvernement chinois a, dans la foulée, effacé les dettes des pays africains les plus pauvres et supprimé les droits de douane sur certains les produits africains à destination du marché chinois. Le nombre des produits désormais exonérés est ainsi passé de 190 à 440.

A l'occasion des deux sommets sino-africains de 2015 et 2018, les engagements de la Chine sur le plan financier (investissements, prêts et dons) se sont accrus exponentiellement pour répondre à la mutation qualitative inaugurée par la Chine dans ses partenariats avec le continent africain.

La Chine ainsi devenue le premier pourvoyeur de capitaux pour l'Afrique. Selon l'institut RISSI, ses transferts représentent aujourd'hui 19% de l'ensemble des sommes reçues par l'Afrique, devant ceux de la Banque mondiale (7,5%), de la BAD (3,36%), du Japon (2,63%), de la France (2,12%), de la BEI (1,89%), des fonds arabes (1,04%), de l'Allemagne (0,84%), de l'Inde (0,7%) ou encore du Royaume uni (0,62%). En augmentant sa participation dans le capital de la BAD, la Chine a renforcé son financement extérieur en Afrique (estimé actuellement à 17%).

Les financements extérieurs alimentés par des emprunts aboutissent, par la force des choses, à l'alourdissement de l'endettement des pays, ce qui interpelle les Etats africains sur leur capacité effective à prendre en charge le coût des remboursements. Au cours des années 1980 et 1990, plusieurs pays africains avaient souffert des contraintes du surendettement extérieur vis-à-vis des pays développés de l'Occident et des politiques d'ajustement structurel imposées par le FMI, condition imposée par leurs créanciers au rééchelonnement de leurs dettes après des négociations dans le cadre du Club de Paris (représentant les Etats créanciers) et le Club de Rome (au nom des banques créancières).

Aujourd'hui, de nombreux économistes tirent la sonnette d'alarme : un nouveau

债务偿还期限的附加条件。

眼下，许多经济学家敲响了警钟：在原材料和能源行情下跌以及当前的公共卫生危机影响下，非洲国家有可能重新陷入过度负债的境地。在此背景下，由包括中国在内的发达国家与新兴市场国家组成的二十国集团决定免除最贫穷国家2020年和2021年的债务成本。但由于债务增加，这项决定收效甚微。

中国目前是非洲的主要债权国，非洲国家三分之一的外债来自中国，估计达3650亿美元，超过发达国家、国际组织和国际金融市场。未来若想减轻非洲国家尤其是它们当中最贫穷国家的债务，还得依靠中国（根据蒂埃里·佩罗和德波拉·布罗蒂冈的研究结果）。

在二十国集团内部，中国必须重申减少贫穷国家债务压力的承诺。此外，习近平主席在中非团结抗议特别峰会上宣布（2021年6月17日晚，国家主席习近平在北京主持中非团结抗疫特别峰会并发表题为《团结抗疫共克时艰》的主旨讲话。会议由中国和非洲联盟轮值主席国南非、中非合作论坛共同主席国塞内加尔共同发起，以视频方式举行。——审读者注），中国将在中非合作论坛框架下免除有关非洲国家截至2020年年底到期的对华无息贷款债务。中方愿同国际社会一道，加大对疫情特别重、压力特别大的非洲国家的支持力度，包括进一步延长缓债期限，帮助其克服当前困难。

中国对非洲的技术援助：医疗卫生、农业以及其他领域

随着中国对非洲资金转移水平的提高，中国在医疗卫生、农业、科学技术等不同领域的技术支援和介入也在发展。在过去30年里，中国政府以文化设施、体育场馆和办公场所（特别是位于埃塞俄比亚首都亚的斯亚贝巴的非洲联盟总部大厦）等形式向非洲提供了政治、文化和社会领域的无偿援助。2016年1月，由中国援建塞内加尔的黑人文明博物馆项目正式竣工。该项目由上海建工集团承建，总建筑面积1.4万平方米，

surendettement des pays africains pourrait survenir en raison de la baisse des cours des matières premières et énergétiques avec la crise sanitaire actuelle. Dans ce cadre, le G20 des pays riches et émergents dont fait partie la Chine, a décidé d'exonérer les pays les plus pauvres du coût du service de la dette pour les années 2020 et 2021. Décision à effet limité à cause de l'accroissement des endettements.

La Chine étant aujourd'hui le principal créancier de l'Afrique, avec le tiers des dettes extérieures des pays africains, estimées à 365 milliards de dollars, devant les pays riches, les institutions internationales et les marchés financiers internationaux, c'est d'elle que dépend un éventuel allègement du poids de la dette des pays africains, notamment des plus pauvres d'entre eux (travaux de Thierry Pairault et Deborah Brautigan).

A l'intérieur du G20, la Chine devra confirmer ses engagements de réduire la pression de l'endettement des pays pauvres. D'ailleurs, le président Xi Jinping a annoncé, lors du sommet sino-africain dédié à la crise du Covid-19 (co-présidé par la Chine et le Sénégal, hôte du sommet sino-africain de 2021) l'effacement des remboursements dus en 2020 des dettes sans intérêts contractées par les Etats africains.

Les aides techniques de la Chine à l'Afrique : santé, agriculture et autres secteurs

L'accroissement du niveau des transferts financiers de la Chine vers l'Afrique a été accompagné par une progression similaire de ses assistance et intervention techniques dédiés à différents secteurs, notamment de la santé, de l'agriculture, des sciences et de la technologie. De même, les autorités chinoises ont accordé, au cours des trois dernières décennies des dons à caractère politique, culturel et social sous forme de constructions de complexes culturels, sportifs et institutionnels (notamment le siège de l'UA à Addis Abeba). En 2019 la Chine avait offert au Sénégal le financement nécessaire pour son musée de la civilisation africaine.

由大厅、展厅、报告厅、藏品库房等多部分组成，是一座集展览、讲座、小剧场演出等多功能于一体的现代化博物馆，也成为西非地区最大的博物馆，更圆了塞内加尔人民半个世纪以来的梦想。

不过，中非合作最活跃的领域是医疗卫生。中国领导人增派医疗队进驻非洲的丛林和沙漠地区，以加强对非洲的医疗卫生援助。根据中国政府2011年4月发表的一份白皮书（2011年4月21日由国务院新闻办公室发布的《中国的对外援助》白皮书。——审读者注），截至2009年年底，中国累计对外派遣21000多名援外医疗队员，经中国医生诊治的受援国患者达2.6亿人次。2009年，有60支援外医疗队，共1324名医疗队员，分别在57个发展中国家的130个医疗机构提供医疗服务。根据另一份于2014年7月发表的白皮书（2014年7月10日由国务院新闻办公室发布的《中国的对外援助》白皮书。——审读者注），中国长期致力于帮助非洲国家改善医疗卫生条件。目前，43支中国医疗队分布在42个非洲国家。中国援建了近30所医院和30个疟疾防治中心，提供八亿元人民币的医疗设备物资和抗疟疾药物，为非洲国家培训医护人员超过3000名。

中国对非洲有过三次重大的医疗卫生援助：

• 第一次援助是屠呦呦教授发现抗疟疾药物——青蒿素，挽救了数百万人的生命。屠呦呦也因这一发现获得了2015年诺贝尔医学奖。

• 第二次援助涉及中国帮助非洲抗击埃博拉病毒的行动。2014年，西非埃博拉病毒疫情在几内亚和利比里亚等国夺走了7000人的生命。中国除了提供紧急现汇、粮食和物资援助，还派遣医疗队长期坚守在这两个国家，防止疫情卷土重来。

• 第三次援助涉及中国在2020年至2021年公共卫生危机期间的行动。在2020年6月的中非团结抗疫特别峰会上，中国承诺，新冠疫苗研发完成并投入使用后，愿在"健康丝绸之路"框架下率先惠及非洲国家。

在这次峰会上，中国政府也承诺与非洲国家推动一项联合战略行动，在重视非洲大陆绿色经济发展的框架下，抗击全球气候变化和一切形式的污染。

Mais, c'est dans le secteur de la santé que la coopération chinoise est la plus active. Les responsables chinois ont augmenté leur aide en la matière en multipliant les interventions des équipes médicales chinoises qui travaillent dans la brousse et le désert africains. Selon un livre blanc publié par les autorités chinoises, la Chine a envoyé, depuis les années 1960, 23.000 travailleurs de santé, médecins et infirmiers dans plus de 50 pays africains. Entre 2010 et 2013, elle a contribué à la construction de 30 hôpitaux et de 30 centres de prévention et de contrôle du paludisme ainsi qu'à la formation de 3.000 cadres de santé.

Trois interventions majeures de l'aide chinoise en Afrique dans le domaine de la santé doivent être mises en évidence :

• La première s'est développée grâce à la découverte de la professeure Tu Youyou d'un médicament antipaludique qui a permis de sauver la vie à des millions de personnes. Tu Youyou, pour cette découverte, a reçu en 2015, le prix Nobel de médecine.

• La seconde concerne l'apport de l'action de la Chine contre le virus Ebola, lequel en 2014 a provoqué le décès de 7.000 personnes en Guinée et au Libéria. Une mission sanitaire chinoise est installée dans ces pays de façon permanente pour parer à tout éventuel retour de l'épidémie.

• La troisième concerne les engagements de la Chine en 2020-2021, années de la crise sanitaire. Lors du sommet de solidarité sino-africain dédié à celle-ci, la Chine s'est engagée à accompagner les pays africains dans leur campagne de vaccination dans le cadre de ce qu'elle a appelé « La route de la soie sanitaire ».

A cette même occasion, les autorités chinoises ont promis de promouvoir une action stratégique commune avec les Etats africains pour combattre le réchauffement climatique et toute forme de pollution dans le cadre de l'intérêt à accorder à l'économie verte à travers le continent africain.

中国人强调，中国对非洲援助的四分之三用于基础设施（道路、港口、水坝、能源和通信）建设，用以巩固非洲国家的物质生产基础，并引入南南合作的办法及其延伸，口号是"合作共赢"。

2011年4月，中国政府发布了一份白皮书（2011年4月21日由国务院新闻办公室发布的《中国的对外援助》白皮书。——审读者注），介绍中国对外援助的发展概况。从1949年到2009年，中国对外援助总额超过370亿美元。其中，156亿美元是无偿援助，113亿美元是无息贷款，108亿美元是优惠贷款。（根据上述白皮书，中国对外援助资金主要有三种类型：无偿援助、无息贷款和优惠贷款。其中，无偿援助和无息贷款资金在国家财政项下支出，优惠贷款由中国政府指定中国进出口银行对外提供。截至2009年年底，中国累计对外提供援助金额达2562.9亿元人民币，其中无偿援助1062亿元，无息贷款765.4亿元，优惠贷款735.5亿元。——审读者注）中国从1956年开始就向非洲国家提供援助，非洲大陆享受到了中国对外援助的一半。（根据上述白皮书，中国对外援助地理分布比较均衡。受援国涉及亚洲、非洲、拉丁美洲、加勒比、大洋洲和东欧等地区大部分发展中国家。中国对其中最不发达国家和其他低收入国家的援助比重始终保持在三分之二左右。截至2009年年底，中国累计向161个国家以及30多个国际和区域组织提供了援助，经常性接受中国援助的发展中国家有123个，其中亚洲30个、非洲51个、拉丁美洲和加勒比18个、大洋洲12个、东欧12个。亚洲和非洲作为贫困人口最多的两个地区，接受了中国80%左右的援助。——审读者注）21世纪初以来，中国的援助继续增加，目前每年平均在40亿美元上下。

中非农业合作意义深远，其特点与中国和非洲在医疗卫生领域的合作类似。

非洲大陆拥有全世界30%的尚未开发利用的可耕地。到2100年，世界人口将达到90亿，而非洲是为未来人口准备粮食的重要力量。当然，这些农业潜能的很大一部分将用于满足人口增长率世界最高的非洲自身的粮食需求，以及随着个人与集体收入增加、中产阶级规模扩大而加快的城市化进程。

Les Chinois mettent en évidence que les trois quarts de leur aide concerne les équipements de base (routes, ports, barrages, énergie et télécommunications) destinés à contribuer à la consolidation des bases de la production matérielle dans les pays africains et à intégrer l'approche sud-sud et son prolongement, avec pour mot d'ordre : gagnant-gagnant.

En 2011, les autorités chinoises ont édité un livre blanc qui fait le point sur l'évolution de l'aide chinoise à l'étranger. Cette aide a dépassé les 37 milliards de dollars entre 1949 et 2009. 15,6 milliards étaient des dons, 11,3 des prêts sans intérêt et 10,8 des prêts commerciaux. Le continent africain a bénéficié de la moitié de ces aides. Depuis le début du XXIème siècle, l'aide chinoise a continué à progresser et se situe aujourd'hui autour de 4 milliards de dollars en moyenne annuelle.

La coopération chinoise en Afrique dans le domaine agricole est significative. Sa spécificité rappelle celle de son action dans le domaine de la santé.

Le continent africain possède 30% des terres agricoles arables non exploitées au monde. Il est une composante essentielle dans la préparation de l'avenir alimentaire de la planète dont la population atteindra, à l'horizon 2100, 9 milliards de personnes. Bien sûr, une grande partie de ces potentialités agricoles sera utilisée pour répondre aux besoins alimentaires de l'Afrique elle-même qui connait le rythme de progression démographique le plus élevé du monde, une accélération de son urbanisation avec une augmentation des revenus individuels et collectifs et un élargissement des catégories moyennes.

在中国，随着中产阶级的兴起，对食品的需求在数量和质量上都在增长，而且在未来几十年内这一趋势还会进一步加强。正是为了满足这一需求，中国企业像西方或海湾国家的企业一样，开始在非洲收购或租赁尚未开垦的土地。虽然这种现象刚刚起步不久（目前非洲 4% 的农业用地由外国投资者开发利用），但种种迹象表明它会进一步发展。中国企业在刚果民主共和国、赞比亚、苏丹、安哥拉、几内亚、坦桑尼亚、加蓬、加纳、马里、多哥、毛里塔尼亚和莫桑比克等国投资农业领域的研究和开发工作，以便供应中国市场。这些企业在非洲开发利用了大约 25 万公顷土地。

目前，中国企业在非洲参与了将近 60 个项目，涵盖了非洲国内市场和部分中国市场生产领域的实际运营。日益增长的食品需求导致中国大规模地从美国（大豆）、澳大利亚和巴西（大豆和肉类）进口基本食品，从欧洲进口优质农产品。但种种迹象表明，中国未来需要从非洲采购更多食品来满足国内需求在数量和质量上的增长。中国经济 40 年来的迅速发展极大地改变了居民的饮食结构。中国在这方面经历了三个阶段：从"缺粮"到"吃饱"，再到"吃好"。现在，中国有义务挖掘国内农业潜力，巩固自身在食品领域的对外贸易关系并使之多元化。这意味着中国要进一步对非洲农产品开放。

迈向中非新型合作关系

本世纪初以来，中非关系在数量和质量上都经历了重大变化。这种关系通过国家元首级、部长级和专家级的定期会议得以制度化。中国已经成为许多非洲国家在贸易、金融、技术和投资等不同领域的最大合作伙伴。

En Chine, avec la montée des catégories moyennes, la demande de produits alimentaire est en progression sur les plans quantitatif et qualitatif et le sera encore plus dans les décennies à venir. C'est pour pouvoir répondre à cette demande que des entreprises chinoises, comme d'ailleurs des entreprises occidentales ou des pays du Golfe, commencent à acquérir ou à louer des terres vierges en Afrique. Si ce phénomène est encore à ces débuts (4% des terres agricoles africaines sont exploitées par des investisseurs étrangers aujourd'hui), tout indique qu'il va se développer. Les entreprises chinoises investissent dans l'agriculture en RD du Congo, Zambie, Soudan, Angola, Guinée, Tanzanie, Gabon, Ghana, Mali, Togo, Mauritanie et Mozambique pour approvisionner le marché chinois. Les entreprises chinoises exploiteraient quelques 250.000 ha de terres en Afrique.

Les entreprises chinoises interviennent aujourd'hui dans près de 60 projets qui couvrent l'exploitation réelle de domaines dont la production alimente les marchés domestiques africains et partiellement le marché chinois. L'accroissement des besoins alimentaires en Chine conduit le pays à privilégier ses gigantesques importations en provenance des Etats-Unis (soja), d'Australie et du Brésil pour les produits alimentaires de base (soja et viandes), d'Europe pour des produits agricoles de qualité. Mais tout indique que la Chine aura besoin dans l'avenir d'accroître ses achats alimentaires du continent africain pour répondre à la hausse quantitative et qualitative de sa demande interne. L'expansion rapide de l'économie chinoise durant les 40 dernières années a engendré des changements importants dans la structure de l'alimentation des populations. La Chine est passé dans ce domaine par trois étapes : de l'étape de la « défaillance alimentaire », à celle de « la satiété alimentaire », à celle de « la bonne qualité alimentaire ». Elle se trouve aujourd'hui dans l'obligation de valoriser son potentiel agricole domestique tout en consolidant et en diversifiant ses relations commerciales extérieures dans le domaine alimentaire. Ceci impliquera forcément son ouverture additionnelle aux produits agricoles africains.

Vers des rapports rénovés dans le domaine de la coopération sino-africaine

Les rapports sino-africains ont connu depuis le début du siècle des changements majeurs sur les plans quantitatif et qualitatif. Ces relations ont été institutionnalisées

中国与非洲之间的关系建立在一种新的路径之上，不同于非洲国家与西方国家之间的传统关系。非洲国家的国际关系得以变得多样化，经济表现也得到了改善。

中国为非洲提供了一种不同于西方国家和国际金融机构的替代模式。中国的方案以"北京共识"为理论基础，迥异于"华盛顿共识"。非洲各国政府指责"华盛顿共识"不仅仅具有自由主义特征，而且附带各种条件，也就是说把援助和贷款同经济改革挂钩，而且越来越多地同政治改革挂钩，有时条件十分苛刻。20世纪80年代和90年代，国际金融机构强迫非洲国家接受结构调整方案。2000年以来，国际金融机构又向非洲国家提出了与国家治理、消除贫困、推行被强加的经济和金融改革相关的新条件。近些年来，西方国家和国际金融机构在针对发展中国家的措施中又增加了一项与尊重人权有关的限制。一些非洲政府拒绝服从。

在向非洲国家提供援助时，中国承诺不干涉这些国家的内政，也不强迫它们实行某种特定的政治、经济或社会模式。中国认为，援助必须有助于为受援国创造稳定和进步的条件。"北京共识"把非洲国家的政治稳定、发展和国家治理的自主性放在首要地位。

中国的援助面向所有国家，既包括那些被西方指责因其政权性质而不尊重民主规范的国家，如奥马尔·哈桑·艾哈迈德·巴希尔担任总统期间（1993—2019）的苏丹以及津巴布韦，也涵盖那些在多元化民主方面取得进步的国家，如加纳和贝宁。

事实上，中国的援助本身也会受制于某些因素：要让中国提供援助，就必须遵守由中国提出的一个涵盖贸易、投资、技术援助和中资银行提

par des réunions périodiques au niveau des chefs d'Etat, des ministres et des experts. La Chine est devenue le premier partenaire de plusieurs pays africains dans différents domaines : commercial, financier, technique et en matière d'investissement.

Ces relations Chine – Afrique sont fondées sur une approche nouvelle, différente des relations traditionnelles sur lesquelles étaient basés les rapports des pays africains avec l'Occident qui ont ainsi pu diversifier leurs relations internationales et amélioré leurs performances économiques.

La Chine propose à l'Afrique un modèle alternatif, différent de celui offert par les pays occidentaux et les institutions financières internationales. L'offre chinoise, théorisée par ce que l'on a appelé « Le Consensus de Beijing » (gagnant-gagnant), s'oppose ainsi au « Consensus de Washington » auquel les gouvernements africains reprochent non seulement d'être libéral, mais d'être porteur de conditionnalités, c'est-à-dire de lier les aides et prêts à la réalisation de réformes économiques et, de plus en plus, politiques, parfois sévères. Ainsi, dans les années 1980 et 1990, les institutions économiques internationales imposaient aux pays africains qu'elles soutenaient des programmes d'ajustement structurel. Depuis 2000, de nouvelles conditions relatives à la gouvernance, à la lutte contre la pauvreté et à la réalisation de réformes économiques et financières leur sont imposées. Ces dernières années, une autre contrainte, relative au respect des droits de l'homme, a été ajoutée au corpus des mesures imposées aux pays en développement. Certains régimes politiques africains refusent de s'y soumettre.

En offrant son aide aux Etats africains, la Chine s'engage de ne pas intervenir dans leurs affaires intérieures et de ne pas les contraindre à adopter un modèle politique, économique ou social déterminé. Pour elle, l'aide doit contribuer à la mise en place de conditions de stabilité et de progrès pour les pays qui les reçoivent. Pour le Consensus de Beijing, la priorité est la stabilité politique, le développement et l'autonomie de gouvernance des Etats africains.

L'aide chinoise est offerte à tous, aussi bien aux pays accusés par l'Occident de ne pas respecter les normes démocratiques du fait de la nature de leurs régimes, comme le Soudan de l'ex président Bachir et le Zimbabwe, qu'à ceux qui connaissent, au contraire, des progrès en matière de démocratie pluraliste comme le Ghana et le Bénin.

Mais en fait, les aides chinoises sont elles-mêmes soumises à certaines considérations : pour qu'elles soient accordées, il faut qu'un cadre global proposé par

供资金等问题的全面框架。诚然，以南南合作和互利共赢为代表的理论基础为中国在非洲的活动赋予了正当性，但这种介入也在越来越多地顺应中国由经济利益驱动的整体逻辑。

1964年1月，周恩来在加纳首都阿克拉为中非合作奠定了最初的理论方向。2000年10月，中非合作论坛第一届部长级会议在北京举行，中国和44个非洲国家的80余名部长、17个国际和地区组织的代表以及部分中非企业界人士出席会议。时任中国国家主席江泽民和国务院总理朱镕基分别出席开幕式和闭幕式并发表讲话，为中非合作的理论方向赋予了新的时代内涵：不干涉别国内政、信任、合作、互鉴、无条件经济援助、在国际舞台上支持非洲、推动营造有利于非洲发展的国际环境以及共赢原则。除了上述原则以外，还包括允许非洲国家分享中国的发展模式。这次会议的议题是"面向21世纪应如何推动建立国际政治经济新秩序"和"如何在新形势下进一步加强中非在经贸领域的合作"。会议通过了《中非合作论坛北京宣言》和《中非经济和社会发展合作纲领》，为中国与非洲国家发展长期稳定、平等互利的新型伙伴关系确定了方向。中国政府宣布了减免非洲重债穷国和最不发达国家100亿元人民币债务和设立"非洲人力资源开发基金"等举措。

2003年12月，中非合作论坛第二届部长级会议在埃塞俄比亚首都亚的斯亚贝巴举行，中国和44个非洲国家的70多名部长以及部分国际和地区组织的代表参加会议。时任中国国务院总理温家宝和埃塞俄比亚总理梅莱斯以及其他非洲国家的六位总统、三位副总统、两位总理、一位议长，非盟委员会主席科纳雷、联合国秘书长代表出席开幕式并发表讲话。温家宝对中非合作做出了展望，体现在会议通过的《中非合作论坛亚的斯亚贝巴行动计划（2004—2006年）》（后称"亚的斯亚贝巴框架"）之中。该行动计划主要围绕以下几方面展开：

• 发展农业以加强非洲粮食安全，并增加非洲向中国及其他市场出口；

• 加强非洲基础设施，继续将基础设施建设作为双方合作的重点领域，积极探讨多种形式的互利合作；

• 促进国际贸易，扩大中非之间平衡的双向贸易；

la Chine soit respecté, regroupant les échanges commerciaux, les investissements, l'aide technique et le financement par les banques chinoises. Certes il existe une base doctrinale (sud-sud, gagnant-gagnant) qui justifie les interventions de l'Etat chinois en Afrique. Mais de plus en plus, cette intervention répond à une logique globale dictée par les intérêts économiques de la Chine.

C'est Zhou Enlai qui avait annoncé à Accra en 1964 les premières orientations doctrinales de la coopération sino-africaine. En 2000, le président de la république d'alors, Jiang Zemin, et son premier ministre, Zhu Rongji, ont actualisé ces orientations en les rattachant à certains mots d'ordre : non intervention dans les affaires intérieures / confiance / coopération / appropriation / aide économique non conditionnelle / soutien de l'Afrique dans les instances internationales / promotion d'un environnement international au service du développement africain / principe gagnant-gagnant. A été ajouté à cette liste de principes celui de permettre aux pays africains de partager le modèle de développement chinois éventuellement.

Jiang Zemin et Hu Jintao ont présenté à Addis Ababa leur vision de la coopération avec l'Afrique (on parle depuis du Cadre de Addis Ababa). Elle doit être axée sur les points suivants :

• Le développement agricole pour assurer la sécuritaire alimentaire de l'Afrique et accroitre ses exportations vers la Chine ;

• Le renforcement des équipements de base ;

• La promotion des échanges commerciaux ;

- 鼓励旅游活动，进一步加强中非旅游合作；
- 继续促进双向投资，增加中国对非洲的直接投资；
- 扩大双方在自然资源开发，特别是能源开发领域的合作规模，支持采矿业；
- 中国减免非洲最贫穷国家的债务，提前同31个非洲最不发达国家和重债穷国签署了免债议定书，减免到期债务156笔，共计105亿元人民币。

中非合作的制度与工具

中国创立了与非洲经济合作与联系的框架工具、政策和制度工具以及实际行动工具。

所有这些工具的源头都是成立于2000年10月的中非合作论坛。中非合作论坛第一届部长级会议上通过的《中非经济和社会发展合作纲领》规定，中非双方同意建立后续机制，定期评估后续行动的落实情况。2001年7月，中非合作论坛部长级磋商会在赞比亚首都卢萨卡举行，讨论并通过了《中非合作论坛后续机制程序》。2002年4月，后续机制程序正式生效。中非合作论坛后续机制建立在三个级别上：部长级会议每三年举行一届；高官级后续会议及为部长级会议做准备的高官预备会分别在部长级会议前一年及前数日各举行一次；非洲驻华使节与中方后续行动委员会秘书处每年至少举行两次会议。部长级会议及其高官会轮流在中国和非洲国家举行。中国和承办会议的非洲国家担任共同主席国，共同主持会议并牵头落实会议成果。部长级会议由外交部长和负责国际经济合作事务的部长参加，高官会由各国主管部门的司局级或相当级别的官员参加。2000年10月的第一届部长级会议、2006年11月的北京峰会暨第三届部长级会议、2012年7月的第五届部长级会议和2018年9月的北京峰会暨第七届部长级会议在北京举行，2003年12月的第二届部长级会议、2009年11月的第四届部长级会议和2015年12月的

- L'encouragement des activités touristiques ;
- Le développement des IDE chinois en Afrique ;
- Le soutien aux industries minières ;
- L'effacement des dettes des pays les plus pauvres.

Les institutions et les instruments de la coopération sino-africaine

La Chine a créé les instruments d'encadrement des rapports de coopération et d'association économique avec l'Afrique, instruments politiques et institutionnels et instruments d'action opérationnelle.

A l'origine de la création de ces instruments, il y a la création du FOCAC forum – Forum on China – Africa Cooperation. Les réunions du FOCAC forum qui regroupent ministres africains et responsables chinois sont triennales et se tiennent alternativement à Beijing ou dans une ville africaine. Ainsi, Beijing a accueilli les FOCAC de 2000, 2006, 2012 et 2018, celles de 2003 et 2009 et 2015 ont été tenues à Addis Ababa, à Sharm el Cheikh et Johannesburg. Dakar doit abriter le forum de 2021.

约翰内斯堡峰会暨第六届部长级会议分别在埃塞俄比亚首都亚的斯亚贝巴、埃及沙姆沙伊赫和南非约翰内斯堡举行。第八届部长级会议将于2021年在塞内加尔首都达喀尔举行。

中国的对非政策延续了亚洲对非洲的关注。中非合作论坛的成立参考了日本于1993年10月创设的东京非洲发展国际会议（TECAD）。东京非洲发展国际会议每五年举行一次，主办方包括日本政府、非洲问题全球联盟、联合国非洲问题特别顾问办公室、联合国开发计划署和世界银行。经过多年发展，东京非洲发展国际会议已经成为一个促进实施非洲发展计划的全球性重要机制。

在2006年11月的中非合作论坛北京峰会上，非洲35位国家元首、六位政府首脑、一位副总统和六位高级代表齐聚一堂，与时任中国国家主席胡锦涛以及非盟委员会主席科纳雷共同探讨促进中非合作的行动纲领。2015年12月，中非合作论坛约翰内斯堡峰会隆重举行，包括43位国家元首和政府首脑在内的论坛52个成员代表出席。会议由中国国家主席习近平和南非总统祖马共同主持。2018年9月，中非合作论坛北京峰会隆重举行，中国国家主席习近平同论坛共同主席国南非总统拉马福萨共同主持峰会。54个论坛非洲成员代表与会，包括40位总统、十位总理、一位副总统以及非盟委员会主席等。此外，联合国秘书长以及26个国际和非洲地区组织代表应邀出席。这两届峰会对中非合作的行动纲领进行评估和更新，把中国增长模式正在发生的变化和原材料价格下跌考虑在内，分别通过了《中非合作论坛约翰内斯堡行动计划（2016—2018年）》和《中非合作论坛北京行动计划（2019—2021年）》。

这些会议和峰会成为中非领导人之间合作的会晤机制，确认了双方坚持南南合作与共赢的共同意愿。

中国领导人利用中非合作论坛组织与各国的双边会议，根据各国国情发展双边关系。中国尤其关注原材料生产国，这些国家往往会有财政盈余，并做好了在建筑和基础设施领域接受中国企业投资的准备。

2006年11月，中非合作论坛首次峰会在北京隆重举行，与制度框架乃至整个中非合作有关的讨论上升到国家元首和政府首脑层面。峰会

La politique africaine de la Chine s'inscrivant dans le sillage de l'intérêt accordé par l'Asie à l'Afrique, le FOCAC a été conçu à l'image du forum international de Tokyo pour le développement africain (TECAD) organisé par le Japon en 1993.

Le FOCAC de 2006, qui regroupait 48 chefs d'Etat et de gouvernement africains a consacré ses travaux aux programmes d'action pour la promotion de cette coopération. Le forum de Johannesburg de décembre 2015 et celui de Beijing de septembre 2018 en feront l'évaluation et l'actualiseront pour qu'il prenne en compte la mutation en cours du modèle de croissance chinois et la baisse des prix des matières premières.

Ces forums et sommets sont ainsi devenus des rendez-vous institutionnels de coopération entre responsables chinois et africains, des moments de confirmation de leur volonté commune d'adopter l'approche sud-sud gagnant-gagnant.

Les responsables chinois profitent des COFAC pour organiser des réunions bilatérales avec chacun de pays en tenant compte de sa spécificité dans ses relations avec la Chine. Ils accordent un intérêt tout particulier aux pays producteurs de matières premières, qui sont souvent excédentaires et prêts à accueillir des entreprises chinoises dans les secteurs des BTP et des équipements.

Les discussions relatives au cadre institutionnel ou encore à la coopération sino-africaine ont été hissées au niveau des chefs d'Etat et de gouvernement en 2006,

正式通过《中非合作论坛北京峰会宣言》和《中非合作论坛北京行动计划（2007—2009 年）》，决定建立和发展政治上平等互信、经济上合作共赢、文化上交流互鉴的中非新型战略伙伴关系。2015 年 12 月的约翰内斯堡峰会回顾了论坛成立 15 年来中非友好关系和务实合作取得的成就，审议通过了《中非合作论坛约翰内斯堡峰会宣言》和《中非合作论坛约翰内斯堡行动计划（2016—2018 年）》，双方同意将中非新型战略伙伴关系提升为全面战略合作伙伴关系，做强和夯实政治上平等互信、经济上合作共赢、文明上交流互鉴、安全上守望相助、国际事务中团结协作"五大支柱"。2018 年 9 月的北京峰会通过了《关于构建更加紧密的中非命运共同体的北京宣言》和《中非合作论坛北京行动计划（2019—2021 年）》两个重要成果文件。这两届峰会与时俱进，把中国发展模式的转变和 2014 年之后原材料行情下跌的影响考虑在内。

通过中非领导人之间的定期会晤，中非合作论坛已经成为中非合作的制度框架。所有这些峰会和会议都明确表示，必须把中非合作纳入南南合作与共赢的逻辑中去。

中国致力于避免在论坛期间讨论地区冲突问题。因为在中国看来，中非合作论坛是与各个国家的会晤，而不是与非盟的会晤。

中非合作论坛成立了后续行动委员会，负责跟进和定期评估与基础设施、工业、融资和减贫有关的行动纲领的落实情况。中方成员包括中国共产党和政府、行政和技术部门以及相关大型企业和银行的代表。非洲各国驻华大使也获邀代表各自国家加入委员会，每年至少与中方后续行动委员会秘书处举行两次会。（2000 年 11 月，中非合作论坛中方后续行动委员会成立，目前共有 36 家成员单位：外交部、商务部、财政部、文化和旅游部、中央对外联络部、国家发展改革委、教育部、科技部、工业和信息化部、自然资源部、生态环境部、交通运输部、农业农村部、国家卫生健康委员会、中国人民银行、海关总署、税务总局、国家市场监督管理总局、国家广播电视总局、国家国际发展合作署、国家新闻出版署、国务院新闻办、中国银行保险监督管理委员会、国家能源局、中国民航局、国家药品监督管理局、国家电影局、国务院扶贫办、共青团

à l'occasion de la tenue du premier sommet entre les deux parties qui avait adopté officiellement les programmes de travail pour faire avancer leur partenariat. Et ce sont les deux sommets de Johannesburg et de Beijing qui ont fait le bilan des quinze années de ce partenariat, l'ont actualisé pour prendre en compte les changements dans le modèle de développement chinois et de l'impact de la baisse du cours des matières premières à partir de 2014.

Ainsi, le FOCAC est le cadre institutionnel de cette coopération, à travers les rencontres successives entre dirigeants chinois et africains. Tous ces forums ont affirmé la nécessité d'intégrer leur coopération dans la logique sud-sud et gagnant-gagnant.

La Chine s'est engagée à éviter au cours de ses forums tout débat sur les conflits régionaux. Car, pour elle, il s'agit de rendez-vous avec les Etats et non avec l'Union africaine.

Des commissions de suivi des COFAC ont été créées, regroupant, côté chinois, des représentants du gouvernement, du parti et des différents services administratifs et techniques, ainsi que les grandes entreprises et banques concernées. Les ambassadeurs africains accrédités à Beijing sont invités à ces commissions pour représenter leurs pays. Ces commissions sont chargées du suivi et de l'évaluation de la réalisation des programmes d'action relatifs aux équipements de base, à l'industrie, au financement et à la lutte contre la pauvreté.

中央、中国贸促会、全国工商联、国家开发银行、中国进出口银行、中国出口信用保险公司、中国银行、北京市政府。外交部长和商务部长为委员会两名誉主席，两部主管部领导为两主席。委员会下设秘书处，由外交部、商务部、财政部、文化和旅游部、中联部和国家国际发展合作署有关司局组成，外交部非洲司司长任秘书长。秘书处办公室设在外交部非洲司。——审读者注）

在实际运作层面，中国政府选择由中国进出口银行负责，以促进中国出口，向中国出口企业及其海外客户提供贷款。中国进出口银行向外国政府发放贷款和优惠贷款，为后者在中国的采购提供资金。近年来，该银行一直在资助某些存在财政赤字的非洲国家向中国出口，以减少中国的贸易顺差。此外，该银行还负责保证人民币用于对外贸易时的汇率水平，并向海外战略投资者提供低息贷款。

到目前为止，中国进出口银行的业务遍及非洲各国，尤其是在对华贸易名列前茅的国家，即安哥拉、尼日利亚、莫桑比克、苏丹和津巴布韦。该银行主要活跃于能源、交通、电信和水电站建设领域。

2007年6月，中非发展基金正式开业运营，由中国国家开发银行承办，按照商业化原则运作，旨在引导和鼓励中国企业对非投资，在不增加非洲债务负担的情况下，通过投入资本金，以市场化方式增加非洲自身的发展能力。中非发展基金总部设在北京，并在南非、埃塞俄比亚、赞比亚、加纳以及肯尼亚分别设有五家代表处。中非发展基金还受托管理中葡合作发展基金，规模十亿美元，目的是以投资促进中国与葡语国家经贸合作。中非发展基金的设立是2006年11月中非合作论坛北京峰会上中国政府宣布的对非务实合作的重要举措之一，也是中国第一支专注于非洲投资的股权基金。2006年11月，中国政府在中非论坛北京峰会上宣布，为推动中非新型战略伙伴关系发展，促进中非在更大范围、更广领域、更高层次上的合作，中国政府将采取八个方面的政策措施。其中第三项是："为鼓励和支持中国企业到非洲投资，设立中非发展基金，基金总额逐步达到50亿美元。"2015年12月，习近平主席在中非合作论坛约翰内斯堡峰会上宣布为基金再增资50亿美元，基金总规模

Sur le plan opérationnel, les autorités chinoises ont choisi La China Eximbank, dont le but est de promouvoir les exportations chinoises, accorder des prêts aux firmes chinoises exportatrices et à leurs clients étrangers. Elle distribue des prêts et des avances concessionnelles aux gouvernements étrangers pour financer leurs achats à la Chine. Elle a entrepris ces dernières années de financer les importations de la Chine de certains pays africains déficitaires pour réduire l'excédent commercial chinois. Elle se porte garante du niveau du taux de change du Yuan quand il est utilisé dans les échanges extérieurs. Elle offre des prêts à des taux d'intérêt réduits aux investisseurs étrangers stratégiques.

A ce jour, la China Eximbank est intervenue dans tous les pays africains, notamment ceux qui se trouvent au premier rang dans l'échange avec la Chine à savoir l'Angola, le Nigéria, le Mozambique, le Soudan et le Zimbabwe. Ses engagements sont concentrés autour du secteur de l'énergie, des transports, des télécoms et de la construction de barrages.

En 2007, la Banque de Développement de Chine a créé un fonds de développement pour soutenir les investissements chinois à l'étranger.

达到 100 亿美元。2018 年 9 月，习近平主席在中非合作论坛北京峰会开幕式主旨讲话中提出"八大行动"，在为首的"产业促进行动"中，强调继续发挥中非发展基金等机构作用。

约翰内斯堡峰会和北京峰会之后中非合作新的转折点

2015 年 12 月 4 日至 5 日，中非合作论坛约翰内斯堡峰会隆重举行，包括 43 位国家元首和政府首脑在内的论坛 52 个成员代表出席，就深化中非传统友谊、促进务实合作、谋求共同发展等重大议题进行了富有成果的讨论。会议由习近平主席和南非总统祖马共同主持。习近平主席宣布，为推进中非全面战略合作伙伴关系建设，中方愿在未来三年同非方重点实施"十大合作计划"（包括工业化、农业现代化、基础设施、金融、绿色发展、贸易和投资便利化、减贫惠民、公共卫生、人文、和平与安全等领域），坚持政府指导、企业主体、市场运作、合作共赢的原则，着力支持非洲破解基础设施滞后、人才不足、资金短缺三大发展瓶颈，加快工业化和农业现代化进程，实现自主可持续发展。为确保"十大合作计划"顺利实施，中方决定提供总额 600 亿美元的资金支持，包括：提供 50 亿美元的无偿援助和无息贷款；提供 350 亿美元的优惠性质贷款及出口信贷额度，并提高优惠贷款优惠度；为中非发展基金和非洲中小企业发展专项贷款各增资 50 亿美元；设立首批资金 100 亿美元的"中非产能合作基金"。推出"十大合作计划"旨在弥补 2014 年至 2015 年间中国采购量以及中国企业原材料需求量的下降。

此次峰会的主题是"中非携手并进：合作共赢、共同发展"。峰会回顾了中非合作论坛成立 15 年来中非友好关系和务实合作取得的成就，双方同意将中非新型战略伙伴关系提升为全面战略合作伙伴关系，做强和夯实政治上平等互信、经济上合作共赢、文明上交流互鉴、安全上守望相助、国际事务中团结协作"五大支柱"。习近平主席强调，中非关系已经有了质的发展，从"援助"过渡到共赢视角下的"合作伙伴关系"。

Le nouveau tournant dans la coopération sino-africaine à travers les deux sommets de Johannesburg et de Beijing

Lors du sommet de Johannesburg des 4 et 5 décembre 2015 du Forum pour la coopération sino-africaine - FCSA, le président Xi Jinping a annoncé l'accroissement de l'aide à l'Afrique à des niveaux jamais égalés : 60 milliards de dollars dont 5 sous forme de prêts sans intérêt et 35 en prêts concessionnels. Il a annoncé également l'octroi au continent de crédits pour financer 10 grands projets de coopération en 3 ans dans les domaines de l'agriculture, de l'industrie, de la lutte contre la pauvreté, de la culture, de la sécurité, de la protection de l'environnement et de l'économie verte. Cette initiative vise à compenser la baisse des achats chinois en 2014-2015 et de la demande en matières premières des entreprises chinoises.

Ce FCSA a été organisé autour d'un mot d'ordre : « L'Afrique et la Chine avancent ensemble, Coopération gagnant – gagnant pour un développement commun ». Il a permis de faire le point sur l'évolution du partenariat entre les deux parties. Le président Xi a mis en relief que ces relations ont connu une évolution qualitative permettant le passage du cadre « de l'aide » à celui « du partenariat » selon la vision gagnant-gagnant.

（国家主席习近平在峰会开幕式上发表题为《开启中非合作共赢、共同发展的新时代》的重要讲话。——审读者注）

习近平给出了过去60年里中国对非洲援助的数据汇总：中国累计帮助非洲修建5756千米铁路、4335千米公路、九个港口、12个机场、十个会议中心、15座议会大厦和30多处政府办公楼，为改善非洲基础设施滞后的状况做出了实实在在的贡献。2015年，中非贸易额达到2200亿美元，是2000年的22倍。中国对非贸易占非洲对外贸易的比重从2000年的3.8%增加到2015年的20.5%。2008年，中国成为非洲最大的贸易伙伴。中国在非洲的直接投资超过300亿美元，比21世纪初增长了60倍之多。

约翰内斯堡峰会强调了两个因素：

• 第一个因素是中国经济增速放缓之后积累模式发生转变。在这种情况下，中国经济的表现与本地市场和某些产业向工资水平更低的国家转移挂钩。这些国家首先是亚洲国家，未来也很可能转移到非洲国家。

• 第二个因素是中国对非洲原材料的需求减少，这一方面导致非洲从中国的采购减少，另一方面也导致中国对非洲的投资（2015年下降超过14%）和从非洲的进口（2015年下降超过40%）锐减。所有这些都给非洲经济造成了新的困难，即国家过度负债。

由于中国需求下降，中国对非洲的贸易出现了本世纪初以来的首次巨额顺差。

然而，两年之前即2013年，这些数字还相当乐观。当时，中国总理李克强预计中非贸易额将在2020年达到4000亿美元。但自从原材料——如今生活富裕的中国人热衷购买的产品咖啡和可可除外——价格下跌之后，这个目标已经很难实现。2020年新的全球危机更是加剧了这一影响。

在非洲经济危急之际，中国决定在约翰内斯堡举行中非合作论坛峰会，在新的基础上重新激活与这片黑色大陆的关系，此举大受非洲国家好评。这些国家的经济正陷入滞缓，而西方国家却对此不闻不问。

在这次峰会上，习近平提出了两项举措：一项涉及资金援助，另一

Xi a fait une évaluation quantitative de l'aide apportée par la Chine à l'Afrique au cours des six dernières décennies : la Chine a construit 5.756 km de voies ferrées, 4.335 km de routes, 9 ports, 12 aéroports, 10 centres de conférence, 15 sièges de parlement et plus de 30 sites administratifs. Les échanges commerciaux ont été multipliés par 22 depuis 2000 pour atteindre 220 milliards de dollars en 2015. La part des échanges chinois avec l'Afrique s'est accrue de 3,8 % à 20,5% entre 2000 et 2015. C'est en 2008 que la Chine est devenue le premier partenaire commercial de l'Afrique. Les IDE chinois en Afrique ont dépassé les 30 milliards de dollars et ont été multipliés par 60 depuis le début du siècle.

Le sommet de Johannesburg a mis en évidence deux facteurs :

• Le premier a trait à la mutation du mode d'accumulation en Chine depuis la baisse de son taux de croissance. Elle a conduit à lier la performance économique au marché local et à la délocalisation de certaines industries vers des pays où le niveau des salaires est plus bas, pays asiatiques d'abord et probablement demain, pays africains.

• Le second concerne la baisse de la demande chinoise en matières premières africaines qui a entraîné d'une part une baisse des achats africains à la Chine et d'autre part la chute des investissements chinois en Afrique (de plus de 14% en 2015) et des importations chinoises (plus de 40% cette même année). Tout ceci est source de nouvelles difficultés pour les économies africaines : surendettement des Etats.

Pour la première fois depuis le début du siècle, un excédent important des échanges entre les deux parties a été enregistré du fait de la baisse de la demande chinoise.

Pourtant, deux années plus tôt, en 2013, les chiffres étaient à l'optimisme. Le premier ministre chinois, Li Keqiang, prévoyait une augmentation des échanges Chine-Afrique qui devaient atteindre 400 milliards de dollars en 2020, chose difficilement réalisable depuis la baisse des cours des matières premières, hors café et cacao, produits aujourd'hui achetés par les chinois aisés. L'effet a été amplifié par la nouvelle crise mondiale de 2020.

Dans ce contexte critique pour les économies africaines, la Chine a décidé de réunir le sommet de Johannesburg pour réactiver sur de nouvelles bases ses relations avec le continent noir, initiative appréciée par les Africains dont les économies s'essoufflent dans l'indifférence des Etats-Unis et de l'Europe.

A l'occasion de ce sommet, Xi a présenté deux initiatives : l'une concerne

项更为重要，是为非洲国家提供一种新的发展模式。

第一项举措涉及总额 600 亿美元的资金支持。支持非洲铁路、公路、区域航空、港口、电力、电信等基础设施建设；为非洲培训 20 万名职业技术人才，提供四万个来华培训名额；为非洲援建五所文化中心，为非洲 1 万个村落实施收看卫星电视项目；为非洲提供 2000 个学历学位教育名额和 3 万个政府奖学金名额；每年组织 200 名非洲学者访华和 500 名非洲青年研修；每年培训 1000 名非洲新闻领域从业人员。习近平主席在约翰内斯堡峰会上介绍的这些数字给非洲评论员们留下了深刻印象，他们将中国的举措与发达国家的建议进行了比较。发达国家只愿意把它们的援助提高到国内生产总值的 0.7%，而实际上该比重多年来一直没超过 0.2%。

中国国家主席致辞的第二个方面是表达中国支持非洲经济体工业化的意愿。习近平高度肯定非洲积极推进工业化，谋求自主可持续发展，强调工业化是成为新兴市场经济体的必由之路，强调必须消除贫困、增加就业。习近平表示，中国坚信开放的意义，致力于同非洲国家毫无保留地分享适用于非洲的先进技术。这意味着中国将把一些产业转移到非洲并转让一些先进技术。

在自身开始采取一种新的增长模式的同时，中国向非洲伸出了援助之手。现在，问题抛给了非洲国家，也就是说这些国家是否有能力应对这一挑战并握住中国伸过来的这只援手。

约翰内斯堡峰会在国际上并未得到应有的足够重视。这次峰会在巴黎第 21 届联合国气候变化大会前夕举行，后者的成功抢走了所有大型国际活动的风头。于是，中国领导人在北京峰会上重新阐述了他们的意见。习近平主席本人重申了中国希望在中非合作中引入的所有新元素。中非双方就彼此合作的战略意义达成了一致意见，并同意将其纳入"一带一路"建设之中。

在 2018 年 9 月召开的北京峰会上，来自非洲的国家元首和政府首脑重申支持中国坚定维护领土完整，并在联合国所有附属国际机构中都采取这一立场，从而有助于改变国际治理中的力量对比。2019 年 6 月，

l'enveloppe de l'aide financière et la seconde, plus importante encore, se présente sous forme de proposition d'un nouveau modèle de développement pour les pays africains.

La première initiative, une enveloppe de 60 milliards de dollars d'aide, vise à financer la construction de réseaux de voies ferrées, d'autoroutes, ainsi que d'un réseau régional de transport aérien, avec un programme de formation de 200.000 techniciens africains dont 40.000 en Chine et l'octroi de 30.000 bourses à des étudiants africains et l'organisation de visites scientifiques pour 200 chercheurs africains. Ces chiffres présentés à Johannesburg ont fait grande impression sur les commentateurs africains qui les comparent avec les recommandations des pays développés d'accroitre leurs aides à un niveau de 0,7% du PIB alors qu'elles n'ont pas dépassé le seuil de 0,2% depuis plusieurs années.

Le second aspect du discours du président chinois concerne la volonté de la Chine d'accompagner le processus d'industrialisation des économies africaines. Il a affirmé avec force que l'émergence passe par l'industrialisation et souligné la nécessité de lutter contre la pauvreté et de créer des emplois. Il a tenu, en tant que pays qui croit aux vertus de l'ouverture, à partager avec les pays africains sans aucune réserve l'utilisation des technologies avancées adaptées à l'Afrique. Cela impliquera la délocalisation de certaines industries chinoises sur le continent en rapport avec un processus de transfert des technologies avancées.

La Chine semble donc tendre la main à l'Afrique au moment où elle adopte pour elle-même un nouveau mode de croissance. La question qui se pose maintenant concerne les pays africains. Sont-ils capables de répondre à cet enjeu et profiter de cette main tendue.

Le sommet de Johannesburg n'avait pas retenu toute l'attention qu'il mérite sur le plan international. Il s'est tenu en effet à la veille de la COP21 de Paris qui, par son succès, a volé la vedette à toutes les manifestions internationales. Aussi, les responsables chinois en ont-ils repris les conclusions à l'occasion de celui de Beijing. Le président Xi lui-même a rappelé tous les éléments que la Chine souhaitait introduire dans la coopération sino-africaine. Les deux parties se sont accordés sur le caractère stratégique de leur partenariat et ont convenu de l'intégrer dans la logique de la ceinture et de la route.

Au sommet de Beijing de 2018, les chefs d'Etat africains ont réaffirmé leur soutien à la Chine dans son attachement à son intégrité territoriale, position qu'ils

鉴于中非农业合作的重要性及其对非洲粮食未来的影响，非洲国家支持中国提名其农业部副部长竞选联合国粮农组织总干事。（2019年6月23日，中国农业农村部副部长屈冬玉当选联合国粮食及农业组织新一任总干事，成为该组织历史上首位中国籍总干事。——审读者注）

习近平主席在中非合作论坛北京峰会上承诺提供高达600亿美元贷款、投资和无偿援助，用于支持非洲2019年至2021年期间约880个发展项目。这些项目属于"八大行动"（产业促进行动、设施联通行动、贸易便利行动、绿色发展行动、能力建设行动、健康卫生行动、人文交流行动、和平安全行动）的一部分，已经通过200项双边协议得到全部落实。在这次峰会上，中国承诺在莫桑比克马普托市中心修建一座桥梁（2018年11月10日，由中国路桥工程有限责任公司承建的马普托大桥及连接线项目经过多年建设正式通车。该桥是中国与莫桑比克两国基础设施合作领域的代表性项目之一，也是莫桑比克团结的象征，线路全长4434千米，主桥全长1224千米，主跨680米，现为非洲第一大悬索桥。——审读者注），在安哥拉实施电气化工程，在埃及建设铁路，在科特迪瓦修建公路。此外，中国还同意通过一个专项基金提供50亿美元贷款，支持包括埃塞俄比亚大豆在内的350种非洲农产品出口。

中非合作是"一带一路"建设不可分割的组成部分

中非论坛各届会议和峰会的主要创新之处在于把双方的合作纳入"一带一路"建设之中。

这样做的目的是通过中国对非洲的开放让非洲大陆的矿产资源、农业资源、能源和人口潜能为加强非洲经济、扩大非洲市场服务。非洲将

ont adoptée dans toutes les institutions internationales filiales de l'ONU, contribuant ainsi à faire évoluer les rapports de force dans la gouvernance internationale. En 2019, eu égard à l'importance de la coopération chinoise dans le domaine de l'agriculture et de son impact sur l'avenir alimentaire africain, ils ont soutenu la candidature de la Chine - via son vice-ministre de l'agriculture - au poste de directeur général de la FAO.

Au sommet de Beijing de 2018, les chefs d'Etat africains ont réaffirmé leur soutien à la Chine dans son attachement à son intégrité territoriale, position qu'ils ont adoptée dans toutes les institutions internationales filiales de l'ONU, contribuant ainsi à faire évoluer les rapports de force dans la gouvernance internationale. En 2019, eu égard à l'importance de la coopération chinoise dans le domaine de l'agriculture et de son impact sur l'avenir alimentaire africain, ils ont soutenu la candidature de la Chine - via son vice-ministre de l'agriculture - au poste de directeur général de la FAO.

Le président Xi Jinping s'est engagé à l'occasion du FOCAC de Beijing à financer, à hauteur de 60 milliards de dollars en prêts, investissements et dons, quelques 880 projets de développement en Afrique couvrant la période 2019-2021. Ces projets font partie de 8 initiatives qui ont toutes été concrétisées par 200 conventions entre les deux parties. Au cours de ce même forum, la Chine s'est engagée, à titre d'exemple, à construire un pont au centre de Maputo au Mozambique, à réaliser des projets d'électrification en Angola, à construire des voies ferrées en Egypte et des routes en Côte d'Ivoire. La Chine a convenu enfin d'octroyer un crédit de 5 milliards de dollars alimenté par une fonds spécial de soutien des exportations africaines à quelques 350 produits agricoles, tel que le soja éthiopien.

La coopération sino-africaine, partie intégrante de la logique de la ceinture et de la route

La principale nouveauté inscrite dans les sommets sino-africains est à trouver dans l'intégration de la coopération entre les deux parties dans la logique de la ceinture et de la route.

Le but était de faire en sorte que l'ouverture de la Chine sur l'Afrique permette que les ressources minérales, agricoles et énergétiques et les potentialités humaines

成为"一带一路"上中国与欧洲之间的中间人。这些丝绸之路首先是沟通印度洋与地中海的海上丝绸之路。从吉布提港开始，它们变为陆上丝绸之路，沿着由中国企业修建的公路和铁路，连接吉布提、亚的斯亚贝巴、蒙巴萨和达累斯萨拉姆。沿着这条轴线，"一带一路"穿过中国在肯尼亚、乌干达和莫桑比克的石油工业投资地点，在通往卢旺达、布隆迪和南苏丹的方向上迂回前进。

如今，吉布提的海运基地是中国土木和建筑工程企业产品的中转地，这些企业在东非投资建设港口、公路和发电厂。

"一带一路"也瞄准了中部非洲，尤其是刚果，以便开展原材料转让和产业平台建设。

如今，许多非洲国家更愿意使用中国提供的资金，认为这更符合它们的需要。苏丹、尼日利亚和乍得的铁路建设融资便是如此。近年来，中国主要加大了在人口超过一亿的埃塞俄比亚的投资力度。中国在那里建设了四个工业园区，这些工业园区与 20 世纪 80 年代在中国出现的那种相似，这种工业园区正是中国工业历史性崛起的法宝。

就这样，"一带一路"建设使非洲获得实施基础设施项目、创建产业平台所必需的资金，作为对其原材料出口的补偿。

"一带一路"到达北非之后，在沿途建设了一些工业园区，例如，埃及的苏伊士运河经济区和摩洛哥丹吉尔地中海港以南的穆罕默德六世科技城。

中国在北非活动的其他例子还包括阿尔及利亚西南部廷杜夫附近的加拉·杰比莱特铁矿开发项目和哈姆达尼亚深水港项目，这些项目都将交由中国企业实施。

"一带一路"建设符合摩洛哥、突尼斯和埃及等国的利益。这些国家的经济活力既取决于它们同欧盟的联系，也取决于它们提升自己在

de ce continent soient mises au service du renforcement de son économie africaine et de l'élargissement de son marché. L'Afrique est appelée à devenir un intermédiaire entre la Chine et l'Europe dans le cheminement des nouvelles routes de la soie. Ces routes de la soie, maritimes d'abord, assurent la jonction de l'océan Indien avec la Méditerranée. A partir du port de Djibouti, elles deviennent terrestres, ferroviaires le long de liaisons construites par des entreprises chinoises d'ailleurs, assurant la liaison entre Djibouti, Addis-Abeba, Mombasa et Dar Es-Salaam. Le long de cet axe, la route de la soie traverse des sites d'investissement chinois dans le secteur des hydrocarbures au Kenya, en Ouganda et au Mozambique. Elle fait des détours en direction du Rwanda, du Burundi et du Soudan du sud.

La base maritime de Djibouti est aujourd'hui un lieu de passage des produits des entreprises chinoises spécialisées dans les travaux publics, le bâtiment qui investissent dans les ports, routes et complexes électriques en Afrique de l'est.

La route de la soie africaine cible aussi l'Afrique centrale, le Congo notamment pour le transfert des matières premières et la mise en place d'une plateforme industrielle.

Beaucoup de pays africains préfèrent aujourd'hui recourir au financement chinois qu'ils considèrent mieux adaptés à leurs besoins. C'est le cas du financement des voies ferrées des Soudan, Nigéria et Tchad. Ces dernières années, la Chine a surtout intensifié ses interventions en Ethiopie, pays de plus 100 millions d'habitants. Elle y a créé 4 zones industrielles semblables à celles chinoises, créées dans les années 1980, à l'origine de sa montée industrielle historique.

Ainsi, la stratégie de la ceinture et de la route permet à l'Afrique de recevoir les financements nécessaires à ses projets d'équipement de base et de création de plateformes industrielles, en contrepartie de ses exportations de matières premières.

Arrivée au nord de l'Afrique, la route de la soie développe des zones industrielles sur son passage, à l'exemple de celle du canal de Suez en Egypte, ou encore la Ville Mohamed VI Tech, au sud du port de Tanger Med au Maroc.

Autres exemples d'interventions chinoises en Afrique du nord : en Algérie, l'exploitation de la mine le fer de Gara Djebilet près de Tindouf, au sud-ouest du pays et la construction d'un port à eau profonde à Ahmadi devraient être confiées à des sociétés chinoises.

La stratégie de la ceinture et de la route rejoint les intérêts de pays comme le Maroc, la Tunisie ou l'Egypte dont la dynamique économique est déterminée

非洲撒哈拉以南地区的影响力并充分利用非洲大陆自由贸易区的雄心。2021年1月1日，非洲大陆自贸区正式启动，这是非洲区域一体化和经济转型的一个重要里程碑。该自贸区旨在建立一个拥有12.7亿消费者的非洲市场，累计国内生产总值约为2.3万亿至3.4万亿美元。非盟希望到2035年，非洲大陆自贸区能够使3000万非洲人摆脱极端贫困，使7000万非洲人摆脱中等贫困。

尽管阿尔及利亚和利比亚与非洲有着稳固的联系，中国与阿尔及利亚和利比亚之间的关系却仍然取决于这两个国家的石油资源。

中国把北非视为"一带一路"的组成部分，不仅因为该地区同时涉及两大合作——中阿合作与中非合作，而且因为该地区是中国与意大利、希腊、葡萄牙、西班牙等欧洲国家港口之间的中转站，这些港口所在国家都已加入"一带一路"倡议。因此，中国政府希望在"一带一路"框架下与埃及塞得港、利比亚班加西港、阿尔及利亚哈姆达尼亚港、摩洛哥纳多尔港和丹吉尔港发展更为紧密的合作关系。

此外，中国还对地中海南岸地区有着浓厚的兴趣。这在很大程度上是因为中国希望能在或许不远的将来参与重建伊拉克、叙利亚和利比亚的城市和基础设施，这些国家在过去十年里饱受动荡和战乱之苦。

中非关系中的战略问题

中国没有在非洲进行殖民的历史。因此，中国与非洲国家开展合作从一开始就没有什么心理负担。中国把共赢的理念融入中非合作当中，这是双方新型合作关系的基础。

中国奉行多边主义和不干涉内政原则，这让非洲国家感到放心。非洲国家经常被迫接受西方国家和国际经济组织在所谓的"华盛顿共识"框架内提供贷款和援助时所附加的政治条件。

与中国的合作往往会为非洲国家提供机遇，帮助它们摆脱西方的控制并实现自身对外关系的多样化。

par leur association avec l'UE et par leur ambition de renforcer leur présence en Afrique subsaharienne et de tirer profit de l'institution de la zone de libre-échange continentale, opérationnelle à partir de 2021.

Les rapports de la Chine avec l'Algérie et la Libye, malgré leurs liens solides avec l'Afrique, restent cependant dominés par leurs ressources en hydrocarbures.

La Chine considère l'Afrique du nord partie intégrant de cette nouvelle route de la soie parce que, non seulement, elle appartient à deux coopérations : sino-arabe et sino-africaine, mais aussi parce qu'elle est un relai avec les ports européens, italiens, grecs, portugais, espagnoles, ports qui appartiennent tous à des pays que la Chine a déjà pu intégrer dans son initiative de la ceinture et de la route. C'est pour cela et dans ce cadre que les autorités chinoises veulent développer des partenariats plus étroits avec Port Saïd en Egypte, Benghazi en Tunisie, Ahmadi en Algérie, Nador et Tanger au Maroc.

Enfin, l'intérêt que la Chine porte au sud de la Méditerranée est en grande partie aussi lié à sa volonté de se positionner pour être en mesure de contribuer, dans un avenir peut-être pas trop lointain, à la reconstruction des villes et infrastructures qui ont souffert des instabilités et troubles des dix dernières années en Irak, en Syrie et en Libye.

Les questions stratégiques dans les rapports sino-africains

La Chine n'a pas de passé colonial en Afrique. C'est donc sans complexe psychologique que les Chinois ont développé dès le départ leur coopération avec les pays africains et les ont intégrés dans leur concept gagnant-gagnant, fondement de leur partenariat nouveau.

L'attachement de la Chine au multilatéralisme et de non-interventionnisme dans les affaires intérieures des pays a rassuré les Etats africains, souvent échaudés par les conditionnalités politiques et économiques imposées par les Etats occidentaux et les organisations économiques internationales dans le cadre de ce qu'ils appellent le consensus de Washington, à l'occasion de leurs prêts et aides.

La coopération chinoise est souvent pour l'Afrique une réelle opportunité pour se dégager de l'emprise occidentale et diversifier leurs relations internationales.

随着中国在非洲原材料采购量迅速增加以及中国企业入驻非洲，中国越来越多地关注非洲不同地区的战略和安全因素，以便保护自身的利益和投资以及中国在非洲的经济存在和派驻人员。

中非在军事领域的合作往往是中非贸易关系的延伸。2006年以来，中国已经成为除南非之外的撒哈拉以南非洲国家的主要武器供应国。这些国家武器采购量的25%来自中国，多于乌克兰(20%)和俄罗斯(11%)。采购品种以轻武器和小型飞机为主（埃及、加纳、尼日利亚、苏丹、坦桑尼亚和津巴布韦）。中国向阿尔及利亚、埃塞俄比亚、厄立特里亚、几内亚、摩洛哥、纳米比亚和乍得出售小型武器装备，还帮助马里和乌干达建设了一些轻武器制造厂。

在法国对马里的军事干预行动之后，特别是三名中国高级管理人员在巴马科人质劫持事件中遇害（2015年11月20日）之后，中国在军事合作方面与熟悉萨赫勒地区的法国走得更近。实际上，中国从2012年开始就担心萨赫勒地区的恐怖主义风险和动荡局势有攀升的势头。

中国已经成为非洲贸易、投资、基础设施以及技术、文化和医疗援助领域的重要参与者。因此，中国必须考虑到过去十年来一些地区日渐增多的动荡、紧张和不安全迹象。尽管中国一贯拒绝干涉非洲国家的内政，但它也必须考虑到不安全局势会限制发展项目的潜力。

非洲一些地区正在经历由激进主义、恐怖主义和分离主义引发的紧张局势和对立。撒哈拉萨赫勒地区就是一个例子，马里局势恶化，尼日尔、布基纳法索和乍得处于不安全状态。治理不善在喀麦隆、刚果、索马里、莫桑比克甚至尼日利亚造成地方对抗，内战则导致利比亚政权分裂。经济状况曾经有所改善的埃塞俄比亚如今陷入动荡，领土完整再次成为问题。

La progression rapide des achats chinois de matières premières en Afrique et l'installation de firmes chinoises sur le continent ont conduit la Chine à accorder un intérêt grandissant au facteur stratégique et sécuritaire dans différentes régions africaines pour y protéger ses propres intérêts et investissements et sa présence économique et humaine.

La coopération sino-africaine dans le domaine militaire prolonge souvent les rapports commerciaux. Depuis 2006, la Chine est devenue le premier fournisseur d'armes des pays subsahariens, à l'exception de l'Afrique du sud. Elle intervient pour 25% des achats de ces pays en armement, suivie de l'Ukraine (20%) et de la Russie (11%). Il s'agit surtout d'acquisition d'armements légers, de petits avions (Egypte, Ghana, Nigéria, Soudan, Tanzanie et Zimbabwe). La Chine vend du petit armement à l'Algérie, l'Ethiopie, l'Erythrée, la Guinée, le Maroc, la Namibie et le Tchad. Elle a contribué à la construction d'ateliers de fabrications d'armes légères au Mali et en Ouganda.

C'est dans le cadre de sa coopération militaire que la Chine s'est rapprochée de la France, pays qui a une bonne connaissance de l'espace sahélien, au lendemain des interventions militaires françaises au Mali et surtout depuis la disparition de trois cadres militaires chinois pris en otage à Bamako (20 novembre 2015). La Chine, en effet, craint la montée des risques terroristes et de l'instabilité dans le Sahel depuis 2012.

La Chine est devenue un acteur important en Afrique dans le commerce, l'investissement, les équipements, l'assistance technique, culturelle et sanitaire. Elle doit donc prendre en considération les manifestations d'instabilité, de tensions et d'insécurité qui se sont multipliées dans certaines régions durant la dernière décennie. Certes, elle a toujours refusé d'intervenir dans les affaires intérieures des pays africains, mais elle doit prendre en compte le fait que l'insécurité entrave le potentiel et les projets de développement.

Plusieurs régions d'Afrique connaissent des tensions et confrontations liées au radicalisme, aux terrorismes et aux séparatismes, comme c'est le cas dans la région du Sahel saharien où, avec la détérioration de la situation au Mali, l'insécurité s'est installée au Niger, au Burkina Faso et au Tchad. Les défaillances dans les gouvernances créent des confrontations locales au Cameroun, au Congo, en Somalie, au Mozambique et même au Nigéria. La guerre civile est l'origine de l'éclatement des pouvoirs en Lybie. L'Ethiopie qui semblait améliorer ses performances

在与非洲的交往中，中国认识到，没有安全，发展就得不到保障。

中国在非洲的经济存在促使其越来越注重打击激进主义、恐怖主义、土匪和海盗行为，特别是因为大多数非洲国家都没有能力应对这些风险挑战。该问题涉及多个恐怖组织的活动，比如"青年党"（索马里、乌干达和肯尼亚）、附属于"伊斯兰国"的"博科圣地"（尼日利亚、尼日尔、喀麦隆和乍得），以及因在马里、尼日尔、布基纳法索、科特迪瓦和阿尔及利亚制造恐怖袭击而臭名昭著的"安萨尔"、"穆拉比通"和"伊斯兰马格里布'基地'组织"。

中国有义务把非洲的安全问题作为自己的关注重点，因为中国在非洲既有经济利益，也有公民安全利益。近几年来，已经有中国公民在尼日利亚和马里的恐怖活动中遇难。在利比亚发生骚乱后，中国不得不迅速组织将近37000名中国公民撤离回国。

现在的问题是弄清楚中国是否会继续坚持以不干涉非洲国家内政原则为基础的"软实力"路线，让非洲国家负责解决自己的问题。

某些迹象显示，中国政府正在准备改变现行政策。中国已经动用军舰加入各国在索马里海岸附近打击海盗行为的行动。（2008年12月，中国海军舰艇编队从海南三亚起航，赴亚丁湾、索马里海域执行护航任务，这是中国首次使用军事力量赴海外维护国家战略利益。2021年5月，中国海军第38批护航编队从浙江舟山起航，前往亚丁湾、索马里海域执行护航任务。——审读者注）中国还积极参加联合国维和行动，是联合国安理会常任理事国中派遣维和军事人员最多的国家。（根据国务院新闻办公室2020年9月发布的《中国军队参加联合国维和行动30年》白皮书，中国以实际行动维护世界和平，积极参加联合国维和行动，是联合国第二大维和摊款国和会费国，是安理会常任理事国第一大出兵国。1990年4月，中国军队向联合国停战监督组织派遣五名军事观察员，开启了中国军队参加联合国维和行动的历程。30年来，中国军队认真践行《联合国宪章》宗旨和原则，先后参加25项联合国维和行动，累计派出维和官兵四万余人次，忠实履行维和使命，为维护世界和平、促进共同发展做出积极贡献，彰显了和平之师、正义之师、文明之师形

économiques connait aujourd'hui des troubles qui remettent en question son intégrité territoriale.

Dans ses rapports avec l'Afrique, la Chine est consciente que le développement ne peut être garanti sans sécurité.

La présence économique de la Chine en Afrique l'incite de plus en plus à s'intéresser au dossier de la lutte contre le radicalisme, le terrorisme, le banditisme et la piraterie, d'autant plus que la majorité des pays africains sont désarmés face à ces risques. Cette question concerne l'action de plusieurs groupes terroristes, les Shebab (Somalie, Ouganda et Kenya), Boko Haram, affilié à Daech (Nigeria, Niger, Cameroun et Tchad), Ansar Dine, Al Mourabitoun, Al Qaïda au Maghreb Islamique, qu'ont rendus célèbres leurs attaques au Mali, Niger, Burkina Faso, Côte d'Ivoire et en Algérie.

La Chine se voit dans l'obligation d'intégrer à ses centres d'intérêt la question de la sécurité en Afrique. Elle y a des intérêts économiques et des ressortissants. Certains Chinois ont d'ailleurs été victimes d'opérations terroristes au Nigéria et au Mali. La Chine a été contrainte d'organiser le rapatriement de ses 37.000 ressortissants installés en Libye après les évènements qu'a connus ce pays.

La question aujourd'hui posée est de savoir si la Chine va continuer à pratiquer son approche du « soft power » fondé sur le principe de non intervention dans les affaires locales des pays africains et leur laisser la responsabilité de résoudre leurs propres problèmes.

Certains indicateurs montrent que le gouvernement chinois se prépare à changer de politique. Il a déjà utilisé ses vaisseaux armés dans la poursuite des activités de courses près de côtes somaliennes. La Chine participe par ailleurs dans plusieurs opérations de sauvegarde de la paix sous la houlette des Nations Unies. Plusieurs militaires chinois sont mobilisés dans le cadre d'équipes militaires internationales qui agissent au Mali. De même le législateur chinois a permis à l'armée, en décembre 2015, d'intervenir, si nécessaire, dans des opérations militaires en Afrique et au Moyen Orient. Dans le même sens, les autorités chinoises ont négocié avec celles de Djibouti l'installation d'une base militaire sur son territoire aux côtés d'autres bases étrangères.

象。——审读者注）当前，许多中国军人正作为联合国马里多层面综合稳定特派团的组成部分，在马里执行任务。（根据《中国军队参加联合国维和行动 30 年》白皮书，2013 年 12 月，中国军队向联合国马里多层面综合稳定特派团派遣一支 170 人的警卫分队，承担联马团东战区司令部安全警戒、要员护卫等任务，这是中国军队首次派遣安全部队参与维和行动。截至 2020 年 9 月，中国军队先后向马里维和任务区派遣八批警卫分队、官兵 1440 人次，在危机四伏的撒哈拉沙漠南缘，警卫分队官兵出色完成任务，累计执行武装巡逻及警戒护卫等行动 3900 余次，被联马团东战区誉为"战区王牌"。——审读者注）

2015 年 12 月，中国立法机关通过了《反恐怖主义法》，允许中国人民解放军和中国人民武装警察部队在必要情况下出境执行反恐任务。这意味着中国的武装力量今后可以在非洲和中东遂行必要的军事行动。（2015 年 12 月发布、2016 年 1 月起施行的《中华人民共和国反恐怖主义法》第七章第七十一条规定：经与有关国家达成协议，并报国务院批准，国务院公安部门、国家安全部门可以派员出境执行反恐怖主义任务。中国人民解放军、中国人民武装警察部队派员出境执行反恐怖主义任务，由中央军事委员会批准。——审读者注）

中国政府还同吉布提政府就在吉布提领土建立军事基地一事进行了谈判，法国、美国、日本等国此前已在该国设有军事基地。由此，中国在东非吉布提建立了自己在亚洲之外的第一个海军基地，使之成为自己在非洲大陆濒临印度洋地区存在的名副其实的中转站。（2017 年 8 月，中国人民解放军驻吉布提保障基地部队进驻营区仪式在基地营区举行。这标志着我国首个海外保障基地建成和投入使用，将更好地履行起在亚丁湾、索马里海域护航以及开展人道主义救援等国际义务。——审读者注）

2018 年，中国人民解放军与喀麦隆、加蓬和尼日利亚等国军队举行了联合军事演习。中非安全合作之所以能够扩大，得益于中国军队的参与，尤其是在埃塞俄比亚、塞拉利昂、苏丹和赞比亚等国。此举意在增强这些国家军队的潜力，并保护平民免受侵害。中国政府还实施了专门

Dans ce contexte, le législateur chinois a voté en 2015 une loi qui permet le déploiement des forces chinoises de « l'armée populaire de libération » et de « la police populaire » dans le cadre des programmes d'intérêt sécuritaire des Nations Unies sur la base des décisions et positions du Conseil de sécurité.

La Chine a donc créé sa première base maritime hors Asie en Afrique de l'est à Djibouti, un véritable relai de sa présence dans une partie du continent ouverte sur l'océan Indien.

En 2018, l'Armée populaire de libération a organisé des manœuvres militaires communes avec les armées du Cameroun, du Gabon, et du Nigéria. Si la coopération sanitaire a pu s'y élargir, c'est grâce à l'intervention des troupes militaires chinoises dans ce secteur, notamment en Ethiopie, Sierra Léone, Soudan et Zambie. Le but est de consolider les potentialités des armées nationales et de protéger les populations civiles des attentats. De même, les autorités chinoises ont mis en place des programmes de formation spécialisées dans la lutte contre le terrorisme et la protection des équipements de base au Burkina Faso.

针对布基纳法索的反恐和保护基础设施培训计划。

此外，中国制定了2019年至2021年期间与50个非洲国家开展安全合作的计划。这些国家呼吁中国与其合作打击恐怖主义和海盗活动，并保护中国修建的基础设施以及中国侨民。中国还参与培训肯尼亚当地军官，以保护中国援建的连接该国首都内罗毕和蒙巴萨港的新铁路。

在经济合作与安全问题相互联系的框架下，中国企业承建了连接内陆国家马里和塞内加尔达喀尔港、几内亚科纳克里港的一条铁路。中国是第一个参与联合国马里维和部队的国家，在维护马里和平与稳定的同时，也保护了中国在该国建设的基础设施。

2020年11月，中国国务委员兼外交部长王毅在中非合作论坛成立20周年之际总结了中非合作历程。（2020年11月12日，国务委员兼外长王毅在中非合作论坛成立20周年纪念招待会上发表题为《波澜壮阔二十年，奋楫破浪创新篇》的讲话。——审读者注）王毅明确表示，中非合作始终坚持南南合作与互利共赢的精神。中国一直把自己视为发展中国家的一员，即便如今已经成为世界经济强国。王毅指出，2019年，中非贸易额达到2087亿美元，中国对非直接投资存量491亿美元，与20年前相比分别增长了20倍和100倍。中非共同制订并相继实施"十大合作计划""八大行动"，数十个中非经贸合作区和工业园区在非洲落地，中国在非洲修建的铁路和公路均超过6000公里，还建设了近20个港口和80多个大型电力设施，援建了130多个医疗设施、45个体育馆和170多所学校，这些都给非洲的经济社会发展带来了显著变化。非盟会议中心、蒙内铁路、马普托大桥等承载着非洲国家"世纪梦想"的工程纷纷落成，成为中非共同发展的最好见证。中国累计向非洲国家提供了大约12万个政府奖学金名额，在非洲46国合建了61所孔子学院和44家孔子课堂，向非洲48国派遣医疗队队员2.1万人次，诊治非洲患者约2.2亿人次。2014年西非暴发埃博拉疫情，1000多人次的中方医护人员不畏艰险、逆行出征。新冠肺炎疫情突如其来，中非双方再次并肩抗疫。2021年6月，习近平主席与部分非洲国家领导人共同召开特别峰会，发出了团结抗疫的时代强音。

La Chine a conçu par ailleurs des programmes de coopération sécuritaires pour la période 2019-2021 avec plus de cinquante pays africains. Il s'agit de pays qui ont demandé à la Chine sa collaboration pour lutter contre le terrorisme, la piraterie et pour assurer la protection des équipements de base construits par elle et de ses ressortissants. La Chine participe aussi à la formation des officiers des forces armées locales pour protéger les nouvelles voies ferrées, de Nairobi à Mombasa.

Dans le cadre du lien entre la coopération économique et les questions sécuritaires, les entreprises chinoises ont entrepris la construction d'une voie ferrée entre le Mali, pays enclavé et les ports de Dakar au Sénégal et de Conakry en Guinée. La Chine est le premier pays à participer dans les forces encadrées par les Nations unies au Mali, ce qui lui permet de protéger les équipements de base qu'elle y a construit.

En 2020, le ministre chinois des affaires étrangères, Wang Yi, a fait un bilan de la coopération sino-africaine à l'occasion du vingtième anniversaire du premier COFAC. Il a mis en exergue le fait que cette coopération a toujours procédé de la logique sud-sud, gagnant-gagnant. La Chine se considère toujours partie intégrante des pays en voie de développement, même aujourd'hui, depuis qu'elle est puissance économique mondiale. Il a mis en évidence le fait que les échanges sino-africains ont été multipliés par 20 au courant de la dernière décennie. Au cours de cette même période, le cumul des investissements chinois en Afrique a atteint les 50 milliards de dollars, et a donc été multiplié par 100. Il a présenté les grands programmes de coopération économique : plateformes industrielles en Ethiopie, construction de 6.000 km de voies ferrées, de 6.000 km de routes, de 20 ports, de 80 complexes électriques, de 130 hôpitaux et/ou centres de santé, de 45 terrains de football, de 170 établissements scolaires ainsi que du siège de l'UA à Addis Abeba. Le gouvernement chinois a accordé 120.000 bourses d'études et ouvert sur le continent 61 instituts Confucius. 21.000 médecins et infirmiers chinois exercent dans 40 pays africains.

中非合作与非洲大陆的区域特色

中非合作论坛为中国与非洲之间的合作确立了大方向,这些大方向将在双边框架下得到细化和完善。非洲的各个区域和区域共同体必然会对中非合作产生影响。

非洲国家分属五个地理区域:

一、北部非洲

北部非洲包括摩洛哥、阿尔及利亚、突尼斯、利比亚、毛里塔尼亚和埃及等国。其中,摩洛哥、阿尔及利亚、突尼斯、利比亚和毛里塔尼亚均为阿拉伯马格里布联盟(简称"马盟",法文缩写"UMA"。——审读者注)成员国。该联盟成立于1989年2月,常设秘书处设在摩洛哥首都拉巴特,宗旨是在尊重各成员国的政治、经济和社会制度的前提下,充分协调经济、社会方面的立场、观点和政策,大力发展经济互补合作,在外交和国际领域协调立场,进行合作,优先实现经济一体化,最终实现阿拉伯统一。出于一些地缘政治原因,该联盟目前基本上陷入了停顿状态。埃及从人口规模上看是一个具有战略意义的国家,拥有多达一亿人口。

北非的国内生产总值高于非洲平均水平。

该区域包括两个石油生产国(阿尔及利亚和利比亚)、三个经济更为多元化且与欧洲地中海沿岸地区联系密切的国家(摩洛哥、突尼斯、埃及)以及位于该区域西南部出产铁矿石和鱼类且不久之后还将出产石油的撒哈拉国家毛里塔尼亚。

该区域缺乏区域融合,而且还在承受所谓的"阿拉伯之春"运动的后果(尤其是利比亚)。

作为连接非洲、地中海和欧洲的中转地区,北非具有相当大的潜力,

La coopération sino-africaine et les spécificités régionales du continent

Les FOCAC fixent les grandes orientations de la coopération entre la Chine et l'Afrique, orientations destinées à être affinées dans un cadre bilatéral. Les régions et communautés régionales ont un impact certain sur cette coopération.

Les pays africains appartiennent à 5 régions géographiques :

1. L'Afrique du nord

L'Afrique du nord regroupe le Maroc, l'Algérie, la Tunisie, la Lybie et la Mauritanie (membres de l'Union du Maghreb Arabe – UMA, créée en 1989 mais en hibernation pour des considérations géopolitiques) et l'Egypte, pays stratégique sur le plan démographique avec ses 100 millions d'habitants.

Le PIB de l'Afrique du nord est supérieur à la moyenne africaine.

La composent deux pays producteurs d'hydrocarbures (Algérie et Lybie) et trois pays dont les économies sont plus diversifiées, liées à l'espace euro-méditerranéen (Maroc, Tunisie, Egypte), et de la Mauritanie, au sud-ouest de la région, pays saharien producteur de fer et de poissons et prochainement d'hydrocarbures.

Cette région souffre de l'absence d'une intégration régionale et des conséquences de ce qu'on a appelé le « printemps arabe » (Libye notamment).

L'Afrique du nord possède des potentialités certaines en tant que région relai entre l'Afrique, la Méditerranée et l'Europe qui lui permet d'occuper une position

使之能够在中国通往非洲和欧洲的"一带一路"中占据战略位置。

二、西部非洲

西部非洲包括16个国家（贝宁、布基纳法索、多哥、佛得角、冈比亚、几内亚、几内亚比绍、加纳、科特迪瓦、利比里亚、马里、尼日尔、尼日利亚、塞拉利昂、塞内加尔、毛里塔尼亚），大部分位于大西洋沿岸。其中，尼日利亚是重要的石油生产国和非洲第一人口大国。

该区域国家（毛里塔尼亚除外）均加入了西非国家经济共同体（简称"西共体"，英文缩写"ECOWAS"，法文缩写"CEDAO"。——审读者注）。该组织成立于1975年5月，委员会设在尼日利亚首都阿布贾，宗旨是促进成员国在政治、经济、社会和文化等方面的发展与合作，提高人民生活水平，加强相互关系，为非洲的进步与发展做出贡献。虽然这些国家均致力于西共体建设，但它们生产结构薄弱，无法为彼此之间的贸易提供动力。不过，得益于政治和经济治理的改善以及出口的增加，有些国家的经济表现出现明显好转，国内生产总值增长超过6%，例如科特迪瓦、塞内加尔、加纳、几内亚、尼日尔、贝宁、布基纳法索和塞拉利昂。

萨赫勒地区以及马里、尼日尔、布基纳法索、尼日利亚边境三角地带的安全局势依然紧张，给整个区域的安全带来严峻挑战。中国目前正在协助联合国努力稳定该区域局势。（2013年7月，我国首批赴马里维和部队正式组建，随后开赴马里，担负任务区道路桥梁抢修、营区安全保卫、医疗救护和后送伤员等任务。这是我国自1990年首次向联合国维和行动派出维和人员以来，参与的第30项联合国维和行动。2021年7月，我国第九批赴马里维和部队开赴马里，承担营区安全防卫、巡逻护送、任务区内道路桥梁维护、伤病员救治和卫生防病等任务。——审读者注）

中国的"一带一路"倡议沿着大西洋海岸抵达马格里布地区，为曾经是法国和英国殖民地的西非国家改善本国经济状况带来了机遇。

stratégique dans les routes de la soie chinoises en direction à la fois de l'Afrique et de l'Europe.

2. L'Afrique occidentale

L'Afrique occidentale regroupe 16 pays dont la majorité sont situés sur le littoral atlantique. Le Nigéria, grand pays producteur d'hydrocarbures et premier pays africain sur le plan démographique en fait partie.

Les Etats de la région appartiennent tous à la Commission économique des Etats d'Afrique occidentale – CEDAO créée en 1975. Si tous ces pays restent attachés à cette communauté, la faiblesse de leurs structures productives n'aide pas à la dynamisation des leurs échanges commerciaux. Cependant, certains ont enregistré une nette amélioration de leurs performances économiques avec des PIB supérieurs à 6% grâce à l'amélioration de leurs gouvernances politique et économique et à l'accroissement de leurs exportations. C'est le cas de la Côte d'Ivoire, du Sénégal, du Ghana, de la Guinée, du Niger, du Bénin, du Burkina Faso et de la Sierra Leone.

Les tensions sécuritaires que connait le Sahel et son triangle frontalier Mali, Niger, Burkina Faso et Nigéria, restent vivaces, ce qui pose de graves défis à la sécurité de l'ensemble de la région. La Chine est aujourd'hui partie prenante de l'effort des Nations unies pour stabiliser la région.

L'initiative chinoise de la ceinture et de la route, qui longe le littoral atlantique en direction du Maghreb, est une opportunité pour les pays de l'Afrique occidentale, autrefois colonies française et britannique, pour améliorer leurs performances économiques.

三、中部非洲

中部非洲北起地处撒哈拉沙漠中央的乍得，南至赤道。该地区拥有丰富的矿产资源（刚果民主共和国）和石油资源（加蓬、赤道几内亚）。然而，这些国家的经济表现受制于政治治理不佳、局势不稳定（中非共和国）和对单一产品（石油）的依赖，尤其是在行情下跌的时候。

中部非洲处于非洲中心的战略位置使之对"一带一路"建设具有重要意义。该区域是撒哈拉地区与赤道地区之间、非洲大陆东部与西部之间的中转站。

矿产资源丰富和人口众多（9000万）的刚果民主共和国也是中部非洲的一部分。

四、东部非洲

东部非洲因其地理位置之故，成为中国最早了解的非洲区域。该地区是海上丝绸之路和陆上丝绸之路在非洲的交汇点。东非面向印度洋和太平洋，使之成为中国、美国和欧洲等大国以及印度和海湾国家等地区强国竞相关注的对象。这些国家的注意力集中在建有海运、贸易和军事平台的吉布提港。

该区域的坦桑尼亚、肯尼亚、乌干达、卢旺达、布隆迪和南苏丹等国属于东非共同体（简称"东共体"，英文缩写"EAC"。——审读者注）。该组织最早成立于1967年，秘书处设在坦桑尼亚阿鲁沙市，宗旨是加强成员国在经济、社会、文化、政治、科技、外交等领域的合作，协调产业发展战略，共同发展基础设施，实现成员国经济和社会可持续发展，逐步建立关税同盟、共同市场、货币联盟，并最终实现政治联盟。东非的地理人文重要性来自埃塞俄比亚，该国拥有1.2亿人口，是非洲人口第二多的国家。发源于乌干达的尼罗河流经埃塞俄比亚、苏丹和埃及，注入地中海。尼罗河既给沿岸国家提供了合作的机遇，也是它们之间对

3. L'Afrique centrale

L'Afrique centrale commence au Tchad, en plein désert saharien et descend jusqu'à l'équateur. Cette zone possède de gigantesques ressources minérales (RDC) et pétrolières (Gabon, Guinée équatoriale). Ses résultats économiques souffrent cependant de la médiocrité des gouvernances politiques, de l'instabilité (Afrique centrale) et de la dépendance des monoproductions (hydrocarbures), surtout dans les phases de repli des cours.

C'est sa position stratégique au cœur de l'Afrique qui confère à cette zone son importance pour les routes de la soie. Elle est un relai entre le Sahara et les zones équatoriales d'une part et entre l'est et l'ouest du continent.

La RDC avec ses grandes richesses minérales et sa population dense (90 millions d'habitants) fait partie de l'Afrique centrale.

4. L'Afrique orientale

C'est la première zone africaine que les chinois ont connu du près du fait de sa position géographique. Elle est un point de rencontre des deux routes de la soie, maritime et terrestre, qui concernent l'Afrique. Son ouverture sur les océans Indien et Pacifique fait d'elle l'objet des convoitises à la fois des grands puissances, Chine, Etats-Unis et Europe, mais aussi des puissances régionales, Inde et pays du Golfe. Cet intérêt est polarisé autour du port de Djibouti où sont implantées des plateformes maritimes, commerciales et militaires.

Les pays de cette zone appartiennent à la Communauté de l'Afrique de l'est - CAE. Son importance géo-humaine provient de l'Ethiopie, second pays le plus peuplé d'Afrique, avec 112 millions d'habitants, traversé par le Nil, lequel prend sa source en Ouganda, avant de se jeter dans la Méditerranée, après avoir traversé le Soudan et l'Egypte. Le Nil est à la fois une opportunité de coopération entre les pays qu'il traverse, et l'origine de leurs antagonismes, surtout depuis le projet de l'Ethiopie de construire son barrage de la Renaissance. Pour faire baisser les tensions conflictuelles entre l'Ethiopie d'une part, l'Egypte et le Soudan d'autre part, ces pays doivent trouver un consensus pour une gestion commune des ressources en eaux du Nil : c'est la conviction de la Chine dont la présence dans la région est forte et qui

立的根源，特别是在埃塞俄比亚2011年4月启动复兴大坝建设项目之后。要想缓和埃塞俄比亚与埃及和苏丹之间的紧张冲突，这些国家必须就共同管理尼罗河水资源达成共识，这正是在该地区具有较大影响力的中国所坚持的信念。中国与该地区所有国家发展友好关系，准备从中斡旋，拉近各方立场。未来可能在刚果民主共和国境内的刚果河和南苏丹境内的白尼罗河之间修建的运河，或将有助于缓和埃及、苏丹和埃塞俄比亚之间的紧张关系。中国将密切关注这个问题。

东非国家（卢旺达、埃塞俄比亚、肯尼亚、乌干达、坦桑尼亚和吉布提）国内生产总值的年增长率超过6%。但近些年来，由于恐怖主义和分离主义导致索马里、苏丹和南苏丹等仍然存在极端贫困现象的国家安全局势紧张，该区域也变得不稳定。

五、南部非洲

南部非洲的重要性在于其位于非洲最南端以及大西洋和印度洋交汇处的地理位置。历史上，在第一次全球化过程中，南部非洲是15世纪从摩洛哥出发前往中国的葡萄牙远征船队的集结地。南非共和国赋予该区域特殊的意义。事实上，南非曾经是一个实行种族隔离制度的大国。为了反对这项制度，非洲历史上的伟大人物曼德拉领导了一场历史性的斗争。如今，南非是二十国集团成员国里唯一的非洲国家。该国人口众多，接近6000万，大部分是黑人，也有白人。南非还拥有丰富的矿产资源和农业资源。

南部非洲的16个国家（南非、安哥拉、博茨瓦纳、津巴布韦、莱索托、马拉维、莫桑比克、纳米比亚、斯威士兰、坦桑尼亚、赞比亚、毛里求斯、刚果民主共和国、塞舌尔、马达加斯加、科摩罗）均属于南部非洲发展共同体（简称"南共体"，英文缩写"SADC"。——审读者注）。该组织成立于1992年8月，秘书处设在博茨瓦纳首都哈博罗内，宗旨是在平等、互利和均衡的基础上建立开放型经济，打破关税壁垒，促进相互贸易和投资，实行人员、货物和劳务的自由往来，逐步统一关税和

développe des rapports amicaux avec tous, une Chine prête à jouer les intermédiaires pour rapprocher les positions des uns et des autres. La construction éventuelle d'une nouvelle liaison entre le fleuve Congo en RDC et le Nil blanc au niveau du Soudan du sud pourrait contribuer à détendre la tension entre l'Egypte, le Soudan et l'Ethiopie. Un dossier que la Chine suivra avec attention.

Si les PIB des pays d'Afrique orientale ont dépassé les 6% par an (Rwanda, Ethiopie, Kenya, Ouganda, Tanzanie et Djibouti), ses dernières années, la région n'en est pas moins instable en raison des tensions sécuritaires liées aux terrorisme et séparatisme que connaissent certains pays : Somalie et deux Soudan, pays où subsiste la pauvreté extrême.

5. L'Afrique australe

L'Afrique australe tient son importance de sa position géographique à l'extrême sud de l'Afrique et à la rencontre des océans Atlantique et Indien. Historiquement, au cours de la première mondialisation, elle a été le point de convergence des conquêtes maritimes portugaises parties du Maroc pour aboutir en Chine au XVème siècle. L'appartenance de l'Afrique du sud à cette zone lui donne un intérêt particulier. L'Afrique du sud est en effet un grand pays, qui a connu l'apartheid, contre lequel Mandela, grand nom en Afrique, a mené un combat historique. Il est le seul pays africain membre du G20. Il est riche d'une population de près de 60 millions d'habitants, composée de Noirs (majoritaires) mais aussi de blancs, et d'énormes ressources minérales et agricoles.

Les 16 pays d'Afrique australe appartiennent à la Communauté du développement de l'Afrique australe – SADC. Mais leurs économies vivent depuis ces dernières années une réelle stagnation, sinon régression en raison de la baisse des cours du brut (Angola, Mozambique), des problèmes de gouvernance politique (Zimbabwe) et/ou de l'ambiguïté de leurs systèmes politiques (Afrique du sud).

货币，最终实现地区经济一体化。然而，近些年来，由于原油价格下跌（安哥拉、莫桑比克）、政治治理问题（津巴布韦）和政治制度不明晰（南非），这些国家的经济陷入停滞状态，甚至出现倒退。

南部非洲靠近马达加斯加、科摩罗、塞舌尔等印度洋上旅游业发达的非洲岛国，以及生产系统多元且完备的毛里求斯。这些岛国是非洲和亚洲之间名副其实的中转站，显然对"一带一路"倡议兴趣浓厚。

结论

无论对非洲还是对世界来说，2020年和2021年都是艰困之年。尽管非洲大陆遭受新冠肺炎疫情打击没有世界其他地区那么严重，但其经济仍然受到经济危机后果的影响，经济衰退，增长下降。这其中有好几个原因：2020年原材料和石油行情下跌，旅游活动停止，定居发达国家的非洲移民的资金转移骤减。

中非合作论坛2021年峰会将在塞内加尔首都达喀尔举行。峰会将对新冠肺炎疫情及其影响给非洲国家带来的挑战作出回应。当前，中国通过向非洲国家提供口罩和疫苗，支持它们抗击疫情。这次峰会将从质上为中非合作提供新的活力：缓解非洲国家的过度负债，战胜经济衰退的恶劣影响，消除四处扩展的极端贫困，打击极端主义、恐怖主义行为和分裂主义风险，并确定经济发展新目标，确立非洲在"一带一路"建设中的地位。

中非合作应该把非洲大陆自由贸易区开始实施一事考虑在内，这是非洲国家在与中国关系中的一大优势。非洲内部贸易的自由化将为区域内所有国家开辟新的前景，扩大这些国家的本土市场，创建彼此之间基础设施和通信手段的相互依存关系，也势必在各地推进新的工业活动。非洲大陆自贸区必将服务于穿越非洲的"一带一路"，服务于中非合作伙伴关系。

L'Afrique australe est proche de Madagascar, des Comores, des Seychelles, iles des mers afro-indiennes connues pour leurs activités touristiques et de l'ile Maurice, au système productif à la fois riche et complexe. Ces iles sont de véritables relais entre l'Afrique et l'Asie, d'où leur intérêt évident pour l'initiative chinoise de la ceinture et de la route.

En conclusion

Pour l'Afrique, comme pour le monde entier, 2020 et 2021 ont été des années difficiles. Si notre continent n'a pas subi les effets sanitaires de pandémie aussi fortement que le reste du monde, ses économies n'en ont pas moins été affectées par les conséquences de la crise économique : récession et chute de la croissance. Plusieurs causes : la baisse des cours des matières premières et des hydrocarbures en 2020, l'arrêt des activités touristiques et la chute des transfert financiers des migrants africains installés dans les pays riches du nord.

Le prochain sommet sino-africain qui doit se tenir en 2021 à Dakar aura à répondre à tous les défis engendrés par la pandémie et leurs conséquences sur les pays africains. La Chine accompagne ces derniers dans leur gestion de la crise sanitaire en leur fournissant masques et vaccins. Ce sommet devrait donner un nouveau souffle, qualitatif, à la coopération sino-africaine : alléger le surendettement des Etats, vaincre les conséquences de la récession, lutter contre l'extrême pauvreté qui s'est élargie partout, combattre les extrémismes, les pratiques terroristes et les risques séparatistes et fixer de nouveaux objectifs en matière de développement économique et la place de l'Afrique dans l'initiative de la ceinture et de la route.

La coopération sino-africaine doit tenir compte des débuts de réalisation de la zone de libre-échange continentale – ZLEC, atout pour les pays africains dans leurs rapports avec la Chine. La libéralisation des échanges inter africains ouvrira pour tous les pays de la région de nouveaux horizons, élargira leurs marchés locaux et créera des interdépendances entre leurs équipements et leurs moyens de communication. Elle contribuera très certainement à la naissance ici et là d'activités industrielles nouvelles. La ZLEC ne peut qu'être au service des nouvelles routes de la soie qui traversent l'Afrique et des partenariats sino-africains.

在未来数十年里，中国仍将是非洲矿产和能源的主要进口国。如今，中国基础矿石需求占全球总需求的43%。中国经济仍然保持着每年6%至7%的高速增长，增长量相当于尼日利亚年度国内生产总值的两倍。全球经济增长的30%来自中国。今后几年，中国仍将是全球经济增长的火车头。战胜新冠肺炎疫情之后，中国变得更加强大，并巩固了自身相对于竞争对手的地位。

中国经济已经进入成熟阶段。按照2021年至2025年的五年规划要求，中国当前的生产结构以国内需求、社会支出、卫生健康、绿色经济和新技术为基础。未来，中国的经济积累将更加注重质量而不是数量，更加注重"国内"和"世界"市场循环的辩证统一。

这种正在进行的结构变化将对中国的外部需求产生影响，尤其是对非洲的需求。铁矿石和石油采购量将会减少，而随着食品消费模式出现质的变化，中国对食品的需求将会增加。

非洲必须适应这些变化。中国对原材料和能源需求的相对减少可能会影响到非洲的对外债务，而与此同时非洲各国都须要面对人口爆炸造成的后果。

面对这些挑战，非洲国家必须改善政治治理，发展基础设施，构建多样化的生产结构。

为了在南南合作逻辑下推动与非洲的合作实现质的进步，中国必须利用即将举行的中非合作论坛达喀尔峰会，巩固在2015年1月约翰内斯堡峰会和2018年9月北京峰会上作出的承诺。

中国和非洲都必须认识到，21世纪第三个十年将是全世界走出当前公共卫生和经济危机之后全球化进程的一个转折点。中国和非洲必须协调一致，努力促成多极格局的出现，确保全球化进程中有更多的平衡和共享。正是从这个意义上说，中非关系是21世纪关键问题的核心。

Le marché chinois restera au cours des prochaines décennies le premier importateur de matières minérales et énergétiques africaines. Aujourd'hui, il absorbe 43% de demande mondiale pour les minerais de base. Le taux de croissance de l'économie chinoise reste élevé : 6 à 7% par an, ce qui correspond au double du PIB annuel du Nigéria. 30% de la croissance mondiale provient de la Chine, qui restera la locomotive de la croissance mondiale dans les prochaines années. Ce pays est sorti plus fort encore de la crise du Covid-19 et a renforcé sa position par rapport à ses compétiteurs.

Economie désormais mature, ses structures productives sont maintenant fondées sur la demande domestique, les dépenses sociales, la protection sanitaire, l'économie verte et des nouvelles technologies, conformément aux directives du plan quinquennal 2021-2025. L'accumulation économique chinoise sera à l'avenir plus qualitative que quantitative, avec des rapports dialectiques entre les circuits des marchés « domestique » et « mondial ».

Cette mutation structurelle en cours aura un impact sur la demande extérieure chinoise, notamment à l'Afrique. La part des achats de fer et d'hydrocarbures va baisser, mais sa demande en produits alimentaires va augmenter pour répondre au changement qualitatif du mode de consommation alimentaire en Chine.

L'Afrique doit s'adapter à ces changements. La baisse même relative de la demande chinoise pour ses matières premières et énergétiques pourrait avoir des répercussions sur son endettement extérieur, à un moment où elle a à affronter les conséquences de l'explosion démographique que connaissent tous les pays.

Face à ces défis, les pays africains doivent améliorer leurs gouvernances politiques, développer leurs équipements de base et diversifier leurs tissus productifs.

Pour faire progresser qualitativement sa coopération avec l'Afrique, toujours dans la logique sud-sud, la Chine doit profiter du prochain sommet de Dakar pour consolider les engagements pris en 2015 et 2018 à Johannesburg et Beijing.

La Chine comme l'Afrique doivent être conscients du fait que la troisième décennie du XXIème sera un tournant dans l'évolution de la mondialisation, quand le monde sera sorti des crises sanitaire et économique actuelles. Elles doivent, de concert, travailler à l'émergence d'une multipolarité garantissant plus d'équilibre, de partage dans la mondialisation. C'est en cela que les rapports sino-africains se trouvent au cœur des enjeux du XXIème siècle.

Chapitre 5
第五章

中阿合作是"一带一路"倡议不可分割的组成部分

La coopération sino-arabe,
Partie intégrante de la stratégie de
la ceinture et de la route

中国与阿拉伯世界的关系可以追溯到中华人民共和国成立之时。20世纪50年代初，中阿关系伴随着纳赛尔泛阿拉伯主义潮流的出现而发展，这股潮流以当时的亚非反帝民族解放运动中枢开罗为中心。

在此背景下，中国将"阿拉伯民族主义"视为第三世界主义的重要组成部分，采取了坚决支持阿拉伯的立场。中国与当时仍在为自身解放而战的阿拉伯国家站在一起，并和其中两个已经承认新中国的国家（埃及和摩洛哥）保持密切关系。中国在巴勒斯坦人民争取民族权利的斗争中也与后者团结一致。

中国向市场经济开放之后，经济动机逐渐取代政治考量在中国与阿拉伯世界关系中的位置。随着中国对石油的需求日益增长，石油外交成了中阿关系的重点。中国也关注石油生产国的财政盈余，这既是出于促进双边贸易的考虑，也是为了推进其所规划的基础设施建设项目。

与22个阿拉伯国家建立合作关系甚至合作伙伴关系符合中国的利益。阿拉伯世界因其地理位置、丰富的能源和庞大的人口，对中国来说具有战略重要性。

诚然，阿拉伯世界如今正在经历衰乱期，丧失了自身的凝聚力和团结，许多组成部分甚至分崩离析。然而，这并未阻止中国建立一个制度框架来发展与阿拉伯世界的关系。2004年1月，在时任中国国家主席胡锦涛和阿拉伯联盟秘书长阿姆鲁·马哈茂德·穆萨的共同倡议下，中国—阿拉伯国家合作论坛正式成立。（2004年1月30日，时任国家主席胡锦涛访问了设在埃及开罗的阿拉伯国家联盟总部，会见了阿盟秘书长阿姆鲁·马哈茂德·穆萨和22个阿盟成员国代表。会见结束后，时任外交部长李肇星与穆萨秘书长共同宣布成立"中国—阿拉伯国家合作论坛"，并发表了《关于成立"中国—阿拉伯国家合作论坛"的公报》。——审读者注）但是，目前的阿拉伯国家联盟远未准备好为阿拉伯国家制定共同的对华关系策略。尽管如此，中国并未气馁，依然希望将中阿合作论坛作为展示其与阿拉伯世界关系愿景与路径的平台。当然，中国还坚持在双边关系框架下处理实际运作方面的问题，充分考虑每个国家的经济和政治特点。

Les relations entre la Chine et la région du monde arabe datent de la création de la république populaire de Chine. Elles se sont développées avec l'apparition du courant panarabe nassérien, au début des années 1950, courant dont le Caire était la capitale, laquelle était alors le cœur des mouvements de libérations afroasiatiques contre les impérialismes.

Dans ce contexte, la Chine qui avait considéré « le nationalisme arabe » - Al Kaoumia Al Arabia - comme une composante essentielle du tiers-mondisme, a adopté une position résolument pro-arabe. Elle était aux côtés des pays arabes qui combattaient encore pour leurs libérations et s'est rapprochée de ceux d'entre eux qui avaient déjà reconnu la toute jeune république chinoise (Egypte et Maroc). Elle s'est solidarisée avec le peuple palestinien dans son combat pour ses droits nationaux.

Quand la Chine s'est ouverte sur l'économie de marché, les motivations économiques se sont substituées progressivement aux considérations politiques dans ses relations avec le monde arabe. La diplomatie du pétrole en est devenue le pivot étant donné les besoins croissants de la Chine en hydrocarbures. Elle s'intéressait également aux excédents financiers des pays pétroliers, aussi bien dans la cadre de la promotion des échanges commerciaux que pour les projets d'équipement qu'elle avait en projet.

Il était donc de l'intérêt de la Chine de bâtir avec les 22 pays arabes des rapports de coopération, voire de partenariat. Pour elle, le monde arabe a, par sa position géographique, ses richesses énergétiques et le poids de sa population, une importance stratégique.

Certes, le monde arabe traverse aujourd'hui une phase de déliquescence. Il a perdu les facteurs de cohésion et d'unité qui étaient les siens et beaucoup de ses composantes sont même en dislocation. Cela n'a pas empêché la Chine de créer un cadre institutionnel pour organiser ses relations avec le monde arabe. Ainsi, en 2004, à l'initiative du président Hu Jin Tao et du secrétaire général de la Ligue arabe, Amr Moussa, un Forum de coopération sino-arabe a été mis en place. Mais la Ligue Arabe telle qu'elle est aujourd'hui est loin d'être outillée pour élaborer une approche commune des Etats arabes dans leurs rapports avec la Chine. Cela ne décourage pas pour autant la Chine qui veut faire de ce forum un podium pour présenter sa vision et son approche de ses relations avec le monde arabe. Elle tient cependant à traiter, dans le cadre de relations bilatérales, les aspects opérationnels pour tenir compte des spécificités économiques et politiques de chaque pays.

中阿合作论坛每两年举行一次，旨在加强中国同阿拉伯国家之间的对话与合作，促进和平与发展。2006年的北京会议（即2006年5月31日至6月1日在北京召开的中阿合作论坛第二届部长级会议。——审读者注）主要讨论了政治议题，包括阿以和平进程、中东去核化问题等。会议公报强调，中国支持阿拉伯国家坚持根据联合国有关决议、土地换和平原则、阿拉伯国家贝鲁特首脑会议通过的和平倡议和中东和平路线图计划，实现中东地区公正、全面和平的战略选择，以恢复阿拉伯人民的合法权利，特别是巴勒斯坦的阿拉伯人民建立其独立国家的权利，实现中东地区永久和平。支持建立中东无核区。所有国家都应遵守有关禁止核武器及其他大规模杀伤性武器的公约。2010年5月，中国和阿拉伯国家在天津签署共同宣言（即中国—阿拉伯国家合作论坛第四届部长级会议2010年5月14日签署并发表的《中国—阿拉伯国家合作论坛关于中阿双方建立战略合作关系的天津宣言》。——审读者注），宣示在中国—阿拉伯国家合作论坛框架内建立全面合作、共同发展的中阿战略合作关系，并为此加强各层次互访，开展战略对话和磋商，共同维护广大发展中国家的利益；继续在各自核心和重大利益问题上相互支持；加强各领域合作，交流治国理政和发展经验；发挥双方经济互补优势，推动双方互利合作，促进共同发展；支持不同文明间对话，致力于不同种族、宗教、信仰和文化间的相互尊重与和谐共处；加强中国—阿拉伯国家合作论坛建设，充分发挥论坛各项机制的作用，并根据形势发展和双方共同利益，拓展新的合作领域。2014年6月，由中国与摩洛哥共同主持的中阿合作论坛第六届部长级会议在北京举行。会议回顾了过去十年间中阿关系在论坛框架下的发展历程，对论坛自2004年成立以来，作为中阿双方间开展集体对话、推动中阿整体战略合作关系的有效平台，为契合双方的根本和战略利益、促进世界的和平、稳定与发展所发挥的重要作用深感满意。会议通过了《中阿合作论坛第六届部长级会议宣言》《中阿合作论坛2014年至2016年行动计划》和《中阿合作论坛2014年至2024年发展规划》等三份文件，强调中国与阿拉伯国家将在论坛第二个十年里进一步深化和拓展合作领域，将其提升至更高战略水平的愿望，并以此

Le Forum de coopération sino-arabe est un lieu de rencontres biannuelles pour la promotion du dialogue entre la Chine et les Etats arabes. Les travaux de ces rencontres tournent exclusivement autour des questions politiques, essentiellement du processus de paix arabo-israélien, de la question du désarmement nucléaire du Moyen Orient (forum de Beijing 2006). En 2010, à Tianjin, Chinois et Arabes ont signé une déclaration commune qui a consacré le caractère stratégique des relations sino-arabes en vue de promouvoir une coopération globale et un développement commun. Le VIème forum, organisé à Beijing en 2014, sous une coprésidence sino-marocaine, a fait le bilan de la première décennie des relations entre les deux parties et a été conclu par la signature de trois mémorandums par lesquels Chinois et Arabes se sont engagés à élever le niveau de leurs rapports pour une deuxième décennie.

推动彼此共同利益、促进世界的和平与安全。

不过，这次对话回避了就2011年以来在一些阿拉伯国家发生的事件开展任何形式的讨论。与此同时，阿拉伯方面则表示已经作好听从中国建议的准备，在"一带一路"框架下建设一个广阔的经济区。这意味着加强中国和所有阿拉伯国家之间的经济合作伙伴关系。正是在这一框架下，中阿双方决定把2014年和2015年定为"中阿友好年"，并将举办一系列友好交流活动。

中阿双方共同制定了《中阿合作论坛2014年至2024年发展规划》。双方在共同宣言中强调必须采取联合行动，保持地区局势稳定，打击恐怖主义和激进主义，在阿拉伯国家联盟提出的方案基础上共同寻找和平解决巴以冲突的办法。

在过去十年里，中国一直致力于运用多种机制来发展与阿拉伯国家的关系，包括制度、经济和文化机制。部长级会议为中阿合作论坛的长期机制，由各国外长和阿盟秘书长组成，每两年在中国或阿盟总部或任何一个阿拉伯国家轮流举办一次部长级例会，必要时可以召开非常会议。会议主要讨论加强中国和阿拉伯国家在政治、经济、安全等领域的合作；就共同关心的地区和国际问题、联合国及其专门机构会议所讨论的热点问题交换意见；回顾论坛行动计划执行情况；讨论双方共同关心的其他事务。高官委员会会议每年召开例会，由中阿双方轮流承办，必要时经双方同意也可随时开会。负责筹备部长级会议并落实部长级会议的决议和决定，并举办中阿高官级战略政治对话。部长级会议和高官会及高官级战略政治对话之外，论坛框架下逐步形成了中阿关系暨中阿文明对话研讨会、中阿改革发展论坛、中阿企业家大会暨投资研讨会、中阿能源合作大会、中阿互办艺术节、中阿新闻合作论坛、中阿友好大会、中阿城市论坛、中阿北斗合作论坛、中阿妇女论坛、中阿卫生合作论坛、中阿广播电视合作论坛、中阿图书馆与信息领域专家会议和中阿技术转移与创新合作大会等机制。以上活动一般每两年轮流在中国和阿拉伯国家举办一次。此外，中阿在环境保护、人力资源培训等领域也有着机制性合作。

Ce dialogue a cependant éludé tout débat sur les évènements que vivent certains pays arabes depuis 2011. Par contre, la partie arabe s'est déclarée prête à adopter l'orientation proposée par la Chine de bâtir une large zone économique dans le cadre de la stratégie de la Nouvelle route de la soie. Cela implique le renforcement des partenariats économiques entre la Chine et tous les pays arabes. C'est dans ce cadre que les deux années 2014 et 2015 ont été déclarées « années d'amitié sino-arabe ».

Les deux parties ont élaboré ensemble une ligne de conduite pour promouvoir leurs relations économiques pour la décennie 2014-2024. Leur déclaration commune insiste sur la nécessité d'une action commune pour préserver la stabilité, pour lutter contre le terrorisme et le radicalisme et pour chercher ensemble une solution pacifique du conflit israélo-palestinien sur la base du projet présenté par la Ligue arabe.

La Chine a tenu tout au long des dix dernières années à mettre en œuvre plusieurs mécanismes pour développer ses relations économiques avec les pays arabes, mécanismes institutionnels (rencontres ministérielles ou au niveau des experts), économiques (forums du monde des affaires, séminaires sur l'investissement, tables rondes sur l'énergie) et culturels (dialogues entre les deux civilisations, organisation du festival sino-arabe).

在实际运作层面，中国承诺2014年至2017年期间为阿拉伯国家再培训6000名各类人才，同阿方分享发展、减贫等方面经验，交流中方的先进适用技术。2014年至2024年期间，中方还将组织10000名中阿艺术家互访交流，推动并支持200家中阿文化机构开展对口合作，邀请并支持500名阿拉伯文化艺术人才到中国研修。

能源——中阿关系的主轴

经济是中阿关系的引擎，当然也有利于中国的加速发展。在中阿合作论坛头十年里，即从2004年到2014年，中国与阿拉伯世界的贸易额从255亿美元增长到2400亿美元，年均增长率高达25%。这主要是由于阿拉伯国家对华石油出口量从4050万吨增加到了1.33亿吨（年均增长率为12%）。

在中东和北非地区，中国在短短五年内成为伊朗和阿尔及利亚的最大贸易合作伙伴，利比亚的第二大贸易合作伙伴，摩洛哥、黎巴嫩、突尼斯、土耳其和埃及的第三大贸易合作伙伴，伊拉克、约旦、叙利亚和海湾国家的第四大贸易合作伙伴。中国从阿拉伯国家进口石油，向其出口资本货物，特别是遍布中东和北非所有市场的日常消费品。

在此期间，中国公共工程建筑企业在阿拉伯世界的业务呈指数级增长，合同金额从26亿美元增加到290亿美元，年均增长率高达27%。可见，中国经济十分善于利用阿拉伯国家的财政盈余。

同一时期，中国对阿拉伯世界的投资也显著增长，从1725万美元增加到24亿美元。

中国目前是阿拉伯经济体的第二大贸易合作伙伴，仅次于欧盟。阿拉伯世界虽然在中国的所有贸易合作伙伴中仅排名第七，却是中国在能源领域的最大合作伙伴。

La Chine s'est engagée sur le plan opérationnel à former 6.000 cadres arabes dans le domaine du développement humain, de la lutte contre la pauvreté et des technologies nouvelles tout au long de la période 2014-2017. Elle s'est également engagée à organiser des échanges et des voyages pour 10.000 étudiants arabes et chinois et à soutenir la coopération entre 200 institutions culturelles et à parfaire la formation en Chine de 500 travailleurs culturels et artistiques.

L'énergie, axe principal des rapports sino-arabes

L'économique est le moteur des rapports sino-arabes au service, bien sûr, du développement accéléré de la Chine. Au cours de la première décennie du Forum, de 2004 à 2014, les échanges commerciaux Chine - monde arabe ont progressé de 25,5 à 240 milliards de dollars, au rythme d'accroissement annuel de 25% ! Il s'agit pour l'essentiel des ventes du pétrole arabe à la Chine qui sont passées de 40,5 à 133 millions de tonnes (+ 12% par an).

Ainsi, en cinq années seulement, dans la région MENA, la Chine est devenue le premier partenaire commercial de l'Iran et de l'Algérie, le deuxième de la Libye, le troisième du Maroc, du Liban, de la Tunisie, de la Turquie et de l'Egypte, le quatrième de l'Irak, de la Jordanie, de la Syrie et des pays du Golfe. Elle achète aux pays arabes des hydrocarbures et leur vend des biens d'équipement et surtout les produits de consommation courante que l'on trouve dans tous les bazars du Moyen orient et de l'Afrique du nord.

Les contrats des firmes chinoises de travaux publics se sont accrus dans le monde arabe d'une façon exponentielle au cours de cette période : de 2,6 à 29 milliards de dollars avec une progression annuelle de 27%. C'est dire à quel degré l'économie chinoise a su profiter des excédents financiers arabes.

Enfin, les investissements chinois dans le monde arabe se sont accrus au cours de la même période de 17,25 millions à 2,4 milliards de dollars.

La Chine est devenue le second partenaire commercial des économies arabes après l'Union européenne, alors que l'ensemble du monde arabe ne se situe qu'au 7ème rang des partenaires commerciaux de la Chine. Il est cependant son premier partenaire dans le domaine de l'énergie.

按照对华贸易模式，阿拉伯国家可以分为四类：

• 石油占主导地位的海湾石油生产国。正是出于这方面考虑，中国正在加强与海湾阿拉伯国家合作委员会（简称"海合会"，英文缩写"GCC"，成立于1981年5月25日，秘书处设在沙特阿拉伯首都利雅得，宗旨是加强成员国之间在各领域内的协调、合作和一体化，加强和密切成员国人民间的联系、交往与合作，推动六国发展工业、农业、科学技术，建立科学研究中心，兴建联合项目，鼓励私营企业间的经贸合作。——审读者注）的联系；

• 与中国有着长期合作、投资和贸易往来的石油生产国（阿尔及利亚、苏丹和利比亚）；

• 对华贸易存在结构性逆差的非石油生产国（摩洛哥、叙利亚、黎巴嫩、突尼斯）；

• 贫穷的非洲阿拉伯国家。除了贸易之外，这些国家（毛里塔尼亚和苏丹）与中国的关系主要是中方给予大量资金和技术援助。

面对"阿拉伯之春"和安全风险的中国

2011年以来，地中海地区局势引发中国关注。一方面是经济稳定受到经济和金融危机严重破坏的欧洲，另一方面是因受"阿拉伯之春"抗议运动挑战而变得脆弱的地中海南岸和东岸国家。

2011年之前，中国与所有阿拉伯国家发展友好关系。中国明确表示自己在巴勒斯坦问题上与阿拉伯国家保持团结，认为该问题对维护中东的平衡至关重要。中国一直重视与阿拉伯世界人口最多、拥有辉煌古代文明的埃及发展强有力的关系。从纳赛尔时代开始，历经萨达特和穆巴拉克执政时期，中国的这一立场从未改变，尽管埃及新近在政治和经济上表现出亲西方的态度。

与苏联一样，中国也欣赏实行一党制的阿拉伯国家（埃及、伊拉克、叙利亚、利比亚和阿尔及利亚）。另外，从20世纪50年代开始，中国

On peut classer les pays arabes dans quatre modèles d'échanges avec la Chine :

• Les pays pétroliers du Golfe où le pétrole est prédominant. C'est pour cette considération que la Chine renforce ses contacts avec le Conseil de coopération du Golfe ;

• Les pays pétroliers ayant avec la Chine une pratique ancienne de coopération, d'investissement et d'échange (Algérie, Soudan et Libye) ;

• Les pays non producteurs de pétrole, ayant des échanges structurellement déficitaires avec la Chine (Maroc, Syrie, Liban, Tunisie) ;

• Les pays arabes pauvres de type africains. A côté des échanges, les rapports avec la Chine sont caractérisés par l'importance de l'aide financière et technique (Mauritanie et Soudan).

La Chine face au « Printemps arabe » et les risques de l'insécurité

Depuis 2011, la situation en Méditerranée intrigue la Chine : l'intrigue l'Europe, où la crise économique et financière a déstabilisé profondément les économies, comme l'intriguent les pays qui, au sud et à l'est de la Méditerranée, ont été fragilisés par les contestations du Printemps arabe.

Avant 2011, la Chine développait des rapports d'amitié avec tous les pays arabes. Elle affirmait clairement sa solidarité dans la question palestinienne qu'elle considère essentielle pour l'équilibre du Moyen Orient. Elle a toujours estimé important de développer des relations fortes avec l'Egypte, premier pays arabe sur le plan démographique et héritier d'une grande civilisation. Cette position qui date de l'ère Nasser n'a pas varié, ni sous Sadate, ni sous Moubarak malgré les nouvelles attitudes pro-occidentales de l'Egypte sur les plans politique et économique.

Comme l'URSS, la Chine appréciait les Etats arabes qui ont adopté le système du parti unique (Egypte, Irak, Syrie, Libye et Algérie). Par ailleurs et depuis les

与马格里布地区国家建立了友好关系，支持后者争取民族独立的斗争。

随着本国石油需求大幅增加，中国加强了与海湾国家、利比亚和阿尔及利亚等阿拉伯石油生产国的关系，其目的是从这些国家进口石油并在贸易和基础设施规划领域利用这些国家的财政盈余。

2011年，中国政府和世界上许多其他国家的政府一样，对"阿拉伯之春"和一系列强烈反对政治专制主义、腐败和租赁经济的运动感到震惊。各国惊讶地发现，突尼斯、埃及和利比亚的最高领导人很快被赶下台，利比亚、叙利亚和也门的局势陷入动荡，导致内战爆发以及与激进主义和恐怖主义有关联的网络得以扩张。

中国领导人尤为关注社交网络在引发最初抗议方面起到的决定性作用。中国媒体迅速谴责以美国为首的西方煽动人们利用社交网络破坏阿拉伯国家的稳定。中国媒体指出，这一现象在伊朗也很普遍，当地改革派利用新的通信手段谴责保守派操控国家。对中国的评论员来说，正是西方煽动了阿拉伯国家内部的反对派，并调动伊朗的社交网络来推动改变该国的政治制度。

从那以后，中国开始监管国内社交网络的使用。在这种情形下，中国又重拾邓小平关于吸取苏联解体教训的告诫。（苏联解体后不到两个月，邓小平在"南方谈话"中指出："帝国主义搞和平演变，把希望寄托在我们以后的几代人身上。江泽民同志他们这一代可以算是第三代，还有第四代、第五代。我们这些老一辈的人在，有分量，敌对势力知道变不了。但我们这些老人呜呼哀哉后，谁来保险？所以，要把我们的军队教育好，把我们的专政机构教育好，把共产党员教育好，把人民和青年教育好。中国要出问题，还是出在共产党内部。"——审读者注）当时，中国加快了经济改革步伐，同时强化了中央集权的政治制度。面对阿拉伯国家发生的事件，中国领导人考虑到中国经济正在向成熟阶段过渡，

années 1950, elle a tissé des relations amicales avec les pays maghrébins dont elle a été solidaire de leurs combats pour leurs indépendances.

Comme l'URSS, la Chine appréciait les Etats arabes qui ont adopté le système du parti unique (Egypte, Irak, Syrie, Libye et Algérie). Par ailleurs et depuis les années 1950, elle a tissé des relations amicales avec les pays maghrébins dont elle a été solidaire de leurs combats pour leurs indépendances.

Depuis que ses besoins en pétrole ont considérablement augmenté, la Chine a renforcé ses relations avec les pays arabes producteurs d'hydrocarbures : les pays du Golfe, la Libye et l'Algérie. Son objectif : acheter des hydrocarbures et tirer profit de leurs excédents financiers sur le plan commercial et au niveau des programmes d'infrastructures.

En 2011, le gouvernement chinois, comme de nombreux gouvernements dans le monde, a été surpris par le Printemps arabe et l'intensité de ses manifestations contre l'absolutisme politique et contre la pratique de la corruption et de la rente économique. Il a été surpris par l'élimination rapide des dirigeants suprêmes en Tunisie, Egypte et Libye et par l'instabilité qui s'est installée en Libye, en Syrie et au Yémen, laquelle a conduit à des guerres civiles et au développement de réseaux liés au radicalisme et au terrorisme.

Les responsables chinois ont accordé un intérêt particulier au rôle déterminant des réseaux sociaux dans le déclenchement des premières contestations. Les médias chinois ont alors rapidement accusé l'Occident et principalement les Etats-Unis, d'avoir encouragé l'utilisation de ces réseaux pour déstabiliser les pays arabes. Ils ont observé que ce phénomène se retrouve aussi en Iran où le courant réformateur a utilisé ses nouveaux moyens de communication pour dénoncer la mainmise des conservateurs sur le pays. Pour les commentateurs chinois, c'est l'Occident qui aurait surchauffé les opposants dans les pays arabes et mobilisé les réseaux sociaux en Iran pour pousser au changement des systèmes politiques.

Depuis, la Chine encadre chez elle l'utilisation des réseaux sociaux. Pour cela et dans ces circonstances, elle est revenue aux recommandations de Deng Xiaoping qui appelait à retenir les leçons de la dislocation de l'URSS. Il avait alors accéléré le rythme des réformes économiques tout en renforçant le caractère centralisé du système politique. Face aux évènements des pays arabes, les responsables chinois ont décidé d'accélérer les réformes en tenant compte du passage de leur économie à la phase de maturité. C'est dans le cadre de cette orientation que les autorités ont

决定加快推进改革进程。正是在这一方向上，中国政府强调必须改变增长模式，扩大国内市场，并重申坚持中央集权的政治制度。

"阿拉伯之春"失败之后，中国与俄罗斯的立场更加接近，并表示反对西方国家的处事态度。在这方面，中国反对一切试图推翻叙利亚总统巴沙尔·阿萨德的干预行动，正如其对英法两国与美国合谋军事干预利比亚的行为持保留态度一样。西方对利比亚的干预导致卡扎菲下台，对利比亚产生了巨大影响（混乱、内战、伊斯兰激进主义势力得势），也引发萨赫勒地区尤其是马里局势动荡。中国高度关注利比亚局势，该国是中国的石油供应国，中国企业也在利比亚参与公路和铁路基础设施、建筑和通信等领域的项目。中国政府被迫迅速从利比亚撤离37000名中国公民。（2011年2月中旬以后，利比亚发生严重骚乱并迅速蔓延升级，安全形势急剧恶化。党和国家领导人相继作出重要指示和批示，要求有关方面迅即采取切实有效措施，全力保障我在利人员生命财产安全，决定分批组织包括港澳台同胞在内的中国驻利比亚人员撤离。在党中央、国务院的坚强领导下，在国内各部门、军队、地方政府、中资企业和驻外使领馆的共同努力下，从2月22日到3月2日，有回国意愿的在利比亚中国公民全部安全撤出，共计35860人。——审读者注）很显然，西方的目的是控制利比亚的石油储备。后来，中国又从局势极不稳定的也门撤离了600名中国公民。（2015年3月26日以后，也门安全形势严重恶化。党和国家领导人要求有关部门采取措施，确保在也门中国同胞的安全。外交部、国防部等有关部门以及中国驻也门、亚丁、吉布提等使领馆紧急行动，将绝大部分在也门同胞安全撤离。中国海军第十九批亚丁湾护航编队所属舰船承担了接护任务，于3月29日和30日分两批搭载571名中国公民离开也门荷台达港前往吉布提港。——审读者注）

对于如何解决阿拉伯地区的诸多问题，中国有着不同于西方的看法。西方一贯推行价值观外交，一厢情愿地希望改变阿拉伯国家，甚至不惜动用武力输出西式民主，结果造成了许多悲剧。中国则认为首先要解决发展和民生问题，主张互利共赢搞建设，同时强调尊重各国的国情和文化，坚持不干涉别国内政的原则。

mis en évidence la nécessité de changer de modèle de croissance, d'élargir le marché domestique tout en réaffirmant leur attachement à la centralité du système.

L'échec du Printemps arabe a conduit la Chine à se rapprocher des positions de la Russie et à manifester son opposition aux attitudes des pays occidentaux. Dans ce cadre, elle a refusé l'idée de toute intervention pour l'élimination de Bachar el Assad, comme elle avait émis des réserves lors de l'intervention britannique et française, avec la complicité des Etats-Unis, en Libye. Cette intervention qui a contribué à éliminer Kadhafi a eu d'énormes répercussions sur la Libye (dislocation, guerre civile, installation de pouvoirs du radicalisme islamique), sur le Sahel et notamment sur le Mali. La Chine est très préoccupée par la nouvelle situation de la Libye qui la fournissait en pétrole et accueillait des entreprises chinoises dans des projets d'infrastructure routière et ferroviaire, de construction et de télécommunication. Le gouvernement chinois a été contraint d'exfiltrer ses 37.000 ressortissants en Libye dans la précipitation. Clairement, il a signifié que l'objectif de l'Occident était de mettre la main sur les réserves pétrolières libyennes. Plus tard, il a entrepris de transférer 600 ressortissants chinois du Yémen, pays vivant une grande fracture déstabilisatrice.

中国领导人希望通过推动对话和谈判，使伊拉克、叙利亚、利比亚和也门等国找到消除动荡和混乱的办法。中国也有意在这些国家恢复和平之后，经由中资企业参与当地的重建计划。中国在利比亚东西部之间的冲突中采取谨慎的立场，主张各方在联合国主持下开展协商和谈判。

2012年1月，中国国务院总理温家宝在阿联酋沙迦出席中阿合作论坛相关会议时指出，当今世界正在发生深刻复杂的历史性剧变，西亚北非地区形势也出现了重要变化，给地区国家带来重大挑战和冲击。作为阿拉伯国家好朋友、好伙伴、好兄弟，中国高度关注本地区的发展变化，愿意为地区的和平与发展提供力所能及的帮助。温家宝强调，中阿关系是中国对外关系的重要组成部分，中国始终把发展中阿关系作为外交政策的优先和重点，在当前错综复杂的国际形势下，中阿这对老朋友更应该同舟共济、精诚合作。这是中国领导人首次系统阐述中国对"阿拉伯之春"的态度和看法。（2012年1月18日，时任国务院总理温家宝出席在阿联酋沙迦举行的中阿合作论坛第四届企业家大会暨投资研讨会开幕式并发表主旨演讲。温家宝指出，中国支持海湾国家和海湾合作委员会为维护稳定、保障民生所做的努力，主张地区事务由地区国家和人民自主决定，尊重地区国家和人民追求变革的愿望、诉求，支持地区国家自主选择符合本国国情的发展道路。我们主张构建稳定、均衡的地区力量格局，鼓励地区国家本着相互尊重、睦邻友好的原则处理彼此关系，通过对话协商理智解决彼此分歧。中方愿与阿方共同努力，在地区和国际事务中发挥建设性作用，推动建立一个更加公正合理的国际政治经济新秩序。——审读者注）

中阿合作的重大转折

2016年1月，习近平主席访问沙特阿拉伯（阿拉伯世界最大的石油生产国）和埃及（阿拉伯世界人口最多的国家）。在位于开罗的阿拉伯国家联盟总部，习近平发表了具有开创性的演讲，阐明了中阿合作与"一

Les responsables chinois voudraient favoriser les approches de dialogue et de négociation pour permettre à l'Irak, à la Syrie, à la Libye et au Yémen de trouver des solutions au chaos et aux dislocations qu'ils vivent. Ils seraient intéressés à participer demain, par l'intermédiaire de leurs entreprises, aux programmes de reconstruction de ces pays, une fois la paix revenue. Ils ont pris une position prudente dans le conflit libyen qui oppose les régions orientale et occidentale, défendant l'approche de la concertation et de la négociation entre toutes les parties, sous l'égide des Nations unies.

Le grand tournant de la coopération sino-arabe

Le président Xi Jinping s'est rendu en Arabie Saoudite (premier pays arabe producteur d'hydrocarbures) et en Egypte (pays arabe le plus peuplé) en janvier 2016. Au siège de la Ligue arabe au Caire, il a prononcé un discours fondateur

带一路"倡议的关系。(2016年1月21日，国家主席习近平访问阿盟总部，会见阿盟秘书长阿拉比，并发表了题为《共同开创中阿关系的美好未来》的重要演讲。——审读者注)习近平还表示，中国坚定支持中东和平进程，支持建立以1967年边界为基础、以东耶路撒冷为首都、享有完全主权的巴勒斯坦国。这符合中国"以和为贵"的历史传统。在这方面，习近平认为应该按照联合国大会和安理会的建议，在"两国方案"基础上寻求以巴冲突的长期解决。

习近平主席此次出访之后，多位阿拉伯国家元首到访北京：2016年5月，摩洛哥国王穆罕默德六世访华；2016年9月、2017年9月、2018年9月和2019年4月，埃及总统塞西访华；2017年3月，沙特阿拉伯国王萨勒曼·本·阿卜杜勒阿齐兹·阿勒沙特访华；2017年7月，巴勒斯坦总统马哈茂德·阿巴斯访华。这些高层访问为后来实施的中国与阿拉伯国家的双边合作奠定了新的基础。

从习近平的演讲开始，中国提出的方案把中阿合作和基于各方相互依存关系的共赢理念结合起来。中国认为，阿拉伯世界的经济发展与该地区维护稳定、实现和平密不可分。"一带一路"倡议从经济和地缘政治两个层面关注阿拉伯世界，必将帮助阿拉伯国家补齐发展短板。中国表示不会干涉阿拉伯国家的内政，并愿意与各国开展合作，无论其政治制度如何。中国在各个场合都重申坚定支持中东和平进程，支持建立以1967年边界为基础、以东耶路撒冷为首都、享有完全主权的巴勒斯坦国。

以这些理论方向为基础，中国领导人提议围绕四个方面加强与阿拉伯国家政府之间的合作。

一、打击激进主义与恐怖主义。这些现象扰乱了阿拉伯世界许多地区的秩序。激进主义与恐怖主义的出现有其社会和经济根源，必须综合考虑这些因素，综合施策，标本兼治。为此，中国政府将建立中阿改革发展研究中心，并在中阿合作论坛框架内召开文明对话与去极端化圆桌会议。中方还决定提供三亿美元援助，用于执法合作、警察培训等项目，帮助该地区国家加强维护稳定能力建设，支持阿拉伯国家打击恐怖主义和极端势力。

dans lequel il a tenu à mettre en exergue le lien entre la coopération sino-arabe et le concept de la ceinture et de la route. Il a également exprimé l'adhésion de son pays à l'option pacifique dans la recherche d'une solution aux problèmes que connait le Moyen Orient en l'intégrant dans l'approche historique de la Chine dite « la sérénité chinoise ». Dans ce cadre, il considère qu'une solution au conflit israélo-palestinien passe par la reconnaissance de deux Etats comme le recommandent l'assemblée générale et le conseil de sécurité de l'ONU.

Ce voyage fait suite à plusieurs visites de chefs d'Etat à Beijing : de Mohamed VI du Maroc en mai 2016, de Sissi, président égyptien en décembre 2014, septembre 2016 et septembre 2017, du roi Salman Ben Abdelaziz d'Arabie Saoudite en mars 2017 et de Mahmoud Abbas, président palestinien en juillet 2017, visites qui ont jeté les jalons des nouvelles bases de coopération réalisées et opérationnalisées sur le plan bilatéral avec les pays arabes.

L'offre chinoise, à partir du discours de Xi rattache la coopération sino-arabe au concept gagnant-gagnant fondé sur les interdépendances entre toutes les parties. Elle considère que le développement économique du monde arabe est intimement lié à la stabilité et à la réalisation de la paix dans la région. L'initiative de la ceinture et de la route cible l'ensemble du monde arabe à travers les deux dimensions économique et géopolitique. Elle doit aider les pays arabes à vaincre leurs faiblesses en matière de développement. La Chine déclare qu'elle se refuse d'intervenir dans les affaires intérieures des Etats arabes et qu'elle est disposée à coopérer avec tous, quelle que soit la nature de leurs systèmes politiques. Et à chaque occasion, elle réaffirme son soutien au processus de paix arabe qui doit aboutir à la naissance d'un Etat palestinien sur la base de frontières de 1967 avec Jérusalem est pour capitale.

Sur la base de ces orientations doctrinales, les responsables chinois ont proposé de rattacher leur coopération avec les gouvernements arabes autour de 4 axes :

1. La lutte contre les radicalismes et terrorismes, phénomènes qui perturbent plusieurs régions du monde arabe et qui doit être appréhendé en tenant compte de ses origines, liées à des considérations sociales et économiques. Les autorités chinoises ont créé pour cela un institut de recherche dédié aux questions sur les réformes en Chine et dans les pays arabes. Ils ont décidé d'octroyer des aides financières de 300 millions de dollars pour accompagner les actions des Etats arabes en matière de lutte contre les terrorismes.

二、以工业和信息通信投资规划为基础，在对可再生能源发展的长期战略支持框架下开展合作。

三、在多个领域利用中国的技术进步为阿拉伯国家服务，特别是在汽车制造和先进技术方面。为促进中东工业化进程，中国将联合阿拉伯国家，共同实施产能对接行动，包括设立150亿美元的中东工业化专项贷款，用于同地区国家开展的产能合作、基础设施建设项目。同时，向中东国家提供100亿美元商业性贷款，支持开展产能合作；提供100亿美元优惠性质贷款，并提高优惠贷款优惠度；同阿联酋、卡塔尔设立共计200亿美元共同投资基金，主要投资中东传统能源、基础设施建设、高端制造业等。中国政府还决定与海湾国家共同成和平利用核能培训中心与清洁能源培训中心。

四、通过文化合作和科学研究促进中阿文明交流。在此框架下，中国政府决定邀请100名专家学者互访，提供1000个阿拉伯青年领袖培训名额，邀请1500名阿拉伯政党领导人到中国考察，提供一万个奖学金名额和一万个培训名额，落实一万名中阿艺术家互访，开展100部中阿典籍互译，以增进两大文明之间的交流和联系。

2020年7月6日，由中国和约旦共同主持的中阿合作论坛第九届部长级会议以视频方式举行，再次确认了这些方向。中阿双方在会上一致同意召开中阿峰会，并就打造中阿命运共同体、在涉及彼此核心利益问题上相互支持、推动共建"一带一路"、加强抗疫和复工复产合作等达成重要共识，为新形势下的中阿战略伙伴关系开辟了更广阔的前景。

促进中阿人文交流也被考虑在内，并取得了以下进展：

• 2017年4月，中阿改革发展研究中心在上海成立。该中心由中国外交部、教育部和上海市政府共同主办，上海外国语大学承办，旨在加强中阿在治国理政和经济发展方面的经验交流，负责组织中国与阿拉伯国家发展领域的科学研究和学术会议。

• 2017年5月，第一届中阿北斗合作论坛在上海举行。北斗卫星导航系统（BDS）由中国研发，与美国的全球定位系统（GPS）、欧洲的伽利略卫星导航系统、俄罗斯的全球导航卫星系统（GLONASS）具有

2. Une coopération dans le cadre d'une vision à long terme pour le soutien stratégique du développement des énergies renouvelables sur la base d'un programme d'investissement dans l'industrie et les communications.

3. Mettre le progrès technologique chinois au service des pays arabes dans plusieurs secteurs, notamment l'industrie automobile (accord de 15 milliards de dollars avec l'Egypte et de 10 dollars avec plusieurs pays arabes dont le Maroc pour valoriser leurs capacités industrielles) et les technologies avancées (prêts aux EAU et au Qatar de 20 milliards de dollars dédiés aux technologies). Les autorités chinoises ont décidé par ailleurs de créer un centre de formation dans le domaine de l'énergie nucléaire civile et des énergies propres avec les pays du Golfe.

4. Les échanges entre les civilisations chinoise et arabe par le biais de coopération culturelle et de recherche scientifique. Dans ce cadre, le gouvernement chinois a décidé d'accueillir 100 chercheurs et experts arabes et 1.000 jeunes leaders dans les institutions scientifiques d'études et de formation et de traduire 100 œuvres de grands penseurs arabes et chinois pour promouvoir les échanges et les contacts entre les deux civilisations.

Ces orientations ont été confirmées à l'occasion du forum à distance sino-arabe du 4 juillet 2020, présidé conjointement par le Chine et la Jordanie.

La promotion des aspects humains et culturels des échanges sino-arabes est également prise en charge. Dans ce cadre :

• Un centre de recherche sur les modèles du développement a été créé en 2017. Basé en Chine, il est chargé d'organiser des cycles d'études et de conférences scientifiques dans le domaine du développement en Chine et dans les pays arabes.

• Le premier forum sur la coopération Chine-Etats arabes sur le système de navigation Beidou – BDS (système chinois désormais reconnu au même titre que le système américain GPS, le système européen Galileo et le système russe GLONASS)

263

同等地位。该论坛旨在为中阿卫星导航合作建立多边平台和长效机制，促进北斗系统服务阿拉伯国家。

2018年4月，中阿北斗中心在位于突尼斯的阿拉伯信息通信技术组织总部揭牌成立，成为中国北斗卫星导航系统首个海外中心。2019年4月，第二届中阿北斗合作论坛在突尼斯举行。

• 2017年8月，中阿文明对话暨去极端化圆桌会议（即第七届中阿关系暨中阿文明对话研讨会。——审读者注）在四川成都举行。中阿通过这种形式定期开展文明对话。

• 2018年12月，2018年中国中东学会年会暨"百年中东：求索与变革"学术研讨会在河南郑州举行。会议由中国中东学会主办，郑州大学历史学院和亚洲研究院承办，多位积极推动以巴和平进程的知名人士出席，其中包括时任中国政府中东问题特使宫小生。

中阿双方在部长级会议和高官委员会会议框架下加紧行动，深化政治和战略对话。中国借此机会重申其在巴勒斯坦问题上的立场；强调必需在叙利亚创造条件，以促成有效的政治对话。阿方则重申恪守"一个中国"原则，支持中国的领土完整。

"一带一路"倡议——中阿合作新的基础

在2013年提出"一带一路"倡议之后，习近平主席很自然地将该倡议同中阿合作伙伴关系联系起来，正如他在2014年6月中阿合作论坛成立十周年之际召开的第六届部长级会议期间以及2016年1月到访阿拉伯国家联盟总部之际所作演讲中阐明的那样。中国是世界第一出口大国，其90%的出口通过海运完成，这正是中国关注海上运输通道的原因所在。这些海上运输通道均与阿拉伯世界所在区域相关：从马六甲海峡、霍尔木兹海峡到曼德海峡（以上均在印度洋），再到苏伊士运河以及地处地中海与大西洋交汇处的直布罗陀海峡。此外，中国石油进口主要来自阿拉伯国家。中国也是世界最大的石油进口国，石油进口的48%

a été organisé à Shanghai en 2017. Ce forum, en plus d'être un moyen de promotion de l'application de la technologie BDS dans la région arabe, constitue un mécanisme de coopération à long terme et une plate-forme multilatérale en mesure de renforcer la coopération en matière de navigation par satellite.

En avril 2018, un Centre Beidou/GNSS Chine-Pays arabes a été officiellement inauguré en Tunisie, pays qui a accueilli en 2019 le second forum sur la coopération Beidou entre la Chine et les pays arabes.

• L'organisation d'un dialogue entre les deux civilisations chinoise et arabe sous forme de tables rondes sur le thème du radicalisme à Shanghai (Août 2017) ;

• Tenue d'une conférence spéciale avec la participation de personnalités reconnues pour leur action pour la recherche d'une solution pacifique au conflit israélo-palestinien (décembre 2018).

Les deux parties ont intensifié leurs actions en vue d'approfondir le dialogue politique et stratégique dans le cadre de rencontres au niveau des ministres et des hauts fonctionnaires. Une occasion qui a permis à la Chine de réaffirmer sa position sur la question palestinienne et sur la nécessité de créer les conditions d'une dialogue politique fructueux en Syrie. De son côté la partie arabe a réitéré son attachement à l'intégrité territoriale de la Chine sur la base du principe : « une Chine unique et unifiée ».

La ceinture et la route, nouveau fondement de la coopération sino-arabe

Après le lancement en 2013 de l'initiative de la ceinture et de la route par le président Xi Jinping, il était naturel qu'il l'associe au partenariat sino-arabe comme il l'avait fait dans les deux discours consacrés à ce celui-ci : celui du Xème anniversaire du forum sino-arabe en juin 2014 et celui prononcé au siège de la Ligue arabe en janvier 2016. Si la Chine est en effet le premier exportateur dans le monde, 90% de ses exportations le sont par mer. C'est ce qui explique tout l'intérêt de la Chine pour les lieux de transit maritime, tous liés à la région du monde arabe : de Malacca à Ormuz à Bab el Mendeb (sur l'océan Indien) au canal de Suez et au détroit de Gibraltar, point de rencontre entre la mer Méditerranée et l'océan Atlantique. Par

来自中东，18%来自非洲，15%来自亚洲，14%来自美洲。

阿拉伯各国积极响应"一带一路"倡议，将其同自身发展规划和政策结合起来：埃及的"2030年愿景"、科威特的丝绸城建设、摩洛哥的丹吉尔穆罕默德六世科技城建设以及约旦的"2025年愿景"。

在2014年6月的讲话中，习近平提议构建"1+2+3"中阿合作格局。"1"是以能源合作为主轴，深化油气领域全产业链合作，维护能源运输通道安全，构建互惠互利、安全可靠、长期友好的中阿能源战略合作关系。"2"是以基础设施建设、贸易和投资便利化为两翼，加强中阿在重大发展项目、标志性民生项目上的合作，为促进双边贸易和投资建立相关制度性安排。"3"是以核能、航天卫星、新能源三大高新领域为突破口，努力提升中阿务实合作层次。

中阿双方都有促进彼此之间合作伙伴关系的意愿，尤其是因为中国如今已经成为十个阿拉伯国家的主要贸易合作伙伴。

中阿贸易持续增长

阿拉伯国家是中国最大的石油供应国，2016年对中国的出口额超过2200亿美元。预计到2024年中阿合作论坛成立20周年之际，这一数字将达到3000亿美元。然而，新冠肺炎疫情造成的全球经济衰退导致2020年石油行情下跌，使这一预期充满不确定性，尽管中国的经济增长率将在2021年出现大幅回升（预计为8%）。

自2004年9月中阿合作论坛第一届部长级会议举行以来，双方贸易额大幅增长：从2004年的367亿美元增长到2008年的1000亿美元，在2014年超过2510亿美元（快速增长），再到2016年的2200亿美元和2017年的1910亿美元（略有减少）。对华贸易占阿拉伯国家尤其是

ailleurs, l'essentiel des importations en hydrocarbures provient des pays arabes. Le marché chinois est d'ailleurs le premier importateur d'hydrocarbures dans le monde. 48% de ses achats proviennent du Moyen Orient, 18 % d'Afrique, 15% d'Asie et 14% d'Amérique.

Les différents pays arabes ont répondu positivement à la logique de la ceinture et de la route à laquelle ils ont adhéré en la rattachant à leurs programmes et politiques de développement : plan d'émergence égyptien à l'horizon 2030, construction de la cité de la soie au Koweït, de la ville technologique Mohamed VI au Maroc, de la vision 2025 en Jordanie.

Dans son discours de 2014, Xi a proposé de bâtir l'architecture de la coopération sino-arabe suivant le format 1+2+3. L'axe principal de cette coopération sera l'énergie (1). Cette coopération aura deux moteurs essentiels : les infrastructures de base d'une part et le commerce et l'investissement d'autre part (2). Elle se développera au travers de trois pénétrantes que sont les technologies avancées, l'énergie nucléaire civile et les satellites et les énergies renouvelables (3).

Les deux parties arabe et chinoise ont la volonté de promouvoir leur partenariat et ce d'autant plus que la Chine est aujourd'hui le premier partenaire commercial de 10 pays arabes.

Les échanges commerciaux sino-arabes en progression continue

Les pays arabes sont les premiers fournisseurs de la Chine en hydrocarbures avec plus de 220 milliards de dollars en 2016. Ils devaient atteindre 300 milliards de dollars en 2024, année du vingtième anniversaire du forum sino-arabe. Mais, la chute des cours de 2020 suite à la récession mondiale produite par la crise du Covid-19 a remis en cause ces prévisions malgré le fait que le rythme de croissance chinois a bondi fortement en 2021 (8% prévu).

Depuis 2004 et la tenue du premier forum sino-arabe, les échanges commerciaux entre les deux parties ont augmenté significativement : de 36,7 milliards de dollars en 2004 à 100 milliards en 2008. Ils ont dépassé les 251 milliards de dollars en 2014 (accélération rapide) et 220 en 2016 et 191 milliards en 2017 (léger recul). Le volume de ces échanges, qui représentent l'essentiel des exportations arabes, notamment pour les pays du Golfe, la Libye et l'Algérie, a été impacté par

海湾国家、利比亚和阿尔及利亚出口的大部分，但贸易额受到石油行情涨跌的影响。中国向阿拉伯国家出口的商品则呈现高度多样化的特点：消费品、中间产品以及与中国在阿拉伯国家投资项目相关的资本货物。

中国对阿拉伯国家的投资

中国对阿拉伯国家的投资持续增长：2004年为1.8亿美元，2017年达到12.6亿美元。承诺投资额方面，2004年估计约为41亿美元，十年之后达到360亿美元，从2017年开始则稳定在320亿美元左右。

在此框架下，中国在一些阿拉伯国家，特别是沙特阿拉伯、阿联酋、摩洛哥、埃及、阿尔及利亚和突尼斯，成立了联合商会。中国还设立了中国和阿拉伯国家银行双边理事会。从2013年开始，中国在宁夏举办了多届中国—阿拉伯国家博览会。（2021年8月19日至22日，第五届中阿博览会在宁夏银川举行。——审读者注）中国与阿尔及利亚、沙特阿拉伯、埃及、阿曼和卡塔尔之间开通了直飞航线。摩洛哥皇家航空公司拟于2020年1月开通北京至卡萨布兰卡的直飞航线，后因疫情暂停。中国和阿拉伯世界之间的航班满足了阿拉伯国家华侨华人群体的出行需求（阿尔及利亚）和中国游客的出行需求（埃及、摩洛哥、突尼斯、阿联酋、沙特阿拉伯【宗教旅游】）。

近几十年来，中资企业在阿拉伯国家涉足了以下行业：港口建设（沙特阿拉伯、阿联酋、阿尔及利亚、吉布提）、石油和天然气管道敷设以及铁路、公路和高速公路建设（阿尔及利亚、利比亚）。中资企业致力于在多个阿拉伯国家建设产业平台：沙特阿拉伯吉赞产业园、阿曼杜古姆产业园、苏丹经贸合作区、埃及苏伊士经贸合作区、摩洛哥丹吉尔穆罕默德六世科技城。目前，中资企业正在参与埃及新行政首都的建设。中国还计划将高速铁路引入埃及，并参与摩洛哥马拉喀什和阿加迪尔之间铁路的扩建工程。

la variation des cours des hydrocarbures. Les ventes chinoises aux pays arabes se caractérisent par leur grande diversité : biens de consommation, biens intermédiaires et d'équipement en relation avec les projets d'investissements chinois dans les pays arabes.

Les investissements extérieurs chinois dans les pays arabes

Les investissements extérieurs chinois dans les pays arabes ont connu une progression continue : de 180 millions de dollars en 2004, ils ont atteint 1,26 milliard en 2017. Les engagements d'investissement, estimés à 4,1 milliards en 2004 ont atteint 10 années après 36 milliards de dollars, avant de se stabiliser autour de 32 milliards à partir de 2017.

Dans ce cadre, la Chine a mis en place dans certains pays arabes des conseils communs regroupant des hommes d'affaires des deux parties, notamment en Arabie Saoudite, dans les EAU, au Maroc, en Egypte, en Algérie et en Tunisie. Elle a également créé des conseils bilatéraux entre banques chinoises et banques arabes. Des rencontres d'affaires et des expositions arabo-chinoises sont organisées dans la région Ningxia. Des lignes aériennes directes chinoises relient la Chine à l'Algérie, à l'Arabie Saoudite, à l'Egypte, à Oman et au Katar. Royal Air Maroc a ouvert une liaison Beijing – Casablanca en 2019, que la crise sanitaire a arrêté. Les lignes aériennes reliant la Chine au monde arabe répondent aux besoins de déplacement des communautés chinoises installées dans le pays (Algérie), des touristes (Egypte, Maroc, Tunisie, EAU et Arabie Saoudite (tourisme religieux)).

Au cours des dernières décennies, les firmes chinoises dans le monde arabe sont intervenues dans les secteurs suivants : la construction des ports (Arabie Saoudite, EAU, Algérie, Djibouti), l'enfouissement des oléoducs et gazoducs, la construction de voies ferrées et de routes et autoroutes (Algérie, Lybie). Elles se sont engagées à créer des plateformes industrielles dans plusieurs pays arabes : à Gizan en Arabie Saoudite, à Dakam à Oman, au Soudan, dans la zone du canal de Suez en Egypte et dans la ville Mohamed VI tech au Maroc. Elles participent actuellement à la construction de la nouvelle capitale administrative Egyptienne. Elles ont prévu d'introduire le TGV en Egypte et de participer au projet de prolongement de la voie ferrée entre Marrakech et Agadir au Maroc.

2017年，沙特阿拉伯国王萨勒曼已经计划让中国参与该国的"2030年愿景"，推动沙特生产结构多样化，以减少对石油租赁经济的依赖。为此，双方签署了11项关于石油与核能（研制高温气冷堆）合作的协议。

中阿在社会与文化领域的合作

近20年来，中阿在人文交流、文化和教育、技术等各个领域的合作项目不断增加。中国把宁夏地区作为"中国伊斯兰教"的一面镜子，用以加强与阿拉伯世界的文化和精神联系。在那里，中国创造了一个弘扬中国思想和宽容精神的中心。对中国来说，这个拥有240万穆斯林地区的清真寺和文化中心体现了中国伊斯兰教的特色。

中国政府在阿拉伯世界开设了20多家孔子学院，通常与当地大学合作，致力于推广汉语教学。在孔子学院注册的年轻人希望学习普通话，以便将来能赴中国深造或在中资企业工作。据统计，孔子学院2004年毕业人数超过七万人，目前注册人数超过八万人。同样，中国高等教育机构中的阿拉伯留学生人数从2004年的1130人增加到2016年的18050人，年均增长26%。阿拉伯国家大学中的中国留学生人数也有显著增加，尤其是在阿拉伯语言和文学系（从2004年的242人增加到2016年的2433人）。

中国认为，与阿拉伯国家在该领域的合作是21世纪"文化丝绸之路"的一部分。这条涉及18亿中国人和阿拉伯人的丝绸之路，是"一条让中国人了解西边的阿拉伯和让阿拉伯人了解东边的中国之路"。

近些年来，特别是2013年之后，中阿科技领域合作取得了显著和质的进步。在中国实验室工作的阿拉伯专家中，研究人员数量增至123人。

En 2017, le roi Salman d'Arabie Saoudite a prévu d'impliquer la Chine dans sa vision 2030 de diversification du système productif de son pays pour réduire sa dépendance vis-à-vis de la rente pétrolière. 11 conventions concernant le secteur pétrolier et l'énergie nucléaire (construction d'un réacteur à haute tension avec un système refroidissement à partir du gaz naturel) ont ainsi été signées.

La coopération sino-arabe dans les domaines social et culturel

Les, projets de coopération sino-arabes se sont multipliés au cours des 20 dernières années dans tous les domaines touchant aux échanges humains, la culture et l'éducation, en plus de la technologie. La Chine fait de la région de Ningxia le miroir de l'« Islam chinois » pour consolider ses liens culturels et spirituels avec le monde arabe. Elle y a créé un centre de rayonnement de la pensée et de la tolérance chinoise. Pour elle, les mosquées et les centres culturels de cette région, qui abrite 2,4 millions de musulmans, incarnent les spécificités de l'islam chinois.

Les autorités chinoises ont ouvert dans le monde arabe quelques 20 centres culturels Confucius, souvent en partenariat avec des universités locales, dédiés à l'apprentissage de la langue chinoise. Les jeunes inscrits dans ces centres veulent apprendre le mandarin pour pouvoir poursuivre leurs études supérieures en Chine et/ou travailler pour des firmes chinoises. Selon les statistiques, le nombre des diplômés de ces instituts a dépassé en 2004 les 70.000 et le nombre d'inscrits aujourd'hui dépasse les 80.000. De même, les nombre des étudiants arabes dans les établissements d'enseignement supérieur en Chine est passé de 1.130 en 2004 à 18.050 en 2016, soit une progression annuelle de 26%. Il en est de même pour ce qui est du nombre des étudiants chinois qui suivent un cursus d'enseignement supérieur dans les universités arabes, notamment dans le département des lettres et de langue arabe (de 242 en 2004 à 2433 en 2016).

La Chine considère que sa coopération avec le monde arabe dans ce domaine fera partie au cours du XXIème siècle de « la route culturelle de la soie » qui concerne 1,8 milliard de Chinois et d'Arabes, « une route qui ouvre les yeux des Chinois à l'ouest et ceux des Arabes à l'est ».

Au cours des dernières années, la coopération sino-arabe dans le domaine de la science et de la technologie a progressé significativement et qualitativement,

2015年9月，双方成立了中国—阿拉伯国家技术转移中心（CASTTC）。习近平主席还提出了成立中阿科学协会的计划。

在此框架下，埃及、摩洛哥、阿尔及利亚、沙特阿拉伯、约旦、突尼斯和利比亚与中国政府签订了科技领域合作协议。

中国与阿拉伯世界分属两大古老文明，双方一致同意把文化和艺术交流摆在突出位置，组织中阿关系暨中阿文明对话研讨会等会议，探讨双方关系的文化根基和两大文明之间的对话，并举办中阿文化艺术展示周、中国艺术节、阿拉伯艺术节等活动。2016年至2019年期间，阿拉伯国家总共接待了167个中国艺术和音乐团体。18个阿拉伯国家与中国的博物馆在造型艺术领域开展交流。

此外，新华通讯社、人民日报社和中央电视台等中国官方媒体也与阿拉伯国家的同行以及视听领域科学研究中心开展合作。《人民日报》阿拉伯语版已在阿联酋印制发行。

此外，中国与阿拉伯世界还签订了出版与翻译领域合作协议。中国政府希望促进不同形式的中阿民间交往，增进妇女、青年、商人等社会各界代表之间的交流，并在友好城市框架下加强中国城市与阿拉伯国家城市之间的合作（涉及中阿双方各26个城市）。2014年6月，首届中阿城市论坛在海上丝绸之路的起点——福建泉州举行。

中阿在医疗卫生与环境领域的合作

早在中国实行对外开放之前的20世纪60年代，医疗卫生就已经成为中国与阿拉伯国家开展早期合作的领域。在过去20年里，随着中国

notamment depuis 2013. Le nombre de chercheurs parmi les experts arabes en activité dans les laboratoires chinois s'élève à 123, ce qui a amené les deux parties à ouvrir en 2015 un Centre technologique sino-arabe et le président Xi Jinping à lancer d'un plan d'association scientifique sino-arabe.

Dans ce cadre, l'Egypte, le Maroc, l'Algérie, l'Arabie Saoudite, la Jordanie, la Tunisie et la Libye ont signé avec le gouvernement chinois des conventions couvrant les domaines de la coopération scientifique et technologique.

Chine et monde arabe appartenant à des civilisations anciennes, les deux parties ont convenu d'accorder la prééminence aux échanges culturels et artistiques en organisant des conférences sur les fondements culturels de leurs relations et sur le dialogue entre leurs deux civilisations ainsi que des semaines culturelles avec manifestations artistiques. Entre 2016 et 2019, les pays arabes ont accueilli 167 troupes artistiques chinoises et concerts de musique. 18 pays arabes développent des échanges dans le domaine des arts plastiques avec les musées chinois.

Par ailleurs, les moyens de communications officiels chinois, tels l'agence Xinhua, le quotidien « Le Peuple » et la télévision chinoise développent des actions de coopération avec leurs homologues dans les pays arabes et avec les centres de recherche scientifique dans le domaine de l'audio-visuel. Une version arabe du quotidien « Le Peuple » est imprimée aux EAU.

Enfin, Chine et monde arabe ont conclu des accords pour développer une coopération dans le domaine de la publication et de la traduction. Les autorités chinoises voudraient intensifier les différentes formes d'échange populaire entre Chinois et Arabes entre les différents représentants de la société : les femmes, les jeunes, les commerçants, etc. et de renforcer les liens de coopération entre les villes chinoises et arabes dans le cadre d'opération de jumelages (deux fois 26 villes sont concernées) et l'organisation d'un forum entre les cités en 2014.

La coopération sino-arabe dans les domaines de la santé et de l'environnement

La santé a été l'objet, des premiers rapports de coopération entre la Chine et les pays arabes dès les années 1960, bien avant l'ouverture de la Chine. Ce type

派往阿拉伯国家特别是小城镇和乡村的医疗队不断加强，这类合作已经达到非常高的水平。2004 年以来，中国派驻阿拉伯国家（阿尔及利亚、吉布提、科威特、毛里塔尼亚、摩洛哥、突尼斯、苏丹和科摩罗）的医护人员已经超过 2300 人。中国专家在科摩罗研制出了切实有效的抗疟疾药物，后来又将其推广到非洲其他国家。中国政府在许多国家开设了专科治疗中心，最为典型的就是毛里塔尼亚的中毛眼科合作中心。中国政府与摩洛哥和埃及签订了多项协议，计划在这两个国家的医院和实验室引入中医。

新冠肺炎疫情为中国与阿拉伯国家的医疗卫生合作提供了质的动力。中国的主要合作对象是摩洛哥、阿联酋、埃及和巴林等从疫情一开始就选择中国疫苗的国家。

这场公共卫生危机导致包括阿拉伯国家在内的世界各地被迫出台禁足令，引发了自 1929 年以来最严重的全球经济衰退，对阿拉伯国家造成了严重打击。国际货币基金组织估计，由于 2020 年石油行情下跌以及交通运输和旅游活动减少，到 2025 年，新冠肺炎疫情给阿拉伯国家造成的累计经济损失将高达 9000 亿美元。该组织还预测，阿拉伯经济体 2020 年将出现 5% 的衰退，2021 年国内生产总值有望增长 3.2%，2022 年甚至 2023 年才能进入恢复期。

这场公共卫生和经济危机是中阿合作面临的一项真正挑战。

环境问题越来越多地列入国际会议议程。作为应对全球气候变化的主要参与者，中国开始着手将这个问题作为与发展中国家特别是阿拉伯国家合作的一个新的组成部分。在这方面，中国政府在苏丹组织了一次关于荒漠化防治与环境制约因素的中阿专题会议。中国政府希望引导阿拉伯和非洲国家共同制定应对气候变化的有效政策。2017 年，中国向这些国家提议在"一带一路"倡议框架下长期开展绿色经济合作。

de coopération s'est hissé au cours des 20 dernières années à des niveaux très avancés grâce au renforcement des équipes sanitaires chinoises dans les pays arabes, principalement dans les petites villes et les campagnes. Le nombre des médecins et infirmiers en poste dans les pays arabes (en Algérie, à Djibouti, au Koweït, en Mauritanie, au Maroc, en Tunisie, au Soudan et aux Comores) a dépassé les 2.300 depuis 2004. Les experts chinois ont développé une véritable stratégie de lutte contre le paludisme aux Comores, stratégie qu'ils ont plus tard dupliquée dans d'autres pays africains. Les autorités chinoises ont ouvert dans de nombreux pays des centres de soins spécialisés. On peut citer notamment le centre d'ophtalmologie de Mauritanie. Elles ont conclu plusieurs accords pour intervenir dans les hôpitaux et laboratoires marocains et égyptiens en vue d'y introduire la médecine traditionnelle chinoise.

La pandémie du Covid-19 a donné un élan qualitatif à cette coopération sanitaire de la Chine avec les pays arabes, essentiellement avec ceux d'entre eux qui ont opté pour le vaccin chinois dès le début de la pandémie, tel le Maroc, les EAU, l'Egypte et Bahreïn.

Cette crise sanitaire qui a contraint au confinement partout dans le monde, monde arabe compris, a été à l'origine de la plus grande récession économique mondiale depuis 1929 qui a frappé de plein fouet les pays arabes. Le FMI a évalué les pertes dues au Covid-19 cumulées de ces derniers à l'horizon 2025 à 900 milliards de dollars, en raison bien sûr de la chute des cours des hydrocarbures de 2020 et du recul des mouvements de transport et des activités touristiques. Selon ces mêmes prévisions, la récession des économies arabes sera de -5% en 2020. Une reprise du PIB de 3,2% est attendue en 2021, le stade de la convalescence en 2022 seulement, voire 2023.

Les crises sanitaire et économique constituent un vrai défi pour la coopération sino-arabe.

La question de l'environnement s'invite de plus en plus souvent dans les ordres du jour des conférences internationales. La Chine, acteur majeur dans la lutte contre le réchauffement climatique a entrepris de prendre à bras le corps cette question pour l'intégrer en tant que composante nouvelle de la coopération avec les pays du sud et principalement avec les pays arabes. C'est dans ce cadre que le gouvernement chinois a organisé une conférence sino-arabe au Soudan dédiée à la lutte contre la désertification et aux contraintes environnementales. Il voudrait amener les pays arabes et africains à mettre en place des politiques efficaces de lutte

中阿加强在维护和平与安全领域的合作

本世纪初以来,围绕维护和平与安全的合作问题有了新的维度,特别是在中东和北非,这两个地区的地方和区域紧张局势往往是由外国干预引起的。阿拉伯世界近年来遭遇严重衰退,主要是因为对于巴以冲突缺乏公正的政治共识,以色列坚持反对建立巴勒斯坦国的强硬态度。但是,中国始终支持巴勒斯坦人民恢复民族合法权利的斗争。2020年,中国反对时任美国总统特朗普提出的所谓"世纪协议"(2020年1月28日,美国总统特朗普公布"世纪协议",提出所谓"现实的两国方案",主要内容包括:承认耶路撒冷为以色列"不可分割的首都",巴勒斯坦国未来将在东耶路撒冷部分地区建立首都;承认以色列在约旦河西岸犹太人定居点的主权;计划扩大巴勒斯坦控制领土,但要求巴勒斯坦实现"非军事化";要求以色列在未来四年内停止扩建定居点,并在此期间与巴方开展谈判。——审读者注),认为该建议"既没有说服力,也缺乏可信度"。

近年来,随着美国出兵伊拉克、伊斯兰激进主义势力上升以及多国发生分离主义运动(叙利亚、利比亚、也门),中东不稳定局势加剧。这种局面是由大国干预和区域对立共同造成的。

在此背景下,2011年9月11日发生在纽约的恐怖袭击事件在世界范围内引发强烈反响,特别是在阿拉伯和伊斯兰国家,导致保守思潮兴起和伊斯兰极端势力("基地"组织和"伊斯兰国")的恐怖主义行为抬头。

中东与北非的和平问题是中国关注的核心问题,这两个地区是中国市场的石油供应来源。中国认为,恐怖主义的蔓延是一种实实在在的危险,损害了阿拉伯国家的内部平衡与世界和平。因此,战略层面在中国与阿拉伯世界的关系中具有重要意义。自2004年起,维护和平与安全的问题就被纳入了中阿合作论坛的议事日程。

contre le réchauffement climatique. Il leur a proposé en 2017 de mettre sur pied une coopération pérenne sur l'économie verte dans le cadre de la stratégie de la ceinture et de la route.

Intensification de la coopération sino-arabe

dans le domaine de la sécurité et de la protection de la paix

La question de la coopération autour de la protection de la paix et de la sécurité a pris une dimension nouvelle depuis le début du siècle, notamment au Moyen Orient et en Afrique du nord en raison des tensions locales et régionales nées souvent d'interventions étrangères. Les grandes régressions que le monde arabe a connu ces dernières années sont dues avant tout à l'absence d'un consensus politique juste au conflit israélo-palestinien, à l'intransigeance d'Israël qui garde une position de refus face à création d'un Etat palestinien. Mais, la Chine reste solidaire des Palestiniens dans leur lutte pour recouvrer leurs droits légitimes. En 2020, elle s'est d'ailleurs opposée au plan dit « du siècle » de Trump qu'elle a considéré « non convaincant et non crédible ».

L'instabilité au Moyen Orient s'est aggravée ces dernières années, avec l'intervention des Etats-Unis en Irak, la montée du radicalisme islamique et des mouvements séparatistes dans de nombreux pays (Syrie, Libye, Yémen). Elle a été nourrie à la fois par les interventions des grandes puissances et par les antagonismes régionaux.

Dans ce contexte, les attentats du 11 septembre 2001 de New York ont eu un écho à l'échelle mondiale, mais surtout dans les pays arabo-musulmans où ils ont été à l'origine de la montée des courants conservateurs, des pratiques terroristes des extrémistes islamiques (Al-Qaïda et Daesh).

La question de la paix au Moyen Orient et en Afrique du nord, qui alimente en hydrocarbures le marché chinois, est centrale pour la Chine. La Chine considère que la propagation du terrorisme est un danger réel pour les équilibres internes des pays arabes et pour la paix mondiale. D'où l'importance de la dimension stratégique dans ses rapports avec le monde arabe. La question du maintien de la paix et de la sécurité a intégré les ordres du jour des forums de coopération sino-arabe depuis 2004.

中国希望在中东问题的解决过程中以其"中央王国"之道发挥特殊作用,这是公元前8世纪以来中国处理对外关系的主轴。重新提上议事日程之后,这将帮助中国在中国共产党第十九次全国代表大会提出的"人类命运共同体"框架下恢复中心地位。也正是在这一框架下,中国确定了对巴勒斯坦问题的立场,巴勒斯坦被占领土的解放有待于重回国际合法性规则和承认理应共存的两个国家。

美国无条件地支持以色列,而且将在不久的将来在经济和地缘政治层面撤出中东。中东将越来越接近亚洲地区,尤其是其最大的石油出口目的地国中国。中国和其他亚洲强国将在缓解该地区的紧张局势和冲突方面发挥重要作用,并将参与重建毁于最近的武装冲突的基础设施和城市。

未来,中国将是最有能力支持阿拉伯世界实现变革的世界强国。事实上,诞生于第一次世界大战期间的"中东"这一概念正在被"西亚"所取代,用以指称这个地区。"西亚"这一概念的优点是不附带任何帝国主义或霸权主义残余,并体现了亚洲在21世纪全球化进程中地位的上升。西亚重新融入亚洲,将在互利共赢的基础上为中阿合作开辟新的视野。中国将在寻求解决该地区危机和冲突的过程中发挥影响力。

作为对阿拉伯地区战略和安全关切的一部分,中国提议支持该地区所有组成部分建设中东无核区。中国呼吁各方达成协议,制止核武器在该地区扩散,以色列、伊朗、沙特阿拉伯和土耳其等地区强国必须直接参与其中。同时,中国也鼓励阿拉伯国家加入和平利用民用核能的行列。

La Chine veut jouer un rôle spécifique pour solutionner les problèmes que connait le Moyen Orient dans le cadre de sa doctrine « l'empire du milieu – Zhoug Guo », axe majeur dans ses relations internationales depuis le VIIIème siècle avant JC. Remise à l'ordre du jour, cette doctrine devrait réhabiliter la centralité de la Chine dans le cadre de ce que XIXème congrès du PARTI COMMUNISTE CHINOIS a appelé « l'unité de destin partagé par toute l'humanité ». C'est dans ce cadre également qu'elle définit sa position sur la question palestinienne, territoire occupé à libérer par un retour aux règles de la légalité internationale et la reconnaissance de deux Etats qui doivent cohabiter.

Les Etats-Unis, qui soutiennent inconditionnellement Israël, vont se désengager sur les plans économique et géopolitique, dans un proche avenir, du Moyen Orient, région qui va de plus en plus se rapprocher de l'espace asiatique, notamment de la Chine, principal acheteur de ses hydrocarbures. La Chine et les autres puissances asiatiques vont jouer un rôle majeur pour réduire les tensions et conflits que connait la région comme elles vont (voudraient) d'ailleurs jouer un rôle dans la reconstruction des infrastructures et des villes détruites par les récents affrontements armés.

La Chine sera dans l'avenir la puissance la mieux outillée pour accompagner les changements que le monde arabe connaitra. Le concept de « Moyen Orient », né de la première guerre mondiale, est d'ailleurs en train d'être supplanté par celui d' « Asie de l'ouest » pour désigner cette région. Concept qui a le mérite de n'être rattaché à un aucun héritage impérialiste ou hégémonique et de prendre en compte la montée de l'espace asiatique dans la mondialisation du XXIème siècle. Le rattachement de l'Asie de l'ouest donc à l'Asie ouvrira à la coopération sino-arabe des horizons nouveaux, fondés sur la réciprocité des intérêts dans le cadre de l'approche gagnant-gagnant. La Chine aura une influence dans la recherche des solutions aux crises et conflits dans la région.

Dans le cadre de l'intérêt stratégique et sécuritaire que la Chine accorde à la région du monde arabe, elle a proposé de soutenir toutes les composantes de la région pour construire une région moyen-orientale sans armement atomique. Elle appelle à la conclusion d'un accord pour mettre fin à la propagation du nucléaire militaire dans la région, accord dans lequel toutes les puissances régionales : Israël, Iran, Arabie Saoudite et Turquie, doivent avoir une implication directe. Et en parallèle, la Chine voudrait encourager les pays arabes à adhérer à la production pacifique de l'énergie

在所有共同参与的会议和论坛上，中国和阿拉伯国家均重申愿意在打击恐怖主义方面开展合作，特别是交换信息和共用技术手段。双方的目的是共同打击各种形式的激进主义、分离主义活动、恐怖主义行为和跨国有组织犯罪。

多年来，中国根据安理会有关决议，积极参加联合国维和行动。正是在这一框架下，中国军人参加了多次维和行动，其中四次是在阿拉伯世界和南苏丹。中国向南苏丹派遣了1032名士兵，向黎巴嫩派遣了410名士兵，在苏丹达尔富尔部署了365名士兵，在西撒哈拉（原文为"摩洛哥撒哈拉地区"，中文版根据我国政府相关立场译作"西撒哈拉"。——审读者注）冲突地带部署了12名士兵。同时，中国海军从2008年起开始在也门亚丁和索马里之间的阿拉伯海公海上开展护航行动，保护印度洋和红海上的海上活动，打击海盗行为，保障贸易通道安全。中国高度重视海上航线和战略通道。正是在这一背景下，中国在该地区阿拉伯国家（沙特阿拉伯和阿联酋）的支持下，在吉布提设立了与西方国家基地相邻的海军基地。

阿拉伯国家与中国已经达成旨在保护双方公民安全的协议。同时，中国专家也在科威特、伊拉克、也门和索马里等经历过冲突和战争的阿拉伯地区开展扫雷行动。

中国与阿拉伯国家均支持多边主义和联合国的中心地位，在国际舞台上往往持有相同的立场。双方认为，二十国集团必须在国际经济治理改革方面发挥核心作用：改革国际货币基金组织和世界银行，反对霸权主义行为，以维护新兴市场国家、发展中国家和贫穷国家的利益。

nucléaire civile.

A l'occasion de toutes les réunions et forums qui les rassemblent, Chinois et Arabes réitèrent leur volonté de coopérer dans la lutte contre les terrorismes, notamment par l'échange d'informations et l'utilisation commune des instruments technologiques. Leur but est de contrecarrer ensemble les formes de radicalismes, les manifestations séparatistes, les pratiques terroristes et les crimes organisés transfrontaliers.

La Chine contribue activement depuis plusieurs années dans les opérations de protection de la paix de l'ONU sur la base des décisions de son Conseil de sécurité. C'est dans ce cadre que les forces chinoises ont participé dans plusieurs opérations de protection de la paix dont 4 dans le monde arabe et le Soudan du sud. Ont ainsi été déployés 1.032 soldats chinois au Soudan du sud, 410 au Liban, 365 dans le Darfour et 12 dans la zone de conflit régional du Sahara marocain. De même, les forces marines chinoises interviennent depuis 2008 au large du Golfe arabe, entre Aden et la Somalie pour protéger l'activité maritime dans l'océan Indien et en mer Rouge et sécuriser les routes commerciales contre les opérations de piraterie. La Chine accorde une grande attention aux routes maritimes le long des côtes et aux lieux de transit stratégiques. C'est dans ce cadre qu'elle a ouvert, avec le soutien des pays arabes de la région (Arabie Saoudite et EAU) sa base maritime de Djibouti, à côté des bases occidentales.

Les pays arabes et La Chine ont conclu des accords visant à protéger la sécurité de leurs ressortissants. De même, des experts chinois interviennent dans des opérations de déminage dans les zones arabes qui ont connu conflits et guerres, telles le Koweït, l'Irak, le Yémen ou encore la Somalie.

La Chine et les pays arabes, attachés à la fois au multilatéralisme et à la centralité de l'ONU, ont des positions souvent communes au niveau des instances internationales. Pour eux, le G20 doit jouer un rôle central dans la réforme de la gouvernance économique internationale : réforme des FMI et Banque mondiale, la lutte contre les pratiques hégémoniques, et ce pour protéger les intérêts des pays émergents, en développement et pauvres.

阿拉伯国家发展对华合作的意义

所有阿拉伯国家都确信，2004年以来与中国的联合行动符合它们自身的利益，这是基于三方面的考虑。

第一方面的考虑是，中阿合作有助于阿拉伯国家在政治上实现对外关系多样化。由此，阿拉伯国家不再受制于与西方的传统关系，特别是与以坚定不移地支持以色列著称的美国的关系。然而，这并未阻止某些和伊朗存在冲突的海湾国家（阿联酋和巴林）与以色列实现关系正常化。摩洛哥也把与以色列关系的正常化同自身的领土完整问题联系起来，摩洛哥认为这个问题与支持巴勒斯坦人民实现合法权利同样重要。近年来，中国与以色列发展了特殊关系，特别是在科技合作方面。因此，中国理应在巴以冲突的解决过程中发挥积极作用。此外，美国可能退出中东，或将鼓励中国巩固与所有海湾国家（伊朗和阿拉伯国家）的关系，当然这也是出于其自身石油需求的考虑。

第二方面的考虑是，中阿合作有助于阿拉伯国家尤其是石油出口国实现贸易多样化。自从美国在本国领土上发现页岩油以来，这一点变得尤为明显。如今，阿拉伯国家已经能够满足自身的化石能源需求，甚至成为传统石油和天然气出口国（欧佩克成员国和俄罗斯）的直接竞争对手。

转向亚洲国家并吸引其资金和技术，用以实现自身生产结构的多样化，摆脱对石油租赁经济的完全依赖，这符合以沙特阿拉伯为首的海湾国家的利益。沙特阿拉伯国王萨勒曼2016年的中国之行就是朝这个方向迈出的一步。

对中国开放同样符合马格里布地区国家的利益。摩洛哥、突尼斯等国在欧洲—地中海合作伙伴关系框架内与欧盟有着结构性联系，并受到欧洲当前经济失速和增长放缓的影响，需要寻找新的动力和发展契机。中国恰恰能够提供这些。

L'intérêt des pays arabes à développer leur coopération avec la Chine

Tous les pays arabes en sont convaincus : leurs actions communes avec la Chine depuis 2004 rencontrent leurs propres intérêts et ce pour trois considérations.

En effet, première considération, la coopération sino-arabe contribue à la diversification de leurs relations extérieures sur le plan politique. Ils ne sont donc plus les otages des rapports traditionnels avec l'Occident, notamment avec les Etats-Unis, connus pour leur soutien indéfectible à Israël. Cela n'a pas empêché certains pays du Golfe (EAU et Bahreïn), en conflit avec l'Iran, de normaliser leurs relations avec Israël. Le Maroc a également lié la normalisation de ses rapports avec Israël à la question de son intégrité territoriale qu'il considère aussi importante que son attachement à la réalisation des droits légitimes du peuple palestinien. La Chine développe depuis plusieurs années des relations particulières avec Israël, notamment en matière de coopération technologique et scientifique. A partir de là, elle est appelée à jouer un rôle positif dans la résolution du conflit israélo-palestinien. Le désengagement probable des Etats-Unis du Moyen Orient pourrait, par ailleurs, encourager la Chine à consolider ses relations avec l'ensemble des pays du Golfe (Iran et pays arabes) en tenant compte de ses propres besoins en hydrocarbures, bien sûr.

La coopération sino-arabe, deuxième considération, aide les pays arabes à diversifier leurs échanges commerciaux, et notamment des pays exportateurs d'hydrocarbures. Ceci est particulièrement vrai depuis la découverte par les Etats-Unis du pétrole sur forme de schiste sur leur territoire. Ils sont à même aujourd'hui de couvrir leurs besoins en énergie fossile et sont même devenus des concurrents directs de pays exportateurs traditionnels de pétrole et de gaz (membres de l'OPEP et Russie).

C'est dans l'intérêt des pays arabes du Golfe, Arabie Saoudite en tête, de se tourner vers les pays asiatiques et attirer leurs investissements et technologies, diversifier leurs tissus productifs et sortir de leur dépendance totale de la rente pétrolière. Le voyage du roi Salman d'Arabie Saoudite en Chine en 2016 va dans ce sens.

总而言之，中国向阿拉伯国家、向所有阿拉伯国家提供这一切的时候，是作为一个值得信赖的经济合作伙伴，拥有强大的经济活力和丰富的技术成果。

第三方面的考虑是，从政治层面看，与中国这个既没有殖民历史、也没有新殖民主义实践的大国开展多层面合作符合阿拉伯国家的利益。在处理与合作伙伴的关系方面，中国的立场是明确的：南南合作、不干涉伙伴国内政、不称霸。中国致力于坚持互利共赢模式，尊重合作伙伴的特殊国情，在国际关系中永远不强加先决条件或制裁。

中国与阿拉伯地区经济模式

虽然自 2004 年以来，中阿合作论坛成为中国与阿拉伯国家关系的理论框架与参照基础，但中国领导人也以双边方式处理与每个阿拉伯国家的关系。此外，中阿合作也会考虑到阿拉伯世界中各地理集群的历史、经济和政治特点。

一、海湾国家模式

这种模式涉及的是海湾阿拉伯国家合作委员会（GCC）成员国（阿联酋、阿曼、巴林、卡塔尔、科威特、沙特阿拉伯）。在与中国的关系中，这些国家的特殊性是：地理位置相对靠近中国，经济建立在单一石油基础之上，人口较少，因而有大量财政盈余，国内生产总值和人均国民收入排在阿拉伯国家前列。

C'est également de l'intérêt des pays maghrébins de s'ouvrir sur la Chine. Des pays comme le Maroc et la Tunisie, qui sont structurellement liés à l'UE dans le cadre des partenariats euro-méditerranéens et qui subissent les conséquences de la perte de vitesse actuelle des économies européennes et de la baisse de leur croissance ont besoin d'un nouveau souffle, de nouvelles opportunités de développement. Que la Chine est à même de leur offrir.

Au final, l'offre chinoise aux pays arabes, à tous les pays arabes, se présente comme celle d'un partenaire économique crédible, fort du dynamisme de son économie et de ses acquis technologiques.

Il est de l'intérêt des pays arabes, sur le plan politique, troisième considération, de mettre en place une coopération multidimensionnelle avec la Chine, grande puissance, sans passé colonial et sans pratiques néocoloniales. Le discours chinois est clair sur les points suivants dans ses relations avec ses partenaires : approche sud-sud, non interventionnisme dans les affaires internes des pays partenaires et non hégémonisme. La Chine s'engage à rester fidèle au modèle gagnant-gagnant, à respecter les spécificités de ses partenaires, à ne jamais imposer de conditions préalables ou de sanctions dans ses relations internationales.

La Chine et les modèles économiques et régionaux arabes

Si le forum sino-arabe représente le cadre doctrinal et référentiel des relations Chine – pays arabes depuis 2004, les responsables chinois gèrent bilatéralement leurs rapports avec chacun des pays arabes. Par ailleurs, la coopération sino-arabe tient compte des spécificités historiques, économiques et politiques des groupements géographiques dans le monde arabe.

1. Le modèle des pays du Golfe

Il s'agit des pays membres du conseil de coopération arabe du Golfe – CCG. Leur particularité dans leurs rapports avec la Chine : proximité géographique relative, nature de leurs économies fondées sur les seuls hydrocarbures et leur faible population qui leur permet d'avoir d'énormes excédents financiers et d'être au premier rang des pays arabes en termes de PIB et de revenus par tête d'habitants.

中国石油进口的三分之一来自海湾阿拉伯国家合作委员会成员国。凭借雄厚的资金实力，这些国家成为阿拉伯世界乃至全世界进口中国商品最多的国家。海合会成员国家位于亚洲西南部，因而能够帮助亚洲大陆巩固其在世界经济中新的领导地位，而中国如今正是这片大陆的火车头。正是出于这些考虑，"中东"的概念现在已经过时。取而代之的是"西亚"，得到了中国、日本、韩国、印度和印度尼西亚等所有亚洲发达国家和新兴市场国家的认可。作为亚洲这片次区域的组成部分，海湾国家成为中国尤为关注的对象，特别是因为这些国家的石油通过阿拉伯海与红海上连接印度洋和太平洋这两大洋的战略通道转运之后最终抵达中国。

因此，海湾国家自然而然会从经济、地缘政治和文化层面确定自己在"一带一路"建设中的地位。该战略是中国与阿拉伯国家、欧洲及非洲关系的基础。

近年来，海湾国家从中国进口有所增加，一方面是因为这些国家拥有财政盈余，另一方面是由于中资企业在多个基础设施领域投资，例如铁路、石油化工、石油炼制、民用核能以及无人机制造。

中国多家银行（国家开发银行、服务于基础设施项目的绿丝路基金）参与投资这些项目。沙特阿拉伯凭借雄厚的财力成为中国发起成立的亚洲基础设施投资银行的重要股东。

沙特阿拉伯对中国保持着贸易顺差（2015年从中国进口216亿美元，向中国出口302亿美元），而其他海合会成员国对华贸易均存在逆差，例如阿联酋（从中国进口370亿美元，向中国出口113.2亿美元）、科威特、阿曼、卡塔尔和巴林。

Les pays du CCG interviennent pour le tiers des importations de la Chine en hydrocarbures. Grâce à leurs potentialités financières, ils sont les premiers importateurs des produits chinois, les premiers dans le monde arabe, mais aussi les premiers dans le monde dans son ensemble. Leur appartenance à la région sud-ouest de l'Asie leur permet de contribuer à consolider la nouvelle position de leader du continent asiatique dans l'économie mondiale, un continent dont la Chine est aujourd'hui la locomotive. C'est pour ces considérations que le concept de Moyen Orient est aujourd'hui dépassé. Lui sera substitué celui d'Asie de l'ouest auquel adhèrent déjà tous les pays asiatiques, développés et émergents, tels la Chine, le Japon, la Corée du sud, l'Inde et l'Indonésie. De même l'appartenance des pays arabes du Golfe à cette partie de l'Asie leur confère d'être l'objet de la convoitise chinoise et ce d'autant plus leurs hydrocarbures finissent en Chine après transit par des sites géostratégiques qui lient les océans Indien et Pacifique aux mers Arabe et Rouge.

Ainsi, les pays du Golfe arabe se positionnent naturellement sur les plans économique, géopolitique et culturel dans la logique de la stratégie de la ceinture et de la route soubassement des rapports de la Chine avec le monde arabe, l'Europe et l'Afrique.

Les importations Chinoises des pays du Golfe ont progressé ces dernières années à la fois grâce à leurs excédents financiers et aux investissements de firmes chinoises dans plusieurs secteurs d'équipement de base : voies ferrée, pétrochimie, raffinerie, nucléaire civil et fabrication de drones.

Les banques chinoises interviennent dans les financements de ces projets (Banque de développement de Chine, Fonds de la ceinture verte pour les équipements de base) et l'Arabie Saoudite est devenue, grâce à ses potentialités financières, un actionnaire de poids dans le capital de la Banque asiatique des investissements et des équipements de base créée par la Chine.

Si le solde des échanges sino-saoudiens est positif côté saoudien (21,6 milliards de dollars en importations chinoises contre 30,2 milliards en exportations de l'Arabie Saoudite en 2015), les échanges commerciaux de la Chine avec les autres pays du CCG sont tous en déficit au détriment de la partie arabe : EAU (37 milliards de dollars d'importations et 11,32 milliards d'exportation), Koweït, Oman, Qatar et Bahreïn.

287

沙特阿拉伯正在多个方面增进与中国的关系。2014年石油行情开始下跌以来，沙特就希望巩固其作为中国第一大石油供应国的地位，并通过阿美石油公司（ARAMCO）在石油炼制领域与中国开展合作。2016年1月，中国国家主席习近平对沙特进行国事访问。双方发表了《中华人民共和国和沙特阿拉伯王国关于建立全面战略伙伴关系的联合声明》，强调应进一步增进友好的两国和两国人民之间的传统友谊，加强在政治、经贸、能源、人文、军事、安全等领域及地区和国际层面的密切合作，推动中沙关系迈向更高水平。两国还签署了《中华人民共和国政府与沙特阿拉伯王国政府关于共同推进丝绸之路经济带和21世纪海上丝绸之路以及开展产能合作的谅解备忘录》，以及能源、通信、环境、文化、航天、科技等领域的双边合作文件。这些协议对沙特阿拉伯来说十分重要，因为该国眼下正在实施"2030年愿景"计划，寻求减轻对石油经济的依赖，丰富生产体系并使之多样化。

以沙特阿拉伯为首的海湾国家和其他所有阿拉伯国家一样，拒绝在西方因惧怕中国迅速发展而挑起的污蔑新疆人权状况的舆论攻势中选边站队。

沙特阿拉伯政府与中国团结一致抗击新冠肺炎疫情。疫情暴发伊始，沙特就向中国提供了医疗设备。2020年4月，沙特从中国采购了价值2.65亿美元的900万套新冠病毒检测工具和由500名医疗专家提供的抗疫医疗服务。而特朗普主政之下的美国没有对沙特的疫情作出任何反应。

二、阿尔及利亚与利比亚模式

阿尔及利亚和利比亚与中国关系的特殊性源于几个方面的因素。首先是地理因素：两国既是北非国家，也是阿拉伯世界的一部分。其次是政治因素：中国与阿尔及利亚的关系诞生于20世纪50年代阿尔及利亚民族解放战争时期，中国与利比亚建立关系的时间稍晚，可以追溯到20世纪60年代末卡扎菲上台之时；阿尔及利亚和利比亚政权的性质，即对西方持有敌对态度的中央集权体制，强化了两国与中国的政治关系。

Le gouvernement saoudien cherche à se rapprocher de la Chine populaire sur plusieurs aspects. Depuis le début de la baisse des cours des hydrocarbures en 2014, ils veulent renforcer la position de son pays en tant que premier fournisseur d'hydrocarbures du marché chinois et développer par le biais de l'ARAMCO des opérations d'association avec la Chine dans le domaine du raffinage du pétrole. Les relations économiques entre les deux pays se sont concrétisées par la conclusion d'un accord de partenariat stratégique signé en 2016, accord important pour ce dernier pays dont l'objectif actuel est d'enrichir et diversifier son tissu productif dans le cadre de la cadre de sa « Vision 2030 ».

Les pays du Golfe, Arabie Saoudite en tête, comme tous les pays arabes d'ailleurs, se refusent de prendre part à la campagne de diffamation sur les droits de l'homme dans le Xinjiang menée par l'Occident, un Occident que le développement rapide de la Chine inquiète.

Le gouvernement saoudien a été solidaire de la Chine dans son combat contre le Covid-19. Au déclanchement de la pandémie, il lui a fait parvenir des équipements médicaux. Depuis, il se fournit auprès d'elle en marques et tests de dépistage, engageant un budget de 265 millions de dollars. Sans que les Etats-Unis de Trump ne réagissent.

2. Le modèle Algéro-libyen

La spécificité des relations de l'Algérie et de la Lybie d'une part et de la Chine de l'autre tire ses origines de plusieurs considérations. Une considération géographique d'abord : les deux pays font partie à la fois de l'Afrique du nord et du monde arabe. Une considération politique en deuxième lieu. Les rapports entre la Chine et l'Algérie sont nées à l'occasion de la guerre de libération de ce dernier pays au cours des années 1950. Ceux entre la Chine et la Libye sont plus récents : ils datent de l'arrivée au pouvoir de Kadhafi à la fin des années 1960. La nature des pouvoirs politiques en Algérie et en Lybie, régimes centralisés qui ont des attitudes de contestation vis-à-vis de l'Occident, a contribué au renforcement de leurs relations politiques avec la Chine. Des considérations économiques enfin, en raison de la place prépondérante des hydrocarbures dans les exportations de l'Algérie et de la Lybie, devenus des fournisseurs importants du marché chinois. Algérie et Lybie se sont ouverts aux produits industriels et aux entreprises chinoises qui y ont réalisés

最后是经济因素：石油在阿尔及利亚和利比亚的出口中占主导地位，两国已经成为中国重要的石油供应国；阿尔及利亚和利比亚进口中国的工业产品，中国企业则在两国投资兴建了多个基础设施项目。

2000年之前，政治因素在中国与阿尔及利亚和利比亚的关系中占主导地位。然而，在不到十年的时间里，由于贸易往来增加，经济因素在上述关系的发展中占据了上风。从2003年起，中国成为阿尔及利亚和利比亚市场的主要供应国，排在法国和意大利之前。中国甚至也成为阿尔及利亚和利比亚的最大客户。由此，南南关系压倒了南北关系。

2008年经济危机爆发后，中国凭借其财政盈余，比欧洲和西方竞争对手更有能力增加对阿尔及利亚和利比亚的出口与投资。这两个国家的市场已经向中国商品敞开大门（阿拉伯世界和非洲遍地可见中国的茶叶、服装、电气和电子产品、家用电器，用以满足中产阶层和大众需求，并与土耳其产品形成竞争），中资企业有些时候还会挤走欧洲企业。

华侨华人社区在这些国家的建立——阿尔及利亚有六万名华侨华人，利比亚有四万名华侨华人——是马格里布地区的一个新现象。来到这里的建筑工人里，有人选择留在当地经商或从事服务业。不过在2011年，由于利比亚出现政治动乱，安全堪忧，当地华侨华人被迫撤离回国。自此，人员问题也正式成为中国与马格里布地区国家双边关系的一个组成部分。

中国在阿尔及利亚的投资主要集中在石油、建筑和基础设施领域：东西高速公路、铁路、阿尔及尔机场、哈姆达尼亚新港（将交由上海港务局管理）、阿尔及尔大清真寺、因萨拉赫—塔玛拉塞特供水项目、阿尔及尔国际会议中心等。加拉·杰比莱特铁矿也将交由一家中国企业开发。

中国与阿尔及利亚和利比亚在军事（轻武器）与核能发电领域也有合作机会。

plusieurs projets d'infrastructure.

Avant 2000, les considérations politiques primaient dans les relations de la Chine populaire avec l'Algérie et la Lybie. Mais, en moins d'une décennie, le facteur économique est devenu prédominant dans l'évolution de ces relations grâce à la progression des échanges commerciaux. A partir de 2013, la Chine est devenue le premier fournisseur des marchés algérien et libyen, devant la France et l'Italie. La Chine est même devenue leur premier client. Les relations sud-sud ont ainsi pris le pas sur les relations nord-sud.

Avec la crise économique de 2008, la Chine avec ses excédents financiers, était mieux outillée que ses concurrents européens et occidentaux pour accroître ses exportations et ses investissements en Algérie et Lybie. Leurs marchés se sont ouverts aux produits (comme cela a été le cas partout dans le monde arabe et en Afrique : thé, vêtements, produits électriques et électroniques, produits électroménagers pour répondre à la demande des couches moyennes et populaires, en concurrence avec les produits turcs) et entreprises chinoises qui ont ainsi délogé dans certains cas des entreprises européennes.

L'installation d'une communauté chinoise dans ces pays - 60.000 personnes en Algérie et de 40.000 en Libye - est un phénomène nouveau au Maghreb. A leur arrivée ouvriers des chantiers de construction, ces populations ont parfois choisi de rester et de développer dans leur pays d'accueil des activités de commerce et/ou de services. Les Chinois de Libye ont cependant été évacués en 2011 à cause des troubles politiques et de l'insécurité qu'a connus le pays. Ainsi, la dimension humaine est devenue une composante à part entière des relations bilatérales de la Chine avec ces pays maghrébins.

Les investissements chinois en Algérie se sont concentrés dans les secteurs des hydrocarbures, des bâtiments et des infrastructures : autoroute est-ouest, voies ferrées, aéroport d'Alger, construction du nouveau port de El Hamdania (dont la gestion sera confiée aux autorités du port de Shanghai), construction de la Grande mosquée d'Alger, réseaux de distribution d'eau de Aïn Salah, centre international des conférences d'Alger, etc. L'exploitation du minerai de fer de Gara Djebilet devrait être confiée à une entreprise chinoise.

Les opportunités de coopération entre la Chine et l'Algérie et la Libye couvrent également le domaine militaire (armements légers) et la production d'électricité à partir de l'énergie nucléaire.

阿尔及利亚近来的民众大规模游行示威活动拖慢了多个与中国合作项目的实施进度。利比亚自2011年以来的不稳定局势则令中国参与的商业、投资和基础设施项目全部中止。

三、埃及与摩洛哥模式

出于以下几方面因素，摩洛哥和埃及与中国的合作关系有些类似：

首先是厚重的历史。埃及与中国同为文明古国，古埃及文明与中华文明的影响一直延续至今。

摩洛哥与中国的共同点是悠久的历史渊源：中国从汉朝、唐朝直至明朝、清朝，摩洛哥自伊德里斯王朝、阿尔穆拉维德王朝直到萨阿德王朝、阿拉维王朝。早在14世纪，两国就已通过各自的"大旅行家"伊本·巴图塔和汪大渊建立了联系。

中国和摩洛哥最先经历了从15世纪开始的葡萄牙征服行动，摩洛哥的塞卜泰（1415年）和中国的澳门（1557年）先后被葡萄牙人占领。接着，两国又几乎同时遭受西方殖民主义和帝国主义的干涉：

• 1842年：中国鸦片战争（第一次鸦片战争于1840年爆发，1842年结束。——审读者注），摩洛哥伊斯利战役（伊斯利战役似发生在1844年。——审读者注）。

• 1860年：英法联军入侵北京，西班牙军队占领摩洛哥北部的得土安。

• 其他类似的被殖民经历还有：中国和摩洛哥均曾遭受多个国家殖民侵略，中国被法国、英国、德国、俄国和日本等国侵略，摩洛哥被法国、西班牙和西方列强殖民。

• 20世纪20年代，中国共产党成立，致力于国家独立和民族解放。同一时期，摩洛哥爆发了由阿卜杜勒克里姆·哈塔比领导的抗击西班牙侵略者的里夫战争。

• 1912年也是两国历史上重要的一年：摩洛哥先后沦为法国与西班牙的保护国，中国则结束了封建帝制时代，建立了民国。

在所有阿拉伯和非洲国家中，纳赛尔领导下的埃及和穆罕默德五世

Les récentes manifestations populaires en Algérie ont ralenti l'exécution de plusieurs projets de coopération avec la Chine. L'instabilité en Libye depuis 2011 a complétement stoppé tous les projets chinois : commerce, investissements d'infrastructure.

3. Le modèle égypto-marocain

C'est pour plusieurs considérations que les rapports de coopération du Maroc et de l'Egypte avec la Chine peuvent être apparentés :

D'abord en raison du poids de l'histoire. L'Egypte et la Chine appartiennent toutes deux à des civilisations anciennes qui ont eu un grand rayonnement, civilisations dont les effets sont encore perceptibles aujourd'hui.

Le Maroc et la Chine ont pour point commun l'enracinement historique de leurs Etats : depuis les dynasties Han et Tang à celle des Qing en Chine et depuis les dynasties Idrissides et Almoravides à celles des Saadiens et Alaouites au Maroc. Des pays que leurs « grands voyageurs » ont été mis en contact déjà au XIVème siècle : Ibn Batouta et Wang Dayuan.

La Chine et le Maroc ont subi d'abord les conquêtes portugaises au XVème siècle depuis Sebta (1415) à Macao (1557) puis, de façon quasi concomitante, les interventions impérialismes :

• 1842 : guerre de l'Opium en Chine et de la bataille d'Isly au Maroc ;

• 1860 : envahissement de Beijing par les armées européennes et occupation de Tétouan au nord du Maroc par les armées espagnoles.

• Autre similitude inédite dans l'histoire de la colonisation : la Chine comme le Maroc ont eu à subir plusieurs colonisations en même temps : française, anglaise, allemande, russe et japonaise pour la première, française, espagnole et internationale pour le second.

• Au cours des années 1920, à la création du PARTI COMMUNISTE CHINOIS, qui a entrepris de libérer le pays, coïncide la guerre du Rif menée par Abdelkrim el Khattabi contre l'occupant.

• 1912 doit également être considérée comme une date de référence dans l'histoire des deux pays : c'est celle de l'installation des protectorats français et espagnole au Maroc et de la fin du système impérial et dynastique en Chine.

L'Egypte de Nasser et le Maroc de Mohamed V ont été les premiers des

领导下的摩洛哥分别于 1956 年和 1958 年率先承认中华人民共和国。1954 年，埃及和中国在万隆会议的组织中发挥了核心作用。会上诞生了"第三世界"的概念，当时仍被外国占领的摩洛哥由民族解放运动领导人作为代表参加了会议。

埃及因其苏伊士运河和地中海沿岸港口，摩洛哥因地处地中海与大西洋交汇处的直布罗陀海峡南岸，在中国提出的"一带一路"中占据了战略性位置。埃及通过尼罗河、摩洛哥通过大西洋沿岸与非洲腹地有着历史、文化甚至宗教联系，这正是两国的特点。两国因此成为中国与非洲大陆在经济、文化和战略领域建立合作伙伴关系的出发平台，成为中阿合作与中非合作的交汇点。

这两个国家之间另外一个相似之处在于生产结构相对多样化，而且经济不像许多其他阿拉伯国家那样依赖单一生产。正是出于这一考虑，两国和突尼斯一样与欧盟在欧洲—地中海联盟框架下发展了特殊的合作伙伴关系，与欧洲的贸易额占两国对外贸易总额的 60% 至 70%。如今，埃及和摩洛哥有志于在欧洲与非洲大陆之间发挥地缘经济中介作用，而非洲大陆正是两国历史根源所在。

连接非洲、地中海与欧洲的经济战略和中国提出的"一带一路"倡议存在实际的相互影响。出于这个原因，中国特别重视在地中海南岸一带设立产业平台，如埃及的苏伊士运河经济区和摩洛哥丹吉尔地中海港以南的穆罕默德六世科技城。

在 2015 年 12 月的中非合作论坛约翰内斯堡峰会上，摩洛哥国王穆罕默德六世强调，有着重要战略地位的摩洛哥可以在欧洲大西洋沿岸地区与西非之间的海上丝绸之路中发挥中转作用。为此，他提议在与中国双赢联系的基础上推动三方合作（中国—摩洛哥—非洲）。

自 2014 年以来，中国经济进入成熟阶段。随着国内工资水平不断提高，中国开始向国外转移某些产业。摩洛哥和埃及可以抓住这个机遇。

pays arabes et africains à reconnaitre la toute jeune république chinoise en 1956 et 1958. En 1954, l'Egypte et la Chine ont joué un rôle central dans l'organisation de la conférence de Bandoeng où le concept de tiers-monde a pris naissance et dans laquelle le Maroc encore occupé était représenté par les leaders du mouvement national.

L'Egypte et son canal de Suez, port de la Méditerranée, et le Maroc avec le détroit de Gibraltar, point de convergence de la mer Méditerranée et de l'océan Atlantique, occupent des positions stratégiques dans nouvelles routes chinoises de la soie. Ils sont caractérisés par leurs liens historiques, culturels voire religieux avec l'Afrique profonde, à travers le Nil pour l'Egypte et le littoral atlantique pour le Maroc. Cela leur permet d'être des plateformes de départ dans les partenariats tissés par la Chine avec le continent africain dans les domaines économique, culturel et stratégique et d'être des points de convergence entre les partenariats sino-arabe d'une part et sino-africain d'autre part.

Une autre similitude entre les deux pays peut être trouvée dans la diversité relative de leurs tissus productifs et dans le fait que leurs économies ne dépendent pas d'une monoproduction comme c'est le cas de nombreux pays arabes. C'est pour cette considération qu'ils ont, comme la Tunisie d'ailleurs, développé un partenariat particulier avec l'UE dans le cadre de l'association euro Méditerranée. L'Europe concentre 60 à 70% de leurs échanges commerciaux. Ils ont aujourd'hui l'ambition de jouer un rôle d'intermédiation géo-économique entre l'Europe et le continent africain où se trouvent leurs racines historiques.

Une réelle interférence existe entre la stratégie économique reliant l'Afrique, la Méditerranée et l'Europe et celle développée par la Chine à travers son initiative de la ceinture de la route. C'est pour cette raison que la Chine accorde un intérêt tout particulier à la création de plateformes industrielles le long du littoral sud de la Méditerranée : dans les zones du canal de Suez et du port de Tanger.

Lors du sommet sino-africain de Johannesburg de 2015, Mohamed VI a souligné que son pays, fort de la position stratégique, peut jouer un rôle de relai dans le lien de la route de la soie maritime entre l'Europe atlantique et l'Afrique occidentale. Il a ainsi proposé de promouvoir une coopération triangulaire fondée sur l'association gagnant-gagnant avec la Chine (Chine-Maroc-Afrique).

La hausse des salaires en Chine depuis 2014 a permis à l'économie chinoise, qui a accédé à la phase de la maturité, de commencer à délocaliser certaines activités

中国与埃及和摩洛哥的合作经历了两个阶段。第一个阶段是 20 世纪 50 年代至 80 年代，以政治因素和周恩来 1964 年出访阿拉伯世界和非洲期间提出的《中国政府对外经济技术援助的八项原则》为基础。对经济上尚未对外开放的中国来说，与阿拉伯和非洲国家发展关系的目标是政治性的，即摆脱西方对中国的孤立。中国把对外合作与反帝斗争联系在一起，希望促进南南团结。当时，中国与摩洛哥的贸易关系极为有限。尽管如此，中国政府与埃及和摩洛哥开展了一些具体合作，主要是在医疗卫生方面，也包括教育、文化、艺术、通信等领域，乃至宗教事务方面。在这一阶段里，中国在摩洛哥和埃及分别援建了一些体育场馆。

2004 年 1 月中阿合作论坛首届部长级会议举办以来，中国与摩洛哥和埃及的关系水平在 21 世纪初期发生了重大变化。中国成为摩洛哥（排在法国和西班牙之后的摩洛哥第三大进口来源国）和埃及（2017 年双边贸易额接近 110 亿美元）的重要贸易伙伴。

中国与摩洛哥和埃及的贸易在数量上和结构上均不对称，因为摩洛哥和埃及不出产中国市场所需的原材料。另一方面，中国则向两国出口消费品和高附加值产品：资本货物、汽车、电气和电子产品、计算机产品、茶叶等。中国的投资和融资必须弥补两国的结构性贸易逆差。

如今，中国是埃及在贸易、投资、融资和战略领域的重要合作伙伴。2014 年 12 月，中埃两国建立全面战略伙伴关系。两国高层交往频繁。自 2014 年以来，埃及总统塞西 6 次访问中国（2014 年 12 月、2015 年 9 月、2016 年 9 月、2017 年 9 月、2018 年 9 月、2019 年 4 月）。习近平主席

industrielles, opportunité que Maroc et Egypte pourraient saisir.

La coopération entre la Chine d'une part et l'Egypte et le Maroc d'autre part est passée par deux phases. La première, des années 1950 aux années 1980, était fondée sur des considérations politiques et sur la doctrine de coopération chinoise développée par Zhou Enlai en 1964, lors de son voyage dans le monde arabe et en Afrique. Pour la Chine, qui sur le plan économique n'était pas encore ouverte, l'objectif de ses relations avec les pays arabes et africains était politique : sortir de la marginalisation que leur imposait l'Occident. La Chine liait sa coopération à son combat contre l'impérialisme et voulait promouvoir la solidarité sud-sud. Les relations commerciales de la Chine avec le Maroc étaient très modestes. Les autorités chinoises ont cependant développé une coopération spécifique avec les deux pays, notamment dans le secteur de la santé mais aussi dans le domaine de l'enseignement, de la culture, des arts, de la communication et même des affaires religieuses. Durant cette période, ils ont construit des complexes sportifs au Maroc et en Egypte.

Le niveau des relations de la Chine avec le Maroc et l'Egypte a connu un changement significatif au début du XXIème siècle au lendemain de la tenue du premier forum de coopération sino-arabe en 2004. La Chine est devenue un partenaire commercial de poids pour le Maroc (3ème fournisseur après l'Espagne et la France) et l'Egypte (avec près de 11 milliards de dollars d'échanges commerciaux en 2017).

Les échanges commerciaux Chine – Maroc et Egypte sont asymétriques, quantitativement et structurellement en raison du fait que le Maroc et l'Egypte ne produisent pas les matières premières nécessaires au marché chinois. Par contre ce dernier fournit les deux pays en produits de consommation et en produits à valeur ajoutée élevée : biens d'équipement, voitures, produits électriques et électroniques, produits informatiques, thé, etc. Les investissements et financements chinois doivent compenser les déficits structurels des échanges commerciaux.

La Chine est aujourd'hui un partenaire de poids pour l'Egypte, à la fois en matière commerciale, d'investissement, de financement et de stratégie. Le président Sissi a effectué 4 déplacements en Chine depuis 2012 et Xi Jinping s'est rendu au Caire en 2016, date qui correspond au 60ème anniversaire de l'institution de relations diplomatiques sino-égyptiennes, et qui a été l'occasion de la signature de 21 accords de coopération mutuelle. Cette coopération porte sur les interventions des entreprises chinoises dans la construction de la nouvelle capitale administrative égyptienne,

于 2016 年 1 月中埃建交 60 周年之际前往开罗，两国签署了 21 项合作协议。合作内容包括中资企业参与建设埃及新行政首都、升级输电网络、发射埃及二号卫星、在苏伊士运河经济区进行工业投资等。中国承诺在两国央行协议框架下向埃及中央银行提供十亿美元贷款，用以补充该国外汇储备，并向埃及商业银行提供 18 亿美元贷款。

在中埃密切合作的框架下，埃及成为亚洲基础设施投资银行的股东和上海合作组织的观察员国。中国国家主席习近平邀请埃及总统塞西作为嘉宾出席 2017 年 9 月的金砖国家领导人厦门会晤。

2019 年初，中埃合作拓展到打击恐怖主义、宗教极端主义和分裂主义，称得上是名副其实的"全面战略合作"。

对中国来说，中埃两国穆斯林之间的精神联系使埃及成为重要的阿拉伯合作伙伴。在中国穆斯林心中，开罗是与阿拉伯世界所有文化合作的起点。正是本着这种精神，中国国家主席习近平和埃及总统塞西于 2016 年 1 月在卢克索出席中埃建交 60 周年暨中埃文化年开幕式活动。中埃文化年共执行项目 100 个，其中在埃及举办 56 个，在中国举办 44 个。

此外，埃及丰富的历史遗产也吸引了越来越多的中国游客。

2016 年 5 月，摩洛哥国王穆罕默德六世应中国国家主席习近平邀请对中国进行国事访问，成为中摩关系发展过程中一个决定性的转折点。两国元首共同签署《关于建立两国战略伙伴关系的联合声明》，宣布中国和摩洛哥建立战略伙伴关系，为两国关系注入了特殊的活力，开辟了全新的视野。摩洛哥成为与中国建立战略伙伴关系的 30 个国家之一。中摩协议包含四大主轴：政治对话、经济联系、安全合作与人文交流。

2014 年 11 月，摩洛哥政府在北京召开中摩经贸论坛，摩洛哥外交与合作大臣梅祖阿尔、经济与财政大臣布赛德、农业与海洋渔业大臣阿赫努什等大臣，中国国际贸易促进委员会副会长于平出席。两国部长、银行家和商人之间的会晤为牢固的双边关系奠定了基础。双方签署了 30 项合作协议和谅解备忘录，涵盖基础设施、能源、采矿、旅游、银行和汽车制造等领域。中摩两国表示有意促进双边贸易不断增长和多样化，同时使之更加平衡。

l'amélioration du réseau électrique, la mise sur orbite d'un satellite Egypte SAT2 et la réalisation d'investissements industriels dans la zone économique spéciale dans la région du canal de Suez. La Chine s'est engagée à accorder les facilités de financement dans le cadre d'une convention entre les banques centrales (1 milliard de dollars) et à octroyer un prêt de 1,8 milliard de dollars au banques commerciales égyptiennes.

Dans le cadre de ce rapprochement Chine – Egypte ce dernier pays est devenu actionnaire dans la Banque asiatique des investissements et équipements et membre observateur de l'Organisation de coopération de Shanghai. Le président chinois a invité son homologue égyptien, en qualité d'hôte d'honneur au sommet des BRICS de Xiamen de 2017.

Au début de l'année 2019, la coopération Chine - Egypte a été élargie à la lutte contre les terrorismes, radicalismes religieux et séparatismes. On parle désormais de « coopération stratégique complète ».

Pour la Chine, l'Egypte est un partenaire arabe majeur en raison des rapports spirituels avec les musulmans de Chine. Pour ces derniers Le Caire est le point de départ de toute la coopération culturelle avec le monde arabe. C'est dans cet esprit qu'a été organisée l'année culturelle chinoise en Egypte en 2016.

L'Egypte enfin, forte de son patrimoine historique, accueille de plus en plus de touristes chinois.

La visite d'Etat de Mohamed VI à Beijing en mai 2016 est en soi un tournant déterminant dans l'évolution dans les relations entre la Chine et le Maroc. Elle a ouvert des horizons nouveaux dans une dynamique spécifique des rapports entre les deux pays en raison principalement de la signature par les deux chefs d'Etat eux-mêmes d'une déclaration « d'association stratégique ». Le Maroc a ainsi intégré le groupe des 30 pays liés à la Chine par ce type de convention. Les accords sino-marocains concernent 4 axes : le dialogue politique, l'association économique, la coopération sécuritaire et les relations humaines.

Les premiers travaux pour asseoir des relations solides entre les deux pays datent de novembre 2014 à l'occasion d'une rencontre entre les ministres, banquiers et hommes d'affaires des deux pays. 30 accords de coopération et mémorandums d'intention ont été conclus, couvrant les secteurs des équipements de base, de l'énergie, des mines, du tourisme, de la banque et de la fabrication de véhicules automobiles. Chine et Maroc ont manifesté leur intérêt à voir progresser et se

摩洛哥希望利用自己的地理位置,在欧洲与非洲之间的海上丝绸之路中发挥切实的影响力。对中国来说,摩洛哥拥有丹吉尔地中海港和未来大西洋沿岸的达赫拉港(在西撒哈拉地区。摩洛哥主张对西撒哈拉地区拥有主权,并控制着该地区四分之三的土地。——审读者注),其地理位置非常适合在"一带一路"倡议框架下作为地中海和太平洋之间的中介为中国商品拓展市场。正是出于这种考虑,两国同意在丹吉尔以南共同启动穆罕默德六世科技城的建设。

在摩洛哥国王访华期间,中摩两国签署了15项经济和产业合作谅解备忘录。双方将在摩洛哥丹吉尔共同建设工业园区,汇聚汽车、纺织、电力和电子工业、物流、可再生能源、制药等企业,成为一个面向欧洲与非洲的出口平台。中摩合作还将涉及电力设施、基础设施(铁路)、北水南调水利工程、军事工业以及司法、安全、文化和科技领域。

中国希望与摩洛哥这个"稳定之岛"和"信誉之国"开展安全领域的合作。作为"旅游目的地国",摩洛哥从2016年6月起对中国公民实行免签政策,从而大大增强了对中国游客的吸引力。

摩洛哥主要银行阿提扎利瓦法银行、外贸银行(BMCE)和人民银行(BCP)与中国同行签订了协议,在摩洛哥和非洲的联合项目融资方面开展合作:物流园区建设融资、工业项目融资(水泥厂、电动客车、太阳能电池板和电池生产)、商业销售(中国电子产品在非洲的分销)、公共和私人债务业务。

化肥是唯一尚未涉及的重要问题。中国是世界上最大的磷酸盐生产国,摩洛哥则拥有全球70%的磷酸盐储量。两国在该领域的协调发展符合各自的利益,而且这种合作已经超出单纯的贸易范畴,事关世界尤其是非洲的粮食前景。鉴于非洲人口增长和城市化发展导致粮食需求不断增加,摩洛哥高度关注化肥在非洲推广使用的前景。摩洛哥磷酸盐生产商摩洛哥磷酸盐集团(OCP)与中国同行加紧联系,可望促成两国在互利共赢基础上开展富有成效的合作。摩洛哥通过摩洛哥磷酸盐集团在非洲(埃塞俄比亚和尼日利亚)开发大型工业项目,中国则需要整治其磷酸盐生产行业,大量私人生产企业的存在造成了环境污染并压低了磷

diversifier leurs échanges tout en les rendant plus équilibrés.

Le Maroc voudrait profiter de sa position géographique pour avoir une présence réelle dans le cheminement de la route de la soie maritime entre l'Europe et l'Afrique. Pour la Chine, la position géographique du Maroc, avec son port Tanger Med et demain celui de Dakhla sur l'Atlantique, en fait un intermédiaire apte à développer les débouchés de ses produits dans le cadre de l'initiative de la ceinture et de la route entre la Méditerranée et l'Atlantique. C'est dans cet esprit que les deux pays ont convenu de lancer ensemble la construction de la ville Mohamed Tech au sud de Tanger.

Lors de la visite royale à Beijing, 15 mémorandums d'intention ont été signés dans le but de construire une association économique et industrielle permettant de faire créer au Maroc une free zone à Tanger où seraient regroupées des industries dédiées à l'automobile, au textile, à l'industrie électrique et électronique, à la logistique, aux énergies renouvelables et à l'industrie pharmaceutique, une plateforme d'activités dédiées à l'exportation vers l'Europe et l'Afrique. La coopération sino-marocaine devra également couvrir les domaines des installations électriques, des infrastructures de base (chemin de fer) et hydrauliques pour le transfert des eaux du nord vers le sud, des industries militaires ainsi que ceux de la justice, de la sécurité, de la culture et des sciences.

La Chine voudrait développer une coopération en matière de sécurité avec le Maroc, « îlot de stabilité », « pays crédible ». « Pays d'accueil touristique », le Maroc attire les vacanciers chinois d'autant plus aisément qu'il les exonérés du visa d'entrée dans le son territoire.

Les grandes banques marocaines, Ittijari Wafabank, Groupe BMCE et Banque populaire, ont conclu, de leur côté, des conventions avec leurs homologues chinois pour développer des coopérations en matière de financement de projets communs au Maroc et en Afrique : financement de la création de zones logistiques, de projets industriels (cimenteries, fabrications de bus électriques, de plaques solaires et de cellules électriques), et de commercialisation (distribution de produits électroniques chinois en Afrique), intervention dans les marchés de la dette publique et privée.

Seul le dossier, important pourtant, à n'avoir pas encore été abordé : celui des engrais. La Chine est le 1er producteur mondial de phosphates, mais le Maroc en détient 70% des réserves de la planète. Il est de l'intérêt des deux pays de se concerter dans ce domaine, une concertation qui dépasserai le simple cadre

酸盐价格。两国均将从合作中受益。面对国内农业的巨大需求，中国应该避免浪费自己有限的磷酸盐储备。

2021年1月，摩洛哥磷酸盐集团（OCP）与中国湖北富邦科技股份有限公司签署协议，双方将在坐落于中国武汉的东湖新技术开发区成立合资公司，在新一代化肥研发和智慧农业在非洲推广等领域开展合作。这或许是双方在该领域新合作的开端。

摩洛哥与埃及是阿拉伯世界和非洲最早选择使用中国国药集团新冠疫苗的国家，参与了疫苗上市前的试验。两国正与中国开展医疗合作，并将设立面向非洲市场的新冠疫苗生产工厂。这一流行病为中国与摩洛哥和埃及提供了发展新型合作的机遇。疫情外交将中国的对外关系纳入了与西方国家的经济和技术竞争之中。

四、毛里塔尼亚与苏丹模式

这种模式同时具备中国与非洲大陆关系和中国与阿拉伯世界关系的属性。在与中国的伙伴关系中，毛里塔尼亚和苏丹一直具有特殊地位。这是一个自认为是南方利益攸关方的大国同两个仍然贫穷的阿拉伯和非洲国家之间的关系。

commercial pour englober l'avenir alimentaire du monde et tout particulièrement de l'Afrique. Les perspectives d'évolution de l'utilisation des engrais en Afrique étant donnés des besoins alimentaires en progression en raison de la démographie et de l'urbanisation, intéressent fortement le Maroc. Un rapprochement entre l'Office chérifien des phosphates - OCP, qui produit le phosphate marocain, et ses homologues publics chinois pourrait déboucher sur une coopération fructueuse dans une approche gagnant-gagnant. Maroc qui développe via l'OCP des projets industriels d'envergure en Afrique (Ethiopie et Nigéria) et la Chine qui doit réorganiser un secteur de la production de phosphates pollué par une multitude d'opérateurs privés qui tirent à la baisse les cours. Les deux pays en tireront, tous deux, profit. Il est de l'intérêt de la Chine d'éviter le gaspillage de ses réserves limitées face à la demande démesurée de son agriculture.

L'OCP a d'ailleurs signé en janvier 2021 un accord avec l'entreprise chinoise Hubei Forban Technologie pour développer ensemble des solutions pour la fabrication d'engrais nouvelles générations pour la smart agriculture à appliquer dans les exploitations en Afrique. Serait-ce le début d'une coopération nouvelle dans le domaine ?

Le Maroc et l'Egypte ont été les premiers dans le monde arabe et en Afrique à opter pour le vaccin chinois Sinopharm dans la lutte contre le Covid-19. Ils ont pris part aux tests qui ont précédé sa commercialisation. La coopération sanitaire avec la Chine pourrait aboutir à l'implantation d'unités de fabrication chinoises dans les deux pays dont la production sera destinée à l'Afrique. La pandémie a donc créé une opportunité pour développer un nouveau type de coopération entre la Chine, le Maroc et l'Egypte. La diplomatie du Covid-19 intègre les relations extérieures de la Chine dans le cadre de leur compétition économique et technique avec le pays occidentaux.

4. Le modèle mauritano-soudanais

Ce modèle procède de la nature des relations chinoises avec le continent africain d'une part et des rapports qu'elle développe avec le monde arabe d'autre part. Dans leur partenariat avec la Chine, Mauritanie et Soudan ont toujours eu un statut particulier. Des relations entre une grande puissance qui se considère partie prenante du sud et deux pays arabes et africains encore pauvres.

毛里塔尼亚是一个撒哈拉国家，幅员辽阔，人口相对较少，西临大西洋。该国位于地中海马格里布地区和西非之间的过渡地带。毛里塔尼亚虽然贫穷，但拥有丰富的自然资源，近几十年来不断更新：20 世纪60 年代发现了铁矿，20 世纪80 年代开始发展海洋渔业，2020 年又发现了石油。

苏丹由于地处东非的地理位置，在中国对外合作中地位独特。该国地处埃及与埃塞俄比亚之间，连接北部非洲和热带非洲。目前，苏丹是埃塞俄比亚尼罗河复兴大坝建设引发的纷争中的一方。

毛里塔尼亚和苏丹是最具非洲属性的阿拉伯国家。中国一直把曾经分属法国和英国殖民地的毛里塔尼亚和苏丹视作与非洲贫穷国家开展合作的试验场。中国与这两个国家建立的合作模式很大程度上以无偿援助为基础，这种实用的合作形式与前宗主国政府的传统援助大不相同。中国在这两个国家实施的项目涉及医疗卫生以及政府办公楼、文化馆、体育设施、太阳能设施、港口、公路和农业研究中心建设等领域。这种合作也涉及国民教育领域，包括汉语教学、招收非洲留学生进入中国高校学习、在军事院校中培训非洲军官。

毛里塔尼亚从独立之初就与中国建立了密切而牢固的关系。2015 年7 月，中毛两国迎来了建交 50 周年纪念。

2018 年，中国在毛里塔尼亚投资兴建的项目超过了 100 个。毛里塔尼亚在中国大学就读的留学生超过 400 人，努瓦克肖特的汉语教师达7500 人。2019 年 6 月，毛里塔尼亚第一家孔子学院在努瓦克肖特大学举行揭牌仪式。医疗卫生是中国在与毛里塔尼亚合作中重点关注的领域。从 1968 年至今，中国累计向毛里塔尼亚派遣了 800 多名医生和护士。2021 年 3 月，中国第 34 批援毛里塔尼亚医疗队奔赴该国，开始执行为期两年的援外医疗任务。

随着一些受雇于中国建筑和土木工程企业或从事中国产品销售工作的中国公民前往毛里塔尼亚居住，人员因素成为两国关系的重要组成部分。

La Mauritanie est un pays saharien, vaste avec une population relativement réduite, ouvert sur l'Atlantique. Un pays relai entre le Maghreb méditerranéen et l'Afrique de l'ouest. Un pays pauvre mais avec de grandes ressources naturelles mises à jour au cours des dernières décennies : le fer dans les années 1960, la pêche hauturière dans les années 1980 et des hydrocarbures en 2020.

Le Soudan quant à lui a toujours eu une place à part dans la coopération chinoise du fait de sa position géographique dans l'Afrique de l'est, un pays qui fait la liaison entre l'Afrique du nord et l'Afrique tropicale entre l'Egypte et l'Ethiopie. Il est aujourd'hui acteur dans le conflit né de la construction par l'Ethiopie du barrage de la Renaissance sur le Nil.

La Mauritanie et le Soudan sont les pays arabes les plus africains. La Chine les a toujours considérés comme des laboratoires pour sa coopération avec les pays africains pauvres, autrefois colonies françaises ou anglaises. Elle a créé avec eux un modèle de coopération basé en grande partie sur les dons, une forme de coopération opérationnelle et surtout différente par rapport aux aides traditionnelles des gouvernements des anciennes métropoles. Les programmes réalisés par les Chinois dans ces pays concernent les secteurs de la santé, de la construction de bâtiments gouvernementaux, de maisons de culture, d'équipements sportifs, de l'"énergie solaire, des ports, des routes et des centres de recherche agricole. Cette coopération intervient aussi dans le secteur de l'éducation nationale avec l'enseignement de la langue chinoise, l'accueil d'étudiants dans les universités chinoises et la formation des officiers dans les écoles militaires.

Dès les premières années de son indépendance, la Mauritanie a développé une relation étroite et forte avec la Chine dont le cinquantenaire a été célébré en 2015.

En 2018, le nombre de projets chinois en Mauritanie dépassait la centaine. Le nombre des étudiants mauritaniens dans les universités chinoises dépassait les 400 pendant que le nombre des enseignants de la langue chinoise à Nouakchott était de 7.500 et que le premier institut Confucius ouvrait ses portes en 2019. La coopération chinoise en Mauritanie a été marquée par l'intérêt accordé au secteur de la santé : des équipes sanitaires de 800 médecins et infirmiers y sont établies.

L'élément humain était une composante essentielle des relations entre les deux pays avec l'installation en Mauritanie de ressortissants chinois employés dans les entreprises chinoises dans le bâtiment et les travaux publics ainsi que dans la distribution des produits chinois.

毛里塔尼亚政府与一家中资企业（即宏东渔业股份有限公司。——审读者注）达成渔业合作协议，授予该企业在毛里塔尼亚海域长达25年的捕鱼权并附有特殊的税收条件。作为回报，该企业将在努瓦迪布建设一家鱼类加工厂。

2018年，中国为毛里塔尼亚维修了1983年无偿援建的努瓦克肖特奥林匹克体育场，援建农业技术示范中心，并向毛里塔尼亚提供无偿援助，以帮助该国发展经济。最近一笔4300万美元的无偿援助是在2019年发放的。2019年9月，中国向毛里塔尼亚海关提供了一批检查和扫描设备。2021年3月，中国向毛里塔尼亚捐赠了首批新冠疫苗，用以启动该国的疫苗接种行动。

通过购买毛里塔尼亚三分之一的出口产品，中国成为该国最大的出口目的地国（鱼类、铁矿石和铜矿石）。中国也是毛里塔尼亚的第三大进口来源国，占该国进口总额的11%，仅次于阿联酋（石油）和西班牙。

苏丹经历了长期的不稳定和紧张局势，最终导致南苏丹于2011年7月独立出去，苏丹国内于2019年4月发生政变，时任总统奥马尔·巴希尔被解除一切职务。中国奉行不干涉别国内政的政策，成功地适应了苏丹经历的种种变化。

中国在苏丹和南苏丹的存在有一个特点，那就是从1979年起通过中国石油（全称"中国石油天然气集团有限公司"，英文缩写"CNPC"。——审读者注）直接参与当地石油开采，而当时西方石油公司均已退出这一行业。中国石油的业务涵盖勘探、开发、管道运输和精炼等各个阶段。

中国与毛里塔尼亚和苏丹在防务领域也开展了合作，包括向两国捐赠军用装备，在中国军校中为两国培训军官，并派遣维和部队参与联合国维和行动（在苏丹和南苏丹），打击萨赫勒地区国家的恐怖主义。

从2014年起，中国与阿拉伯世界的合作被纳入"一带一路"倡议。该倡议已经成为中国与阿拉伯国家发展关系的主要基准，无论这些国家地理位置如何、属于亚洲还是非洲、人口多寡以及拥有什么样的资源。在"一带一路"倡议框架下，中国向阿拉伯世界提议共建经济、科技、

Un accord de pêche a été conclu avec une société chinoise qui a bénéficié de droits d'activité dans les zones maritimes pour 25 ans assortis de conditions fiscales spéciales en contrepartie de son engagement à construire une usine de transformation de poisson à Nouadhibou.

En 2018, la coopération chinoise a permis l'octroi à la douane mauritanienne, d'équipements de contrôle et scanners, la rénovation du terrain olympique de Nouakchott, une aide au centre de recherche agricole et des dons pour soutenir le développement économique. Un dernier don, de 43 millions de dollars, a été accordé en 2019. En 2021, la Chine a envoyé des lots de vaccins anti-Covid-19 pour démarrer l'opération de vaccination de Mauritanie.

En achetant le tiers des exportations mauritaniennes, la Chine est devenue le premier client de la Mauritanie (poissons, minerai de fer et cuivre). La Chine est le troisième fournisseur de la Mauritanie avec 11% du total après les EAU (pétrole) et l'Espagne.

Le Soudan a connu pendant une longue période instabilité et tensions qui a abouti à la partition du Soudan du sud et au coup d'Etat en 2019. La Chine a su s'adapter à tous les changements que le pays a connu grâce à sa politique de non intervention dans les affaires intérieures des pays partenaires.

Particularité de la présence chinoise dans les deux Soudan est qu'elle intervient directement, via la société chinoise CNPC, dans l'exploitation des hydrocarbures et ce depuis 1979, secteur duquel les compagnies occidentales se sont désengagées. CNPC intervient à tous les stades : extraction, exploitation, transport par oléoducs et affinage.

La Chine a développé avec la Mauritanie et le Soudan des projets de coopération dans le domaine de la défense et leur accordant des dons en équipements militaires, en formant les officiers dans les académies chinoises et en intervenant dans des opérations de pacification (dans les deux Soudan) et de lutte contre le terrorisme par sa contribution aux casques bleus dans les pays Sahel.

Ainsi, la coopération de la Chine avec le monde arabe a intégré, à partir de 2014, la logique de l'initiative de la ceinture et de la route qui est devenue le référentiel principal de ses relations avec ces pays, quel que soit leur emplacement géographique, asiatique ou africain, le poids de leurs populations et de la nature de leurs ressources. L'initiative de ceinture et de la route développe plusieurs routes de la soie proposés par Beijing aux pays arabes : économique, technologique, culturelles, stratégiques, environnementale et sanitaire.

Conclusion
结论

全球重大挑战以及
中国与非洲和阿拉伯世界的合作

Les grands défis mondiaux et
la coopération de la Chine avec l'Afrique
et le monde arabe

对中国来说，2021年是中国共产党成立100周年，是一个具有历史意义的重要时刻。中国政府希望能在这一年里实现一些数量上与质量上的目标，例如在农村和偏远地区彻底消除贫困，经济发展与科学技术进步方面再上新台阶。

2021年也是人类和地球历史上的转折之年，全球为摆脱新冠肺炎疫情以及由此引发的经济大衰退而艰苦斗争。中国在2019年11月最早受到新冠病毒的袭击，却也是第一个战胜这种病毒的国家。在二十国集团中，中国是唯一在2020年实现经济正增长的国家。2020年，中国经济总量再上新台阶，突破百万亿元大关，占世界经济总量的比重预计超过17%。全年国内生产总值达101.5986万亿元（约合12.868万亿欧元），比上年增长2.3%。2008年国际金融危机之后，中国与俄罗斯、印度、巴西、南非等新兴市场国家（金砖五国）一道，跻身世界大国前列。2021年，中国以强有力的行动战胜了新冠肺炎疫情，成为唯一摆脱这场危机的国家。中国再一次化危机为良机。

2021年，距离中国共产党成立已经过去100年，距离中华人民共和国成立已经过去72年，距离中国开始实行改革开放政策则已过去43年。中国已经发展成为全球第二大经济体，并将在中华人民共和国成立100年即2049年之前成为世界头号经济强国。中国的历史并非一个曾经被侵略、被欺侮的国家的复仇史，而是为阿拉伯世界和非洲大陆树立了良好的榜样。

成为全球性大国之后，中国在重新塑造世界方面承担着新的责任。这将是一个更加平衡、更加公正的世界，多极化的价值将得到世人的认同。中国必须在这一框架下处理其与非洲和阿拉伯世界的关系。

中国政府制定了国民经济和社会发展第十四个五年规划（2021年—2025年）和2035年远景目标，开启了21世纪第三个十年与后疫情时代。2020年10月，中国共产党中央委员会投票通过了"十四五"规划，确立了"十四五"时期经济社会发展的主要目标和到2035年基本实现社会主义现代化的远景目标。（2020年10月29日，中国共产党第十九届中央委员会第五次全体会议审议通过了《中共中央关于制定国民经济

Pour la Chine, l'année 2021 qui correspond au centenaire de PARTI COMMUNISTE CHINOIS est une date importante sur le plan historique. C'est pour cela que les autorités de ce pays ont voulu que certains objectifs quantitatifs et qualitatifs soient atteints cette année-là, telle la disparition totale de l'extrême pauvreté dans les zones rurales et/ou reculées, l'accès à un niveau élevé dans les domaines du développement économique et des acquis scientifiques et technologiques.

2021 est une année charnière dans l'histoire de l'humanité et de la planète en lutte pour sortir de la crise sanitaire du Covid-19 et de la grande récession économique qui en a résulté. La Chine, premier pays touché par le virus en novembre 2019, a été le premier à en venir à bout. Il a été le seul pays du G20 à enregistrer un taux de croissance positif en 2020. Le PIB chinois, estimé à 101.598 milliards de yuans (12.868 milliards d'euros) a dépassé pour la première le seuil symbolique de 100.000 milliards de yuans. Si après la crise de 2008, la Chine s'était retrouvée dans le peloton de tête des grandes puissances mondiales, avec les pays à économies émergeantes, Russie, Inde, Brésil et Afrique du sud - BRICS, en 2021, sortie plus forte encore de la crise, la voilà partie seule en échappée. Encore une fois, elle a fait de la crise une opportunité.

100 années après la naissance du PARTI COMMUNISTE CHINOIS, 70 ans après la création de la république populaire de Chine et 40 ans après son ouverture sur la politique des réformes, la Chine est aujourd'hui la deuxième puissance économique mondiale et pourrait devenir la première avant son centenaire, en 2049. Plus que la revanche d'un pays autrefois occupé et humilié, l'histoire de la Chine est un exemple pour le monde arabe et le continent africain.

Parce que désormais grande puissance à dimension mondiale, La Chine a des responsabilités nouvelles dans la refondation du monde. Un monde plus équilibré, plus équitable, où les valeurs de la multipolarité seraient reconnues. C'est dans ce cadre qu'elle doit placer ses rapports avec l'Afrique et le monde arabe.

Les autorités chinoises ont démarré la troisième décennie du XXIème siècle et la période post Covid-19 par l'élaboration du IVème plan quinquennal 2021-2025, voté en octobre 2020 par le comité central du PARTI COMMUNISTE CHINOIS qui en a fixé les objectifs comme il a défini la stratégie des actions à entreprendre à l'horizon 2035.

和社会发展第十四个五年规划和二〇三五年远景目标的建议》。2021年3月11日，第十三届全国人民代表大会第四次会议表决通过了关于国民经济和社会发展第十四个五年规划和二〇三五年远景目标纲要的决议。——审读者注）

新的五年规划分析了2020年的国际形势：中国发展环境面临深刻复杂变化。当前和今后一个时期，中国发展仍然处于重要战略机遇期，但机遇和挑战都有新的发展变化。当今世界正经历百年未有之大变局，新一轮科技革命和产业变革深入发展，国际力量对比深刻调整，和平与发展仍然是时代主题，人类命运共同体理念深入人心，同时国际环境日趋复杂，不稳定性不确定性明显增加，新冠肺炎疫情影响广泛深远，经济全球化遭遇逆流，世界进入动荡变革期，单边主义、保护主义、霸权主义对世界和平与发展构成威胁。

这份五年规划的主要内容可以归纳如下：

第一，特别重视国家科技自主，尤其是在数字领域。（"十四五"规划提出，坚持创新在国家现代化建设全局中的核心地位，把科技自立自强作为国家发展的战略支撑，面向世界科技前沿、面向经济主战场、面向国家重大需求、面向人民生命健康，深入实施科教兴国战略、人才强国战略、创新驱动发展战略，完善国家创新体系，加快建设科技强国。强化国家战略科技力量。制定科技强国行动纲要，健全社会主义市场经济条件下新型举国体制，打好关键核心技术攻坚战，提高创新链整体效能……加快数字化发展。发展数字经济，推进数字产业化和产业数字化，推动数字经济和实体经济深度融合，打造具有国际竞争力的数字产业集群。加强数字社会、数字政府建设，提升公共服务、社会治理等数字化智能化水平。建立数据资源产权、交易流通、跨境传输和安全保护等基础制度和标准规范，推动数据资源开发利用。扩大基础公共信息数据有序开放，建设国家数据统一共享开放平台。保障国家数据安全，加强个人信息保护。提升全民数字技能，实现信息服务全覆盖。积极参与数字领域国际规则和标准制定。——审读者注）

第二，构建扩大国内市场和坚持对外开放辩证统一的"双循环"新

Le nouveau plan quinquennal analyse la situation internationale en 2020, un monde complexe, incertain et instable en raison des crises sanitaire et économique, de la guerre commerciale et technologique tous azimuts des Etats-Unis et des tensions géopolitiques qu'il connait.

Les principaux axes de ce plan quinquennal peuvent être résumés comme suit :

Premièrement, une attention particulière est accordée à la réalisation de l'autonomie technologique du pays, notamment dans le numérique.

发展格局,为经济发展注入活力。("十四五"规划提出,畅通国内大循环。依托强大国内市场,贯通生产、分配、流通、消费各环节,打破行业垄断和地方保护,形成国民经济良性循环。优化供给结构,改善供给质量,提升供给体系对国内需求的适配性。推动金融、房地产同实体经济均衡发展,实现上下游、产供销有效衔接,促进农业、制造业、服务业、能源资源等产业门类关系协调。破除妨碍生产要素市场化配置和商品服务流通的体制机制障碍,降低全社会交易成本。完善扩大内需的政策支撑体系,形成需求牵引供给、供给创造需求的更高水平动态平衡。促进国内国际双循环。立足国内大循环,发挥比较优势,协同推进强大国内市场和贸易强国建设,以国内大循环吸引全球资源要素,充分利用国内国际两个市场两种资源,积极促进内需和外需、进口和出口、引进外资和对外投资协调发展,促进国际收支基本平衡。完善内外贸一体化调控体系,促进内外贸法律法规、监管体制、经营资质、质量标准、检验检疫、认证认可等相衔接,推进同线同标同质。优化国内国际市场布局、商品结构、贸易方式,提升出口质量,增加优质产品进口,实施贸易投资融合工程,构建现代物流体系。——审读者注)

　　第三,加快环境转型,力争2030年前实现碳达峰,2060年前实现碳中和,建设"生态文明"。("十四五"规划提出,推动绿色发展,促进人与自然和谐共生。坚持绿水青山就是金山银山理念,坚持尊重自然、顺应自然、保护自然,坚持节约优先、保护优先、自然恢复为主,守住自然生态安全边界。深入实施可持续发展战略,完善生态文明领域统筹协调机制,构建生态文明体系,促进经济社会发展全面绿色转型,建设人与自然和谐共生的现代化。加快推动绿色低碳发展。强化国土空间规划和用途管控,落实生态保护、基本农田、城镇开发等空间管控边界,减少人类活动对自然空间的占用。强化绿色发展的法律和政策保障,发展绿色金融,支持绿色技术创新,推进清洁生产,发展环保产业,推进重点行业和重要领域绿色化改造。推动能源清洁低碳安全高效利用。发展绿色建筑。开展绿色生活创建活动。降低碳排放强度,支持有条件的地方率先达到碳排放峰值,制定二〇三〇年前碳排放达峰行动方案……

Deuxièmement, asseoir la dynamique économique sur un nouveau modèle de développement « dual et circulaire » à travers un lien dialectique entre l'élargissement du marché local d'une part et l'affirmation de l'ouverture du pays sur le monde d'autre part.

Troisièmement, l'accélération de la transition environnementale. Le but est d'atteindre la neutralité carbonique en 2060 et bâtir un « civilisation écologique ».

积极参与和引领应对气候变化等生态环保国际合作。——审读者注）

第四，缩小社会内部差距和地区差距，推动基本公共服务均等化，从而消除贫困，改善农村地区经济状况。（"十四五"规划提出，实现巩固拓展脱贫攻坚成果同乡村振兴有效衔接。建立农村低收入人口和欠发达地区帮扶机制，保持财政投入力度总体稳定，接续推进脱贫地区发展。健全防止返贫监测和帮扶机制，做好易地扶贫搬迁后续帮扶工作，加强扶贫项目资金资产管理和监督，推动特色产业可持续发展。健全农村社会保障和救助制度。在西部地区脱贫县中集中支持一批乡村振兴重点帮扶县，增强其巩固脱贫成果及内生发展能力。坚持和完善东西部协作和对口支援、社会力量参与帮扶等机制。推动区域协调发展……支持革命老区、民族地区加快发展，加强边疆地区建设，推进兴边富民、稳边固边……健全区域战略统筹、市场一体化发展、区域合作互助、区际利益补偿等机制，更好促进发达地区和欠发达地区、东中西部和东北地区共同发展。完善转移支付制度，加大对欠发达地区财力支持，逐步实现基本公共服务均等化。——审读者注）

第五，突出文化对增强中华民族凝聚力、促进民族团结的基础性作用。（"十四五"规划设定的今后五年经济社会发展要努力实现的主要目标包括：中华文化影响力进一步提升，中华民族凝聚力进一步增强。规划提出，繁荣发展文化事业和文化产业，提高国家文化软实力。坚持马克思主义在意识形态领域的指导地位，坚定文化自信，坚持以社会主义核心价值观引领文化建设，加强社会主义精神文明建设，围绕举旗帜、聚民心、育新人、兴文化、展形象的使命任务，促进满足人民文化需求和增强人民精神力量相统一，推进社会主义文化强国建设。坚持和完善民族区域自治制度，全面贯彻党的民族政策，铸牢中华民族共同体意识，促进各民族共同团结奋斗、共同繁荣发展。——审读者注）

第六，继续推进国防体系和陆、海、空三军现代化。（"十四五"规划提出，加快国防和军队现代化，实现富国和强军相统一。贯彻习近平强军思想，贯彻新时代军事战略方针，坚持党对人民军队的绝对领导，坚持政治建军、改革强军、科技强军、人才强军、依法治军，加快机械

Quatrièmement, faire disparaître la pauvreté et améliorer la situation économique dans le monde rural par des actions visant à réduire les écarts à l'intérieur de la société et entre les territoires et accéder au niveau de l'équité dans l'accès aux services de base.

Cinquièmement, mettre en évidence la base de la culture en tant que ciment entre les composantes de la nation et vecteur de la cohérence de la Chine.

Sixièmement, continuer à développer la modernisation des systèmes de défense nationale et l'ensemble des forces armées, terrestres, maritimes et aériennes.

化信息化智能化融合发展，全面加强练兵备战，提高捍卫国家主权、安全、发展利益的战略能力，确保二〇二七年实现建军百年奋斗目标。加快军事理论现代化……加快军队组织形态现代化，深化国防和军队改革，推进军事管理革命，加快军兵种和武警部队转型建设，壮大战略力量和新域新质作战力量，打造高水平战略威慑和联合作战体系，加强军事力量联合训练、联合保障、联合运用。加快军事人员现代化……加快武器装备现代化，聚力国防科技自主创新、原始创新，加速战略性前沿性颠覆性技术发展，加速武器装备升级换代和智能化武器装备发展。——审读者注）

第七，借鉴抗击新冠肺炎疫情的经验，提升突发公共事件应急能力和自然灾害防御水平。（"十四五"规划设定的今后五年经济社会发展要努力实现的主要目标包括：国家治理效能得到新提升……国家行政体系更加完善，政府作用更好发挥，行政效率和公信力显著提升，社会治理特别是基层治理水平明显提高，防范化解重大风险体制机制不断健全，突发公共事件应急能力显著增强，自然灾害防御水平明显提升。规划提出，全面推进健康中国建设……完善突发公共卫生事件监测预警处置机制，健全医疗救治、科技支撑、物资保障体系，提高应对突发公共卫生事件能力……统筹推进基础设施建设。构建系统完备、高效实用、智能绿色、安全可靠的现代化基础设施体系……加强水利基础设施建设，提升水资源优化配置和水旱灾害防御能力。——审读者注）

在经济政策方面，新的五年规划旨在采取一切行动，健全公平竞争制度，打击垄断和不正当竞争行为，从而使社会主义市场经济体制更加完善。这意味着要改进生产方式，推进工农业一体化发展，从而实现工业现代化和农业现代化。这还意味着要把经济增长与缩小城乡区域发展差距和居民生活水平差距联系起来。

在实际操作层面，新的五年规划特别强调提升国家治理效能、健全"社会主义民主法治"、推进全面依法治国以及增强社会责任意识等等。

2021年至2025年的"十四五"规划旨在为中国这个经济、技术和地缘战略强国追求高质量发展的雄心壮志提供新的答案。发展努力必须

Septièmement, mettre les capacités du pays en mesure d'affronter les catastrophes naturelles, les risques d'inondation en prenant comme référence la gestion de la pandémie du coronavirus.

Sur le plan de la politique économique, le nouveau plan quinquennal vise à faire avancer toutes les actions pour plus de progrès et du renforcement du système d'économie de marché dans le respect des règles de la concurrence et de la lutte contre les pratiques monopolistes. Cela suppose une consolidation des modes de production, la promotion des valeurs de la modernité dans l'intégration des chaines industrielles et agricoles. Cela implique également de rattacher la croissance à la réalisation de plus d'équilibre et de partage entre les provinces et entre les villes et le monde rural.

Au niveau du fonctionnement, le plan quinquennal insiste sur l'intérêt particulier à accorder à la bonne gouvernance politique, « à la démocratie socialiste » et aux valeurs de l'état des droits et des obligations.

Le plan 2021-2025 veut apporter des réponses nouvelles aux ambitions qualitatives du pays devenu une puissance économique, technologique et

以质量为导向，而不是像过去那样单纯追求数量。中国领导人进一步认识到，中国的发展规划不仅关系到自己的国家，也将对世界其他地区产生影响。这是因为，在深度全球化进程中，在大国竞争尤其是与美国在科技、经济和战略领域的竞争中，以及在"一带一路"倡议的框架下，各国经济的相互依存进一步加深。

本书正是在这一框架下审视中国与非洲大陆和阿拉伯世界之间的合作，以及这种合作与 21 世纪全球化面临的问题和挑战之间的相互影响。我们可以围绕以下七条主轴来概括这些问题和挑战。

一、推动战胜 2020 年至 2021 年的公共卫生与经济危机

2020 年爆发的公共卫生与经济危机是史无前例的。这是一场由新冠病毒引起的疫情大流行所造成的全球性危机。这场危机对世界各地来说都是一场毁灭性的危机，在全球范围内引发包括禁足在内的一系列严厉的防控措施，导致经济活动急剧减少。这场危机也揭示出深度全球化阶段是何等的脆弱。

中国竭尽全力阻止新冠肺炎疫情大流行，与世界各国一道努力寻求治疗方法并研发疫苗。

各国除了围绕疫苗争分夺秒地开展竞赛之外，不同实验室、研究中心和医药公司也开展了国际合作。这场竞争会在收益、信誉和谋求新型领导地位方面给各国带来显著的经济影响。中国承诺，一旦疫苗研制成功并投入使用，就会将其提供给所有国家，无论这些国家的发展水平如何。疫苗应该被视为"国际公共产品"，为所有人服务，特别是为那些最脆弱、最贫穷的国家服务。这一承诺是对此次危机一大教训所作的回应，这场危机表明健康必须视为人类共同财产。

géostratégique. L'action du développement doit être au service du qualitatif et non plus seulement du quantitatif uniquement comme par le passé. Les responsables chinois ont conscience de plus que leur plan de développement ne concerne pas seulement leur pays, mais aura un impact sur le reste du monde étant donné les interdépendances entre les économies nationales dans le cadre de la mondialisation avancée, de la compétition entre les grandes puissances, notamment avec les Etats-Unis dans les domaines technologique, économique et stratégique, et de l'initiative de la ceinture et de la route.

C'est dans ce cadre que se situe la coopération de la Chine avec le continent africain et la région du monde arabe et ses interférences avec les défis et les enjeux de la mondialisation au XXIème siècle que l'on peut résumer autour des sept axes suivants.

1. Contribuer à combattre la crise sanitaire et économique 2020-2021

La crise de 2020 est inédite. Elle est mondiale et a été déclenchée à partir d'une pandémie née d'un nouveau virus, le Covid-19. Une crise dévastatrice pour toutes les parties du monde auxquelles elle a imposé un confinement mondialisé qui a conduit à une chute brutale des activités économiques. Elle a révélé ainsi la fragilité de la mondialisation dans ses stades les plus avancés.

La Chine a tout mis en œuvre pour arrêter la pandémie en participant aux efforts visant à découvrir les thérapeutiques et les vaccins.

La course autour de cette découverte impliquait autant la coopération internationale entre les différents laboratoires, centres de recherche et firmes spécialisées que de compétition. Une compétition qui a ses conséquences économiques évidentes entre les pays en termes de gains, de réputation et de recherche d'un nouveau type de leadership. La Chine s'est engagée à proposer ses vaccins une fois découverts et devenus opérationnels pour être à la disposition de tous les pays quel que soit leur niveau de développement. Le vaccin doit être considéré en effet comme un « bien commun de l'humanité » au service de tous et notamment des pays les plus fragiles et les plus pauvres. Cet engagement répond à l'une des leçons les plus pertinentes de cette crise qui a révélé que la santé doit être considérée comme un bien universel.

新冠肺炎疫情表明，由于全球经济相互依存，人员在全世界密集移动，全球性大流行病成为深度全球化的组成部分。疫情要求人们在世界卫生组织的领导下，在国际和区域合作的框架下开展国际协商。对全球性大流行病的防控需要把健康纳入多边主义范畴中来。作为大国，人民中国必须朝着这个方向努力前进。

在这场导致严重经济危机的疫情考验中，中国是第一个遭到病毒袭击的国家，也是第一个奋起遏制病毒传播并摆脱这场危机的国家。

与此同时，世界必须应对新一轮的经济萎靡不振。为了摆脱危机，各个大国不得不放弃正统的经济政策，制定大量经济复苏计划，增发债券以提供资金。这些国家需要利用其中央银行把主要公共债务"货币化"或"循环利用"，以确保经济复苏项目所需资金。作为区域国家集团，欧盟成功地在成员国之间重新建立共识，共同承担追加的债务。

中国必须从自己在二十国集团中的影响力和在国际机构（世界银行、国际货币基金组织、区域性银行）中发挥的作用出发，努力推动国际协商，减免贫穷国家和发展中国家的债务，这些骨架正在承受原材料需求下降、旅游业收入和移民汇款减少的后果。中国必须发挥自身的重要作用，使这种团结一致的干预成为解决这些国家尤其是非洲国家债务问题的必要条件。这项协商将为国际金融体系改革开辟新的前景，促使世界银行和国际货币基金组织在自身运行中融入共享与平等的价值观。

疫苗的研发不应成为新的地缘公共卫生冲突的源头，而应促进参与疫苗生产和分配的实验室、研究中心和企业之间的合作。疫苗领域的竞争不得排斥合作。当前，各方正在开展激烈竞争，以求获取最大利润和最佳口碑。疫苗接种必须考虑到这样一个事实，即新的公共卫生危机表明，全球性大流行病从此成为全球化进程的一部分，与全球经济体之间的相互依存、全球范围内的人员密集流动不可分割。正因如此，各国应

La crise sanitaire du Covid-19 a montré que les pandémies sont devenues une composante de la mondialisation avancée du fait de ses interdépendances économiques et de l'intensification des mouvements de déplacement humain à travers le monde. Elle appelle à la mise en place d'une concertation internationale sous la direction de l'OMS et dans le cadre d'une coopération internationale et régionale. Sa gestion requiert d'intégrer la santé dans la sphère du multilatéralisme. La Chine populaire, grande puissance aura à œuvrer dans ce sens.

Dans cette épreuve sanitaire qui a conduit à une crise grande économique, la Chine a été la première à accueillir le virus et la première à combattre sa propagation et à sortir de la crise.

Parallèlement, le monde doit s'attaquer à la nouvelle inertie de son économie. Pour sortir de la crise, les grands pays ont dû tourner le dos à l'orthodoxie de la politique économique en élaborant des plans massifs de relance financés par des endettements accrus. Ces pays auront à utiliser leurs banques centrales pour « monétiser » ou « recycler » l'essentiel des dettes publiques afin d'assurer le financement des projets de relance. L'UE, groupement régional, a réussi à récréer un consensus entre ses membres pour mutualiser leurs dettes additionnelles.

La Chine doit œuvrer à partir de son poids dans le G20 et de son rôle dans les institutions internationales (Banque mondiale, FMI, Banques régionales) pour promouvoir une concertation internationale visant à réduire l'endettement des pays pauvres et en développement victimes de la chute de la demande des matières premières des ressources provenant des activités touristiques et des transferts des migrants. La Chine a à jouer un rôle majeur pour rendre une telle intervention solidaire indispensable afin de trouver une solution à l'endettement des pays africains notamment. Une telle concertation ouvrira des perspectives à la réforme du système financier international pour qu'il participe à intégrer les valeurs de partage et de l'équité dans les fonctionnements de la Banque mondiale et du FMI.

Au lieu de conduire à un nouvel antagonisme géo-sanitaire, la découverte des vaccins devrait être à l'origine d'une coopération entre les laboratoires, les centre de recherche et les firmes concernées par la production et la distribution des vaccins. La concurrence en la matière ne doit pas exclure la coopération. Aujourd'hui on assiste à une véritable course entre les acteurs pour maximiser leur profitabilité et leur réputation. Les vaccinations doivent prendre en compte le fait que la nouvelle crise sanitaire a révélé que les pandémies font partie désormais de la globalisation,

该在世界卫生组织指导下开展国际和区域协商。公共卫生问题必须成为多边主义体系的组成部分。中国与非洲和阿拉伯国家接触，承诺向所有国家提供疫苗，不论其发展水平如何，因为中国把疫苗视为"国际公共产品"，需要服务于贫穷和脆弱的国家。

实际上，疫苗接种已经成为全世界的一个关键问题。根据联合国安理会和2021年5月18日在巴黎召开的有中国参加的非洲经济筹资问题首脑会议（15名非洲国家元首、法国总统、西班牙、意大利和葡萄牙总理以及欧洲理事会主席查尔斯·米歇尔、欧盟委员会主席乌苏拉·冯·德莱恩和外交政策高级代表约瑟普·博雷尔出席会议，国际货币基金组织、世界银行和非洲开发银行等国际金融机构的负责人也参加会议。非洲国家最大债权国中国以视频方式出席会议。——审读者注）统计数据，截至2021年5月，非洲的疫苗接种率只有1%至2%。与此同时，3000万非洲人口正在陷入极端贫困。这种现象甚至被称为"疫苗种族隔离"。

封禁措施和经济衰退迫使各国放弃正统的经济政策。各国以保护者的身份，尝试阻止新冠病毒传播，为经济危机中的民众提供支持。作为战略决策者，各国制定了经济复苏计划，这些计划往往由国内外债务共同提供资金。在发达国家，中央银行已经将公共债务"货币化"。

在此背景下，各国的过度负债重新攀升。这一方面是因为2020年石油和原材料行情下跌，另一方面是由于应对新冠肺炎疫情的预算支出急剧增加。

鉴于其在二十国集团和世界银行、国际货币基金组织以及区域性银行里的重要地位，中国应该鼓励协商，以减轻贫穷国家和发展中国家的债务成本，从而为全球经济体系改革开辟新的前景，在更具共享性和平等性的基础上开展全球治理。

这场公共卫生危机可以为中国与非洲和阿拉伯世界的医疗卫生合作注入新的活力，这也是20世纪60年代以来双方合作的优先领域。今后，"健康丝绸之路"将在"一带一路"建设中占据特殊地位。鉴于疫情造成的经济和财政后果，中非阿合作可望推动公共负债过度问题的解决和共同开发项目的实施。

des interdépendances économiques dans le monde et de l'intensification des déplacements des hommes à travers le globe. C'est pour cette raison que le Etats doivent développer des approches de concertations internationales et régionales avec l'OMS. La santé doit intégrer les cercles du système du multilatéralisme. La Chine s'est engagée avec l'Afrique et les pays arabes à permettre à tous les pays, quel que soit leur niveau de développement d'accéder à son vaccin qu'elle considère comme un « bien commun de l'humanité », au service des pays pauvres et fragiles.

En effet, l'accès à la vaccination est devenu une question cruciale partout dans le monde. En mai 2021, selon le Conseil de sécurité de l'ONU et les travaux de conférence sur le financement de la relance économique en Afrique organisée à Paris le 18 mai 2021, avec la participation de la Chine, seuls 1 à 2% des vaccins ont été administrés en Afrique, au moment où 30 millions d'Africains ont basculé vers l'extrême pauvreté. On a même parlé « d'apartheid vaccinal ».

Les confinements et les récessions économiques ont contraint les Etats à revenir sur l'orthodoxie économique. C'est en leur qualité d'Etats protecteurs qu'ils ont essayé de stopper la propagation du coronavirus et de soutenir leurs populations face à la crise économique. C'est en leur qualité d'Etats stratèges qu'ils ont élaboré des plans de relance économiques, souvent financés par l'endettement interne et externe. Dans les pays développés, les banques centrales on « monétisé » les dettes publiques.

Dans ce contexte, le surendettement des pays est reparti à la hausse. Avec la chute du cours des hydrocarbures et des matières premières en 2020 et la progression vertigineuse de dépenses budgétaires pour répondre aux exigences de la crise.

Etant donné son poids dans le G20 et dans les instances de la Banque mondiale, du FMI et des banques régionales, la Chine devra encourager les concertations pour réduire le coût de la dette des pays pauvres et en développement ce qui ouvrira des horizons nouveaux pour la réforme du système économique mondial, de sa gouvernance sur la base de plus de partage et d'équité.

La crise sanitaire pourrait donner un nouveau souffle au partenariat Chine – Afrique et monde arabe dans le domaine de la santé déjà, du reste, champ privilégié de la coopération entre les deux parties depuis les années 1960. « La route de la soie sanitaire » va désormais occuper une place particulière dans la stratégie de la ceinture et de la route. Il est de même impérieux, étant donné les conséquences économiques et financières de la crise, que la coopération sino-afro-arabe puisse contribuer à la fois à solutionner le surendettement et à la réalisation des projets de développement communs.

二、在全球范围内消除贫困和不平等

不平等是世界分裂的根源，包括政治不平等（殖民主义）、经济和社会不平等（新殖民主义），如今还要加上数字不平等（技术统治）。

20世纪80年代以来，新自由主义方法大行其道，在其推动下的全球化进程加剧了国与国（南北）之间和国家内部的不均衡。2008年经济危机中出现的金融失控现象表明，危机真正的根源是财富与收入分配的不平等。全世界疫情的受害者大部分属于社会中最边缘、最弱势的群体。例如，在疫情最严重的美国，三分之一的死亡病例是黑人，而黑人只占美国总人口的15%。在种族主义这种最显著的不平等所导致的社会动荡中，封禁措施带来的失落情绪被放大，这在乔治·弗洛伊德事件及其引发的"黑人的命也是命"运动中可见一斑。（2020年5月25日，非洲裔美国公民乔治·弗洛伊德因白人警察暴力执法而惨死街头，在全美范围内引发了一场声势浩大的"黑人的命也是命"运动。——审读者注）

当前的不平等问题是全球化进程中典型的不适状态的一个主要原因。在人类历史上的这一特殊时刻，几条冲击波汇集于此，突出表现为身份对立加剧、经济危机不断以及现在的健康风险。所有这些都表明全球范围内存在严重的不平等。

中国在经济层面取得的进步有助于减少全球贫困现象，扩大中国的中产阶级。同样的现象也出现在其他一些亚洲国家，尽管程度并不那么明显。但是，贫困问题仍然是非洲的主要议程之一。2008年的国际金融危机和2020年的公共卫生和经济危机加剧了非洲的贫困现象，扩大了全球范围内的社会和空间不平等。

中国必须参与到抗击贫困和不平等的斗争中来，因为贫困和不平等是局势紧张、边缘化、不稳定、政治和文化倒退、激进主义和与其直接相关的恐怖主义抬头的根源。诚然，中国国内取得的进步和"一带一路"倡议的提出无疑将有助于在全球范围内减少贫困现象。然而，

2. Combattre la pauvreté et les inégalités dans le monde

L'iniquité a toujours été source de fractures dans le monde : politique (le colonialisme), économique et social (le néo-colonialisme) et aujourd'hui numérique (domination par la technologie).

L'accélération de la mondialisation tractée par l'hyper-hégémonie des recettes néolibérales depuis 1980 a amplifié les asymétries entre les pays (nord-sud) et à l'intérieur de ceux-ci. La crise de 2008 a révélé, à partir de ses dérives financières, ses vraies origines liées aux inégalités en termes de répartition de richesses et de revenus. La crise sanitaire actuelle a mis en relief de nouveaux aspects de cette iniquité. Partout dans le monde les victimes de la pandémie appartiennent majoritairement aux sphères les plus marginales et plus faibles des sociétés. A titre d'exemple, aux Etats-Unis, pays qui compte le plus grand nombre de victimes, plus du tiers des personnes décédées au fait du Covid-19 appartiennent à la communauté noire qui ne représente que 15% de l'ensemble de la population du pays. Les frustrations engendrées par le confinement ont été amplifiées par un malaise lié à la plus grande manifestation de l'iniquité : le racisme à travers l'affaire de Georges Floyed et le mouvement Black Lives Matters qu'elle a réactivé.

Ainsi, la question de l'inégalité reflète aujourd'hui l'une des principales causes du malaise qui caractérise la mondialisation. Elle cristallise la rencontre de plusieurs ondes de choc dans un moment exceptionnel de l'histoire de l'humanité, marqué par la montée des antagonismes identitaires, la succession des crises économiques et maintenant des risques sanitaires : toutes des manifestations de la gravité de l'iniquité dans le monde.

Les progrès enregistrés par la Chine sur le plan économique ont certes contribué à réduire la sphère de la pauvreté dans le monde et permis l'élargissement de l'espace des couches moyennes chinoises. Ce phénomène a été observé aussi à des niveaux moindres dans plusieurs pays asiatiques. Mais la question de la pauvreté reste à l'ordre du jour avec une concentration en Afrique. Et les crises de 2008 et 2020 ont contribué à son exacerbation et à l'élargissement des inégalités sociales et spatiales dans le monde.

La Chine doit participer aux combats contre la pauvreté et les inégalités, sources de tensions, de marginalisation, de déstabilisation, de régressions politiques

要实现这个目标，也需要有协商一致的多边行动，中国必须为此付出更大努力。

长期以来，全球范围内的政治不平等是直接殖民统治造成的后果。非洲国家从20世纪60年代开始获得独立，在这一方面实现了进步。然而，时到如今，巴勒斯坦问题仍然是世界上最大的政治不平等。中东核心地带的巴以冲突仍然是极度屈辱的例证，助长了该地区所有政治、经济和文化紧张局势。

中国曾经坚定支持各国人民寻求独立的斗争，如今也必须发挥重要作用，促使以色列接受公正、持久的巴以冲突解决方案，使巴勒斯坦人民能够行使独立建国的合法权利。这个问题对中东和全球的平衡来说都至关重要。

中国已经恢复对香港和澳门行使主权，成功地捍卫了自己的领土完整。中国还将继续行动，以求早日解决台湾问题，实现国家完全统一。本着这样的逻辑，中国必须致力于帮助所有其他国家打击分离主义，维护国家的统一与团结。

中国必须为消除非洲的贫困和社会差距做出贡献，这些因素是局势紧张、动荡、政治和文化倒退、激进主义和恐怖活动蔓延的根源。即将在塞内加尔首都达喀尔举行的中非合作论坛2021年峰会将给各方提供机会，确认"一带一路"倡议及其经济方面的内容同消除极端贫困之间的联系。各方必须遏制因对抗、内战、恐怖主义和激进主义行为而产生的政治危机。

中国与非洲和阿拉伯世界的合作取得的进展将有助于减少贫困与不公平现象，这些现象是导致阿拉伯国家陷入政治动荡和制约非洲大陆经济发展的根源。

et culturelles et de montée des radicalismes et de leur corolaire, le terrorisme. Bien sûr, les progrès réalisés par la Chine en interne et le lancement du projet « Route et Ceinture » contribueront certainement à réduire la pauvreté dans le monde mais celle-ci requiert une action multilatérale, concertée à laquelle la Chine devra consacrer des efforts accrus.

Pendant longtemps, l'iniquité politique dans le monde a été le fait de la domination coloniale directe. L'acquisition des indépendances par les pays africains depuis 1960 a constitué un progrès en la matière. Aujourd'hui cependant, la question palestinienne continue à cristalliser la plus grande iniquité politique dans le monde. Le conflit israélo-palestinien au cœur du Moyen-Orient reste l'exemple de l'humiliation extrême et nourrit toutes les tensions politiques, économiques et culturelles dans cette région.

La Chine, qui a été un fidèle compagnon des combats des peuples pour leurs indépendances doit jouer un rôle essentiel pour pousser Israël à accepter la solution juste et durable à ce conflit et permettre aux Palestiniens d'accéder à leurs droits légitimes de construire leur Etat autonome. Il s'agit là d'une question cruciale pour la région et pour l'équilibre global du monde.

La Chine a réussi à défendre son intégrité territoriale avec la récupération de Hong Kong et de Macao. Elle poursuit son action pour récupérer demain Taïwan. Dans cette logique, elle doit œuvrer à aider tous les pays à combattre les séparatismes et à sauvegarder leur unité et leur cohésion.

La Chine devra contribuer à la lutte contre la pauvreté et les disparités sociales et Afrique, à l'origine de tensions, d'instabilité, de régressions politiques et culturelles et de la propagation du radicalisme et des pratiques terroristes. Le prochain sommet sino-africain de Dakar de 2021 sera l'occasion pour confirmer le lien entre l'initiative de la ceinture et de la route et son contenu économique à la lutte contre l'extrême pauvreté. Il faudra contenir les crises politiques nées des confrontations, guerres civiles et les pratiques du radicalisme terroriste.

Le progrès réalisé par la coopération de la Chine avec l'Afrique et le monde arabe vont contribuer à la réduction de la pauvreté, de l'iniquité, à l'origine des instabilités politiques dans les pays arabes et des contraintes économiques du continent africain.

三、参与应对全球气候变化、保护环境和解决水资源问题

近 30 年来，全球环境日益恶化，地球与全人类的未来面临越来越大的风险，气候变化成了一个极为重要的问题。中国由于本国快速发展，自然要对气候恶化承担一定的责任。习近平主席和中国政府推动了 2015 年 12 月在法国巴黎举行的第 21 届联合国气候变化大会取得圆满成功。然而，从那一天开始，各国政府并未积极落实此次会议所达成的国际协议（指 2015 年 12 月 12 日在第 21 届联合国气候变化大会上通过、2016 年 4 月 22 日在联合国大厦签署、2016 年 11 月 4 日起正式实施的《巴黎协定》。——审读者注）。在某些国家，尤其是特朗普在任时的美国和雅伊尔·梅西亚斯·博索纳罗担任总统的巴西，退出协议之后，在履行协议承诺方面甚至出现了明显的倒退。

新冠肺炎疫情既是对人类的巨大考验，也为人类提供重新启动环境保护政策与遏制全球气候变化的机遇。虽然各国必须实施重大的健康和社会保护以及经济重振计划，但同时也应重新部署这些行动，以满足应对全球气候变化的需要。因此，环境和健康一样，也被视为"人类共同财产"。保护人类健康与保护自然环境正在成为各国调整公共政策方向的要求。健康和环境有着同样的保护与共享的逻辑，应该成为公共政策新的优先事项。摆脱危机、重振经济的政策必须优先考虑人类这些新的基本需求。新冠肺炎疫情为重新启动新型国际合作伙伴关系提供了机遇，促使各国重新遵守 2015 年 12 月作出的承诺。

作为"人类共同财产"，生态问题与健康问题一样，在世界各地都很突出。保护健康和环境已经成为公共政策的内在要求。健康和环境事关共享的价值观，必须提升到优先地位。保护健康和保护环境属于同一场战斗。

作为世界大国，中国必须充分发挥在应对全球气候变化政策领域的领导作用：在国内，防治各种形式的污染，调整能源政策，减少原材料

3. Participer à la lutte contre le réchauffement climatique, à la protection de l'environnement et la question de l'eau

Depuis trois décennies, la question du réchauffement climatique a pris une dimension cruciale face à la détérioration accentuée de l'environnement et la montée de ses risques sur l'avenir du globe terrestre et de l'humanité dans son ensemble. La Chine qui, par son développement accéléré, a bien sûr sa part dans le processus de détérioration climatique. Son président Xi Jinping et son gouvernement ont contribué à l'aboutissement des travaux de la COP 21 tenue à Paris en décembre 2015. Mais depuis cette date, les autorités politiques dans le monde n'ont pas progressé dans la concrétisation de l'accord international conclu à cette occasion. On a même observé des régressions explicites dans les respects des engagements pris à la suite du retrait de certains Etats de cet accord, notamment des Etats-Unis sous la présidence de Trump et du Brésil présidé par Bolsonaro.

La crise du Covid-19, une grande épreuve pour l'humanité constitue aussi une opportunité pour relancer les politiques de sauvegarde de l'environnement et freiner le processus de réchauffement climatique. Si en effet les Etats ont dû mettre en œuvre de grands plans de protection sanitaire et sociale et de relance économique, il est opportun de redéployer ces actions pour répondre à l'exigence de la lutte contre le réchauffement du climat. L'environnement s'impose ainsi, comme la santé, comme un « bien commun de l'humanité ». La protection de la santé humaine et la sauvegarde de l'environnement deviennent des exigences qui impliquent la réorientation des politiques publiques de tous les pays. Santé et environnement procèdent tous les deux de la même logique de protection et de partage et doivent être promis comme des nouvelles priorités dans les politiques publiques. Les politiques de sortie de crise et de relance doivent privilégier ces nouveaux besoins fondamentaux de l'humanité. La crise du Covid-19 donne l'opportunité pour relancer un partenariat international novateur qui réhabilite les engagements conclus en décembre 2015.

La question de l'écologie, comme celle de la santé, s'impose partout dans le monde en tant que « bien commun de l'humanité ». La protection de la santé et de

消耗，支持一切有利于发展绿色经济的行动；在国际上，致力于让应对全球气候变化的多边合作具备切实的可信度。

在国际层面，中国必须为恢复多边合作作出贡献，以减少全球气候变化，发展太阳能、风能等可再生能源，尤其是在潜力巨大的非洲和阿拉伯世界。这将有助于大幅度减轻导致极端贫困和被迫迁徙的生态破坏现象。

非洲和阿拉伯世界人口的迅速增长和水资源的匮乏是环境危机的另一个方面。这两个因素造成了与水资源分布不均和分配管理不善有关的区域地缘政治对抗。水资源分配管理问题往往是由这种稀缺资源的输送和净化设备不足造成的，尤其是在偏远地区和贫民窟，加速的城市化令这一问题愈发凸显。在干旱和沙漠地区，人们饱受灾难性的干旱和洪涝之苦。

国际河流水资源的共享在许多地区引发了对立，例如埃及、苏丹和埃塞俄比亚三国之间的尼罗河水资源管理之争，赞比亚和津巴布韦两国关于共有河流赞比西河的争端，塞内加尔、毛里塔尼亚和马里三国之间的塞内加尔河之争，利比亚、乍得和苏丹三国围绕卡扎菲时代修建的大人工河地下输水管道的纷争。在中东核心地带，以色列的犹太人定居点体系使以色列、巴勒斯坦、叙利亚和约旦之间围绕水资源产生了新的冲突。此外，在土耳其修建了一系列水坝之后，流经土耳其、伊拉克和叙利亚三国的幼发拉底河、底格里斯河的水资源也造成了这些国家之间的紧张局势。

l'environnement devient une exigence à intégrer dans les politiques publiques. Santé et environnement sont parties prenantes des valeurs de partage qui doivent être hissées au rang de priorités : santé et environnement : un même combat.

La Chine, grande puissance mondiale, aura à remplir totalement son rôle de leadership dans la politique de lutte contre le réchauffement climatique : en interne, en combattant toutes les formes de pollution, en rénovant sa politique énergétique, en économisant la consommation de matières premières et en soutenant toutes actions en faveur de l'économie verte. Au niveau international en œuvrant pour donner une réelle crédibilité à la coopération multilatérale dans la lutte contre le réchauffement climatique.

Sur le plan international, la Chine doit contribuer à la réhabilitation de la coopération multilatérale pour la réduction du réchauffement climatique de la planète et le développement des énergies renouvelables, solaire et éolienne, tout particulièrement en Afrique et dans le monde arabe, étant donné leurs potentialités en la matière. Cela contribuera à réduire fortement les destructions écologiques qui ont un impact sur l'extrême pauvreté et sur les migrations forcées.

Progression démographique rapide et rareté de l'eau en Afrique et dans le monde arabe sont un autre aspect de la crise environnementale. Elles créent des antagonismes géopolitiques sur le plan régional liés à la répartition inégale de l'eau et la mauvaise gestion de sa distribution. A l'origine de cette dernière, il y a les carences en équipement de distribution de cette ressource rare et d'assainissement, notamment dans les quartiers périphériques et populaires, que l'urbanisation accélérée exacerbe. Dans les régions arides et désertiques quant à elles, vivent sécheresse et inondations dévastatrices.

Le partage des eaux des fleuves crée des antagonismes dans de nombreuses régions : entre l'Egypte, le Soudan et l'Ethiopie pour la gestion des eaux du Nil, entre de la Zambie et le Zimbabwe et de leur fleuve commun, le Zambèze, entre le Sénégal, la Mauritanie et le Mali autour du fleuve Sénégal, entre la Libye, le Tchad et le Soudan autour du partage du fleuve souterrain canalisé par la Grande rivière artificielle construite sous le régime de Kadhafi. Au cœur du Moyen Orient, le système de colonisation israélien a créé un nouveau type de conflit, autour de l'eau, entre Israël, la Palestine, la Syrie et la Jordanie. Enfin les eaux de l'Euphrate et du Tigre qui traversent la Turquie, l'Irak et la Syrie sont sources de tensions entre ces différents pays après la construction d'une série de barrages par la Turquie.

从修建三峡大坝，到使用现代技术优化饮用水管理，再到将海水淡化用于农田灌溉，中国在水资源管理方面积累了丰富的经验，为非洲和阿拉伯合作伙伴提供了可资利用的专业知识。

四、阿拉伯和非洲地区的地缘政治矛盾、文化因素和宗教激进主义思潮的兴起

人们有时很难从地缘战略层面预测未来走向。事实上，谁能料到苏联会在20世纪90年代初迅速解体？谁又能料到纽约会成为恐怖袭击的目标？"9•11恐怖袭击事件"开启了世界上前所未有的一类新型对抗：从阿富汗到伊拉克、叙利亚，再到利比亚和撒哈拉以南非洲，宗教激进主义兴起，区域局势紧张，全球各地尤其是阿拉伯世界和非洲的恐怖袭击事件不断增加。新的风险和危机出现了，扰乱了不少国家实体的稳定，并使安全问题成为各国、各区域和全世界议程的核心。

全球化不仅使各国利益之间产生了更多的相互依存和影响，也造成了更多的互相排斥、不公正和边缘化，主要是在撒哈拉以南地区最贫穷的国家，进而导致被迫迁徙、局势动荡和冲突等种种后果。

过去，全球安全和稳定问题与冷战密切相关。后来，安全和稳定问题成为南北之间经济不平等的产物，进而与文化和宗教矛盾联系在一起，而民粹主义在一些发达国家的兴起以及阿拉伯、穆斯林和非洲国家伊斯兰激进主义的失控则助长了这些文化和宗教矛盾。这些现象是当今世界不安全的根源。

宗教激进主义正在蔓延，宗教内部不同教派之间的冲突也在加剧，

L'expérience de la Chine en matière de gestion des ressources hydrauliques depuis la construction des barrages des 3 gorges à l'utilisation des techniques modernes pour une maitrise optimale de l'eau potable ou encore de celle destinée à l'irrigation à partir du dessalement de l'eau de mer, lui donnent une expertise qui pourrait être mise à profit par ses partenaires africains et arabes.

4. Les contradictions géopolitiques, les facteurs culturels et la montée des courants fondamentalistes dans l'espace arabo-africain

Il est parfois difficile de prévoir l'avenir sur le plan géostratégique. En effet : qui aurait pu prévoir la dislocation rapide de l'Union soviétique dans les années 1980 ? Qui aurait pu penser que New York serait la cible d'attentats terroristes, évènement prélude à des confrontations d'un genre que le monde ne connaissait pas : radicalisme religieux, tensions régionales, depuis l'Afghanistan, à l'Irak et la Syrie, à la Libye et à l'Afrique subsaharienne, multiplication des attaques terroristes partout dans le monde et particulièrement dans le monde arabe et en Afrique ? Ainsi, de nouveaux risques et dangers sont apparus. Ils ont déstabilisé plusieurs entités nationales et posé la question de la sécurité au cœur des agendas nationaux, régionaux et mondiaux.

Si la mondialisation a produit plus d'interdépendances et d'interférences entre les intérêts des nations, elle a également créé plus d'exclusion, d'injustices et de marginalisation, principalement dans les pays les plus pauvres du sud du Sahara, avec toutes les conséquences en termes de migrations forcées, d'instabilités et de confrontations.

La problématique de la sécurité et de la stabilité mondiales était autrefois liée à la guerre froide. Puis, elle est devenue le produit des inégalités économiques entre le nord et le sud avant d'être rattachée aux contradictions culturelles et religieuses qu'ont favorisé la montée des courants populistes dans certains pays développés et les dérives du radicalisme islamique dans les pays arabes, musulmans et africains. Des phénomènes à l'origine des insécurités du monde d'aujourd'hui.

Le fait religieux avec ses dérives radicalistes gagne du terrain : islam

例如中东和海湾国家逊尼派和什叶派之间的矛盾。

如果说宗教和精神因素的传播似乎是 21 世纪特有的现象的话，那么人口压力、贫困范围扩大和对不公正待遇的仇恨则在阿拉伯地区和非洲滋生了新的激进主义潮流（"基地"组织、"ISIS"、"博科圣地"等）。

全球经济活力的影响源从西方转向以中国为首的东方，导致地缘战略利益中心重新向亚洲大陆转移。中国在战略领域拓展了领先位置，以捍卫经济建设成就，稳固自己作为非洲、阿拉伯和亚洲原材料和石油的主要进口国的地位。

除了与海湾阿拉伯国家合作之外，中国也加强了同伊朗的关系。在这方面，中伊两国政府于 2021 年 3 月签署了为期 25 年的战略合作协议（指国务委员兼外长王毅与伊朗外长扎里夫共同签署的中伊全面合作计划。——审读者注），涉及能源、基础设施和交通等多个领域。这份协议签署之时，美国拜登政府也决定重返 2015 年 7 月由美国、中国、俄罗斯、法国、英国、德国等六国（伊朗核问题六国）与伊朗签署的伊朗核问题全面协议。

瑞典斯德哥尔摩国际和平研究所的一项研究预计，到 2045 年，中国的军费开支将达到 1.27 万亿美元（按照 2012 年美元价值），接近美国的水平（1.335 万亿美元）。排在后面的是印度（6450 亿美元）、俄罗斯（2950 亿美元）、英国（1080 亿美元）、巴西（970 亿美元）、法国（870 亿美元）、日本（670 亿美元）和德国（630 亿美元）。各国军费开支的性质均将发生改变，主要是用于武器装备的技术革新。这些技术主要涉及通信、卫星、空间探测和智能系统，目前全部掌握在美国、中国、欧洲和以色列手中。

非洲和阿拉伯世界由于其经济潜力和当前正在经历的问题，引起了美国、欧洲和包括中国在内的亚洲等大国的极大关注。中国与阿拉伯和非洲国家应该把安全和战略维度纳入其全面合作伙伴关系之中，并把涉及经济、文化和战略等多方面因素的"一带一路"建设考虑在内。中国作为原材料进口大国和先进技术生产国，越来越多地关注稳定和安全问

extrémiste, protestantisme déviant et même radicalisme évangéliste. Les tensions entre les différents courants intra-religieux s'exacerbent, également, comme entre les sunnites et les chiites au Moyen Orient et dans les pays du Golfe.

Si la propagation du religieux et du spirituel semble être spécifique au XXIème siècle, les pressions démographiques et l'élargissement de la pauvreté et du ressentiment contre les injustices nourrissent les nouveaux courants des radicalismes dans la région arabe et en Afrique (groupe Al Qaïda, Etat Islamiques, Boko Haram, etc.).

Le déplacement du rayonnement du dynamisme économique de l'Occident vers le grand Orient, Chine en tête, s'est traduit par un redéploiement des centres d'intérêt géostratégiques vers le continent asiatique. En conséquence, la Chine a développé ses positions avancées dans le domaine stratégique pour défendre ses acquis économiques et protéger son statut de premier importateur des matières premières et hydrocarbures africains, arabes et asiatiques.

A côté de ses partenariats avec les pays arabes du Golfe, la Chine consolide aussi ses rapports avec l'Iran. Dans ce cadre, en avril 2021, les deux gouvernements chinois et iraniens ont signé un accord de coopération stratégique portant sur 25 ans et couvrant plusieurs secteurs : énergie, infrastructures et transport. Cet accord est intervenu au moment où les Etats-Unis de Biden ont réintégré l'accord sur la question nucléaire iranienne de juillet 2015, signé par les six puissances que sont les Etats-Unis, la Chine, la Russie, la France, la Grande Bretagne et l'Allemagne.

Dans ce cadre les travaux de l'Institut de recherche sur la paix dans le monde relatifs aux dépenses d'armement à l'horizon 2045 prévoit que les dépenses militaires chinoises s'élèveront à 1.270 milliards de dollars (valeur 2012) pour se rapprocher du niveau atteint par celles des Etats-Unis (1.335 milliards de dollars). Suivies par les dépenses de l'Inde (645 milliards), de la Russie (295 milliards), de la Grande Bretagne (108 milliards), du Brésil (97), de la France (87), du Japon (67) et de l'Allemagne (63). Partout, la nature des dépenses militaires à venir changera en intégrant essentiellement les progrès technologiques dans l'armement. Elles concerneront plus les communications, les satellites, la conquête de l'espace et les smart systèmes, tous produits aujourd'hui par les Etats-Unis, la Chine, l'Europe et Israël.

L'Afrique et le monde arabe, de par leurs potentialités économiques, mais aussi des problèmes qu'ils vivent, sont l'objet d'un grand intérêt de la part des

题，关注非洲和阿拉伯地区的紧张局势，包括巴以冲突，伊朗、土耳其、沙特阿拉伯和以色列等区域强国之间的对立，关注与波斯湾、苏伊士运河、地中海等海上战略通道节点有关的问题，也关注萨赫勒地区、索马里、苏丹以及埃塞俄比亚和中非等国的不稳定局势。

中国与阿拉伯和非洲国家之间的合作必须着眼于在世界范围内建立平衡，维护这些国家的经济利益，确保它们的安全，消除激进主义和国家实体分裂的根源。因此，双方要把战略合作与经济合作相结合，以实现持久繁荣。

五、中国与新技术的崛起相伴

18世纪末的第一次工业革命以蒸汽机的发明为基础，19世纪末的第二次工业革命以电力、电报和铁路的发明为基础，20世纪的第三次工业革命以汽车和飞机的发明为基础，21世纪的第四次工业革命则以数字技术和人工智能为基础。

数字技术已经进入所有社会和所有部门，成为各国内部和世界范围内所有领域重大转变的根源。数字技术也在所有社会的传统空间里造成了信息落差（即所谓的"数字鸿沟"），损害了边缘人群的利益。

自本世纪初以来，新型信息与通信技术（NICT）、数字化与机器人学（人工智能）成为技术进步的主要支撑。这些技术在美国以GAFAM（谷歌Google、亚马逊Amazon、脸书Facebook、苹果Apple、 grandes puissances, Etats-Unis, Europe et, Asie dont Chine. C'est à la Chine et aux pays arabes et africains d'intégrer la dimension sécuritaire et stratégique dans leur partenariat global en tenant compte de la stratégie de la ceinture et de la route, nourrie de plusieurs affluents, économique, culturel et stratégique. La Chine, grand importateur de matières premières et producteur de technologie sophistiquée accorde un intérêt croissant aux questions de stabilité et de sécurité, aux tensions dans l'espace afro-arabe : conflit israélo-palestinien, antagonismes entre puissances régionales, Iran, Turquie, Arabie Saoudite et Israël, aux problèmes qui peuvent concerner les lieux stratégiques de transit maritime : Golfe, canal de Suez et Méditerranée, et à l'instabilité dans le Sahel, en Somalie, au Soudan, en Ethiopie, en Afrique centrale, etc.

La coopération Chine – pays arabes et africains doit viser à créer un équilibre dans le monde et à défendre les intérêts économiques de ces pays en veillant à leur sécurité et lutter contre les causes des radicalismes et de la dislocation des entités nationales. Une coopération dans le domaine stratégique en lien avec la coopération économique pour la réalisation de la prospérité durable, donc.

5. La Chine accompagne la montée en puissance des nouvelles technologies

A la base de la première révolution industrielle (fin du XVIIIème siècle) il y a l'invention de la machine à vapeur, à la base de la deuxième révolution industrielle, il y a l'invention de l'électricité, du télégraphe et du chemin de fer (fin du XIXème), à la base de la troisième révolution industrielle, il y a l'invention de la voiture et l'avion (XXème siècle). Et à la base de la quatrième révolution industrielle, celle du XXIème siècle, il y a le numérique et l'intelligence artificielle.

Le numérique, qui a pénétré toutes les sociétés et tous les secteurs, a été à l'origine de transformations majeures dans tous les domaines à la fois à l'intérieur des pays et au niveau mondial. Il a été à l'origine de la fracture (dite numérique) dans les espaces traditionnels dans toutes sociétés au détriment des groupes humains marginalisés.

Depuis le début du siècle, les nouvelles technologies d'information et de communication – NTIC, le numérique et la robotique (intelligence artificielle) sont

微软Microsoft）为代表，在中国则以BATX（百度Baidu、阿里巴巴Alibaba、腾讯Tencent、小米Xiaomi）和华为为代表。新冠肺炎疫情以及由此导致的封禁措施，客观上推动了远程办公和各种远程沟通形式（远程办公、线上教育、线上媒体和线上艺术活动）的发展，为新技术革命的工具提供了巨大动力。在世界各地，这些技术被广泛地应用于培训系统的改进之中。这些技术已经成人类活动的重要组成部分，特别是在经济和数据传输领域。

如今，中国是这些领域技术进步的重要推动者。中国的优势和进步使其能够在技术竞争中占据核心位置，这种竞争往往反映在所谓的贸易战之中。未来，大国之间的竞争将越来越多地围绕数字技术展开，当前美国和中国之间围绕华为公司而形成的紧张关系即为明证。华为公司掌握了先进的5G技术，反映出中国在这一领域取得了重大进展。

中国当然完全有权利捍卫自己的技术成果，其他竞争者也应该接受并承认中国取得的成就。与此同时，中国也必须致力于让技术竞争为国际合作与和平服务。合作并不排斥竞争。事实上，中国在自身发展过程中也从全球经济的相互依存中获益良多，尤其是在1978年开始实行改革开放政策之后。中国必须积极地向发展中国家特别是非洲国家转让自己的技术，以便这些国家能够掌握先进技术，进而消除业已成为全球发展不平衡一大原因的数字鸿沟。这样一来，通过巩固自身在新技术领域的地位，并为新技术成果的共享做出贡献，中国将一步一步地实现习近平主席所说的"中国梦"。

当前，美国在数字技术和人工智能生产领域仍然处于领先地位，但中国正在奋起直追，力图终结美国的强势地位。正是出于这种考虑，2021年至2025年的五年规划把技术自主作为中国未来对外开放战略的首要目标之一。2021年5月，中国国家主席本人在一次会议上再次强调了中国在关键技术领域跻身世界前列的决心。（2021年5月28日，国家主席习近平在中国科学院第二十次院士大会、中国工程院第十五次院士大会和中国科学技术协会第十次全国代表大会上发表重要讲话。习近平强调，坚持把科技自立自强作为国家发展的战略支撑，立足新发展阶

devenus le pivot des progrès technologiques. Elles sont représentées du côté des Etats-Unis par les GAFAM (Google, Amazone, Facebook, Apple et Microsoft) et du côté de la Chine par les BATX (Baïdu, Alibaba, Tencent, Xiami), sans oublier Huawaï. La crise sanitaire du Covid-19 et le confinement ont donné un élan remarquable aux instruments de la nouvelle révolution technologique grâce aux progrès accomplis par le télétravail et l'organisation de toutes les formes de contact à distance (vidéoconférences, activités éducatives, médiatiques et artistiques). Partout dans le monde, les réformes des systèmes de formation intègrent désormais l'utilisation de ces technologies devenues des composantes majeures des activités humaines notamment dans le domaine de l'économie et la transmission des données.

La Chine est aujourd'hui un acteur important dans ces avancées technologiques. Ses atouts et ses progrès lui permettent d'être au cœur de la compétition technologique qui se reflète le plus souvent à travers ce qu'on appelle la guerre commerciale. Dans l'avenir, la compétition entre les puissances se cristallisera de plus en plus autour du numérique. La tension actuelle entre les Etats-Unis et la Chine autour de la firme Huawaï, porteur avancé de la 5G dû au progrès réalisé par la Chine, en est la preuve.

Bien sûr, il est légitime que la Chine défende ses acquis technologiques et que les autres compétiteurs acceptent de reconnaitre ses acquis. En même temps, elle aura à œuvrer pour faire en sorte que la compétition technologique soit au service de la coopération internationale et la paix. La coopération n'exclut pas la compétition. La Chine a d'ailleurs tiré profit de l'interdépendance économique mondiale lors du processus de son développement, notamment depuis son adhésion à la logique de l'ouverture et de la réforme en 1980. Elle aura à aider au transfert de ses technologies aux pays en développement, notamment africains pour leur permettre de se les approprier et contribuer ainsi à réduire la fracture numérique devenue une composante des asymétries dans le monde. Ainsi, en renforçant sa place dans la maitrise des nouvelles technologies et en contribuant au partage de leurs résultats, la Chine avancera dans l'accomplissement de ce que le Président Xi Jinping appelle « le rêve chinois ».

Si les Etats-Unis restent les premiers en matière de production du numérique et de l'intelligence artificielle, la Chine est à l'œuvre pour les rattraper et mettre fin à cette supériorité américaine. C'est dans ce sens que le plan quinquennal 2021-2025 considère que l'autonomie technologique fait partie désormais des premiers objectifs

段、贯彻新发展理念、构建新发展格局、推动高质量发展，面向世界科技前沿、面向经济主战场、面向国家重大需求、面向人民生命健康，深入实施科教兴国战略、人才强国战略、创新驱动发展战略，把握大势、抢占先机，直面问题、迎难而上，完善国家创新体系，加快建设科技强国，实现高水平科技自立自强。——审读者注）截至2021年中，中国在多个领域取得了多项技术成就：空间探测取得新进展（"祝融号"火星车登陆火星，"嫦娥五号"月球探测器携带月壤返回地球），卫星导航系统助力海洋探测，量子通信系统和5G通信平台推动通信事业发展，时速600公里的磁悬浮列车下线，核电站并网发电等等。

未来中美竞争的焦点将更多地集中在新一代技术而非贸易和投资。双方的竞争将主要涉及以下领域：

• 智能交通领域。通过在各种交通方式中整合应用对数、机器人和电动技术，使发达国家和新兴市场国家居民可以使用完全自主的交通工具和无人机。

• 重复功能和家政服务领域。机器人越来越多地出现在该领域，在日常活动中助人们一臂之力。同样，以纳米技术为基础的生物有机技术也将在医学领域的革新中发挥作用。此外，新的合成生物学技术将越来越多地应用于各类建筑施工模式当中。

因此，数字革命和生物工程将决定人类社会的生活。人类必须适应自身环境，而环境本身处于持续的变化之中。人类生活方式和社会形态的转变将反映在医疗卫生和教育系统、家庭关系、生活习惯之中，也就是说体现在休息与休闲、文化活动的组织甚至养老金制度的管理之中。

新冠肺炎疫情及其导致的封禁措施切实推动了新技术的运用，远程办公得以普及，大量会面、会议、教育和文化活动都转为线上举行。

按照乐观估计，数字革命将给人口步入老龄化阶段的发达国家和新

de la stratégie chinoise ouverte sur le futur. Le Président chinois lui-même a profité de la référence que représente 2021 pour affirmer la détermination de son pays à accéder au premier rang mondial dans le domaine des technologies essentielles. Les acquis technologiques chinois à fin 2020 sont multiples dans plusieurs domaines : la conquête de l'espace (avec l'atterrissage du robot Zhu Rong sur Mars et le retour sur terre de la sonde porteuse des échantillons de sol lunaire), la conquête de l'espace marin au moyen de la direction par satellite, les communications avec l'aide du système informatique quantique et de plateformes de communication utilisant la 5G, le transport grâce au train magnétique suspendu et l'énergie avec le rattachement du complexe nucléaire au réseau électrique, etc.

La compétition Chine – Etats-Unis sera, dans l'avenir, plus axée sur les technologies de nouvelle génération que sur le commerce et l'investissement. Une compétition qui concerne tout particulièrement les domaines suivants :

• Le domaine du smart transport qui permet aux habitants dans les pays développés et émergents d'accéder aux équipements de transport et aux drones avec une autonomie complète grâce à l'utilisation des logarithmes, de la robotisation et des moteurs électriques qui intègrent tous les modes de transport ;

• Le domaine des fonctions répétitives et des services ménagers où interviennent de plus en plus les robots pour aider les gens dans leur mobilité quotidienne. De même, les technologies bio-organiques fondées sur les nanotechnologies interviendront dans les rénovations dans le domaine de la médecine. Par ailleurs, les nouvelles technologies de biologie artificielle seront de plus en plus utilisées dans les modes de construction des bâtiments.

Ainsi, la vie des sociétés humaines sera déterminée par la révolution numérique et les projets de la biologie. Elles devront s'adapter à leur environnement, lui-même en perpétuel changement. Les transformations dans les modes de vie des hommes et des sociétés se refléteront dans les changements dans les systèmes de santé, d'éducation, dans les rapports familiaux, dans les modes de vie, c'est-à-dire d'organisation des repos et loisirs, des activités culturelles et même de gestion des systèmes de retraite.

La crise du Covid-19 et les confinements qu'elle a induits ont donné une vraie impulsion à l'utilisation des nouvelles technologies avec la généralisation du travail à distance, et l'organisation de rencontres, conférences et activités éducatives et culturelles à distance.

兴市场国家带来积极影响。这些国家也可以借此重振经济（结束经济停滞和萎靡不振，或者至少结束很长一段时间以来的经济增长速度放缓）。数字革命还应该帮助人类找到应对全球气候变化重大挑战的必要解决办法。

对于主要分布于非洲和阿拉伯世界的发展中国家来说，它们面临的主要挑战是能否参与新的技术革命，抓住这场革命所提供的机遇，避免陷入数字鸿沟。而数字鸿沟可能加大发展中国家与发达国家在其他方面业已存在的差距。在这方面，这些国家与中国的合作将有助于它们应对这项挑战。

作为新技术领域的主要参与者，中国正在与该领域的其他主要参与者开展竞争。中国必须与这些国家一道，让这一竞争服务于全球合作，服务于发展中国家的和平与发展。中国是第一个从全球化进程带来的各国经济相互依存中获益的国家。今天，中国也应该帮助以非洲和阿拉伯国家为主的发展中国家掌握新技术，避免落入数字鸿沟，因为这正是全球发展不平衡的一个主要原因。通过与合作伙伴分享技术成果，中国既能巩固这些合作伙伴的地位，又有助于具体推进并最终实现"中国梦"。

六、中非合作是新型多边主义和均衡多极格局的重要因素

2021年之后的世界需要真正的质的转变，需要恢复多边主义并构建均衡的多极格局。

苏联解体、欧洲经济衰退、以中国为首的亚洲经济体崛起，动摇了第二次世界大战之后形成的国际秩序。2008年国际金融危机与2020年公共卫生和经济危机加速了20世纪末开始的发展趋势。一方面，连续两场危机促成了二十国集团的诞生，该组织现已成为一个旨在应对全球经济衰退和萎靡不振影响的国际论坛。这两场危机对全球特别是欧洲的破坏性影响在于，它在政治层面助长了民粹主义和保守主义，并在全球范围内造成多边主义的倒退，此外还助长了中东和地中海南岸许多国家

Selon des prévisions optimistes, la révolution numérique aura des conséquences positives sur les pays développés et émergents dont les populations sont dans un processus de vieillissement. La croissance pourrait y être relancée (fin donc de la stagnation et de l'inertie – ou à tout le moins du recul des rythmes de croissance - qu'ils vivent depuis une trop longue période). Elle devrait également aider l'humanité à trouver les réponses nécessaires aux grands défis du réchauffement climatique.

Pour les pays en développement, principalement ceux qui appartiennent à l'Afrique et au monde arabe, le défi principal est leur capacité à adhérer aux nouvelles révolutions technologiques et à tirer profit des opportunités qu'elles offrent d'éviter les pièges de la fracture numérique. Qui pourrait venir s'ajouter à ces autres fractures qui les éloignent des pays développés. Dans ce cadre, leur coopération avec la Chine pourrait contribuer à répondre à ce défi.

La Chine, acteur majeur dans le domaine des nouvelles technologies, en compétition avec les autres grands acteurs du secteur, devra mettre cette compétition au service de la coopération dans le monde, de la paix et du développement des pays du sud. Elle a été le premier pays à tirer profit pour son développement des interdépendances économiques créées par la mondialisation. Elle devrait aujourd'hui accompagner les pays en développement, et principalement les pays africains et arabes, pour les aider à s'approprier les nouvelles technologies et donc leur éviter les fractures numériques qui sont aujourd'hui une cause majeure des déséquilibres dans le monde. Car, en partageant avec ses partenaires ses acquis technologiques, elle consoliderait la position de ces derniers, tout en réalisant et concrétisant « le rêve chinois ».

6. La coopération sino-africaine, facteur essentiel pour un multilatéralisme rénové et une multipolarité équilibrée

Le monde post 2021 a besoin de transformations qualitatives réelles et de la réhabilitation du multilatéralisme et de la construction d'une multipolarité équilibrée.

L'ordre mondial de l'après-guerre a été ébranlé par la dislocation de l'URSS, l'essoufflement économique de l'Europe et la montée des économies asiatiques, principalement celle de la Chine. Les crises de 2008 et 2020 ont accéléré les tendances d'évolution en cours depuis la fin du XXème siècle. D'une part la

的不稳定。另一方面，这两场危机也确立了以中国和美国为代表的新的两极化趋势。新冠肺炎疫情影响导致的对立加剧了2017年以来两国之间的贸易紧张局势。

国际平衡的动荡和接二连三的经济与战略冲击并未阻止中国继续勾勒其"一带一路"倡议，将其作为对亚洲、非洲和欧洲发挥影响力的工具。当前，中美在贸易、医疗卫生和科技领域的竞争正面临着延伸到战略层面的风险。

全世界，首先是中国，应该避免这种两极格局的建立。两极化非但不能巩固和平与进步，反而会导致意识形态和战略对立，损害经济相互依存的因素。两极化也没有考虑到世界各地文化和文明的多样性。

今天，在第二次世界大战形成的两极格局（美国和苏联）终结之后，中国的崛起主要是出于经济方面的考虑。在多元化和多极共享价值观的基础上进行新型全球治理，才符合我们这个世界的利益。这种新型全球治理必须得到来自所有地理空间的所有历史和文化贡献的支持：从15世纪开始主导世界但必须接受垄断地位丧失这一事实的西方国家、崛起中的亚洲文明尤其是中国文明、欧洲西部大觉醒之前在世界上具有真正影响力的阿拉伯和穆斯林世界，以及曾经是人类摇篮、如今有着最快人口增长速度的非洲。

21世纪的中国必须致力于推动多级格局的形成，这是新型、均衡、共享的多边主义的基础。西方，特别是美国必须接受当前正在形成的新局面，任何垄断或者霸权都已经行不通了。美国必须适应新的力量在世

succession de ces deux crises a contribué à donner naissance au G20 chargé dorénavant de lieu de concertation internationale pour contrecarrer les effets de récession et d'inertie de l'économie mondiale. Les effets dévastateurs de ces crises, notamment en Europe, ont favorisé la montée du populisme et du conservatisme sur le plan politique. Et, au niveau international au recul du multilatéralisme. Ils ont nourri les déstabilisations dans beaucoup de pays au Moyen Orient et au sud de la Méditerranée. D'autre part, elles ont consacré l'installation de fait d'une nouvelle bipolarisation représentée par les Etats-Unis et la Chine. La tension commerciale qui a opposé les deux pays depuis 2017 a été exacerbée par les affrontements suscités par les conséquences de la crise du Covid-19.

Les chambardements des équilibres internationaux et la succession des chocs économiques et stratégiques n'a pas arrêté la Chine à continuer à dessiner son initiative sur la « Route et la Ceinture », un instrument de son rayonnement en Asie, en Afrique et en Europe. Aujourd'hui, la compétition sino-américaine, commerciale, sanitaire et technologique risque de prendre une dimension stratégique.

Il est de l'intérêt du monde et en premier lieu de la Chine d'éviter l'installation d'une telle bipolarisation. Loin de consolider la paix et le progrès, la bipolarisation nourrit les antagonismes idéologiques et stratégiques au détriment des facteurs d'interdépendance économiques. Elle ne tient pas compte par ailleurs de la diversité culturelle et civilisationnelle à travers le monde.

Aujourd'hui, après le dépassement de la bipolarisation née de la deuxième guerre mondiale (USA-URSS), la montée de la Chine à partir de considérations essentiellement économiques, il est de l'intérêt de notre monde, qu'il soit dirigé par une nouvelle gouvernance fondée sur les valeurs du pluralisme et du partage multipolaire. Cette gouvernance doit être alimentée par tous les apports historiques et culturels provenant de tous les espaces géographiques : ceux de l'Occident qui a dominé le monde depuis le XVème siècle mais qui doit accepter la perte de son monopole, ceux des civilisations asiatiques et notamment chinoise qui affirment leur montée, ceux du monde arabo-musulman qui avait un rayonnement réel dans le monde avant le grand réveil de l'occident européen, ceux enfin qui proviennent de l'Afrique, berceau de l'humanité et qui connait aujourd'hui le dynamisme démographique le plus élevé.

La Chine du XXIème siècle doit œuvrer pour la promotion de cette multipolarité, fondement d'un multilatéralisme rénové, équilibré et partagé. Bien

347

界上的正当崛起，必须"容忍"并接受所有国家从自身的政治体制、特殊国情和融入以市场为主导的全球经济领域的程度出发所确立的"生存方式"。美国必须考虑到中国的经验，因为中国深度融入世界市场并不必然意味着接受西方的政治多元主义。正是从这个意义上说，西方必须承认中国的现状，承认中国根植于自身历史与文化的特殊国情。另一方面，中国应该在推进现代化建设过程中，承认全球各国相互依存的关系，承认所有国家包括过去的霸权国家所做出的贡献。正是通过承认这种相互依存的关系，我们才能推动世界走向均衡的多级格局。

中国必须推动建立以一种均衡、共享的新体系为基础的多极格局。

认识到相互依存关系可以让世界在新的基础上得以重塑，拥有更多的多元、均衡、共享和多极特性。

新冠肺炎疫情大流行是对全人类的考验，可能导致更多的紧张局势。而从乐观的角度看，只要在竞争的同时不排除合作，它也会带来希望。这场危机要求所有人在保障个人与集体健康、应对全球气候变化、消除贫困与不平等、促进和平与安全方面坚持合作的价值观。中国在与阿拉伯和非洲国家开展合作时应该牢记，1978年之后中国之所以能够发展，是得益于经济和技术因素，而非意识形态和战略因素。因此，经济和技术应该在巩固中国与非洲和阿拉伯世界的合作伙伴关系的过程中占据主导地位。

作为世界大国，中国必须考虑到2020年之后的世界的脆弱性，而阿拉伯世界和非洲正经历着同样的脆弱性。这有助于中国协助阿拉伯和非洲国家在以下基础上开展建设：

• 以多边主义和多极化格局为基础的新型全球治理；

sûr l'Occident, et notamment les Etats-Unis doit accepter les nouvelles équations qui s'imposent actuellement et qui réfutent tout forme de monopole et d'hégémonie. Il doit s'adapter à la montée légitime de nouvelles forces dans le monde. Il doit « s'accommoder » et accepter « les modes d'existence » de tous les pays à partir de leur propre système politique, de leur spécificité et du degré de leur insertion à la sphère économique mondiale dominée par la logique du marché. Il doit tenir compte de l'expérience de la Chine, son insertion au marché mondial n'impliquant pas nécessairement le pluralisme politique de type occidental. C'est dans ce sens que l'Occident doit reconnaitre la Chine d'aujourd'hui telle qu'elle est, avec ses spécificités enracinées dans son histoire et sa culture. La Chine de son côté, qui vise à intensifier sa modernisation, reconnait la pertinence de l'interdépendance dans le monde et la place de tous les apports dont les puissances hégémoniques d'hier. C'est par la reconnaissance de l'interdépendance que l'on peut avancer dans le sens de la refondation du monde vers une multipolarité équilibrée.

La Chine doit contribuer à asseoir une multipolarité basée sur un nouveau système d'équilibre et de partage.

La reconnaissance des interdépendances permettra au monde de se reconstruire sur une base nouvelle, avec plus de pluralité, d'équilibres, de partage et de multipolarité.

La pandémie du Covid-19, épreuve pour toute l'humanité, qui pourrait déboucher sur plus tensions, dans une approche optimiste pourrait être source d'espoirs, tant il est vrai que la compétition n'exclut pas la coopération. La crise sanitaire impose à tous d'adhérer aux valeurs de la coopération autour de ce qui les rassemble, à savoir la protection de la santé, individuelle et collective, la lutte contre le réchauffement climatique, la réduction de la pauvreté et des inégalités et la promotion de la paix et de la sécurité. La Chine dans sa coopération avec les pays afro-arabes devra garder en mémoire que c'est aux facteurs économiques et technologiques qu'elle doit son développement depuis 1979, et non aux facteurs idéologiques et stratégiques. C'est donc l'économie et la technologie qui doivent prédominer dans la consolidation des partenariats de la Chine avec l'Afrique et le monde arabe.

Devenue grande puissance, elle doit tenir compte des fragilités du monde d'après 2020, ces mêmes fragilités que connaissent avec intensité le monde arabe et l'Afrique. Cela l'aidera à les aider à se construire sur la base :

· 重新界定公共政策，把健康、缩小社会差距、应对全球气候变化放在优先地位。

在这一框架下，中国与非洲和阿拉伯世界的合作将有助于建设一个新的世界。

七、中国必须致力于把非洲、阿拉伯世界和地中海变为重塑世界的轴心

在 21 世纪第三个十年到来之际，人类需要重塑全球化进程。非洲是实现这种重塑的机遇而非障碍。诚然，非洲的系统性脆弱使其无法控制新冠肺炎疫情大流行的有害影响。然而，非洲遭受的沉重打击更多地来自全球经济新一轮的衰退，突出表现为原材料和石油需求量下降，移民汇款和旅游业收入急剧减少。

过去，非洲大陆的发展问题既是殖民主义的产物，从更广泛的意义上讲也是由全球化进程造成的。进入 21 世纪，人口增长成为非洲发展问题的一个特殊方面。在本世纪，非洲将是人口保持持续增长的唯一大陆。到 2100 年，非洲人口将达到全球总人口的 40%。届时，尼日利亚的人口将比中国还多。人口增长是非洲和全世界共同面临的重大挑战，因为它将导致城市化加速、贫困加剧、人口迁徙压力增加，进而对世界上相当一部分地区的稳定构成威胁。然而，人口增长也蕴含着希望，因为它将导致中产阶级扩大，并为非洲年轻人掌握新技术革命的工具带来机遇。

在战胜新冠肺炎疫情之后，非洲应该改善自身在各个领域的表现，包括农业、基础设施建设、电力供应，在大力推进工业化和积极融入全球价值链的过程中提高原材料价值，扩大国内市场，改革培训体系，落

• D'une gouvernance nouvelle du monde fondée sur le multilatéralisme et la multipolarité ;

• D'une redéfinition des politiques publiques qui privilégierait la santé, la réduction des disparités sociales et la lutte contre le réchauffement climatique.

Dans ce cadre, la coopération Chine-Afrique et monde arabe devra contribuer à bâtir un monde nouveau.

7. La Chine doit œuvrer pour faire de l'Afrique, du monde arabe et de la Méditerranée un axe de la refondation du monde

A l'aube de la troisième décennie du XXIème siècle, la mondialisation a besoin d'une refondation. L'Afrique constitue une opportunité et non pas un handicap pour la réalisation de cette refondation. Certes, sa fragilité systémique ne lui permet pas de maitriser les conséquences néfastes de la pandémie. Mais l'Afrique a surtout subi fortement les effets de la nouvelle récession de l'économie mondiale en termes de baisse de la demande des matières premières et des hydrocarbures et la chute brutale des revenus provenant des transferts des migrants et des activités touristiques.

La problématique de ce développement du continent africain produit hier de la colonisation et plus généralement du processus de la mondialisation prend au XXIème siècle un aspect particulier du fait du dynamisme démographique qu'il connait. Durant ce siècle, l'Afrique sera le seul continent dont la population continuera à augmenter pour atteindre 40% de la population mondiale en 2100. Le Nigéria sera alors plus peuplé que la Chine ! Cette progression démographique représente un défi majeur à la fois pour les pays africains, mais aussi pour le monde en raison de ses conséquences en termes d'urbanisation accélérée, d'exacerbation de la pauvreté, de montée des pressions migratoires et donc de risques pour la stabilité d'une bonne partie du globe. Mais, elle est aussi porteuse d'espoir et de promesses parce qu'elle pourrait s'accompagner par un élargissement des classes moyennes et ouvrir l'opportunité pour la jeunesse africaine de s'approprier les instruments de la nouvelle révolution technologique.

Après le dépassement de la crise du COVID, l'Afrique devra améliorer ses

实非洲大陆自由贸易区。而这一切的前提是在冷静、安全、和平的条件下改进治理体系……对非洲和所有愿意与它一道参与重塑世界的合作伙伴们来说，这都是一项极为庞大的计划。

毫无疑问，中国将与非洲国家一道坚持推进 2008 年和 2020 年两场经济危机之后世界所需进行的变革。为了实现全球均衡，非洲必须成为新的关注焦点以及与保护人类、保障健康、消除贫困、应对全球气候变化相关的公共政策的重点。这将使非洲大陆提高与世界其他地区谈判的能力，在未来共享的多极格局中获得一席之地。地理邻近决定论也要求与非洲相邻的欧洲制定共同生产、共同发展的方法，使得地中海——"非洲—欧洲之海"重拾中心地位和昔日荣光。

中国十分了解非洲，曾经大力支持非洲国家争取独立的斗争。早在 20 世纪 60 年代，中国就已经与非洲开展南南合作。改革开放以来，中国已经成为大部分非洲国家最大的合作伙伴：中国从非洲进口原材料和石油，向非洲出口各种消费品和工业品，利用贸易、贷款、捐赠和投资等各种资金来源实施基础设施建设项目，此外还有科技与文化合作关系，有时还包括战略合作关系。

2012 年以来中国经历的变化和"一带一路"倡议的提出，促使习近平主席在中非合作论坛 2015 年 12 月约翰内斯堡峰会和 2018 年 9 月北京峰会上给出新的合作建议，旨在为中非合作伙伴关系注入新的活力。中国承诺向所有与中国建交的非洲国家提供 600 亿美元资金支持，并向非洲进行产业转移。中非关系的这一新方向应在 2020 年危机之后得到

performances dans tous les domaines : agriculture, infrastructures, électrification, valorisation des matières premières dans un élan d'industrialisation et d'intégration dans les chaines de valeur mondiales, élargissement des marchés domestiques, réforme du système de formation, mise en place de la zone de libre-échange continentale et avant tout cela, amélioration des systèmes de gouvernance dans les conditions de sérénité, de sécurité et de paix … Vaste programme pour l'Afrique mais aussi pour tous ses partenaires soucieux de l'associer dans la refondation du monde.

La Chine est certainement indiquée pour accompagner les pays africains dans leur adhésion aux transformations que le monde doit connaitre à la suite des deux crises économiques de 2008 et 2020. Pour l'équilibre du monde, l'Afrique doit être au cœur des nouveaux centres d'intérêt et des politiques publiques relatives à protection des humains, la sauvegarde de la santé, la lutte contre la pauvreté et contre le réchauffement climatique. Ceci permettra au continent africain d'améliorer sa capacité de négociation avec le reste du monde pour avoir sa place dans une multipolarité partagée de demain. Le déterminisme de la proximité géographique appelle l'Europe voisine de l'Afrique à développer avec elle une approche de coproduction-co-développement permettant à la Méditerranée, mer Afro-Européenne de retrouver da centralité et son rayonnement perdus.

La Chine connait bien l'Afrique. Elle a été solidaire des Etats africains dans leurs combats pour leurs indépendances. Dès les années 1960, elle a développé avec eux des coopérations dans la logique sud-sud. Depuis l'ouverture sur la réforme et l'économie de marché, elle est devenue le premier partenaire de la majorité des pays africains : importations des matières premières et des hydrocarbures, exportations de biens divers de consommation et de production, réalisation de projets d'infrastructure de base financés par des ressources provenant des échanges commerciaux, de transferts de prêts, de dons et d'investissement, enfin partenariat technique, culturel et parfois stratégique.

Les mutations que la Chine a connues depuis 2012 et le lancement de l'initiative de « La route et de la ceinture » ont conduit le président Xi Jinping à faire de nouvelles propositions lors des sommets sino-africains de Johannesburg en décembre 2015 et de Beijing en septembre 2018. Il s'agit de donner un nouveau souffle au partenariat chinois avec l'ensemble des pays africains en termes de transferts de ressources financières évaluées à 60 milliards de dollars de et de

确认，以帮助非洲国家重振制造体系并实现多样化。这一合作伙伴关系将覆盖所有与中国建交的非洲国家，包括拥有可开发自然资源的国家（尼日利亚、刚果、苏丹等国）、人口规模较大因而国内市场有待扩大的国家（尼日利亚、埃及、埃塞俄比亚、刚果）以及将要融入全球价值链的国家（摩洛哥、埃塞俄比亚）。它们当中既有属于印度洋地区、靠近亚洲的国家，也有大西洋沿岸靠近欧洲、面向拉丁美洲的国家。这么做的目的是让非洲能够在"一带一路"倡议框架下的对华合作中发挥自身具备的人口、资源和市场等优势，同时成为全球化所致各国相互依存关系中的主要参与者。

非洲北临地中海。在过去的几十年里，地中海一直是各种经济和地缘政治冲击的受害者。这片海域的影响力已经大不如前，陷入萎靡不振和衰退之中。如今，世界的平衡需要地中海的复兴。这份责任首先落在阿拉伯世界、非洲和欧洲的肩上。欧洲为了恢复活力，需要与南部相邻地区，即北非和撒哈拉以南非洲携手建设一个以地中海为中心的共同发展极，推动建立新的多极格局。中国在自身的全球战略下也可以为地中海的复兴贡献力量，使之成为中国—欧洲—非洲三边合作伙伴关系的枢纽。

如此一来，地中海将重振中心地位，并以非洲和欧洲为出发点，参与构建世界新的平衡极。

当前，阿拉伯世界正在经历一个至少可以称为困难的时期。这个地区正在承受一系列因素造成的后果，包括对曾经的殖民统治者——西方的长期依赖，由石油主导的租赁经济，以及缺乏多样性的生产结构。巴勒斯坦和以色列之间的冲突继续破坏中东地区的政治平衡，助长整个地区错综复杂的矛盾。阿拉伯民族主义计划的失败导致宗教激进主义思潮抬头，加剧了阿拉伯国家的治理危机。"阿拉伯之春"相关抗议运动造成的动乱为外国势力对中东地区进行干预铺平了道路，激化了区域对抗，助长了分裂潮流和宗教或部族对立。这些不稳定局势的影响蔓延到了撒哈拉以南非洲大片地区。

然而，阿拉伯世界和非洲也拥有无可争辩的优势，那就是年轻人口

reploiement d'activités industrielles vers l'Afrique. Cette orientation des nouveaux rapports sino-africains doit être confirmée après la crise de 2020 pour aider les pays africains à relancer leurs systèmes productifs et les diversifier. Ce partenariat devra couvrir l'ensemble des pays africains : ceux dotés de ressources naturelles à valoriser (Nigéria, Congo, Soudan, etc.), ceux qui ont une dimension démographique importante et donc un marché domestique à élargir (Nigéria Egypte, Ethiopie, Congo) et ceux qui ont tendance à intégrer les chaines de valeur mondiales (Maroc, Ethiopie). Ceux qui appartiennent à l'océan Indien, proches de l'Asie et ceux qui relèvent de la façade atlantique, proche de l'Europe et face à l'Amérique latine. Le but est de permettre à l'Afrique d'être opérationnelle à partir de ces propres atouts dans sa coopération avec la Chine à travers l'initiative de la « Route et de la ceinture ». Et en même temps de devenir un acteur majeur dans les interdépendances tissées par la mondialisation.

L'Afrique est liée au nord à la Méditerranée, victime, ces dernières décennies de plusieurs chocs économiques et géopolitiques. Cette mer a beaucoup perdu de son rayonnement. Son espace évolue entre inertie et régression. L'équilibre du monde a besoin aujourd'hui d'une réhabilitation de la Méditerranée. C'est avant tout de la responsabilité du monde arabe, de l'Afrique et de l'Europe. Cette dernière, pour retrouver son dynamisme a besoin de tendre la main aux espaces de proximité du sud, à l'Afrique du nord et subsaharienne et avec elle construire un pôle de codéveloppement autour de la Méditerranée et au service d'une nouvelle multipolarité. La Chine, dans sa logique planétaire peut contribuer à la réhabilitation de la Méditerranée pour qu'elle devienne le pivot d'un partenariat triangulaire Chine-Europe-Afrique.

Ainsi, la Méditerranée pourra retrouver sa centralité et participer, à partir de l'Afrique et de l'Europe à créer un nouveau pôle d'équilibre dans le monde.

La région du monde arabe traverse aujourd'hui une période pour le moins difficile. Elle subit les conséquences de sa dépendance passée vis-à-vis de cet Occident qui l'a colonisé, de son économie rentière dominée par les hydrocarbures, au tissu productif non diversifié. Le conflit israélo-palestinien continue à déstabiliser les équilibres politiques du Moyen Orient et à nourrir les contradictions qui le traversent. La montée du courant fondamentaliste né de l'échec du projet de nationalisme arabe a amplifié la crise de la gouvernance dans les pays arabes. Les troubles nés des mouvements de contestations liés au printemps arabe ont ouvert

规模、石油和原材料储量、在可再生能源领域的潜力，以及作为大西洋和印度洋之间、西方和正在崛起的亚洲之间的中转站地位。

为了应对当前和未来的挑战，利用自身潜力，非洲和阿拉伯世界必须抓住当今世界提供的机遇，并为此实行必要的重大改革：

• 改革政治制度，提高治理水平，保障安全与和平；

• 在区域层面推动解决危机（主要是中东危机），减少分化和对立，鼓励区域共同体之间的睦邻合作，包括非洲的区域集团，特别是非洲大陆自由贸易区，以及海湾阿拉伯国家合作委员会、尼罗河流域倡议组织、阿拉伯马格里布联盟等；

• 调整发展模式，摆脱石油和原材料租赁经济，寻求自主。此举的目的是通过对基础设施、电力供应、农业、原材料开发等方面给予所有必要的重视来实现生产结构多样化，以便融入全球价值链，扩大本地市场，提升医疗和教育体系，以及掌握新技术；

• 在地缘经济方面，推动在不同合作伙伴关系之间建立平衡，为本地区的发展服务：一方面是与昔日占据主导地位的传统强国美国和欧洲之间的合作关系，另一方面是与以中国为首的亚洲新兴市场强国之间的合作关系。这将使非洲大陆和阿拉伯地区实现对外政治和经济关系的多样化，提高自身谈判能力，从而在新的世界格局和共享的多边体系中占据更有利的位置。

地中海是阿拉伯世界和非洲大陆之间的一个重要交汇点。在过去的

la voie à des interventions étrangères dans la région, exacerbé les antagonismes régionaux et favorisé les tendances aux dislocations et aux confrontations d'ordre religieux ou clanique. Les effets de ces déstabilisations se sont propagés dans une partie importante de l'Afrique subsaharienne.

Le monde arabe et l'Afrique possèdent cependant des atouts indéniables que sont leurs populations jeunes, leurs ressources en hydrocarbures et en matières premières, leurs potentialités dans le domaine des énergies renouvelables et leur qualité de relais entre les océans Atlantique et Indien, entre l'Occident et l'Asie en pleine ascension.

Pour répondre aux défis d'aujourd'hui et de demain et mettre à profit leurs potentialités, l'Afrique et le monde arabe doivent être au rendez-vous des opportunités qu'offre le monde d'aujourd'hui et pour cela réaliser les grandes réformes nécessaires et donc :

• Réformer leurs systèmes politiques en améliorant le fonctionnement de leur gouvernance et en assurant les conditions de sécurité et de paix ;

• Contribuer au niveau régional en trouvant des solutions aux crises (à la crise du Moyen Orient principalement), en réduisant les divisions et antagonismes et en encourageant les coopérations de voisinage entre les communautés régionales : les groupements en Afrique, mais de plus en plus la ZLEC, ainsi que les groupements régionaux dans le Golfe, le long du Nil, au Maghreb, etc. ;

• Redéfinir les modèles de développement en les autonomisant des rentes liées aux hydrocarbures et des matières premières. L'objectif est de parvenir à diversifier les tissus productifs en accordant toute l'attention nécessaire aux équipements de base, à l'électrification, à l'agriculture, à la valorisation des matières premières pour intégrer les chaines de valeur mondiales, élargir les marchés locaux, améliorer les performances des systèmes médicaux et éducatifs et s'approprier les technologies nouvelles ;

• Contribuer, sur le plan géoéconomique, à créer des équilibres entre les différents partenariats au service du développement : avec les Etats-Unis et l'Europe, hier puissances dominatrices traditionnelles, et avec les puissances émergentes asiatiques, et notamment la Chine. Cela conduira le continent africain et la région du monde arabe à diversifier leurs relations politiques et économiques extérieures et à parfaire leur capacité de négociation pour mieux se positionner dans le monde nouveau et dans un système multilatéral partagé.

357

几十年里，地中海饱受欧洲萎靡不振和该海域南岸地区地缘政治冲击之苦。地中海丧失了往昔的影响力，整个地区经济停滞不前，甚至出现倒退。虽然阿拉伯和非洲国家要为此负主要责任，但欧洲也承担相应的责任，因为欧洲经济增长速度放缓、欧盟与地中海国家联系国协议相关合作进展不顺也是地中海衰落的原因之一。欧洲应该密切与南方相邻地区，即北非乃至整个非洲的联系。欧洲可以借此恢复往昔的活力，与南方邻国一道围绕"我们的海"（古罗马人对地中海的称呼。——审读者注）构建一个新的发展极，从而推动世界多极化。

地中海虽然影响力下降，但作为亚洲、欧洲与美洲大陆之间的重要通道，仍然保有自身的战略地位。

中国认识到了地中海的这些优势，因为这些优势对穿越阿拉伯世界和非洲进而直达欧洲的"一带一路"的成功至关重要。中国可以发挥重要作用，帮助地中海重回中心地位，成为世界新的平衡极的轴心。

除了属于中阿合作论坛（2004年）和中非合作论坛（2000年）框架内的地中海南岸国家之外，自2013年以来，中国还与希腊、意大利、葡萄牙、西班牙、塞浦路斯和马耳他等南欧国家发展特殊合作伙伴关系。这些合作伙伴关系是在2013年2月在意大利罗马举行的中国与南欧六国农业合作圆桌会议和2015年11月在中国厦门举行的中国与南欧国家海洋合作论坛上确立的。双方合作的内容包括港口、公路、工业园区、旅游业、渔业建设和管理项目。中国政府表示，合作的目的是要建立连接中国、印度洋、非洲和地中海的"蓝色经济通道"。希腊是中国通过中国远洋海运集团有限公司（简称"中远海运集团"，英文简称"COSCO SHIPPING"）开展"一带一路"海上合作的第一个欧洲国家。2016年8月，中远海运集团正式成为比雷埃夫斯港港务局的大股东，开始接管该港港务局的经营。此外，意大利于2018年3月加入"一带一路"倡议，成为第一个加入该倡议的欧盟国家和七国集团成员国。如今，中国的航运公司和工业企业已与"我们的海"两岸多个港口建立了业务合作关系，包括希腊的比雷埃夫斯港，埃及的塞得港和亚历山大港，阿尔及利亚的汉达尼亚港，以色列的阿什杜德港和海法港，土耳其的康普特码头，意

La Méditerranée est un point de convergence essentiel entre le monde arabe et le continent africain. Au cours des dernières décennies, elle a souffert de l'inertie en Europe et des chocs géopolitiques sur son littoral sud. Elle perdu de son rayonnement. Son espace stagne, voire régresse. Si la responsabilité incombe aux Arabes et aux Africains, l'Europe a également sa part dans le recul de la Méditerranée en raison de la baisse de son rythme de croissance et des mauvaises performances de l'Association Euro Méditerranée. L'Europe devrait se rapprocher des espaces de sa proximité du sud que sont l'Afrique du Nord et l'Afrique dans son ensemble. Cela lui permettrait de retrouver son dynamisme passé et construire avec ce sud un pôle de développement autour de la Mare Nostrum, au service de la multipolarité.

Cette Méditerranée qui a perdu de rayonnement, garde sa position stratégique de lieu de passage essentiel entre l'Asie, l'Europe et le continent américain.

La Chine reconnait à la Méditerranée ces atouts, essentiels pour le succès des nouvelles routes de la soie qui traversent le monde arabe et l'Afrique avant d'aboutir en Europe. Elle peut jouer un rôle important pour permettre à la Méditerranée de retrouver sa centralité pour devenir l'axe d'un nouveau pôle d'équilibre dans le monde.

A côté des pays du littoral du sud de la Méditerranée qui appartiennent au partenariat sino-arabe (2004) et sino-africain (2000), la Chine a développé depuis 2013 des partenariats spécifiques avec les pays de l'Europe du sud : Grèce, Italie, Portugal, Espagne, Chypre et Malte. Ces partenariats ont été construits à partir des conférences de février 2013 à Rome dédiée à l'agriculture et de novembre 2015 à Xiamen consacrée à la coopération maritime. Ils devraient se traduire par la réalisation de projets de construction ou de gestion de ports, routes, zones industrielles, touristiques et de pêche. L'objectif est selon les autorités chinoises, de créer « un passage économique bleu » reliant la Chine, l'océan Indien, l'Afrique et la mer Méditerranée. La Grèce a été le pays européen où la Chine a expérimenté sa coopération maritime par l'intermédiaire de sa compagnie Cosco Shipping qui a pris en charge la gestion du port du Pirée. Par ailleurs, l'Italie a été le premier pays de l'Union européenne à intégrer en 2018 l'initiative de la ceinture et de la route. Aujourd'hui, les firmes maritimes et industrielles chinoises ont développé des coopérations opérationnelles ou à venir avec plusieurs ports méditerranéens appartenant aux deux rives de la Mare Nostrum : avec les ports du Pirée en Grèce,

大利的萨沃纳港、的里雅斯特港、热那亚港、那不勒斯港，摩洛哥的丹吉尔港和纳多尔港，以及葡萄牙和西班牙的一些港口。

回顾历史，我们不难发现，地中海的复兴将增加有着"亚洲的地中海"之称的中国海的分量。这一复兴将拉近大西洋与印度洋和太平洋之间的距离。第一位全球化理论家、法国历史学家费尔南·布罗代尔（1902年—1985年）提出了"经济世界"一说，而地中海和中国海同属于"经济世界"中的古老海洋空间。在中国、非洲和阿拉伯世界遭受西方殖民主义和帝国主义入侵而衰落之前，这两片海域一直熠熠生辉。

中国有着几千年源远流长的文明历史。一个世纪以来，这个国家经历了各种挑战：先是洗刷民族耻辱、解放国土（1949年），随后发展稳固而繁荣的经济（1978年），进而成为世界大国（2012年）。如今，中国是世界重塑的重要参与者。这个世界似乎已经迷失方向，正在遭受身份冲击和接二连三的经济危机（2001年、2008年、2020年）。

作为世界大国，中国有责任参与重塑这个如今已经全球化却又迷失了方向的世界。经历了两次世界大战和意识形态对立加剧，经历了21世纪头20年里战略冲击、身份冲突和经济危机的叠加影响之后，从全球化形成的相互依存网络中建立起来的世界需要一次和平、均衡和由各方共同参与的重塑。

当今的中国有能力影响世界的重塑。

中国与非洲和阿拉伯世界的合作可以促进这一必要的重塑，使地中海成为一个新极的轴心，推动多边主义和多极格局的形成。

Port Saïd et Alexandrie en Egypte, El Ahmadi en Algérie, Ashdod et Haïfa en Israël, avec le terminal Kumport en Turquie, avec les ports de Savone, Trieste, Gène et Naples en Italie, les ports de Tanger et Nador au Maroc, ainsi qu'avec des ports portugais et espagnols.

Un retour sur l'histoire démontre que la réhabilitation de la Méditerranée renforcerait le poids de cette autre mer qu'est la mer de Chine appelée par certains « la Méditerranée asiatique ». Cette réhabilitation rapprocherait l'océan Atlantique des océans Indien et Pacifique. Méditerranée et mer de Chine sont des espaces maritimes anciens de l' « économie monde » dans le sens de l'historien français Braudel, premier théoricien de la mondialisation, deux mers qui ont longtemps rayonné avant la régression de la Chine, de l'Afrique et du monde Arabe au lendemain des pénétrations impérialistes.

La Chine est le produit de la longue histoire d'une civilisation millénaire. Un pays qui depuis un siècle fait face à tous les défis : vaincre les humiliations qu'il a subi et libérer ses territoires (1949), construire une économie solide et prospère (1979) avant de devenir une grande puissance mondiale (2012). Elle est aujourd'hui un acteur de poids dans la refondation du monde, un monde qui semble avoir perdu ses repères et qui connait des chocs identitaires et des crises économiques à répétition (2001, 2008, 2020).

Devenue une grande puissance, la Chine a une responsabilité pour participer à la refondation du monde certes aujourd'hui globalisé mais qui a perdu ses repères. Après deux guerres mondiales et la montée des antagonismes idéologiques, après la multiplication des chocs stratégiques, identitaires et des crises économiques des deux premières décennies du XXIème siècle, le monde à partir des réseaux d'interdépendance tissés par la mondialisation a besoin d'une refondation sereine, équilibrée et partagée.

La Chine a la capacité aujourd'hui de peser sur la refondation de ce monde.

La coopération de la Chine avec l'Afrique et le monde arabe pourrait aider à cette refondation nécessaire et permettra à la Méditerranée de devenir l'axe d'un nouveau pôle au service du multilatéralisme et de la multipolarité.

作者

法塔拉·瓦拉卢现为摩洛哥新南方政策中心（PCNS）高级研究员。作者曾经担任：

- 拉巴特市长（2009年—2015年）
- 摩洛哥经济与财政大臣（1998年—2008年）
- 摩洛哥议会议员（1977年—2002年）
- 摩洛哥全国大学生联盟（UNEM）主席（1966年—1968年）

作者是经济学家，拥有经济学博士学位（巴黎大学，1968年）。

作者曾在大学任教，是摩洛哥经济学家协会（AEM）和阿拉伯经济学家联盟前主席。

作者曾出版多本关于经济理论、财政政策和国际经济关系的著作，重点研究欧洲—非洲—地中海地区。

作者最新出版的著作有：

- 《中国与我们》，卡萨布兰卡，十字路口出版社，2017年。
- 《全球化与我们》，卡萨布兰卡，十字路口出版社，2020年。
- 《全球化与大流行病——封禁大事记》，拉巴特，新南方政策中心，2021年。

L'auteur

Fathallah Oualalou est actuellement senior fellow à Policy Center for the New South – PCNS – Maroc.

Il est, chronologiquement,
- ancien maire de Rabat - 2009-2015
- ancien ministre d'économie et de finances du Royaume du Maroc – 1998-2008
- ancien membre du parlement marocain – 1977-2002
- ancien président de l'Union nationale des étudiants du Maroc – UNEM – 1966-1968

Il est économiste, Docteur en économie – Université de Paris – 1968

Il était professeur d'universités, ancien président de l'Association des économistes du Maroc – AEM et de l'Union des économistes arabes.

Il est l'auteur de nombreuses publications en matière de théories économiques, de politique financière, de relations économiques internationales, avec un focus sur l'espace euro-afro-méditerranéen.

Ses dernières publications :
- La Chine et nous. 2017. Ed. La Croisée des Chemins. Casablanca.
- La mondialisation et nous. 2020. Ed. La Croisée des Chemins. Casablanca.
- La mondialisation et la pandémie. Chroniques de confinement. 2021. PCNS. Rabat.

图书在版编目（CIP）数据

南南合作的践行者　多极世界的建设者："一带一路"倡议下的中国与阿拉伯和非洲地区：汉、法 / （摩洛哥）法塔拉·瓦拉卢著；图书编委会译 . -- 北京：光明日报出版社，2023.11
　　ISBN 978-7-5194-6880-4

Ⅰ.①南… Ⅱ.①法… ②图… Ⅲ.①南南合作 – 研究 – 中国 – 汉、法 ②对外贸易关系 – 研究 – 中国、阿拉伯国家、非洲 – 汉、法 Ⅳ.① F114.43 ② F752.7

中国版本图书馆 CIP 数据核字（2022）第 201378 号

南南合作的践行者　多极世界的建设者："一带一路"倡议下的中国与阿拉伯和非洲地区：汉、法
NANNAN HEZUO DE JIANXINGZHE　DUOJI SHIJIE DE JIANSHEZHE："YIDAIYILU" CHANGYIXIA DE ZHONGGUO YU ALABO HE FEIZHOU DIQU：HAN、FA

著　　者：（摩洛哥）法塔拉·瓦拉卢	译　　者：图书编委会
责任编辑：章小可	责任印制：曹　净
特约审稿：赵燮烽	责任校对：郭玫君
封面设计：横竖设计	

出版发行：光明日报出版社
地　　址：北京市西城区永安路 106 号，100050
电　　话：010-63169890（咨询），010-63131930（邮购）
传　　真：010-63131930
网　　址：http://book.gmw.cn
E – mail：gmrbcbs@gmw.cn
法律顾问：北京市兰台律师事务所龚柳方律师

印　　刷：北京华联印刷有限公司
装　　订：北京华联印刷有限公司
本书如有破损、缺页、装订错误，请与本社联系调换，电话：010-63131930

开　　本：165mm×230mm　　印　张：23.5
字　　数：425 千字
版　　次：2023 年 11 月第 1 版
印　　次：2023 年 11 月第 1 次印刷
书　　号：ISBN 978-7-5194-6880-4

定　　价：78.00 元

版权所有　翻印必究